Andreas Becker
**Vernetzt denken in Politik,
Wirtschaft und Alltag**

Andreas Becker

Vernetzt denken in Politik, Wirtschaft und Alltag

Warum es so schwierig ist und wie es dennoch gelingt

Unter Mitarbeit von Stefanie Schwenk
Mit Cartoons von Matthias Kiefel

Bibliografische Information der Deutschen Nationalbibliothek:
Die Deutsche Nationalbibliothek verzeichnet diese Publikation
in der Deutschen Nationalbibliografie.
Detaillierte bibliografische Daten sind im Internet
über http://dnb.d-nb.de abrufbar.

2., korrigierte Auflage
© 2017/2025 Andreas Becker

Layout und Satz: Reihs Satzstudio, Lohmar
Grafiken: Sabine Sommer, Matthias Reihs
Cartoons: Matthias Kiefel
Lektorat: Bianca Gebhardt
Korrektorat: Tatjana Tarko
Umschlagentwurf: Herbert Utz
Umschlagabbildung: Matthias Kiefel

Verlag: BoD · Books on Demand GmbH, In de Tarpen 42, 22848 Norderstedt, bod@bod.de
Druck: Libri Plureos GmbH, Friedensallee 273, 22763 Hamburg

ISBN 978-3-7597-8508-4

Inhalt

Vorwort

Neu ist die Problematik nicht: Schon seit Jahrzehnten handelt die Gesellschaft kurzsichtig, reagiert auf Schwierigkeiten oft erst, wenn der Leidensdruck hoch ist, kuriert an Symptomen herum und schafft durch ihr Handeln neue Probleme, ohne die alten in den Griff zu bekommen. Sie bereitet sich über Prognosen, die nicht eintreten, auf die falsche Zukunft vor und blendet Zusammenhänge gerne aus – es ist so viel einfacher, isoliert zu handeln anstatt die Vernetzung von Aspekten und Themen zu berücksichtigen. Doch die Folgen sind verhängnisvoll, wie sich täglich den Medien entnehmen lässt: schlechte Lösungen, hoher Aufwand bei geringem Nutzen und neue Probleme.

Für jeden Misserfolg lässt sich im Einzelnen immer eine spezifische Ursache finden. Übersehen bleibt dabei jedoch: Den Schwierigkeiten liegt ein *grundsätzliches* Problem zugrunde – ein falscher Denkansatz. Er ist nicht auf gesellschaftliche Themen und die Politik beschränkt. Auch in der Wirtschaft und im Alltag findet sich das sogenannte lineare Denken (und in der Folge lineares Handeln).

Dieses Buch verdeutlicht zum einen an einer Vielzahl an Beispielen verständlich, worin die Fehler genau liegen und welche Folgen sie nach sich ziehen. Dabei schafft es ein Verständnis für Komplexität und die sich daraus ergebenden Notwendigkeiten. Zum anderen zeigt es die Erfolgsfaktoren im Umgang mit komplexen Situationen und Problemen auf. Sein praktischer Nutzen für Beruf und Alltag ergibt sich unter anderem aus zahlreichen Anleitungen, Checklisten und Werkzeugen zu vernetztem Denken.

Insgesamt ermöglicht das Buch einen neuen Blick auf die Welt – einen Blick, der das eigene Handeln verändert. Und bietet dem Leser obendrein einen Maßstab, mit dem sich Pläne und Aktivitäten von Politikern, Parteien und Interessensverbänden bewerten lassen.

Ursprünglich erarbeitet wurden die Inhalte im Rahmen des Projekts *Wandel vernetzt denken*, das Lehrern, Schulen und anderen Interessierten Unterrichtsmaterial kostenlos zum Download zur Verfügung stellt. Die Buchinhalte bilden die Basis für das didaktisch aufbereitete Unterrichtsmaterial.

Ohne Unterstützung wäre es mir nicht möglich gewesen, dieses Buch zu erstellen. Würdigen und danken möchte ich an dieser Stelle zuallererst Stefanie Schwenk. Drei Jahre lang hat sie sich zusammen mit dem Autor mit einer bewundernswerten inhalt-

lichen Konsequenz in die Tiefen der Komplexität begeben und mitgeholfen, ein run-
des, in sich stimmiges Konzept zu vernetztem Denken mit verständlichen Inhalten
zu schaffen. Die Ergebnisse ihrer Arbeit finden sich auch in diesem Buch. Des Weiteren haben Nadine Götz, Jürgen Hardt und Philip Obergfell über ihre Mitarbeit am
Schulprojekt zu diesem Buch beigetragen; auch ihnen gilt mein Dank. Sabine Sommer erstellte all die informativen und anschaulichen Grafiken dieses Buches; keine
Anforderung und kein Wunsch waren ihr zu kompliziert. Gleiches lässt sich für den
Cartoonisten Matthias Kiefel sagen: Auch schwierigste Themen setzte er überzeu-
gend humorvoll um. Auch ihnen einen herzlichen Dank.

Ihnen, werte Leserin oder werter Leser, wünsche ich eine anregende Lektüre!

Freiburg, im Frühjahr 2017
Andreas Becker

Teil 1

Der Irrsinn linearen Denkens und Handelns

1

Warum vernetzt denken und handeln?

Regenwürmer sollten es richten. Um den zu festen Untergrund im Stadion der Stadt Bergen auf Rügen zu lockern, engagierte die Stadtverwaltung 200.000 Würmer für das Spielfeld.[1] Eifrig arbeiteten die Tiere, ohne dass sich die Situation deutlich verbesserte. Ihr Einsatz zeigte dennoch Wirkung: Die Ausscheidungen der Würmer bildeten auf dem Spielfeld Häufchen, die die Bespielbarkeit des Platzes beeinträchtigten. Das Spielfeld wurde uneben und bei Regen glitschig. »Die Regenwürmer haben versagt«, stellte der Leiter des Bauamts fest.[2] So beschloss die Stadt, die Würmer wieder einzusammeln.[3] Offensichtlich hatten sowohl die beauftragten Experten als auch die Verantwortlichen nicht weit genug gedacht. Schließlich ist es kein Geheimnis: Regenwürmer fressen sich nicht nur durch die Erde, sondern setzen an der Oberfläche auch Hinterlassenschaften ab.

Ein Einzelfall ist die gescheiterte Wurmkur nicht. Ob in Politik, Verwaltung, Wirtschaft oder Alltag — immer wieder werden Maßnahmen ergriffen, die zu kurz gedacht sind. In diesen Fällen denken und handeln die Verantwortlichen nicht vernetzt. Es handelt sich um ein grundsätzliches Problem mit weitreichenden Folgen, wie die weiteren Beispiele zeigen.

Später zahlen, früher kassieren

»Verlegung des Termins für die Zahlung der Renten an den Rentenzugang auf das Monatsende« — so lautet der schwer verständliche zentrale Satz in einem Gesetzesentwurf der SPD- und Grünen-Bundestagsfraktionen im Herbst 2003.[4] Die Folge: Rentner, die neu in Rente gehen, erhalten seit dem 1. April 2004 ihre Rentenzahlung erst zum Monatsende anstatt zum Monatsanfang. Mehrere hundert Millionen Euro sollen auf diese Weise jährlich »gespart« werden — auf Kosten der Rentner.

Am grundsätzlichen Finanzierungsproblem der gesetzlichen Rentenversicherung hat sich durch diese Maßnahme nichts geändert. Es werden Symptome angegangen — zu wenig Geld vorhanden — statt der Problemursachen. Dafür erleiden die Kranken- und Pflegeversicherungen Verluste, da die betroffenen Rentner ihre Beiträge dort eben auch erst zum Monatsende statt zum Monatsanfang zahlen.

Zwei Jahre später beschließt der Deutsche Bundestag eine weitere Maßnahme, die nur an Symptomen ansetzt[5]: Seit Januar 2006 müssen Arbeitgeber für ihre

Mitarbeiter die Beiträge zur Rentenversicherung fast drei Wochen früher als bisher abführen — noch im laufenden Monat, also bevor die Höhe von Lohn, Gehalt und Rentenversicherungsbeitrag endgültig feststeht. Im Monat darauf sind die Beitragszahlungen anhand der realen Werte zu korrigieren, was Aufwand und Kosten erzeugt.

Ganz bewusst haben Regierung und eine Mehrheit im Parlament an den Symptomen der Finanzprobleme der gesetzlichen Rentenversicherung angesetzt. Ganz bewusst wurde dadurch auch der Druck verringert, die Problemursachen anzugehen. Mittel- und langfristig wird das negative Folgen haben: Probleme wachsen weiter an, wenn nur die Symptome kuriert werden. Staatsfinanzen, gesetzliche Rentenversicherung und Euro bieten dafür reichlich Anschauung, die den Rahmen dieses Buches sprengen würde.

Terroristen benebeln

Kernkraftwerke in Deutschland sind nicht grundsätzlich gegen den Absturz großer Verkehrsflugzeuge ausgelegt.[6] Die mehrheitlich staatliche *Gesellschaft für Anlagen- und Reaktorsicherheit* soll 2002 in einer unveröffentlichten Studie sogar festgestellt haben:[7] »Keiner der deutschen Atommeiler ist so gegen einen Flugzeugabsturz gesichert, dass eine Atomkatastrophe als Folge ausgeschlossen werden kann.« Nach dem Terroranschlag vom 11. September 2001, als Terroristen mit zwei Verkehrsflugzeugen die beiden Türme des World Trade Center in New York zum Einsturz gebracht hatten, gerieten diese Fakten in die öffentliche Diskussion.

Im Jahr 2005 einigten sich das Bundesumweltministerium und die Betreiber der Kernkraftwerke auf ein Konzept, das den Schutz der Kraftwerke bei einem gezielt herbeigeführten Absturz eines großen Verkehrsflugzeuges sicherstellen soll.[8] Im Mittelpunkt stehen dabei Nebelgranaten, die sich zünden lassen, wenn sich ein entführtes Verkehrsflugzeug einem Kernkraftwerk nähert. Auf diese Weise soll es Terroristen erschwert werden, ein Flugzeug auf das Reaktorgebäude stürzen zu lassen.

Viele praktische Argumente sprechen gegen die Wirksamkeit dieser Maßnahme. Funktioniert die Vernebelung überhaupt? Sie wurde offensichtlich an keinem Kernkraftwerk getestet. Würde die Zeit reichen, das Gelände zu vernebeln, nachdem erkannt wurde, dass ein Verkehrsflugzeug auf ein Kernkraftwerk zusteuert? Könnten Terroristen nicht so lange warten und Schleifen fliegen, bis der Nebel sich verzogen hat?

Eine ganz entscheidende Frage lautet: Was hilft die Vernebelung, wenn Terroristen die an Bord befindlichen Navigationssysteme nutzen? Im ursprünglichen Sicherheitskonzept war zwar vorgesehen, an Kernkraftwerken Störsender für die Satellitennavigation einzusetzen. Aufgestellt wurden solche Störsender aber offensichtlich nicht.[9]

Selbst wenn es diese Sender gäbe, könnten Entführer die weiteren Navigationssysteme an Bord zum Zielanflug nutzen.

Ausgereift und zu Ende gedacht scheint dieses Schutzkonzept nun wirklich nicht zu sein. Wie schon bei den geänderten Zahlungsfristen bei der gesetzlichen Rentenversicherung ging es ausschließlich darum, Symptome zu bekämpfen, mit hilflos wirkenden Ansätzen. Die eigentlichen Probleme blieben ignoriert:

◆ Eine Technologie mit äußerst folgenreichen Gefahren wird in dicht besiedelten Gegenden betrieben;

◆ durch die Vielzahl an Kernkraftwerken in Europa ergibt sich eine nicht zu vernachlässigende Gesamtwahrscheinlichkeit für einen großen Unfall;

◆ gegen Angriffe in einem Krieg oder durch Terroristen lassen sich Kernkraftwerke nicht ausreichend schützen.

Schnell aussteigen statt verlängerter Laufzeiten

In der Risikobeurteilung von Kernkraftwerken brachte ein Ereignis in Japan von einem auf den anderen Tag die Wende. Am 11. März 2011 kam es im Kernkraftwerk im japanischen Fukushima zu einem GAU, d. h. zum Größten Anzunehmenden Unfall mit extremen Auswirkungen auf Menschen und Umwelt. Hatten noch im Oktober 2010 die schwarz-gelbe Bundesregierung und eine Mehrheit im Deutschen Bundestag beschlossen, Kernkraftwerke länger betreiben zu lassen als bis dahin geplant — trotz Warnungen von Experten, dass mit zunehmendem Alter der Kraftwerke die Sicherheitsrisiken ansteigen —, setzte Bundeskanzlerin Merkel nach dem Ereignis in Fukushima einen relativ schnellen Ausstieg aus der Kernenergie durch. Sieben ältere Kraftwerke ließ sie sofort vom Netz nehmen und einer dreimonatigen Sicherheitsüberprüfung unterziehen; nach deren Ende wurden die Kraftwerke endgültig stillgelegt. Die restlichen Kernkraftwerke in Deutschland werden bis zum Jahr 2022 nach und nach außer Betrieb gesetzt.[10]

Es ist legitim, seine Meinung zu ändern, und ehrenhaft, einzusehen, dass man falsch lag. Doch wenn erst ein großes Unglück passieren muss, um Realitäten anzuerkennen, dann gilt auch wieder: Zu Ende gedacht waren die Konzepte und Maßnahmen nicht.

Finanzierung in die Zukunft verschieben

Ob auf Bundes-, Landes- oder kommunaler Ebene: Neue öffentliche Gebäude und Straßen werden gerne geplant, gebaut und feierlich eröffnet. Finanziert sind sie in Deutschland bislang meist über Schulden, die nur in wenigen Ausnahmefällen wieder abgebaut werden. Vielmehr zahlt der Staat fällig werdende Schulden üblicherweise mit Geld zurück, das er über neue Schulden eingenommen hat. Folglich steigen die Kosten einer Investition über die Zeit wegen Zins und Zinseszins immer weiter an.[11] Zur Kasse gebeten werden somit nicht zuletzt die heute jungen Menschen und zukünftige Generationen. Ob diese einen großen Nutzen von den Bauten haben werden, ist in vielen Fällen fraglich. Schließlich besitzen moderne Bauten die Lebensdauer etwa einer Generation (30 bis 35 Jahre). Anschließend ist meist eine umfassende Generalsanierung nötig oder Abriss und Neubau.

Sind die Bauten eröffnet, unterbleibt vielmals der ausreichende Erhalt der Bausubstanz – d. h. regelmäßige Instandhaltung und Reparaturen. Auch sie kosten Geld. Die Folge des Nichtstuns: Zu viele öffentliche Gebäude, Straßen, Brücken und Wege sind in schlechtem Zustand, der teils Nutzungseinschränkungen erfordert. Der Sanierungsstau nimmt zu: Auch auf diese Weise werden Lasten in die Zukunft verschoben.

Sperrung von Teilen der Europabrücke in Koblenz wegen Brückenschäden im Jahr 2010 *(Foto: Holger Weinandt CC BY-SA 3.0 DE)*

Die Schuldenbremse: Bundestag und Bundesrat haben sie im Jahr 2009 im Grundgesetz verankert.[12] Bis 2020 soll sie vollständig wirksam sein. Die Bundesländer dürfen sich dann in Normalsituationen nicht mehr weiter verschulden, der Bund nur noch in vermindertem Maße.

Ziel der Schuldenbremse ist, die Finanzpolitik generationengerechter als bisher auszugestalten, also die Kosten heutiger Leistungen nicht weiter in Teilen zukünftigen Generationen aufzubürden. Zwei große Fragen bleiben: Werden Regierungen und Parlamente in der Lage sein, ihre Finanzpolitik entsprechend zu verändern, oder werden sie bald mit »außergewöhnlichen Notsituationen« argumentieren, für die die Schuldenbremse die Aufnahme von Krediten erlaubt? Der Umgang der Länder des Euro-Währungsraums einschließlich Deutschlands mit den gemeinsam vereinbarten Schuldengrenzen rechtfertigt diese Frage.[13] Und zweitens: Werden Regierungen und Parlamente die Schuldenbremse einhalten können, ohne zugleich mit ihrer Politik anderweitig gegen die Generationengerechtigkeit zu verstoßen?

Zwei Beispiele: Überträgt der Staat seine Autobahnen einer staatlichen Gesellschaft, kann diese Kredite aufnehmen, ohne dass sie den öffentlichen Schulden zugerechnet werden. Eine solche Maßnahme würde helfen, die Schuldenbremse einzuhalten, würde aber zusätzliche Belastungen in der Zukunft schaffen. Oder sollte der Staat an Bildung oder Sozialarbeit sparen, so könnte dies ebenfalls negative Auswirkungen in der Zukunft nach sich ziehen. Generationengerecht wäre dies nicht. Die Schuldenbremse erlaubt also, Generationengerechtigkeit in einem Bereich durch Verstoß gegen die Generationengerechtigkeit in einem anderen Bereich zu erzielen.

Widersprüchliche Maßnahmen

Butter-, Milchpulver- und Fleischberge — wo seid ihr geblieben? Die Agrarpolitik der Europäischen Union mit ihren hohen Subventionen führt zu gewaltigen Produktüberschüssen: Die Landwirtschaft produziert größere Mengen an Lebensmitteln als die Menschen innerhalb der EU benötigen. Diese Überproduktion wurde insbesondere in den 1980er- und 1990er-Jahren gelagert und teils vernichtet.

Später drückte Europa die Überschüsse in den Weltmarkt. Dank neuerlicher Zahlungen der EU (Exportsubventionen) wurden die Lebensmittel weltweit verbilligt angeboten. Diese doppelt subventionierten Produkte hatten in manchen Entwicklungsländern verheerende Folgen: Einige landwirtschaftliche Sektoren waren nicht mehr wirtschaftlich und Bauern wurden ruiniert. Somit nahmen Eigenproduktion und Selbstversorgung in diesen Ländern weiter ab, die Abhängigkeit von Lebensmitteleinfuhren aus dem Ausland wuchs.[14] Zwischenzeitlich hat die EU ihre Exportsubventionen weitgehend eingestellt. Dank gestiegener Weltmarktpreise und effizienter

Produktion reicht es mittlerweile aus, die landwirtschaftliche Produktion zu subventionieren, um die Exporte zu ermöglichen.

Während die Europäische Union durch landwirtschaftliche Subventionen die Selbstversorgung in armen Ländern beschneidet, leisten sie und ihre Mitgliedsstaaten in den gleichen Ländern Entwicklungshilfe. Ziel ist dabei nicht zuletzt, Hilfe zur Selbsthilfe zu geben und die Selbstversorgung zu stärken. Europa schädigt und fördert die Selbstversorgung in Entwicklungsländern also zugleich.

Jahrelang unterstützte die *Agentur für Arbeit* nicht nur Menschen finanziell, die vorzeitig in Rente gingen, ohne dass gesundheitliche Gründe dies erforderten, sondern auch die Einstellung und Beschäftigung Älterer. Da stellt sich unweigerlich die Frage: Welches Ziel verfolgten die damaligen Regierungen denn nun?

Und noch ein Beispiel: Eine Schweizer Kirchengemeinde besitzt eine Kirche aus den 1960er-Jahren. Auf der Empore entspricht das Geländer an der Brüstung nicht mehr den aktuellen Vorschriften — es ist zu niedrig. Dauerhaft erhöhen darf es die Kirchengemeinde aber nicht, weil das Bauwerk unter Denkmalschutz steht. Auch an solchen kleinen Beispielen zeigt sich die Problematik der Widersprüchlichkeit.[15]

Wirkungsarme Maßnahmen

Trotz großen Aufwands zeigen manche Projekte nur geringen Erfolg. Die Abwrackprämie für Autos — offiziell Umweltprämie genannt — im Jahre 2009 symbolisiert diese Problematik.

Hauptziel der »Umweltprämie« war es, Arbeitsplätze in der Automobilindustrie zu sichern. Als zusätzliches Ziel sollte die Umwelt geschont werden.[16] Wer im Jahre 2009 ein mindestens neun Jahre altes Auto verschrotten ließ, erhielt für den Neukauf eines Wagens einen stattlichen staatlichen Zuschuss von 2.500 Euro. Mit einem Budget von 5 Milliarden Euro wurde die Vernichtung von knapp 2 Millionen Autos und ein Fahrzeugneukauf gefördert.

Funktionierende Produkte und damit volkswirtschaftliche Werte zu zerstören, um neue Produkte verkaufen zu können — dies ist ein grundsätzlich fragwürdiges Konzept. Hinzu kommt: Indem die Prämie dazu motivierte, den Kauf eines Autos vorzuziehen, fiel die Nachfrage in den Folgejahren geringer aus (im Vergleich zu einer Situation ohne Prämie).

Aufgrund der Koppelung der »Umweltprämie« an einen alten Pkw wurden insbesondere Bürger angesprochen, die vergleichsweise wenig liquide waren. Deshalb wurde mit der »Umweltprämie« in erster Linie der Kauf von Kleinwagen gefördert. Tatsächlich nahmen die Verkäufe der Mini- und Kleinwagen 2009 im Vergleich zum Vorjahr stark zu, während die meisten der anderen Fahrzeugtypen weniger Absatz fanden.[17] Die Kleinwagen stammten vorwiegend aus Fabriken in Frankreich, Tschechien, Polen, Italien, Rumänien und Asien. Selbst die deutschen Autohersteller hatten damals viele ihrer hierzulande verkauften Kleinwagentypen im Ausland produziert.[18] Schlussendlich unterstützte die »Umweltprämie« nicht zuletzt Autofabriken im Ausland und die Konkurrenten der deutschen Autoindustrie.

Der Effekt der »Umweltprämie« auf die Auslastung der Autofabriken in Deutschland erwies sich zwar als vorhanden, allerdings in geringem Maße. Insbesondere im Vergleich zur Wirkung der Prämie im Ausland und den hohen Kosten der Maßnahme muss das Instrument als kritisch angesehen werden.

Und wie steht es mit dem zweiten Ziel der Prämie, die Schadstoffbelastung der Luft zu reduzieren? Der Schadstoffausstoß im Verkehr mag sich durch den von der »Umweltprämie« angeregten Ersatz alter durch neue Pkws ein wenig verringert haben. Denn die modernen Neufahrzeuge weisen im Betrieb geringere Schadstoffemissionen auf als die ersetzten älteren Fahrzeuge. Es ist allerdings ein Musterbeispiel ungenügenden Denkens und Handelns, sich nur auf einen kleinen Bereich zu stürzen — hier den Schadstoffausstoß bei der Auto*nutzung*. So wurden ja auch bei der vermehrten Auto*herstellung* Schadstoffe in die Luft freigesetzt, wo immer das erfolgte. Dieses Faktum wurde bei der ökologischen Betrachtung ebenso wenig berücksichtigt wie die weiteren Umweltbelastungen durch die Autoherstellung, der hohe Rohstoffbedarf und die großen Mengen an Abfall, die bei der Produktion entstehen.

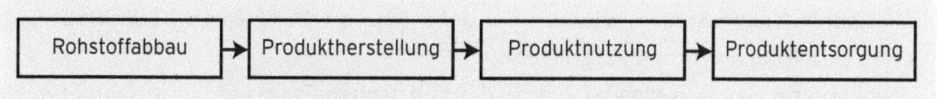

Die Phasen eines Produktes, in denen Umweltbelastungen auftreten.

Nebenwirkungen

»Zu Risiken und Nebenwirkungen fragen Sie Ihren Arzt oder Apotheker«: Diese Warnung stammt aus der Werbung für Medikamente. Doch nicht allein Medikamente weisen Nebenwirkungen und Risiken auf, sondern auch das Handeln fast jeglicher Art. So wurde die »Umweltprämie« über Schulden finanziert und belastet somit junge Menschen und zukünftige Generationen. Darüber hinaus wurden Arbeitsplätze bei Gebrauchtwagenhändlern und Autoexporteuren gefährdet, da durch die Verschrottung die Zahl der Gebrauchtwagen zurückging.

Die großen Produktüberschüsse der europäischen Landwirtschaft erkaufen wir u. a. durch Umweltbelastungen als Nebenwirkung. Starke Düngung der Böden und das

Ausbringen von Gülle auf landwirtschaftliche Flächen führen zu einer Nitratbelastung des Grundwassers. Infolge dessen weist bei vielen Trinkwasserbrunnen das geförderte Grundwasser eine höhere Nitratbelastung auf als zulässig.[19] Seit Jahrzehnten ist das Problem bekannt. Doch weiterhin setzt die Gesellschaft auf die Grundwasser belastende Intensivlandwirtschaft statt auf umweltverträglichere Methoden. Da bleiben den Wasserwerken nur Symptom bekämpfende Maßnahmen: Teils mischen sie stark nitrathaltiges mit unbelastetem Wasser, sodass der Grenzwert eingehalten wird.[20]

Überhaupt die Umwelt: Die moderne Industriegesellschaft hat einen enormen Hunger nach nicht-regenerierbaren Rohstoffen, beispielsweise Metallen, Erdöl und Kohle. Außerdem schädigt sie die Lebensgrundlage der Menschen, die Umwelt, immens — der Klimawandel ist lediglich ein Beispiel von vielen. Auch dieses kurzsichtige Handeln resultiert aus linearem Denken. Schließlich lassen sich die Bedürfnisse der Menschen und der heutige materielle Lebensstandard mit deutlich weniger Rohstoffen und Umweltbelastungen decken als es momentan der Fall ist.

Lineares Denken und Handeln

Geänderte Zahlungsfristen bei der gesetzlichen Rentenversicherung — Nebelgranaten an Kernkraftwerken zur Abwehr von Terrorangriffen und ein Hin und Her in Bezug auf die Laufzeiten der Kernkraftwerke — öffentliche Bauten ausschließlich über die Zukunft finanzieren — widersprüchliche oder wirkungsarme Maßnahmen ergreifen und Nebenwirkungen ignorieren:

Denken und Handeln erweist sich in der politischen Praxis oft als kurzsichtig, als linear und unvernetzt. Dass die aufgezeigten Beispiele keine Ausnahmen sind, zeigen Renten- und Wirtschaftspolitik, Energiewende sowie die Geschichte der gemeinsamen europäischen Währung.

Die handelnden Politiker betrachten häufig nicht das Gesamte, sondern lediglich einen kleinen Ausschnitt der Wirklichkeit. Als Konsequenz bekämpfen sie oft Symptome, statt an den Ursachen von Problemen anzusetzen, und verschieben die Probleme in die Zukunft.

> » *Vordergründige Lösungen sind bestechend. Man ist begeistert,*
> *eine Lösung gefunden zu haben, ein Problem beseitigen zu können,*
> *und man schirmt sich, um diese Lösung nicht zu gefährden, gegenüber*
> *Hinweisen auf die reale Komplexität [...].* «
>
> **Frederic Vester** (1925–2003), Biochemiker und Biokybernetiker[21]

Wenn politische Maßnahmen nicht wie gewünscht wirken oder zu unerwünschten Nebenwirkungen führen, bleibt es nur selten beim bereits unbefriedigenden Status quo. Aufgrund der jeweils aktuellen Erfahrungen passen die Verantwortlichen ihre Maßnahmen an — und machen die Situation dabei meist noch komplexer. Neue Schwierigkeiten entstehen. Bei alldem droht der Aufwand ständig größer und die Effizienz des Handelns geringer zu werden.

»Zu den langfristigen und besonders heimtückischen Konsequenzen von unsystemischen Lösungen gehört, dass man immer mehr und mehr davon braucht.«

Peter Senge, Luft- und Raumfahrtingenieur, Systemwissenschaftler, Organisationsberater und Autor[22]

Auch wenn in diesem Kapitel bislang ausschließlich das Handeln von Politikern als Beispiel angeführt wurde, bleibt festzuhalten: Lineares Denken und Handeln ist ein gesamtgesellschaftliches Phänomen. Auch in Wirtschaft und anderen Bereichen arbeiten viele Verantwortliche linear. Allerdings betreffen die Folgen zumeist nicht die gesamte Gesellschaft, wie es bei politischen Entscheidungen häufig der Fall ist.

Lineares Denken und Handeln in Unternehmen

Die Vorstandsvorsitzenden großer Unternehmen präsentieren immer wieder beeindruckende Pläne zum Wachstum von Umsatz und Gewinn, zur Umorganisation ihres Unternehmens sowie zum Aufkauf anderer Firmen. Nicht immer sind diese Pläne realistisch. So zeigt sich, dass Firmenaufkäufe häufig nicht die gewünschte Wirkung haben.[23]

Woran kann es liegen, dass geplante Strategien und Handlungen in der Praxis nicht zum Ziel führen? Auch mancher Manager neigt zum linearen Denken, zum Herausgreifen von Einzelaspekten unter Vernachlässigung der Gesamtzusammenhänge, zum Ausblenden von Nebenwirkungen. Zum anderen führt das unvernetzte Denken dazu, Kulturen, Werte und Führungsstile in Unternehmen zu übersehen. Diese sogenannten weichen Faktoren sind nicht in Zahlen zu fassen. Das unterscheidet sie von den harten Faktoren wie Umsatz, Gewinn, Zahl der Mitarbeiter und Marktanteile. Im Umgang mit weichen Faktoren tun sich viele Unternehmenslenker schwer.

Die lineare Denkweise bleibt in Unternehmen nicht auf die großen strategischen Themen beschränkt. So senken Unternehmen immer wieder ihre Kosten, indem sie preisgünstigere Teile in ihren Produkten verbauen. Dauerhaft funktioniert das kaum ohne Qualitätseinbußen. Zunehmende Kosten für Garantieleistungen und enttäuschte Kunden, die das nächste Mal ein Produkt des Konkurrenzherstellers kaufen, können die Folgen sein. Solche Einsparungen bergen die Gefahr, den Unternehmen teuer zu stehen zu kommen: Einen angekratzten Ruf wieder aufzubauen und abgewanderte Kunden wiederzugewinnen, erweist sich als langwierige und kostspielige Aufgabe.

Manche Unternehmen wollen profitabler werden, indem sie ihre Personalkosten senken. Eine viel genutzte Strategie ist, frei werdende Stellen eine gewisse Zeit nicht wieder oder überhaupt nicht mehr zu besetzen. Es mag kurzfristig Geld sparen, eine frei werdende Stelle unabhängig von der Notwendigkeit, Wichtigkeit und Dringlichkeit ihrer Aufgaben nicht direkt wieder zu besetzen. Allerdings bremst dies die Aufgabenerfüllung im Unternehmen.

Die Zahl der Beispiele für lineares Denken in Unternehmen ist groß. Jahrelang haben die deutschen Lebensversicherungsunternehmen ihren Neukunden relativ hohe Renditen versprochen und vertraglich garantiert. Sie bedachten nicht, dass sie vergleichsweise hohe Zinsen nicht mehr zahlen können, wenn das Zinsniveau deutlich sinkt – wenn sie also mit den Beitragseinnahmen nur noch geringere Erträge erzielen können.

Banken beschäftigen sich täglich mit Risiken. Das betrifft einzelne Kredite ebenso wie grundsätzliche volkswirtschaftliche Entwicklungen. Die Entwicklungen, die zur Finanzkrise 2008 führten, hatten die meisten Geldhäuser in ihrem Optimismus jedoch nicht berücksichtigt. Ihre Risikobetrachtungen bezogen sich auf »normale« Zeiten und klammerten außergewöhnliche Ereignisse aus. In der Folge standen 2008 in der Finanzkrise Banken in vielen Ländern vor immensen wirtschaftlichen Problemen. Der Staat rettete einige Bankhäuser vor der Zahlungsunfähigkeit.

Lineares Denken und Handeln im Privaten

In Politik und Wirtschaft wird häufig linear gedacht, so die bisherige Erkenntnis. Doch das Phänomen ist nicht auf einzelne gesellschaftliche Bereiche begrenzt. Ein jeder denkt linear – mehr oder weniger. Einige Beispiele:

So kaufen viele Verbraucher manches Mal billige Produkte, die teils schnell zu Müll mutieren. In vielen Fällen erweisen sich teurere, qualitativ höherwertige Produkte als preisgünstiger. Diese Erkenntnis setzt allerdings einen längeren Betrachtungszeitraum voraus.

Tausende Häuslebauer haben zur Finanzierung Kredite in Schweizer Franken aufgenommen. Sie wollten von günstigen Zinsen in der Schweiz profitieren. Im Januar 2015 wurde der Schweizer Franken gegenüber vielen Währungen deutlich stärker, sodass es mehr Euros als zuvor brauchte, um die gleiche Höhe an Zinsen in Franken zu zahlen und solche Kredite zurückzuzahlen. Aus vermeintlich billigen Krediten wurden sehr teure, die manchen Kreditnehmer in wirtschaftliche Schwierigkeiten brachten.

Weniger essen und dadurch abnehmen — auf diesem Prinzip basieren viele Diäten. Der Körper stellt sich während der Diät auf die geringere Nahrungszufuhr ein und kommt nach Ende der Diät mit weniger Nahrung aus. Dann isst die Person jedoch wieder mehr. Die Folge: Das Körpergewicht nimmt wieder zu.

Die Zähne gut zu pflegen erspart Schmerzen und Zahnarztbesuche. Nicht jedem gelingt dies. Oder man schiebt es vor sich her, am Fahrrad den abgefahrenen Mantel zu wechseln. Ereilt einen jedoch unterwegs einen Platten, so ist der Aufwand deutlich höher als bei rechtzeitigem Mantelwechsel zuhause.

Lineares Denken

Dem in diesem Kapitel geschilderten Handeln liegt ein Denkmuster zugrunde, das als *linear* bezeichnet wird. Andere verwandte Begriffe sind *unvernetzt* oder *nicht-systemisch*.

> Bei der **linearen Denkweise** wird die Komplexität von Situationen und Problemen weitgehend übersehen, d. h. die vielfältigen Zusammenhänge und die Dynamik.
>
> Dabei wird in vielen Fällen fälschlicherweise angenommen, ein Problem habe lediglich eine isolierte Ursache, und eine Handlung hätte nur eine einzige Wirkung.
>
> Lineares Denken führt zu scheinbar einfachen Lösungen. Diese erweisen sich meist als Scheinlösungen, also als vermeintliche Lösungen, die jedoch nicht funktionieren.
>
> Aus linearem Denken ergibt sich lineares Handeln.

Nicht in allen Fällen ist klar: Haben die Handelnden Zusammenhänge und Probleme nicht erkannt oder ignorierten sie sie wissentlich, um Problemen aus dem Weg zu gehen oder bestimmte Interessen zu verfolgen? Das Ergebnis ist in beiden Fällen das gleiche: Es kommen die problematischen Folgen zum Tragen. In beiden Fällen liegt lineares Denken vor.

Zum Umgang mit toten Pferden

Wie viele Denkstrukturen noch aufzubrechen sind auf dem Weg zu einer vernetzt denkenden und handelnden Gesellschaft: Eine im Internet in vielen Fassungen kursierende Parabel mag es sehr überspitzt verdeutlichen.[24] Indianer im Wilden Westen handelten nach diesem Grundsatz: Wenn dein Pferd tot ist, besorge dir ein neues.

In unserer komplexen und zugleich von linearem Denken geprägten Welt geht das so einfach nicht. Ganz im Gegenteil. Im Falle eines toten Pferdes,

- besorgen wir uns eine dickere Peitsche,
- trainieren noch mehr als bisher, um noch besser reiten zu können,
- wechseln die Reiter aus,
- erklären das Reiten toter Pferde zur Normalität,
- beschließen, nur noch tote Pferde zu halten, da die Futter- und Unterhaltskosten deutlich geringer als bei lebenden Pferden sind,
- schirren mehrere tote Pferde zusammen an, damit sie schneller werden,
- ändern die Kriterien für den Tod eines Pferdes, sodass tote Pferde noch leben,
- verbieten lebenden Pferden zu sterben,
- spannen einen Rettungsschirm über unsere toten Pferde,
- strukturieren um, damit unsere toten Pferde in eine andere Abteilung kommen,
- outsourcen die toten Pferde: Der Subunternehmer kann sie sicherlich besser reiten und effizienter am Leben halten als wir,
- kooperieren oder fusionieren, um die toten Pferde noch besser nutzen zu können,
- und erklären: Von Anfang an war ein totes Pferd unser Ziel.

Warum vernetzt denken und handeln?

Kommen wir auf die Ausgangsfrage des Kapitels zurück: Warum sollten wir vernetzt denken und handeln?

Um bestehende Probleme in den Griff zu bekommen. Um mögliche zukünftige Probleme zu vermeiden. Um Ziele zu erreichen. Um den Aufwand dafür gering zu halten. Um das Wichtige zu tun, anstatt uns um Unwichtiges zu kümmern. Um die gegenwärtigen sowie die zukünftigen Herausforderungen meistern zu können. Um nicht weiter auf Kosten zukünftiger Generationen zu leben.

2

Falsche Ursachen – falsche Schluss-folgerungen – falsches Handeln

»Mehr Sex im Schlafzimmer bedeutet mehr Gehalt auf dem Konto? Absolut!« Das verspricht ein Artikel auf der deutschen Webseite der Zeitschrift *Cosmopolitan*.[1] Eine Studie, für die 7.500 Personendaten ausgewertet wurden, sei zum Ergebnis gekommen: Je mehr Sex wir hätten, desto mehr würden wir verdienen.

Wie ist das Leben doch einfach und schön. Leidige Kämpfe mit dem Chef um eine Gehaltserhöhung? Vorbei sind diese Zeiten! Ein bisschen mehr Sex, und schon steigt der Kontostand.

Doch vielleicht sind diese Interpretationen zu sehr unter statischer Sichtweise erfolgt. Schließlich wurden in der zugrunde liegenden Studie ja keine Feldversuche durchgeführt, in denen sich feststellen ließ, ob eine *Zunahme* an Sex auch eine *Zunahme* der Gehaltszahlung zur Folge hat. Die Wissenschaftler untersuchten lediglich, ob es einen statistischen Zusammenhang zwischen Einkommen und Sexualleben gibt — offensichtlich basierend auf der Befragung von Personen zu jenen zwei Themen, zu denen in Umfragen sicherlich mit am häufigsten gelogen wird: Einkommen und Liebesleben.

Für eine Wirkung die Ursache zu finden, ist gar nicht so einfach. Anschließend die richtigen Schlussfolgerungen zu ziehen ebenfalls nicht. Täglich konfrontieren uns die Medien mit den Ergebnissen aus Studien, in denen angeblich Zusammenhänge zwischen zwei Faktoren bewiesen und weitreichende Schlussfolgerungen gezogen werden. Doch nicht immer sind diese Zusammenhänge und die Schlussfolgerungen korrekt. Diese Problematik betrifft nicht allein Meldungen in den Medien. Auf Basis derartiger Studien — wenn auch zu anderen Themen — ergreifen Regierungen Maßnahmen. Solches Denken und Handeln ist symptomatisch für den verbreiteten linearen Ansatz.

Welche Voraussetzungen müssen erfüllt sein, damit der Zusammenhang zwischen zwei oder mehreren Faktoren als real angesehen werden kann und sich entsprechende Schlussfolgerungen ziehen lassen?

Sterbende Doktortitel?

Eine überraschende Erkenntnis machte der US-Amerikaner Tyler Vigen: Die Zahl der durch blutverdünnende Medikamente ausgelösten Todesfälle verläuft parallel zur Zahl der vergebenen Doktortitel im Fach Soziologie.[2] In Jahren, in denen viele Doktortitel in Soziologie zuerkannt werden, sterben auch viele Menschen aufgrund von blutverdünnenden Medikamenten. Werden hingegen weniger Doktortitel vergeben, liegt die Zahl der Todesfälle als Folge der Einnahme blutverdünnender Medikamente in etwa gleichem Maße niedriger.

Lässt sich nun schlussfolgern, es gäbe einen Zusammenhang zwischen den beiden Faktoren? Innerhalb der betrachteten neun Jahre besteht zwar ein statistischer Zusammenhang. Aber weder hat die Zahl der Doktortitel einen realen Einfluss auf die Zahl der Todesfälle, noch verhält es sich umgekehrt. Dass die beiden Faktoren statistisch parallel verlaufen ist reiner Zufall; es gibt **keinen ursächlichen Zusammenhang** zwischen den zwei betrachteten Faktoren. Würde ein längerer Zeitraum betrachtet, wäre das offensichtlich.

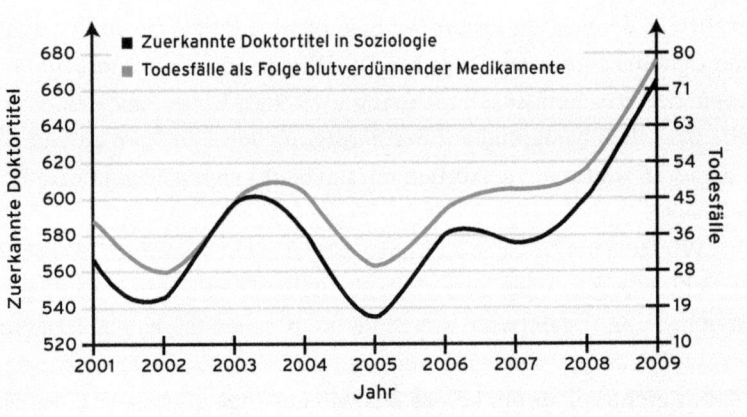

Zuerkannte Doktortitel im Fach Soziologie und Todesfälle aufgrund von blutverdünnenden Medikamenten *(Quelle: www.tylervigen.com)*

Gesundheitsgefahr durch Eiscreme?

Wer schon einmal im Hochsommer einen Strand im Süden besucht hat, kann bestätigen: Je mehr Speiseeis verkauft und gegessen wird, desto mehr Sonnenbrände treten auf. Lässt sich daraus die Schlussfolgerung ziehen, der Verkauf oder der Konsum von Speiseeis würde zu Sonnenbränden führen?

Sonnenbrände treten zwar vermehrt in Zeiten auf, in denen große Mengen an Speiseeis verkauft und gegessen werden. Doch stellt der Verkauf nicht die Ursache für die Sonnenbrände dar. Es besteht folglich kein ursächlicher Zusammenhang zwischen Speiseeisverkauf und Sonnenbränden.

Die Ursache sowohl für Speiseeisverkauf als auch für Sonnenbrände ist Sonnenschein.

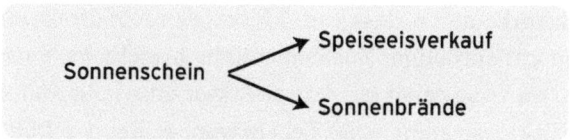

Ursachengrafik zu Speiseeisverkauf und Sonnenbränden

Statistisch lässt sich hingegen ein Zusammenhang zwischen allen drei Größen feststellen:

- Je mehr Sonnenschein, desto mehr Speiseeisverkauf.
- Je mehr Sonnenschein, desto mehr Sonnenbrände.
- Je mehr Speiseeisverkauf, desto mehr Sonnenbrände.

Von Korrelation zu Kausalität

Für Veröffentlichungen aus der Wissenschaft, in Presseartikeln oder in Publikationen von Interessensverbänden gilt häufig: Findet sich für zwei oder mehrere Merkmale, Zustände oder Ereignisse (Faktoren) ein auffälliger Zusammenhang (Korrelation), werden oft weitreichende Rückschlüsse gezogen. Einer dieser Faktoren gilt dann als Ursache, ein anderer als Folge (Wirkung). Die dabei gewonnenen Erkenntnisse bestimmen nicht selten das Handeln und ziehen teils aufwendige Maßnahmen nach sich — unabhängig davon, ob es wirklich einen Ursache-Wirkung-Zusammenhang gibt.

Korrelation
Auffälliger Zusammenhang zwischen zwei oder mehreren Faktoren (Merkmalen, Zuständen oder Ereignissen). Die Stärke einer Korrelation wird anhand von statistischen Daten mathematisch ermittelt.

Im Beispiel zu Speiseeisverkauf und Sonnenbränden haben wir gesehen: In Zeiten hohen Speiseeisverkaufs entstehen viele Sonnenbrände. Hingegen besteht keine direkte Beziehung in Form von Ursache und Wirkung **(kausaler Zusammenhang)**: Vielmehr ist die Sonne Ursache sowohl für den Speiseeisverkauf als auch für die Zahl der Sonnenbrände.

Kausaler Zusammenhang

Direkte Beziehung von Ursache und Wirkung. Beispielsweise besteht ein kausaler Zusammenhang zwischen Sonnenschein (Ursache) und Sonnenbränden (Wirkung).

Es kann aber auch vorkommen, dass zwei Merkmale nicht direkt miteinander zu tun haben, auch wenn ein auffälliger Zusammenhang besteht. Im Beispiel von Einkommen und Lebenserwartung spielt ein dritter Faktor eine Rolle, der zwischen den beiden betrachteten Faktoren steht — der Lebenswandel. Bei den Doktortiteln in Soziologie und den Todesfällen als Folge blutverdünnender Medikamente gibt es auch keine indirekte Verbindung; die Korrelation hat sich zufällig ergeben.

>>*Korrelation und Kausalität verhalten sich zueinander
wie zwei Zwillingsschwestern, die von vielen verwechselt werden,
die nicht mit beiden gleichermaßen gut bekannt sind.*<<
Sophia Amalie Antoinette Infinitesimalia, Bloggerin[3]

Kriminell und ledig oder verheiratet und unbescholten?

Doch wie lässt sich in einem konkreten Fall feststellen, ob eine Korrelation auch mit einem kausalen Zusammenhang verbunden ist? Diese Frage sei im folgenden Schritt geklärt.

Mehrere Studien kommen zu dem Schluss: Unter verheirateten Menschen gibt es anteilig weniger Kriminelle als unter Unverheirateten.[4] Es besteht also eine Korrelation zwischen *Verheiratetsein* und *Kriminalität*.

Doch ob die Menschen heiraten (Ursache) und dann eher nicht kriminell werden (Wirkung) oder kriminell werden und dann eher nicht heiraten, ist keine leicht zu klärende Frage. So lassen sich in Bezug auf Ursache und Wirkung zwei Interpretationen finden:

♦ Interpretation 1:
 Verheiratet zu sein senkt das Risiko, kriminell zu werden.

♦ Interpretation 2:
 Kriminell zu sein (und womöglich im Gefängnis zu sitzen) verringert die Möglichkeit, verheiratet zu sein (d.h. Partner zu finden bzw. Beziehung aufrechtzuerhalten).

Letztlich kann davon ausgegangen werden, dass in diesem Beispiel zu Verheiratet-sein und Kriminalität beide Interpretationen korrekt sind. Es lässt sich mathematisch zwar feststellen, ob es einen starken Zusammenhang zwischen den beiden Faktoren gibt, aber nicht, welcher Faktor wie stark auf den anderen Einfluss nimmt. Die ermittelte Korrelation hat dann nur eine eingeschränkte Aussagekraft.

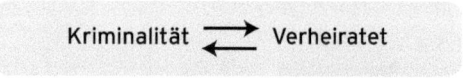

Beide Größen wirken aufeinander

Zusammenfassender Überblick zu den Erklärungsmöglichkeiten

Die bisherigen Erkenntnisse, welche prinzipiellen Erklärungsmöglichkeiten es für statistisch ermittelte Zusammenhänge zwischen zwei Faktoren gibt, zeigt die folgende Abbildung.

Erklärungsmöglichkeiten für den statistischen Zusammenhang zwischen zwei Faktoren (Korrelation)	Prinzip	Beispiel
Es besteht kein Ursache-Wirkung-Zusammenhang: Der Zusammenhang zwischen den Faktoren A und B ist zufällig. → **Keine Kausalität zwischen A und B sowie B und A**	(A) (B)	Doktortitel in Soziologie und Todesfälle als Folge blutverdünnender Medikamente
Die Faktoren A und B haben aufeinander keine Wirkung, sondern werden beide durch den Faktor C (Ursache) beeinflusst. → **Keine Kausalität zwischen A und B sowie B und A**	(C)⤳(A)/(B)	Sonnenschein (Ursache); Speiseeisverkauf und Sonnenbrand (jeweils Wirkung)
Faktor A (Ursache) beeinflusst Faktor B (Wirkung). → **Kausalität zwischen A und B**	(A)→(B)	Einnahme eines blutdrucksenkenden Medikaments (Ursache); verringerter Blutdruck (Wirkung).
Faktor B (Ursache) beeinflusst Faktor A (Wirkung). → **Kausalität zwischen B und A**	(A)←(B)	Ursache-Wirkung-Richtung ist umgekehrt als zunächst angenommen.
Faktor A (Ursache) beeinflusst Faktor B (Wirkung) und Faktor B (Ursache) beeinflusst Faktor A (Wirkung). → **Kausalität zwischen A und B sowie zwischen B und A**	(A)⇄(B)	Familienstand und Kriminalität

Erklärungsmöglichkeiten für den statistischen Zusammenhang
zwischen zwei Faktoren (Korrelation)

Wann man von einer Korrelation auf einen kausalen Zusammenhang schließen darf

Aus den Erklärungsmöglichkeiten für einen statistisch ermittelten Zusammenhang zwischen zwei Faktoren ergibt sich die grundsätzliche Frage: Wann darf man von einer Korrelation auf eine Kausalität schließen? Es sind die folgenden Bedingungen einzuhalten:

1. Logische Erklärung mit korrekter zeitlicher Reihenfolge

Es muss eine logische Erklärung für den Zusammenhang der beiden Faktoren vorliegen, wobei die Ursache vor dem Effekt stattfindet.[5]

Forscher entwickeln ein neues Medikament, das den Blutdruck senken soll. Sie erwarten diese Wirkung aufgrund ihres Wissens aus Chemie, Biologie und zu den Abläufen im menschlichen Körper. Bei ihrer Erklärung stimmt die zeitliche Reihenfolge von Ursache und Wirkung: Zuerst schluckt der Patient das Medikament, erst später zeigt sich die Wirkung in Form eines verringerten Blutdrucks.

In anderen Fällen von Korrelationen lässt sich keine logische Erklärung finden. Das gilt etwa für das Beispiel zu den Doktortiteln in Soziologie und den Todesfällen als Folge blutverdünnender Medikamente.

2. Erklärung ist eindeutig

Alle anderen plausiblen Erklärungen, wie es zum Effekt kommen kann, müssen ausgeschlossen werden können.[6]

Beim Beispiel des blutdrucksenkenden Medikaments ist die Erklärung für die Wirkung eindeutig. Auf die Frage, warum bei Patienten, die das neue Medikament einnehmen, der Blutdruck absinkt, findet sich keine andere Erklärung als die Medikamenteneinnahme. In anderen Fällen sind zusätzlich zur aufgestellten logischen Erklärung auch andere Begründungen einleuchtend. Warum verheiratete Menschen weniger Straftaten begehen als unverheiratete, könnte z. B. auch folgende Ursachen haben:

- *Die Tatsache, dass ein Mensch mit einem Partner oder einer Partnerin zusammenlebt, könnte die Ursache für die geringere Kriminalitätsneigung sein — und nicht der Status der Ehe.*
  Studien zeigen allerdings, dass das Zusammenleben die Kriminalitätsneigung deutlich geringer bremst als die Ehe (es sei denn, die Zusammenlebenden sind verlobt).[7] Erklärt wird dieses Ergebnis für Verheiratete mit einem größeren Einfluss auf den Partner, einer größeren Verantwortung für den Partner, einem anderen Lebensstil und mit weniger frei verfügbarer Zeit.

- *Jugendliche und Twens begehen zum einen altersbedingt mehr Straftaten als Ältere[8] — zum anderen ist in diesen Altersgruppen der Anteil der Verheirateten viel geringer als bei den älteren Menschen.*
  Zwar begehen Jugendliche und Twens bezogen auf ihren Anteil an der Bevölkerung tatsächlich mehr Straftaten als ältere Menschen — also in einem Alter, in denen viele (noch) nicht verheiratet sind. Doch die Tatsache, dass Verheiratete in weniger

Fällen kriminell werden als Unverheiratete[9], zeigt sich grundsätzlich wohl unabhängig vom Alter – zumindest, wenn in jungem Alter geheiratet wurde.

Zwar gibt es im Beispiel zu Kriminalität und Ehestand auch andere Erklärungen als die ursprünglich angenommene; sie sind aber nicht relevant. Beschränken wir uns an dieser Stelle beispielhaft auf die zwei gerade genannten Alternativerklärungen, so lässt sich feststellen: Die ursprüngliche Erklärung ist eindeutig – verheiratet zu sein senkt das Risiko, kriminell zu werden; zugleich verringert Kriminalität die Möglichkeit, eine Ehe zu führen.

3. Wissenschaftliche Standards sind eingehalten

Drei wichtige Standards sind: Wurde das Richtige betrachtet? Wurde eine ausreichende Menge betrachtet? Wurde die betrachtete Ursache ausreichend von anderen Ursachen isoliert?

a.) Das Richtige betrachten

Im Beispiel zu Kriminalität und Ehe würden falsche Ergebnisse entstehen, wenn nur junge Menschen betrachtet oder lediglich in Gefängnissen Untersuchungen durchgeführt würden. Die Auswahl der betrachteten Bereiche muss mit der Fragestellung übereinstimmen. In unserem Beispiel sind also Menschen im heiratsfähigen Alter aller Altersklassen zu berücksichtigen. Gibt es mehr alte Menschen als junge, muss eine entsprechend größere Zahl alter Menschen befragt werden. Sind diese Bedingungen eingehalten, sagt man: Die Untersuchung ist repräsentativ.

b.) Eine ausreichende Menge betrachten

Um zu einer aussagekräftigen Erkenntnis zum Thema Kriminalität und Ehe zu kommen, ist es nicht ausreichend, in jeder Altersklasse zwischen einer Person und fünf Personen zu betrachten – entsprechend ihres Gesamtanteils an der Gruppe der heiratsfähigen Menschen. Diese Anzahl wäre zu gering, als dass sich die gewonnene Erkenntnis verallgemeinern ließe. Wie groß die betrachtete Menge sein muss, hängt davon ab, welche Sicherheit das Ergebnis bieten soll: Soll es mit einer Sicherheit (Wahrscheinlichkeit) von 100 % korrekt sein, muss im Beispiel zu Kriminalität und Ehe die gesamte heiratsfähige Bevölkerung betrachtet bzw. befragt werden. Reichen als Sicherheit 99 % oder 90 % aus, können aus der Menge der heiratsfähigen Bevölkerung deutlich weniger Personen einbezogen werden.

Wie viele Fälle zu analysieren sind, damit die gewonnenen Erkenntnisse verallgemeinert werden können, muss im Einzelfall mathematisch ermittelt werden.

c.) Die betrachtete Ursache ausreichend von anderen Ursachen isolieren

In der komplexen Welt haben nur wenige Effekte eine einzige Ursache. Beispiel Kriminalität: Neben dem Nichtverheiratetsein beeinflussen vor allem Vorstrafen im Elternhaus und schlechte Bildung die Neigung zu Kriminalität.[10] Deshalb ist in Studien sicherzustellen, dass nur jeweils eine einzelne vermutete Ursache-Wirkung-Beziehung untersucht wird.

Mehrere Ursachen eines Effektes in Studien voneinander zu isolieren, um nur den Effekt einer einzelnen Größe zu analysieren, ist teils sehr aufwendig. Ein Grund dafür: Die einzelnen Ursachen wiederum können sich untereinander beeinflussen. Statistische Rechenmethoden helfen hierbei. Ob die unterschiedlichen Ursachen einer Wirkung in einer Studie ausreichend voneinander isoliert wurden, steht in Meldungen über Studienergebnisse nicht. Das lässt sich nur den Studien selbst entnehmen und bleibt Fachleuten vorbehalten.

In Pressemeldungen wird häufig von einer Korrelation auf eine Kausalität geschlossen, ohne dass diese Bedingungen ausreichend geprüft wurden. In den zugrunde liegenden Studien hingegen weisen die Autoren nicht selten darauf hin, dass sie eine Korrelation zwischen zwei Größen gefunden haben, nicht aber einen kausalen Zusammenhang. Doch auch in wissenschaftlichen Studien selbst unterbleibt manchmal die umfassende Prüfung, ob die Bedingungen erfüllt sind.

Nochmals zum Liebesleben und dem Gehalt

Und was ist nun mit der Studie zum Einfluss der Häufigkeit von Sex auf die Höhe des Gehalts – wie lässt sich das Ergebnis interpretieren? Sex hat keinen Einfluss auf das Gehalt, das lässt sich sicher sagen. Die ersten beiden Bedingungen für das Schlussfolgern von einer Korrelation auf Kausalität sind nämlich nicht erfüllt:

Zum Einen hat die Studie nicht aufgezeigt, dass die angebliche Ursache (der Sex) vor der Wirkung (höheres Gehalt) steht – es wurde ja lediglich eine statische Betrachtung vorgenommen. Zum Anderen haben die Studienersteller keine eindeutige Erklärung für den statistisch ermittelten Zusammenhang liefern können.

Eine plausible Erklärung des Studienergebnisses könnte so lauten: Sex führt zu persönlicher Zufriedenheit, was auf die Leistungen bei der Arbeit eine Auswirkung hat. Die berufliche Leistung wiederum hat Einfluss auf die Höhe des Gehalts.[11]

Sex ⟶ Persönliche Zufriedenheit ⟶ Beruflicher Erfolg ⟶ Gehalt

Eine Interpretation zum Zusammenhang von Sex und Gehalt

Oder: Zufriedenheit im Beruf fördert den beruflichen Erfolg mit positiven Auswirkungen auf das Gehalt. Berufliche Zufriedenheit kann auch zu höherer privater Zufriedenheit führen, was wiederum die Häufigkeit von Sex verstärken mag.

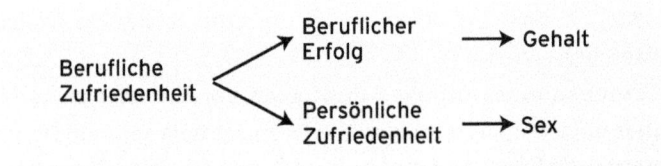

Eine weitere Interpretation zum Zusammenhang von Sex und Gehalt

Beiden Interpretationen ist gemein, dass sie keine direkte Ursache-Wirkung-Beziehung zwischen Sex und Gehalt beinhalten. Im ersten Fall sind zwei weitere Faktoren zwischengeschaltet. Im zweiten Fall führt die berufliche Zufriedenheit sowohl zu höherem Gehalt als auch zu vermehrten Sex, jeweils mit einem dazwischen wirkenden Faktor. Weitere Erklärungsmöglichkeiten bestehen.

Problem bei gesellschaftlichen Fragestellungen

In den Naturwissenschaften fällt es zumeist leicht, aus Experimenten eindeutige und immer wiederholbare Ergebnisse zu erhalten. Das liegt an den Naturgesetzen von Physik und Chemie. Bei gesellschaftlichen Fragestellungen ist es hingegen oft schwer, eindeutige und verallgemeinerbare Ergebnisse zu erhalten. Denn:

- Die Welt ist sehr komplex: Vieles hängt mit Vielem zusammen, und alles ist immer in Veränderung.

- In komplexen Systemen gibt es immer wieder Überraschungen und Störungen.

- Indem Wissenschaftler aus den Ergebnissen ihrer Experimente oder Analysen allgemein gültige Erkenntnisse aufstellen, schreiben sie die Vergangenheit in die Zukunft fort. Es wird vorausgesetzt, dass das Ergebnis eines Experiments aus der Vergangenheit auch in der Zukunft gelten würde. Das ist bei gesellschaftlichen Themen aufgrund von Veränderungen, Wandel und Umbrüchen aber nicht zwangsläufig der Fall.

Der Einfluss von Korrelationen auf politisches Handeln

Politische Maßnahmen basieren bisweilen auf den Ergebnissen wissenschaftlicher Studien, die Korrelationen beschreiben. Es ist dann zu hören, dass dieses mit jenem korrelieren würde oder bestimmte Zusammenhänge empirisch belegt seien. Nicht immer ist für Außenstehende klar, ob auch ursächliche Zusammenhänge vorliegen. Besteht lediglich eine Korrelation und keine Kausalität, dann kann darauf ausgerichtetes politisches Handeln zu Symptombekämpfung, sich vergrößernden Problemen und ineffizientem Mitteleinsatz (d. h. Geldverschwendung) führen.

Eine 2010 veröffentlichte Studie zu Staatsschulden und Wirtschaftswachstum beeinflusste die Diskussion über öffentliche Haushalte, Staatsausgaben und Sparpolitik in vielen Ländern. Die renommierten Wirtschaftswissenschaftler Carmen Reinhart und Kenneth Rogoff hatten in ihrer aufwendigen, auf historischen Daten basierenden Studie aufgezeigt: Hohe Staatsschulden bremsen das Wirtschaftswachstum. Wenn die Schulden 90 % der Jahreswirtschaftsleistung (Bruttoinlandsprodukt) eines Landes erreichen, würde das Wirtschaftswachstum abnehmen.[12]

Der Ökonom Randall Wray hingegen vertritt die Meinung, der Zusammenhang sei gerade umgekehrt: Ein niedriges Wirtschaftswachstum führe zu höheren Staatsschulden.[13] Mit dieser Interpretation ergeben sich völlig andere politische Ziele und Maßnahmen.

Welche Interpretation ist nun richtig? Darüber streiten die Fachleute noch heute – lange nachdem die erstgenannte Interpretation politisches Handeln beeinflusst hat.

Unabhängig von der Interpretation haben sich die von Reinhart und Rogoff errechneten Prozentwerte zur Korrelation von Staatsschulden und Wirtschaftswachstum als fehlerhaft erwiesen.[14] 2013 zeigte ein Wirtschaftsstudent in einer Aufsehen erregenden Arbeit, dass für manche Länder einige Werte nicht in die Berechnung einbezogen worden waren. Daraufhin gab es starke Kritik, die Forscher hätten methodisch unsauber gearbeitet und auf diese Weise ihre deutlichen Ergebnisse erst erhalten. So zeigt dieses Beispiel auch: Studienergebnisse sind nicht zwangsläufig korrekt, nur weil sie von renommierten Wissenschaftlern oder Organisationen durchgeführt wurden.

Ursachen von Ursachen von Ursachen

Korrelationsanalysen lenken die Aufmerksamkeit auf eine einzige Ursache einer Situation oder eines Problems. Das birgt die Gefahr, andere Ursachen zu übersehen oder zu vernachlässigen. Bevor aufgrund der Ergebnisse einer Korrelationsanalyse Maßnahmen ergriffen werden, sollten auch die anderen Ursachen betrachtet werden.

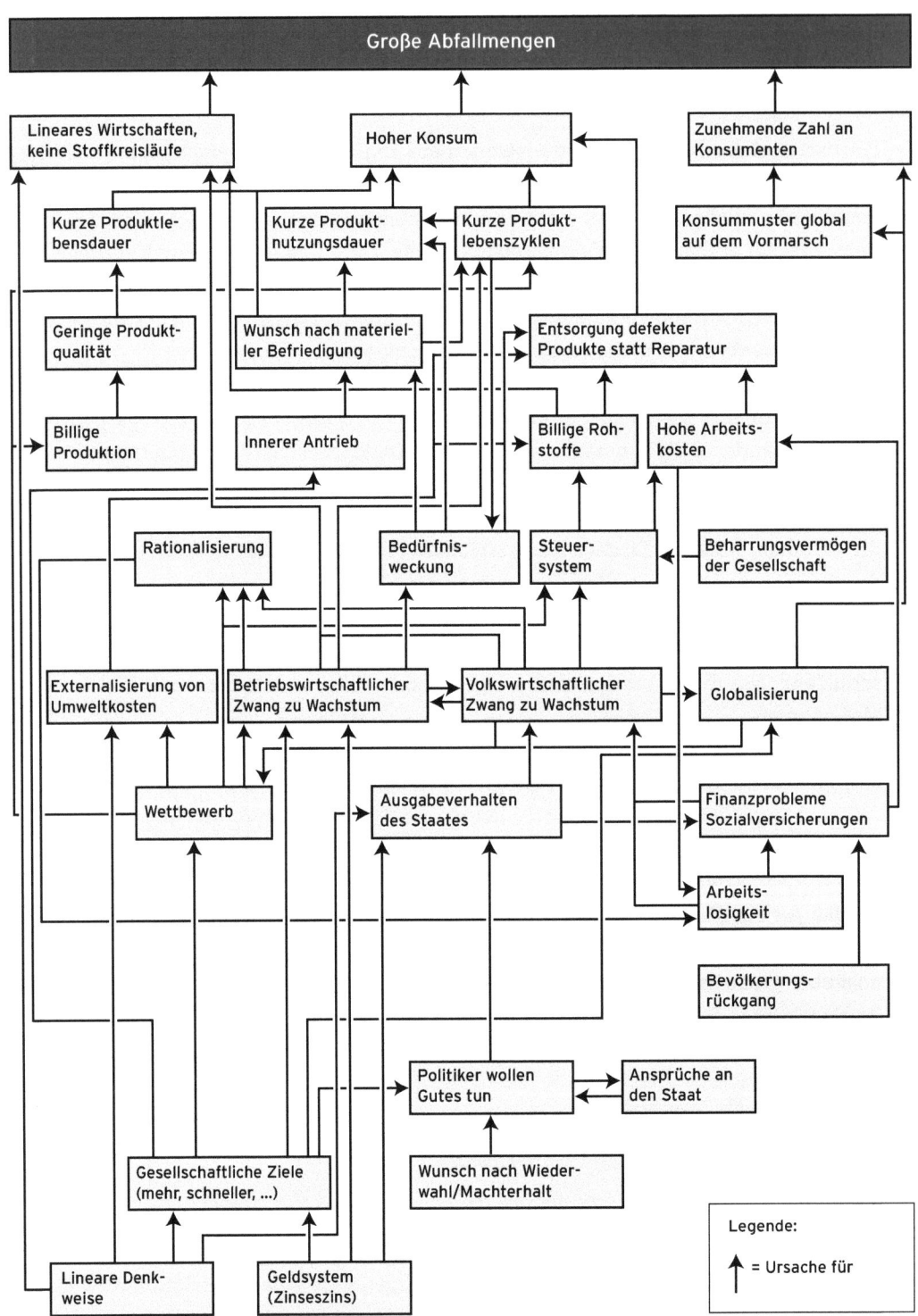

Ursachengrafik für große Abfallmengen

Dabei gilt es zu beachten: Jede Ursache hat wiederum ihre Ursachen. Auch für diese Unterursachen gibt es wiederum Ursachen. Wie soll es gelingen, Probleme in den Griff zu bekommen, wenn die Ursachen von Ursachen gar nicht betrachtet werden?

Anhand eines Beispiels aus einem Industrieunternehmen lässt sich das veranschaulichen:[15]

»Auf dem Werkstattboden befindet sich eine Öllache. Warum?

Weil aus der Maschine Öl ausläuft. Warum?

Weil die Dichtung verschlissen ist. Warum?

Weil wir Dichtungen gekauft haben, die aus mangelhaftem Material bestehen. Warum?

Weil es ein gutes Geschäft für uns war. Warum?

Weil die Einkaufsmanager nach Kosteneinsparungen beurteilt werden.«

In diesem einfachen Fall liegt eine lineare Abfolge von Ursachen vor — ein Problem hat eine Ursache, die wiederum auf eine einzige Ursache zurückzuführen ist etc. Trotz der einfachen Abfolge von Ursachen ist das Ergebnis äußerst aufschlussreich und verdeutlicht: Um die grundsätzliche Ursache des Problems anzugehen, sind größere Änderungen erforderlich als nur das Öl aufzuwischen und die Dichtung zu wechseln — ein höheres Budget für Maschinenteile und Wartungsarbeiten sowie ein anderes Vergütungssystem für Einkaufsmanager.

Bei komplexeren Themen hat eine Ursache nicht allein eine einzige Ursache, sondern selbst schon mehrere Ursachen. Diese haben abermals ihre eigenen Ursachen. Überdies steht die Vielzahl an Ursachen nicht voneinander isoliert unter- und nebeneinander — sie beeinflussen sich zum Teil auch gegenseitig.

Warum fallen in den Industriestaaten große Abfallmengen an? Es wird zu viel konsumiert und zu viel weggeschmissen, lautet eine einfache Antwort. Schaut man genauer hin, ergibt sich ein ganzes Geflecht an Ursachen und Unterursachen. Im Rahmen des Projekts *Wandel vernetzt denken* hat der Autor mit seinem Team eine umfassende Analyse zu den Ursachen großer Abfallmengen durchgeführt. Ermittelt wurden 33 sich teils untereinander beeinflussende Faktoren als Ursachen (siehe Abbildung). Damit verdeutlicht die Grafik, dass einfache Lösungen kaum dazu führen können, komplexe Probleme in den Griff zu bekommen. Es ist sehr wahrscheinlich, dass die vorgeblichen Lösungen lediglich an Symptomen ansetzen, nicht an den Ursachen.

Ursachengrafiken können auch in einfacheren oder alltäglichen Fällen helfen, einem Problem auf den Grund zu gehen. Das betrachten wir später im Kapitel zum Visualisieren komplizierter und komplexer Zusammenhänge näher.

DAS WICHTIGSTE IN KÜRZE

◆ Immer wieder wird in den Medien, aber zum Teil auch in Studien selbst, von einem statistischen Zusammenhang zwischen zwei Faktoren auf einen ursächlichen Zusammenhang geschlossen, obwohl die dafür notwendigen Bedingungen nicht erfüllt sind.

◆ Werden auf Basis solcher Studien Maßnahmen mit dem Ziel durchgeführt, ein Problem in den Griff zu bekommen, so ist die Wahrscheinlichkeit nicht gering, dass lediglich Symptome angegangen werden, nicht aber die Problemursachen. Die Folge: Probleme werden verschoben und vergrößern sich, die eingesetzten (Finanz-)Mittel sind ineffizient verwendet.

◆ Statt allein eine einzige Ursache für komplexe Fragestellungen herauszugreifen und anzugehen, ist das gesamte Netz an Ursachen mit ihren Unterursachen in notwendiger Tiefe zu betrachten — einschließlich der Wirkungen aller Ursachen untereinander.

Checkliste zu Ursachen

1. Gibt es für eine Wirkung, eine Situation oder ein Problem lediglich eine Ursache oder bestehen mehrere Ursachen?
2. Welche Ursachen haben die Ursachen?
3. Beeinflussen sich die Ursachen einschließlich der Unterursachen untereinander? Falls ja: wie?
4. Wenn eine Situation geändert oder ein Problem angegangen werden soll: An welchen Ursachen muss angesetzt werden, um das Ziel erreichen zu können?

Checkliste zur Beurteilung von Meldungen zu Ursache und Wirkung

1. Ist eine Korrelation oder eine Kausalität erkennbar?

Lässt sich der Meldung entnehmen, ob lediglich ein statistischer Zusammenhang vorliegt (Korrelation) oder auch ein ursächlicher Zusammenhang (Kausalität) nachgewiesen wurde?

Falls ein ursächlicher Zusammenhang gemeldet wird:

- Erscheint die Erklärung schlüssig?
- Ist die zeitliche Reihenfolge gegeben, d.h., dass die vermeintliche Ursache in jedem Fall vor der Wirkung auftritt?

2. Werden Begründungen angeführt?

Ist eine Begründung genannt, warum die Wirkung auf der angegebenen Ursache beruht (d.h., warum es einen kausalen Zusammenhang gibt)?

Falls ja:

Erscheint die Begründung plausibel?

3. Kommen andere Ursachen in Frage?

Ist angegeben, welche anderen möglichen Ursachen einer Wirkung zugrunde liegen könnten und welche davon ausgeschlossen wurden?

Falls nein:

Welche Ursachen sind denkbar und realistisch?

4. Wurden wissenschaftliche Standards berücksichtigt?

Lässt sich erkennen, ob wichtige wissenschaftliche Standards eingehalten wurden?

Wurde für die Fragestellung das Richtige betrachtet?

Wurde eine ausreichende Menge betrachtet?

Wurde die betrachtete Ursache ausreichend von anderen Ursachen isoliert?

5. Sind die Interessen der Auftraggeber einer Studie erkennbar?

Welche Interessen könnte die Organisation, die die Studie in Auftrag gegeben oder erstellt hat, an dem veröffentlichten Ergebnis haben?

3

Über den Unsinn und Sinn von Prognosen

Tierisch gut waren sie: die Ergebnisse des Adam Monk. Sechs Jahre lang wählte der Affe immer im Januar einige Aktien aus. Dazu setzten ihn Redakteure der Tageszeitung *Chicago Sun Times* auf den Börsenteil einer Wirtschaftszeitung. Das Tier zeigte mit einem Stift auf verschiedene Unternehmensnamen.

Adam Monk bei der Arbeit
(Foto: Anne Lass, VG Bildkunst, Bonn 2017)

In vier von sechs Jahren entwickelte sich der Wert der von ihm ausgewählten Aktien viel besser als der amerikanische Aktienmarkt.[1] Als Maßstab für die Entwicklung des Aktienmarkts wurde der Dow-Jones-Index herangezogen. Er misst, wie sich der Aktienkurs der 30 bedeutendsten US-amerikanischen Unternehmen entwickelt. In einem weiteren Jahr lagen der Affe und der Dow-Jones-Index in etwa gleich, mit einem kleinen Vorteil für den Index, in einem anderen Jahr gewann der Index klar.

Indem der Affe mit seiner Auswahl den Aktienmarkt schlug, ließ er auch die meisten Finanzunternehmen hinter sich. Er stellte also jeweils eine Auswahl an Aktien zusammen, die in der Mehrzahl der Fälle erfolgreicher als der Markt und überdies als die Mehrzahl der professionellen Finanzunternehmen und -analysten war. Ein Einzelfall?

Nein. 1999 warf in Los Angeles die Schimpansendame Raven Pfeile auf eine Dartscheibe, die mit Aktiennamen beschriftet war. Auf diese Weise wählte der Affe zehn von 133 Aktien aus. Die Rendite des Aktienportfolios hätte Raven unter die *Top 25* der US-amerikanischen Investmentmanager gebracht.[2] Zeitungen und Webseiten berichten über weitere ähnliche Ergebnisse, die sich allerdings teils nicht eindeutig nachverfolgen lassen.

Diese Ergebnisse sind umso erstaunlicher, als Finanzunternehmen große Erfahrung besitzen, umfassend analysieren und enorme Mengen an Daten erheben und computergestützt auswerten. Sie prognostizieren die Entwicklung einzelner Aktien und des Aktienmarktes und investieren anhand der dabei gewonnenen Erkenntnisse.

Doch selbst wenn Affen mit ihrer zufälligen Aktienauswahl über lange Sicht nicht erfolgreicher wären als der Markt und das Gros der Finanzanalysten, sondern lediglich gleich gut oder schlecht, bliebe das eine folgenreiche Erkenntnis.

Wie verlässlich sind Prognosen?

Tagtäglich werden wir mit Prognosen konfrontiert — über die Entwicklung der Wirtschaft, der Steuereinnahmen, des Aktienmarktes oder des Erdklimas. Diese Prognosen werden teils auf Jahrzehnte im Voraus erstellt. Sie dienen als Grundlage für das Planen und Handeln von Staat, Sozialversicherungen und Unternehmen. Wichtige Entscheidungen für die Zukunft beruhen auf solchen langfristigen Prognosen, etwa in der Wirtschafts- und Sozialpolitik. Doch halten sie, was sie versprechen? Oder schaffen sie gar Probleme, wenn auf Basis ihrer Ergebnisse Handeln gestaltet wird?

Zunächst gilt es zwischen Vorhersagen, Prognosen und Prophezeiungen zu unterscheiden. Häufig werden diese Begriffe synonym verwendet, obwohl sie unterschiedliche Bedeutungen besitzen.

Vorhersage
Eine Vorhersage ist eine Aussage über eine zukünftige Entwicklung, eine zukünftige Situation oder ein zukünftiges Ereignis.

Eine Vorhersage kann eine Prophezeiung oder eine Prognose sein.

Zum Zusammenhang von Vorhersage, Prophezeiung und Prognose

Prophezeiung
Eine Prophezeiung ist eine Vorhersage, der keine umfassende systematische Analyse des Themas zugrunde liegt.

Wer aus dem Bauch heraus den Kursanstieg einer bestimmten Aktie vorhersagt, prophezeit. Würde man Adam Monk unterstellen, er hätte Aktien bewusst mit dem Ziel ausgewählt, Kursgewinne zu erzielen, würde es sich ebenfalls um eine Prophezeiung handeln. Die Vorhersagen von Finanzanalysten sind selten Prophezeiungen — das wären sie, wenn sie rein intuitiv erfolgten —, sondern meist Prognosen.

Prognose

Eine Prognose ist eine Vorhersage, die auf Basis von umfangreichen systematischen Analysen gemacht wird. Sie zeigt für das untersuchte Thema, wie die Zukunft nach Meinung der Prognoseersteller mit hoher Wahrscheinlichkeit aussehen wird.

Ist der Zufall besser als eine umfassende Analyse?

Die Affen haben ihre Aktienauswahl ohne Vorkenntnisse rein zufällig getroffen. Diese zufällige Auswahl der Aktien war im Durchschnitt erfolgreicher als die gezielte Auswahl anhand bestimmter Prognosen über die Entwicklung von Wirtschaft und

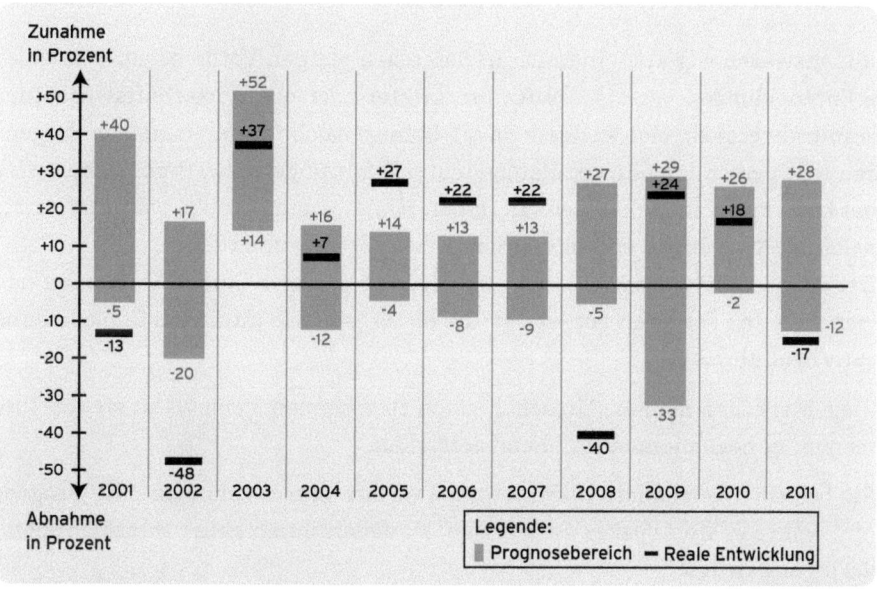

DAX-Jahresprognosen von Finanzunternehmen im Vergleich zur realen Entwicklung. Berechnet nach Daten aus: Holger Zschäpitz: *Machen »Welt«-Leser die Analysten obsolet?*

Ein Lesebeispiel: Für das Jahr 2011 lag die Prognose der Finanzunternehmen zur Werteentwicklung des DAX im Bereich zwischen -12 % und +28 %. Das bedeutet: Ein Unternehmen sagte einen Rückgang um 12 % voraus, ein anderes einen Zuwachs von 28 %. Alle anderen Unternehmen prognostizierten Werte zwischen diesen beiden Zahlen. Die reale Entwicklung des DAX bis zum Jahresende betrug hingegen -17 %.

einzelner Unternehmen. Auch wenn sich der Erfolg der Affen bei der Aktienauswahl nicht so einfach verallgemeinern lässt: Dass Finanzanalysten mit ihren Prognosen keine überzeugende Trefferquote erzielen, zeigt sich immer wieder.

Viele Banken und andere Finanzunternehmen nennen zum Jahresbeginn Prognosen dafür, welchen Wert der deutsche Aktienindex DAX ihrer Ansicht nach zum Jahresende aufweisen wird. Die Zeitung *Die Welt* hat diese Prognosen über viele Jahre ausgewertet und mit der realen Entwicklung verglichen.[3]

Das Ergebnis der Auswertung lautet: Oft weichen die Prognosen deutlich von der späteren realen Entwicklung ab (siehe Abbildung S. 41). Beispielsweise wurden teils starke Zuwächse prognostiziert, während der Aktienindex jedoch abnahm. Zudem lagen schon zwischen den Prognosen der einzelnen Unternehmen große Unterschiede — ein weiteres Zeichen dafür, dass sich die Entwicklung des Aktienmarktes nicht verlässlich vorhersagen lässt.

Die Schwierigkeiten bei Prophezeiungen

Im Finanzwesen wie auch in anderen Bereichen werden Vorhersagen über zukünftige Entwicklungen — etwa des Aktienmarktes oder des Wirtschaftswachstums — teils intuitiv erstellt, also aus dem Bauch heraus. Auch in systematische Prognosen gehen teils persönliche Einschätzungen und Erfahrungen, also Prophezeiungen ein. Dabei kann systematisches Denken in den Hintergrund geraten, während persönliche Gefühle, Neigungen und Interessen in den Vordergrund rücken.

Der Wirtschaftswissenschaftler und Nobelpreisträger Daniel Kahneman hat in seinen Arbeiten Faktoren aufgezeigt, die die Ergebnisse intuitiver Entscheidungen negativ beeinflussen:[4]

• Viele Menschen meinen, Ursachen rasch zu erkennen, auch wenn sie die Zusammenhänge noch nicht ausreichend verstehen.

• Sie beziehen verfügbare Informationen in ihre Entscheidungen oder Prognosen ein, während sie Aspekte ausblenden, zu denen ihnen keine Informationen zur Verfügung stehen.

• Sie neigen dazu, erhaltene Informationen eher für korrekt zu halten, als sie zu hinterfragen.

Die Schwierigkeiten bei Prognosen

Es ist nur schwerlich möglich, den Aktienmarkt mit seinen vielen Einflüssen und seiner Dynamik in ein verlässliches mathematisches Modell zu fassen, das Grundlage für computergestützte Prognosen ist. Zu viele Aspekte bestimmen den Aktienmarkt, zu viele sich untereinander beeinflussende Faktoren spielen hier eine Rolle.

Modelle sollen für ausgesuchte Themen die Realität vereinfacht abbilden. Eingehen sollen Faktoren, die für eine bestimmte Fragestellung von Bedeutung sind. Hingegen können jene Faktoren, die in Bezug auf die Fragestellung irrelevant sind, außen vor bleiben. Anhand der ausgesuchten Faktoren wird die Realität in Texte, Abbildungen oder mathematische Gleichungen übertragen.

Doch die Aktienmärkte erweisen sich als äußerst komplex. Ihre Entwicklung wird durch eine Vielzahl an Faktoren beeinflusst:

- Attraktivität einer Unternehmensidee

- Erfolg eines Unternehmens und Prognosen über den zukünftigen Erfolg

- allgemeine wirtschaftliche Lage

- Vertrauen der »Verbraucher« in die wirtschaftliche Lage (Psychologie)

- politische Stabilität im In- und Ausland

- Faktoren wie Naturkatastrophen, Ausbruch ansteckender Krankheiten oder Terroranschläge

Alle Faktoren zusammen sowie ihre Beeinflussung untereinander lassen sich weder durch Bauchgefühl und Erfahrung noch durch strenge Analyse in ausreichendem Maße erfassen. Modelle sind nicht in der Lage, diese komplexe Realität abzubilden.

> *»Aufgrund unserer modernen IT-Systeme hat sich generell im öffentlichen Bewusstsein die Vorstellung etabliert, ein Resultat müsse richtig sein, wenn es von einem Computer stammt. Selbst Astrologen werben damit, ihre Voraussagen würden von Rechnern erstellt. Dabei wird vergessen, dass ein Computer nur das tut, was man ihm sagt.«*
> **Claus Peter Ortlieb**, Mathematiker[5]

Mangelnde Prognostizierbarkeit in vielen Bereichen

Die Problematik von Prognosen betrifft nicht allein die Aktienmärkte. Zu wirtschaftlichen Fragestellungen eines Landes (d. h. volkswirtschaftlichen Themen) werden Modelle erarbeitet, aus denen Prognosen hervorgehen. Doch auch hier erweist sich die Komplexität als äußerst hoch.

> **Komplex** ist ein Thema oder ein Problem, wenn viele der beteiligten Faktoren sich vielfach untereinander beeinflussen und sich überdies weiterentwickeln bzw. verändern. Die Komplexität ist umso größer, je mehr Faktoren oder Elemente beteiligt und je vernetzter diese untereinander sind.

Als wichtigste volkswirtschaftliche Prognose wird die künftige Entwicklung der Wirtschaftsleistung angesehen. Darunter versteht man den Wert aller Waren und Leistungen, die innerhalb eines Jahres in einem Land erzeugt bzw. erbracht werden. Wirtschaftsinstitute, Finanzunternehmen, Ministerien und Lobbygruppen messen sich in dieser Aufgabe. Anhand der Ergebnisse entscheidet

- ein Land über seine Wirtschafts- und Sozialpolitik;
- die öffentliche Hand über Höhe und Art ihrer Ausgaben;
- ein Unternehmen teils über seine Investitionen.

Prognosen für die zukünftige Wirtschaftsleistung sind das Maß aller Dinge. Sie werden nicht allein auf das kommende Jahr, sondern zusammen mit anderen Faktoren teils Jahrzehnte im Voraus bestimmt.

Doch auch hier zeigt sich, dass die Prognosen nicht verlässlich sind. Für das deutsche Bundeswirtschaftsministerium erstellen mehrere Wirtschaftsforschungsinstitute gemeinsam jährlich eine Prognose zur Wirtschaftsentwicklung im folgenden Jahr. Das *Deutsche Institut für Wirtschaftsforschung* fand in einer Studie heraus: In den zehn betrachteten Jahren lag diese Prognose für das reale Bruttoinlandsprodukt — dem Maß der Wirtschaftsleistung — in Deutschland durchschnittlich um die Hälfte höher, als das Wachstum später ausfiel.[6]

Für eine andere Studie wurden Prognosen von Forschungsinstituten und Banken analysiert. Für das Bruttoinlandsprodukt und Prognosehorizonte von 13 bis 24 Monaten ergab sich, dass sogenannte *naive Prognosen* deutlich besser als professionelle Prognosen abschnitten.[7] Für die naive Prognose bildeten die Studienersteller den Durchschnitt des Bruttoinlandsprodukts der vergangenen drei Jahre.

Übrigens: Den starken Rückgang der Wirtschaftsleistung in vielen Ländern im Jahre 2008 in Folge der Finanzkrise sah weltweit kein Einziges der Prognosemodelle voraus.

Woran liegt es, dass Prognosen häufig falsch liegen? Die Ursachen sind auf lineares Denken zurückzuführen. Vier Hauptmängel lassen sich dafür nennen – Mängel, die nicht nur bei Prognosen auftreten.

》*Was geschehen wird, bleibt unberechenbar – und damit offen, spannend und herausfordernd. Rechnen ist keine Wahrsagerei, es gibt keine Zauberformel.*《

Wolf Lotter, Journalist und Autor[8]

1. Hauptmangel: Mechanistisches Weltbild

Das Grundprinzip der heute verbreiteten Strömung der Volkswirtschaftslehre und somit auch der volkswirtschaftlichen und finanzmathematischen Modelle basiert auf dieser Annahme: Komplexe wirtschaftliche und dahinterstehende gesellschaftliche Abläufe ließen sich ähnlich wie mechanische Abläufe in der Physik oder wie technische Produkte behandeln; sie könnten anhand von Gesetzmäßigkeiten vorhergesagt und berechnet werden. Doch die Realität sieht anders aus:

- Gesellschaftliche Systeme wie die Wirtschaft sind im Gegensatz zu technischen Systemen wie einem Motor im wahrsten Sinne des Wortes unberechenbar.

- Wie sich gesellschaftliche Systeme entwickeln, ist von einer Vielzahl an Einzelfaktoren abhängig. Für jeden der Einzelfaktoren gibt es viele unterschiedliche Entwicklungsmöglichkeiten. Überdies beeinflussen sich die Faktoren teils untereinander, und zusammen verändern sie das System.

- Ereignisse und Entwicklungen werden von einzelnen Menschen und Gruppen bestimmt. Jedes Individuum hat vielfältige Verhaltensmöglichkeiten — insbesondere in freiheitlichen Gesellschaften und bei wirtschaftlichem Wohlstand. Auch Gruppen sind durch vielfältige bewusste und unbewusste Entscheidungen der beteiligten Menschen geprägt.

- Jegliche Gruppen — von Familien über Vereine und Unternehmen bis hin zu Kommunen und der gesamten Gesellschaft — organisieren und regeln sich im Rahmen der vorgegebenen Bedingungen selbst. Daraus ergeben sich Veränderungen und Eigendynamiken, die keinen eindeutigen Gesetzmäßigkeiten unterliegen.

- Einige Einflüsse, Entwicklungen und Ereignisse gefährden angestrebte Ziele; sie können gleichfalls die Funktionsfähigkeit eines betrachteten Systems in Gefahr bringen. Zu solchen Stör- oder Bedrohungsfaktoren zählen je nach Thema und System der Rücktritt einer Regierung mit folgendem politischem Vakuum, ein Attentat, die Pleite einer bedeutenden Bank oder ein großes Unglück. Naturkatastrophen wie ein Erdbeben und der massenhafte Ausbruch ansteckender Krankheiten sind weitere Beispiele. Doch auch kleinere störende Faktoren können Systeme weitreichend beeinflussen — so kann ein Anstieg des Ölpreises die Wirtschaftsentwicklung bremsen. Alle diese Faktoren lassen sich nicht in Modelle integrieren. Letztlich bestimmen sie Entwicklungen jedoch in hohem Maße. So unwahrscheinlich jeder Faktor für sich sein mag: Mal ist es der eine Faktor, der zum Wirken kommt, mal ein anderer.

- Entwicklungssprünge verändern die Welt, etwa der Umstieg vom Pferd aufs Auto oder die Einführung von Computer und Internet. Exakt vorhersehbar sind sie nur selten.

Störfaktor
Ein Störfaktor ist ein Ereignis (bzw. eine Entwicklung), das das Erreichen eines Ziels gefährdet.

Bedrohungsfaktor
Ein Bedrohungsfaktor ist ein Ereignis (bzw. eine Entwicklung), das die Funktionsfähigkeit und Stabilität des betrachteten Systems gefährdet.

»Ökonomie ist keine Naturwissenschaft. Es ist kein Zufall, dass Techniker haftbar gemacht werden können, während Volkswirte eine Freikarte auf Irrtum besitzen.«

Karl-Heinz Brodbeck, Professor für Volkswirtschaftslehre,
Statistik und Kreativitätstechniken[9]

2. Hauptmangel: Vergangenheit als Maßstab

Prognosen werden entweder als Trendfortschreibung oder auf Basis von mathematischen Modellen erstellt.

Bei Trendfortschreibungen analysiert man, welchen Verlauf etwas in der Vergangenheit genommen hat, z. B. die Wirtschaftsleistung eines Landes. Der sich ergebende Trend wird in die Zukunft verlängert; das Ergebnis ist die Prognose.

Entsteht eine Prognose zur Wirtschaftsentwicklung anhand eines mathematischen Modells, so geht in das Modell ein, welche Faktoren das Bruttoinlandsprodukt zentral bestimmen, wie diese Faktoren wirken und wie sie sich untereinander beeinflussen.

Letztlich enthalten Modelle Erkenntnisse und Erfahrungen aus der Vergangenheit. Deshalb ergeben sich modellbasierte Prognosen oft mehr oder weniger aus der Fortschreibung zurückliegender Entwicklungen. Für Prognosen, die auf Trendfortschreibungen basieren, gilt das erst recht.

Wie die Vergangenheit verlaufen ist und was dort passierte, ist nur ein begrenzter Maßstab für Entwicklungen in der Zukunft. Was auf der Welt und in der Gesellschaft geschieht, ist weitgehend durch Menschen und Menschengruppen bestimmt und lässt sich nicht verlässlich vorhersagen, wie wir gerade schon gesehen haben. Bei der Fortschreibung bisheriger Entwicklungen werden zudem Stör- und Bedrohungsfaktoren außer Acht gelassen.

Wir leben nicht allein in einer Zeit des Wandels, sondern der Umbrüche. Globalisierung samt Gegenbewegung, digitale Revolution und demografische Veränderung –

politische Umstürze, Flucht vor Gewalt und Perspektivelosigkeit sowie Klimawandel: Sie sorgen für neue Herausforderungen. Da mutet es zweifelhaft an, Handeln auf der Fortschreibung der Vergangenheit auszurichten.

>> *Man prognostiziert die Zukunft, indem man sich die Vergangenheit ansieht, sie hochrechnet und das hochgerechnete Stück vorne wieder anflanscht.* <<

Vince Ebert, Physiker, Wissenschaftskabarettist und Autor[10]

3. Hauptmangel: Rationales Verhalten wird vorausgesetzt

Volkswirtschaftliche und finanzmathematische Modelle setzen voraus, dass Menschen, Gruppen und Unternehmen stets streng rational handeln — also vom Verstand gesteuert. Das ist eine der Voraussetzungen, die erfüllt sein müssten, damit sich Handeln und dessen Folgen verallgemeinern und verlässlich prognostizieren ließen.

Doch das Handeln der Menschen wird nicht allein von Rationalität getrieben. In vielen Situationen entscheiden sie aus dem Bauch heraus und sie lassen sich von Gefühlen leiten. Auch Emotionen beeinflussen das Tun. Viele Faktoren spielen dabei eine Rolle: eigene Erfahrungen bis hin zu traumatischen Erlebnissen — persönliche Werte und Moral — Angst, Hoffnung und Euphorie — Gier und Habgier — Geltungsbedürfnis, Eitelkeit und Selbstsucht — Neid und Eifersucht — Freude, Verliebtsein und Lust — Enttäuschtsein, Frust und Trauer — Optimismus und Pessimismus — Status und Macht.

In Unternehmen gibt es immer wieder Geschäftsführer oder Vorstände, die Großes bewegen und sich einen Namen machen wollen; auch sie handeln nicht selten irrational. Und mit einem Blick auf die Entwicklung der Finanzmärkte lässt sich festhalten: Der Herdentrieb an der Börse sowie die immer wieder stark zunehmenden Aktienpreise mit folgenden Börsencrashs zeigen, dass auch hier Rationalität nicht immer das Handeln bestimmt.

>>*Die Gesetze in der wirklichen Welt unterscheiden sich verblüffend von denjenigen in der logischen, idealisierten Welt.*<<

Gerd Gigerenzer, Psychologe und Direktor
am Max-Planck-Institut für Bildungsforschung in Berlin[11]

4. Hauptmangel: Grenzen der Prognoseverfahren

Unabhängig von den drei genannten grundsätzlichen Hauptmängeln von Prognosen liegt ein weiterer Mangel in den Prognoseverfahren selbst. Für jenes Verfahren, das zur Prognose der Wirtschaftsentwicklung über ein bis zwei Jahre am weitesten verbreitet ist, seien zwei Probleme aufgezeigt.[12]

Bei diesem *iterativ* (d. h. schrittweisen) *analytischen Verfahren* werden für eine Reihe von Faktoren Annahmen gemacht. So setzen die Prognostiker beispielsweise die Höhe des Ölpreises sowie Wechselkurse zwischen Währungen fest, auf deren Basis sie die Wirtschaftsentwicklung prognostizieren. Damit die Prognose möglichst gut gelingt, müssen diese Annahmen realistisch sein und mit einer hohen Wahr-

scheinlichkeit eintreten. In diesem Sinne handelt es sich bei den Annahmen um Prognosen. So gesehen erstellt man Prognosen auf Basis von Prognosen. Das erschwert es, treffsicher vorherzusagen.

Für die Prognose zur Wirtschaftsentwicklung werden viele ökonomische Faktoren berücksichtigt. Experten bearbeiten sie zunächst unabhängig voneinander und mit unterschiedlichen Methoden. Erst anschließend wird in mehrstufigen Rechenverfahren versucht, ein widerspruchsfreies Gesamtbild zu erstellen. In der Folge ist es für Außenstehende nicht nur schwierig, nachzuvollziehen, wie es zum Ergebnis kam. Vielmehr ermöglicht dieses Faktum, Prognosen auf erwartete oder vom Auftraggeber gewünschte Ergebnisse hin auszurichten, anstatt ergebnisoffen zu arbeiten.

>> *Fünf Ökonomen mit fünf verschiedenen Modellen*
geben fünf verschiedene Ratschläge. <<

Lars Peter Hansen, Ökonom und Nobelpreisträger[13]

Nur eine Zukunft betrachtet

Es ist erstaunlich, wie viel Prognosen über zukünftige Entwicklungen zu wissen vorgeben und mit welcher Exaktheit Entwicklungen teils Jahrzehnte im Voraus angegeben werden: Die Prozentwerte sind bis auf die Nachkommastelle genau berechnet.

> Prognosen berechnen nicht die Zukunft. Sie zeigen vielmehr auf, was die beteiligten Prognostiker anhand ihrer Modelle unter den jeweiligen Rahmenbedingungen mit hoher Wahrscheinlichkeit erwarten.

Das Ziel ist, die Ungewissheit über die Zukunft zu verringern, um erfolgreicher handeln zu können. Wird jedoch keine Angabe über die erwartete Eintrittswahrscheinlichkeit angegeben, so kommt man von einer Ungewissheit — wie wird die Zukunft aussehen? — in die nächste: Was passiert, wenn ich mich auf diese Prognose verlasse und mein Handeln an ihr ausrichte, jedoch die reale Entwicklung später anders als erwartet aussieht? Falsche Entscheidungen, Fehlinvestitionen und unnötige Ausgaben sind die Folge. Eine Prognose zeigt nur *eine* mögliche Zukunft auf. Sich darauf zu verlassen, anstatt sich auch auf andere mögliche Zukünfte vorzubereiten, ist lineares Denken und Handeln.

>> *Wer eine Entscheidung auf der Basis lediglich eines einzigen Szenarios trifft,*
entscheidet automatisch falsch. <<

Johanna Joppe und Christian Ganowski, Management-Berater[14]

Szenarien und Simulationen als Alternativen zu Prognosen

Wie kann man sich auf die immer ungewisse Zukunft vorbereiten? Szenarien und Simulationen ermöglichen das.

Ein Szenario beschreibt eine *mögliche* zukünftige Entwicklung oder Situation. In diesem Sinn kann eine Prognose als eine Sonderform des Szenarios verstanden werden. Während bei der Prognose allerdings davon ausgegangen wird, dass die Zukunft genauso eintreten wird, zeigt das Szenario zunächst lediglich eine Möglichkeit auf — erst einmal unabhängig von Erwartungen und Wahrscheinlichkeiten.

Um sich dennoch auf unterschiedliche mögliche Zukünfte vorzubereiten, werden mehrere Szenarien parallel entworfen. Häufig werden

- ein positives Szenario,
- ein negatives Szenario und
- das erwartete Szenario

erstellt. So ist man auf mehrere mögliche Entwicklungen vorbereitet. Überdies können zusätzlich Szenarien für störende Ereignisse und Entwicklungen erarbeitet werden. Auf Basis von Szenarien lässt sich überlegen, wie man jeweils handeln würde, wenn eines der Szenarien Realität würde. Man hätte sich auf die immer ungewisse Zukunft deutlich besser vorbereitet.

Ergänzung finden Szenarien durch Simulationen. Hier wird für einen Bereich oder ein Thema geprüft, welche Auswirkungen es hätte, wenn in einem anderen Bereich eine bestimmte Entwicklung eintreten würde — z. B. welche Folgen ein stark steigender Ölpreis auf die Wirtschaftsleistung eines Landes hätte (was passiert, wenn …?). Bei Simulationen steht nicht immer im Mittelpunkt, wie realistisch die getroffenen Annahmen sind. Ziel solcher Betrachtungen kann auch sein, sich auf relativ unwahrscheinliche, aber folgenreiche Ereignisse oder Entwicklungen gedanklich vorzubereiten.

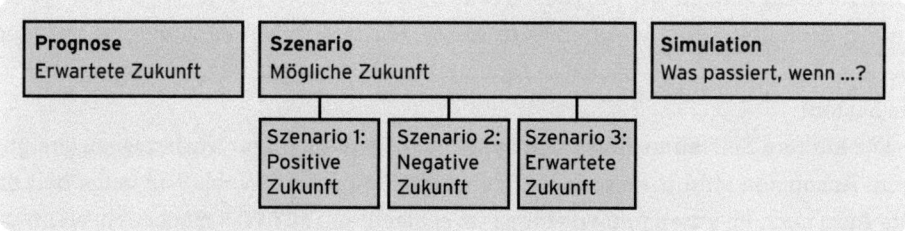

Abgrenzung von Prognose, Szenario und Simulation

Statt sich über eine Prognose, die ja die erwartete Entwicklung angibt, lediglich auf eine mögliche Zukunft vorzubereiten, ist es sinnvoll, sich über Szenarien und eventuell auch Simulationen auf mehrere mögliche Zukünfte einzustellen. Wie das im Detail geschieht, werden wir im dritten Teil des Buchs in zwei eigenen Kapiteln sehen.

In welchen Fällen Prognosen dennoch sinnvoll sind

Obschon Prognosen einer linearen Denkweise entspringen und in vielen Fällen nicht hilfreich sind, gibt es doch Situationen, in denen ihr Einsatz Sinn ergeben kann.

- **Kurze Zeiträume**
  Unternehmen erstellen eine Jahresplanung für Umsatz, Kosten und Gewinn. Diese Planung bildet z. B. die Grundlage für die Investitionen und die Einstellung von Personal. Diese Planung kann auch als Prognose verstanden werden. Für den kurzen Zeitraum von einem Jahr ist das sinnvoll. Hingegen würde eine solche Planung für zehn Jahre im Vorhinein kaum Sinn ergeben.

- **Wenig komplexe träge Systeme**
  Je weniger komplex eine Situation ist, desto eher lässt sich prognostizieren, wie die weitere Entwicklung aussehen kann. Gleiches gilt für die Trägheit eines Systems: Je schwerer es ist, Veränderungen auszulösen und je geringer diese Änderungen ausfallen, desto eher sind Prognosen sinnvoll. Beispielsweise lässt sich die Zahl der Autos in einem industrialisierten Land recht gut über einen längeren Zeitraum prognostizieren. Fast jeder Erwachsene, der ein Auto besitzen möchte, tut dies bereits. Und selbst eine Wirtschaftskrise hätte auf den Autobestand keinen großen Einfluss — wohl aber auf die Verkaufszahlen.

Prognosen und Prophezeiungen im Alltag

Auch im Alltag nutzen wir Prognosen (und Prophezeiungen): Wie lange wird das alte Auto noch halten? Mit welcher Note werde ich meine Schulausbildung beenden? Werden Computer in den nächsten Monaten teurer oder günstiger — wann kaufe ich am besten?

Für kürzere Zeiträume und träge Systeme mögen auch hier Vorhersagen geeignet sein. Ansonsten sind insbesondere Szenarien die bessere Wahl. Wie lange hält das alte Auto noch im guten und wie lange im schlechten Fall? Was mache ich, wenn das Auto kaputtgeht? Thema Abschlussnote: Welche Berufsoptionen stehen mir bei der erwarteten Note offen, welche bei einer schlechten, welche bei einer guten?

So lassen sich Prognosen einschätzen

Wer beruflich oder privat mit Prognosen konfrontiert wird, kann sich mithilfe der folgenden Checkliste ein Bild über ihren Sinn und ihre Verlässlichkeit machen.

Checkliste zu Prognosen

- Bezieht sich die Prognose auf einen kurzen, mittleren oder langen Zeitraum?
  → Je kürzer der Prognosezeitraum, desto zuverlässiger ist die Prognose.

- Betrifft die Prognose eher ein träges oder ein aktives (dynamisches) System?
  → Je träger ein System, desto verlässlicher ist die Prognose.

- Lässt sich erkennen, welche Annahmen der Prognose zugrunde gelegt wurden? Falls ja: Erscheinen sie realistisch?

- Wirken die Aussagen der Prognose plausibel und realistisch?

- Lässt sich erkennen, mit welcher Methode die Prognose erstellt wurde?

- Ist die Wahrscheinlichkeit angegeben, mit der die Prognoseersteller die prognostizierte Entwicklung erwarten?

- Welche Interessen könnte die Organisation, die eine Prognose veröffentlicht hat, mit dieser Prognose verfolgen?

DAS WICHTIGSTE IN KÜRZE

- Prognosen werden erstellt, um mit der Ungewissheit über die Zukunft besser umgehen und die Zukunft planen zu können.

- Allgemein zeigt sich allerdings: Prognosen weichen in vielen Fällen stark von der späteren realen Entwicklung ab.

- Komplexe gesellschaftliche Themenbereiche wie Wirtschaft oder Aktienmarkt lassen sich nur schwerlich intuitiv erfassen oder in ein verlässliches mathematisches Modell fassen, das Grundlage für Computerprognosen ist.

- Da Prognosen oft weit von der späteren realen Entwicklung abweichen, ist es problematisch, sie zur Grundlage politischen und gesellschaftlichen Handelns zu machen. Dies gilt insbesondere für langfristige Prognosen über viele Jahre hinweg.

- In wenig komplexen, trägen Systemen sowie für kurze Zeiträume können Prognosen als Planungsgrundlage hilfreich sein.

- Um sich auf die Zukunft vorzubereiten, sind *Szenarien* und *Simulationen* bessere Alternativen zu Prognosen. Mit ihnen lässt sich auf unterschiedliche Entwicklungen und Zukünfte vorbereiten.

- Mechanistische Denkweise und die Fortschreibung der Vergangenheit in die Zukunft sind zwei bedeutende Fehler, die auf linearem Denken beruhen. Sie kommen nicht allein bei Prognosen zum Tragen.

4

Dauerhaftes Wachstum – sinnvoll oder gefährlich?

Wie dick wäre ein DIN-A4-Blatt, nachdem es zehnmal in der Mitte gefaltet wurde? Und welche Dicke hätte das gefaltete Papier nach 20 sowie nach 40 Faltvorgängen? Schätzen Sie doch mal. Dass sich das Papier tatsächlich nur sechs- bis siebenmal falten lässt, weil es dann zu starr ist, sei außen vor gelassen.

Sie sind fertig mit dem Schätzen? Dann lesen Sie unterm Cartoon weiter und vergleichen Sie Ihre Schätzungen mit den berechneten Ergebnissen.

Und dies sind die Ergebnisse der Schätzaufgabe zum gefalteten Papier:
- 10-mal gefaltet: ca. 10 Zentimeter dick.
- 20-mal gefaltet: ca. 105 Meter dick.
- 40-mal gefaltet: ca. 110.000 Kilometer dick.

Wahrscheinlich liegen Ihre Schätzungen deutlich niedriger. Falls Sie ungefähr richtig geschätzt haben sollten, dürfen Sie sich schon jetzt als Meisterin oder Meister vernetzten Denkens fühlen!

Die Ergebnisse verdeutlichen, welch immense Dimensionen Wachstum annehmen kann — Dimensionen, die die Vorstellungskraft des Menschen übersteigen. Aus diesem Grund ist es für vernetztes Denken so wichtig, sich mit Wachstum beschäftigt zu haben.

Vielleicht fragen Sie sich, ob die Ergebnisse wirklich stimmen. In der folgenden Tabelle finden Sie die Herleitung. Dort können Sie Faltvorgang für Faltvorgang nachvollziehen, wie sich die Papierdicke jeweils verdoppelt und wie schließlich die Ergebnisse für zehn-, zwanzig- und vierzigmaliges Falten zustande kommen.

Faltvorgang	Blattdicke	Faltvorgang	Blattdicke
0	0,10 mm	20	104,96 m
1	0,20 mm	21	209,92 m
2	0,40 mm	22	419,84 m
3	0,80 mm	23	839,68 m
4	1,60 mm	24	1.679,36 m ≈ 1,68 km
5	3,20 mm	25	3,36 km
6	6,40 mm	26	6,72 km
7	12,80 mm = 1,28 cm	27	13,44 km
8	2,56 cm	28	26,88 km
9	5,12 cm	29	53,76 km
10	10,24 cm	30	107,52 km
11	20,48 cm	31	215,04 km
12	40,96 cm	32	430,08 km
13	81,92 cm	33	860,16 km
14	163,84 cm ≈ 1,64 m	34	1.720,32 km
15	3,28 m	35	3.440,64 km
16	6,56 m	36	6.881,28 km
17	13,12 m	37	13.762,56 km
18	26,24 m	38	27.525,12 km
19	52,48 m	39	55.050,24 km
20	104,96 m	40	110.100,48 km

Abweichungen gegenüber mathematischer Berechnung ergeben sich durch Rundungen.

Dicken beim Papierfalten

Für Mathematik-Interessierte

Die Dicke lässt sich auch berechnen. Und dies ist die Formel dazu:

Gesamtdicke = Einzelblattdicke × (1 + Wachstumsrate)^{Faltvorgänge}

Dabei ist die Wachstumsrate der Zuwachs in Prozent geteilt durch 100.

Das Wachstum der Papierdicke mag ein eindrückliches Beispiel sein. Von praktischer Bedeutung im Leben ist es indes nicht. Doch auf gesellschaftlicher Ebene spielt Wachstum eine wichtige Rolle.

Dauerhaftes Wachstum

Politik und Wirtschaft setzen auf ein dauerhaftes (Wirtschafts-)Wachstum. Auch die Steuereinnahmen sollen ständig wachsen. Gleiches gilt für die Einnahmen der Sozialversicherungen, die Kapitalanlagen der privaten Altersvorsorge und die von der Zentralbank ausgegebene Geldmenge. Doch ist dauerhaftes Wachstum wirklich möglich? Und welchen Preis zahlen wir für die Versuche, ständiges Wachstum zu erzwingen? Mit diesen Fragen beschäftigen wir uns im Folgenden.

Wachstum

Wachstum ist die Zunahme einer Größe (z. B. Länge, Anzahl oder Arbeitsleistung) mit der Zeit oder einem Ereignis (z. B. Faltvorgang).

Dauerhaft

Dauerhaft bedeutet: über einen längeren Zeitraum hinweg. Der Zeithorizont kann dabei je nach Thema über Jahre oder Jahrzehnte reichen. In einigen Fällen ist sogar unendlich gemeint.

Exponentielles Bestandswachstum

Zurück zum einführenden Beispiel. Was zeichnet das Wachstum beim Papierfalten aus? Und wo findet sich gleichartiges Wachstum im »echten« Leben?

Im Beispiel des gefalteten Blattes nimmt die Dicke mit jedem Faltvorgang zu, aber auch der Dickenzuwachs. Beide verdoppeln sich jeweils, wie folgende Tabelle und Abbildung verdeutlichen.

Falt-vorgang	Dicken-zuwachs in mm	Dicke in mm
0	0	0,1
1	0,1	0,2
2	0,2	0,4
3	0,4	0,8
4	0,8	1,6
5	1,6	3,2
6	3,2	6,4

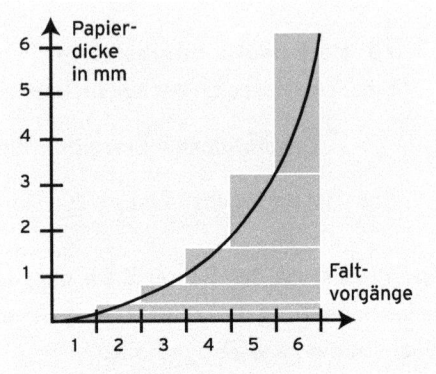

Exponentielles Bestandswachstum
am Beispiel des Papierfaltens

Konstant bleibt hingegen der prozentuale Zuwachs der Dicke: Angesichts der jeweiligen Verdoppelung beträgt er stets 100 Prozent. Wachstum mit gleichbleibender prozentualer Zunahme wird **exponentielles Wachstum** genannt. Da sich die prozentuale Zunahme nicht auf den Anfangsbetrag, sondern auf den jeweiligen aktuellen Bestand (hier: die aktuelle Dicke) bezieht, der ja nach jedem Zeitabschnitt gewachsen ist, gilt: Zum Bestehenden kommt jeweils eine ständig steigende Menge hinzu.

Exponentielles Bestandswachstum
Zum Bestehenden kommt regelmäßig ein gleichbleibender prozentualer Betrag des aktuellen Bestandes hinzu, und damit eine ständig steigende Menge.

Exponentielles Bestandswachstum liegt auch vor, wenn wir Geld auf die Bank bringen und dort Zinsen erhalten. Während die Wachstumsrate beim Falten 100 Prozent betrug, ist sie beim Sparen viel niedriger. Deshalb fällt das exponentielle Wachstum auch geringer und die Zeit bis zur jeweiligen Verdoppelung der Werte länger aus.

Wie sich 1.000 Euro bei einem Zinssatz von drei Prozent entwickeln, zeigt die folgende Grafik. Bei einem Zinssatz von drei Prozent verdoppelt sich das Kapital etwa alle 23,5 Jahre: Nach 23,5 Jahren ist

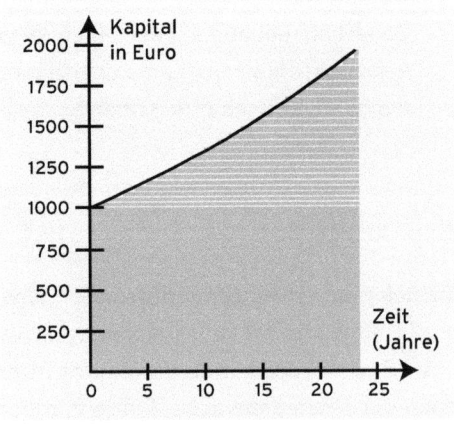

Exponentielles Bestandswachstum am Beispiel der Geldanlage mit drei Prozent Zinsen.

das Ausgangskapital verzweifacht (siehe Abbildung), nach 47 Jahren vervierfacht und nach rund 94 Jahren bereits sechzehnmal so groß.

Die gleichen Gesetzmäßigkeiten wie für Geldguthaben mit Zinsen gelten auch für Geldschulden: Sie vergrößern sich durch Zins und Zinseszins ebenfalls exponentiell.

Wachstumsraten und Verdoppelungszeiten

Wie lange dauert es bei exponentiellem Wachstum, bis sich der Ausgangswert verdoppelt hat? Für ein Wachstum von drei Prozent wurde die Zeit bis zur Verdoppelung gerade am Beispiel der Geldanlage gezeigt, für 100 Prozent verdeutlichte es das Beispiel des Papierfaltens. Für diese und weitere Wachstumsraten gibt die folgende Tabelle einen Überblick.

Wachstums-rate	Zeit bis zur Verdoppelung des Ausgangswerts	Wachstums-rate	Zeit bis zur Verdoppelung des Ausgangswerts
1 %	70,0 Jahre	20 %	3,8 Jahre
3 %	23,5 Jahre	30 %	2,7 Jahre
5 %	14,3 Jahre	50 %	1,7 Jahre
7 %	10,3 Jahre	70 %	1,3 Jahre
10 %	7,3 Jahre	100 %	1 Jahr

Erfolgt das Wachstum nicht mit der Zeit, sondern mit Ereignissen (etwa dem Falten von Papier), so ist die Zahl der Jahre durch die Zahl der Ereignisse zu ersetzen.

Wachstumsraten und Zeit bis zur Verdoppelung des Ausgangswertes

Exponentielles Leistungswachstum

Wie für Bestände gibt es auch für Leistungen exponentielle Zuwächse. Ein geplanter prozentualer Anstieg des Umsatzes eines Unternehmens gibt beispielsweise an, um wie viel Prozent die erwirtschaftete Leistung innerhalb eines Jahres steigen soll. Ab dem 1. Januar wird neu gezählt, es muss dann innerhalb eines Jahres die Leistung des Vorjahres plus der geplante Zuwachs erwirtschaftet werden.

Exponentielles Leistungswachstum
Eine Leistung nimmt regelmäßig um einen gleichbleibenden prozentualen Betrag der vorhergehenden Leistung zu – und damit um eine ständig steigende Leistungsmenge.

Da sich die prozentuale Zunahme nicht auf die anfängliche Leistung bezieht, sondern jeweils auf die Leistung des vorhergehenden Zeitabschnittes (z. B. eines Jahres), fällt der Leistungszuwachs trotz konstanter prozentualer Zunahme in jedem neuen Zeitabschnitt höher aus. Die Leistung selbst verdoppelt sich dabei in gleichen Zeitabständen.

Für das exponentielle Leistungswachstum gelten weitgehend die gleichen Eigenschaften wie für das exponentielle Bestandswachstum. Während sich allerdings beim Bestandswachstum auf Bestehendem aufbauen lässt, muss beim Leistungswachstum nicht nur der Zuwachs

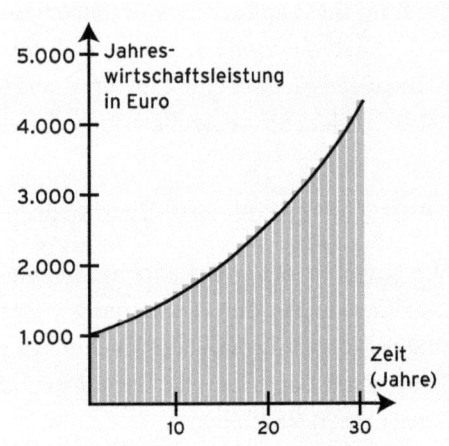

Exponentielles Leistungswachstum bei fünfprozentiger Zunahme der Wirtschaftsleistung.

selbst in jedem Zeitabschnitt erbracht werden, sondern auch die Basis wieder von Neuem (z. B. vorhergehende Wirtschaftsleistung). Dies verdeutlichen in der Abbildung die senkrechten Balken: Eine einmal erbrachte Leistung hat nur in jenem Jahr eine Wirkung, in dem sie erbracht wurde.

Ob Wachstum der Wirtschaft, der Steuereinnahmen oder der Einnahmen der Sozialversicherungen: Gesellschaftliche Wachstumsziele fordern exponentielles Leistungswachstum.

Lineares Wachstum

Neben exponentiellem Wachstum gibt es lineares Wachstum. Wenn Sie in ein Sparschwein jeden Monat einen Euro einwerfen, wächst der Sparschweininhalt gleichmäßig an.

Gleichbleibend ist die zum Bestand hinzukommende Menge — und nicht der prozentuale Zuwachs wie beim exponentiellen Wachstum. Solches Wachstum bezeichnet man als linear.

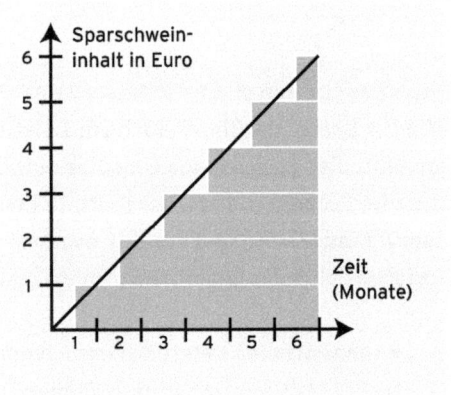

Lineares Bestandswachstum am Beispiel des Sparschweins bei konstantem Sparbetrag.

Lineares Bestandswachstum
Zum Bestehenden kommt regelmäßig eine gleichbleibende Menge hinzu.

Ein lineares Bestandswachstum führt in der Grafik zu einer Geraden.

In der Abbildung verdeutlichen die waagrechten Balken: Eine einmal eingeworfene Münze ist nicht nur im Monat des Einwurfs vorhanden, sondern auch in den folgenden Monaten. Sie erhöht den Bestand.

Kommen wir zum **linearen Leistungswachstum**. Ein Gewichtheber stemmt 150 Kilogramm. Er möchte nun bei jedem Training fünf Kilogramm mehr heben.

Lineares Leistungswachstum
Eine Leistung nimmt regelmäßig um eine gleichbleibende Leistungsmenge zu.

In unserem Beispiel ist die Leistung das zu stemmende Gewicht. Es nimmt jeweils um eine gleichbleibende Leistungsmenge zu (bei jedem Training fünf Kilogramm mehr).

Die Grafik des linearen Leistungswachstums beim Gewichtheben ergibt eine Gerade: Bei jedem Training wird die zu stemmende Leistung um einen konstanten Betrag erhöht.

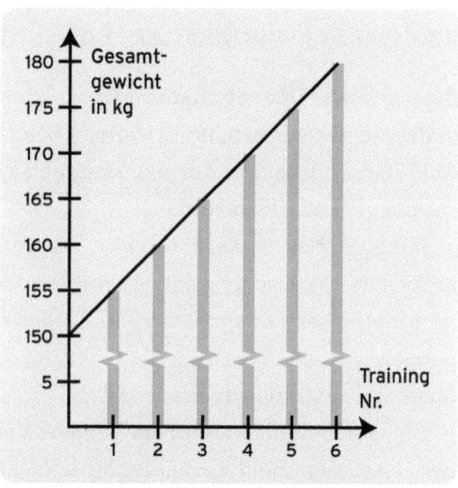

Lineares Leistungswachstum
am Beispiel des Gewichthebers

Zuordnung der Wachstumsart in der Praxis

Wenn Wachstum geplant wird, geschieht dies in den meisten Fällen über Prozentwerte als exponentielles Wachstum: Der Umsatz eines Unternehmens soll innerhalb eines Jahres beispielsweise um 7 Prozent steigen oder die Steuereinnahmen um 4 Prozent.

Entwicklungen und damit auch Wachstum verlaufen in der Praxis jedoch nicht immer wie geplant. Zudem ergeben sich nur selten so regelmäßige Zuwächse, wie wir sie in den bisherigen Beispielen gesehen haben. Deshalb ist das Wachstum in der gesellschaftlichen Realität nicht immer eindeutig den Kategorien *linear* oder *exponentiell* zuordenbar. Ausnahmen sind Zins und Zinseszins bei Guthaben oder Schulden, da der prozentuale Zuwachs vertraglich vereinbart ist. Teils hat das Wachstum exponentiellen Charakter, d. h. der Zuwachs nimmt zwar ständig zu, die prozentuale Steigerungsrate ist aber nicht jedes Jahr die gleiche.[1]

Von den Schwierigkeiten, Leistungswachstum zu erzielen

Bestände wie Bücher oder die Anzahl der Ladengeschäfte eines Unternehmens regelmäßig zu vergrößern, ist in vielen Fällen keine einfache Aufgabe. Es braucht zumeist Geld und andere Ressourcen. Dennoch kann dauerhaftes Wachstum von Beständen durchaus realistisch sein.

Hingegen ist es sehr schwer, *Leistungen* dauerhaft zu vergrößern. Schließlich muss jedes Mal mehr geleistet werden. Geplantes Leistungswachstum zu realisieren ist oft eine sehr anspruchsvolle Aufgabe. Es kann nicht grundsätzlich davon ausgegangen werden, dass sich die Leistung des vorhergehenden Zeitraums wieder erreichen und sogar übertreffen lässt.

Wurden beispielsweise im Vorjahr viele Autos produziert und verkauft, deckten der Hersteller und die Händler eine Nachfrage. Jene Personen, die sich im Vorjahr ein Auto kauften, werden dies im Folgejahr kaum wieder tun. Deshalb müssen neue Käufer gefunden werden. Nun sollen aber nicht nur so viele Autos wie im Vorjahr verkauft werden, sondern sogar noch eine höhere Zahl — es wird ein Leistungszuwachs angestrebt.

Wenn die Verkaufszahlen stagnieren, versuchen die Autohersteller, pro Fahrzeug mehr Geld einzunehmen; dazu bieten sie zusätzliche Leistungen wie Klimaanlage oder Sitzheizung an. Auf diese Weise kann es gelingen, den Umsatz zu erhöhen, ohne eine größere Zahl an Autos zu verkaufen — Umsatzwachstum statt Wachstum der Produktionsmengen. Doch auch dieser Strategie sind Grenzen gesetzt, in Form der Bereitschaft und der Möglichkeit der Kunden, mehr Geld auszugeben.

Beim Sport ist das kontinuierliche Leistungswachstum ebenfalls nur bedingt zu realisieren. Der Gewichtheber ist eben nicht in der Lage, dauerhaft in jedem Training fünf Kilogramm mehr zu stemmen. Schnell wird er an seine körperlichen Grenzen stoßen.

Auch in der Arbeitswelt ist Leistungswachstum begrenzt. Nehmen wir an, es sei die Vorgabe für einen Monteur, pro Stunde eine Waschmaschine anzuschließen. Sein Chef fordert nun von ihm ein Leistungswachstum: Der Monteur soll jedes Jahr im Schnitt eine Waschmaschine mehr pro Stunde anschließen, da er bessere Werkzeuge erhalten hat. Ab einer gewissen Anzahl der anzuschließenden Waschmaschinen wird der Monteur die Vorgabe trotz verbesserter Werkzeuge nicht mehr erfüllen können, da die Leistungssteigerung natürliche Grenzen hat.

Voraussetzungen für Wachstum

Realistisch ist dauerhaftes Wachstum dann, wenn die folgenden Voraussetzungen über eine lange Zeit hinweg erfüllt sind:

1. **Leistungsfähigkeit vorhanden**
   Die betroffene Person oder Organisation oder das System muss in der Lage sein, das angestrebte Wachstum auch zu leisten.

2. **Ressourcen vorhanden**
   Wachstum benötigt Ressourcen, beispielsweise Rohstoffe, Produkte oder Geld. Nur wenn diese Ressourcen ausreichend vorhanden sind, ist das angestrebte Wachstum auch möglich.

3. **Betroffene Person oder Organisation oder das System verkraftet das Wachstum**
   Nur wenn die vom Wachstum betroffene Person oder Organisation oder das System das angestrebte Wachstum auch verkraften kann, ist dieses realistisch.

4. **Umgebung ermöglicht und verkraftet das Wachstum**
   Stellt sich die Umgebung gegen ein angestrebtes Wachstum, so ist es unrealistisch, dieses Wachstum zu erreichen. Gleiches gilt, wenn die Umgebung das Wachstum nicht verkraftet. Umgebung kann z. B. sein: die Nachbarn, die Umwelt, bei Firmen: die Konkurrenten und die potenziellen Kunden.

Beispiel Wirtschaftswachstum

Als Maßstab für den Erfolg eines Landes gilt die Wirtschaftsleistung. Je mehr innerhalb eines Jahres produziert und geleistet wird, desto erfolgreicher sei das Land, heißt es. Gemessen wird die Wirtschaftsleistung durch das Bruttoinlandsprodukt. Diese

Zahl fasst den Wert der in einem Jahr produzierten Güter und erbrachten Dienstleistungen zusammen nach Abzug aller Vorleistungen.

Gesellschaftliches Ziel ist, die Wirtschaftsleistung ständig zu vergrößern. Ministerien prognostizieren das Wirtschaftswachstum für das jeweils kommende Jahr in Prozent und planen mit diesem Wachstum ihre Aktivitäten — sie planen ein Leistungswachstum mit exponentiellem Charakter. Am Beispiel der Wirtschaftsleistung seien die Grenzen von Wachstum näher betrachtet.

Zunächst lassen sich einige Argumente für ein langfristiges Wirtschaftswachstum nennen:

- Durch die Globalisierung werden immer mehr Menschen in den Wirtschaftskreislauf eingebunden und kommen zu Wohlstand. Hierdurch vergrößert sich global gesehen die Kaufkraft, sodass mehr Produkte produziert und gekauft werden. Das führt zu globalem Wirtschaftswachstum.

- Da die Weltbevölkerung wächst, nimmt die Zahl der potenziellen Verbraucher zu. Auch das ist ein Argument, warum zumindest global betrachtet dauerhaftes Wachstum möglich sein könnte.

- Neue Erfindungen, die die Welt verändern, können über längere Zeit für Wirtschaftswachstum sorgen (in der Vergangenheit z. B. Auto, Computer).

Diesen Argumenten für langfristiges bzw. dauerhaftes Wirtschaftswachstum stehen vielerlei Hindernisse und Grenzen gegenüber.

Dies gilt insbesondere für Staaten, die schon viel produzieren und leisten: Ist die Wirtschaftsleistung eines Landes noch gering, so ist es zunächst vergleichsweise einfach, die Leistung zu steigern. Doch je mehr die Wirtschaft schon leistet und je stärker die Bedürfnisse[2] der Bevölkerung bereits gedeckt sind, desto schwerer fällt es, dies weiter zu tun.

Die Grenzen des Wachstums ergeben sich aus lokalen bzw. nationalen Aspekten einerseits und globalen Faktoren andererseits.

Begrenzende Faktoren
Lokale bzw. nationale Grenzen dauerhaften Wirtschaftswachstums

Bedürfnisse begrenzt
Was braucht der Mensch, um existieren zu können und zufrieden zu sein? Seine Bedürfnisse sind begrenzt. Das wiederum begrenzt die mögliche Höhe der Wirtschaftsleistung.

Hohe Wirtschaftsleistung = viele Bedürfnisse gedeckt
Ist die Wirtschaftsleistung eines Staates hoch, werden mit den produzierten Gütern und Dienstleistungen viele Bedrüfnisse gedeckt. Das verringert die Nachfrage im Folgejahr (im Vergleich zu einem Szenario mit geringerer Wirtschaftsleistung).

Begrenzte Finanzmittel der Bürger
Wohnungsmiete, Lebensmittel, Kleidung, Rücklagen für die Altersvorsorge – vielen Menschen bleibt nicht viel Geld zum Konsumieren. Allerdings kann Witschaftswachstum auch dazu führen, dass die Menschen mehr Geld verdienen und ausgeben können.

Psychologie von Wirtschaft und Konsum
Wirtschaft und Konsum sind stark von psychologischen Faktoren getrieben: Wenn die Stimmung gut ist, wird viel investiert und konsumiert – wenn sie schlecht ist, wenig. Dauerhaft lässt sich die Stimmung im Land nicht gut halten – auch aufgrund vieler gesellschaftlicher Probleme.

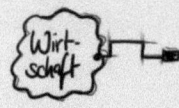

Begrenzte Möglichkeiten, Wirtschaft anzukurbeln
Seit Jahrzehnten ergreifen viele Staaten Maßnahmen (z.B. Subventionen an Unternehmen), um die Wirtschaft anzukurbeln. Das kann auf Dauer nicht gelingen und kostet viel Geld.

Begrenzende Faktoren
Globale Grenzen dauerhaften Wirtschaftswachstums

Erde begrenzt
Der Planet Erde ist begrenzt und kann nicht wachsen.

Rohstoffmengen begrenzt
Die Rohstoffmengen auf der Erde sind begrenzt – für einige
Rohstoffe sehr deutlich. Manche drohen bereits zur Neige zu gehen.

Recycling begrenzt
Zugleich sind die Möglichkeiten, Produkte und Werkstoffe zu recyclen,
begrenzt. Gründe sind: eine enorme Vielzahl an unterschiedlichen Werkstoffen, die Vielzahl an schwer sortenrein trennbaren Werkstoffen in Produkten,
Hindernisse bei der Sammlung von Altprodukten zum Recycling, Qualitätsgrenzen in
der Stoffaufbereitung.

Aufnahmefähigkeit der Erde begrenzt
Die Erde kann nur begrenzt Umweltbelastungen aufnehmen. Werden
Grenzen überschritten, kommt es zu problematischen Entwicklungen
(gilt auch lokal). Beispiel: klimaschädliche Gase --> Klimawandel.
--> Die Stabilität natürlicher Kreisläufe ist gefährdet.
--> Die Gesundheit von Menschen ist gefährdet, etwa durch
    Luftverschmutzung.

Grenzen des Exports
Der Verkauf von Waren ins Ausland (Exporte) hilft einigen Staaten,
die Wirtschaftsleistung hoch zu halten und zu steigern. Doch das
kann nur wenigen Staaten gelingen. Schließlich wollen alle Staaten
viel mehr Güter ins Ausland verkaufen als sie selbst aus dem Ausland
kaufen.

Je länger das Wachstum der Wirtschaft schon andauert und je höher die Wirtschafts-leistung des Landes bereits ist, desto schwerer fällt es, die Wirtschaftsleistung wei-ter zu steigern. Während es also mit der Zeit aus sachlichen Gründen immer schwerer fällt, die Wirtschaftsleistung noch weiter zu vergrößern, wächst bei exponentiellen Wachstumszielen die jährlich zu erbringende Mehrleistung ständig an. Dieser stän-dige Anstieg des notwendigen jährlichen Wachstums ist ja ein Merkmal exponen-tieller Entwicklungen.

Unrealistische Wachstumsziele: Ursache und Folgen

Dauerhaftes Wachstum mit exponentiellem Charakter streben Staaten nicht nur bei der Wirtschaftsleitung an, wie wir schon gesehen haben. Weitere Bereiche sind die Steuereinnahmen des Staates, die Einnahmen der Sozialversicherungen sowie die Zunahme der Guthaben bei der privaten Altersvorsorge bzw. der Geldanlage.

Auch in diesen Bereichen gibt es vielfältige Grenzen des Wachstums. Überdies sind die Bereiche stark von der Entwicklung der Wirtschaftsleistung abhängig. Wächst die Wirtschaft nicht dauerhaft, können auch die anderen Bereiche kaum langfristig Wachstum verzeichnen.

Obgleich ständiges Wirtschaftswachstum für unsere stark entwickelte Wirtschaft unrealistisch ist, strebt die Gesellschaft es weiter an. Auf diese Weise sollen Finanz-mittel erwirtschaftet werden, mit denen man in der Vergangenheit geschaffene Pro-bleme in den Griff bekommen möchte. Das betrifft z. B. die Staatsfinanzen sowie Finanzierungsprobleme der Sozialversicherungen.[3]

Das Ziel, die Wirtschaftsleistung dauerhaft zu steigern, hat absurde Folgen. Je schneller Produkte kaputtgehen und ersetzt werden müssen, desto besser ist das für die Wirtschaftsleistung. Ein Extrembeispiel sind Einwegprodukte. Die staatliche Abwrackprämie, die wir im ersten Kapitel kennengelernt haben, erwies sich eben-falls als fragwürdige Form, Wirtschaftsleistung zu ermöglichen; es wurden fast zwei Millionen fahrtüchtiger Autos zerstört, um neu produzieren zu können. Ebenso trägt zum Wachstum bei, die Umwelt erst zu belasten und sich anschließend um die Schä-den zu kümmern. Bei politischen Maßnahmen wie dem *Gesetz zur Beschleunigung des Wirtschaftswachstums*, im Dezember 2009 vom Deutschen Bundestag verab-schiedet, spricht schon der Name für sich.

Als entwickelte Volkswirtschaft auf dauerhaftes Wirtschaftswachstum zu setzen ist fragwürdig, weil:

- das Ziel an sich nicht realistisch ist und auf Dauer nicht erreicht werden kann;
- es unsinnige Maßnahmen erfordert, die anderen gesellschaftlichen Zielen entgegenstehen (siehe das Beispiel der Abwrackprämie);
- es verhindert, sich den eigentlichen Ursachen von Problemen ausreichend anzunehmen und Probleme in den Griff zu bekommen;
- es vielerlei negative Folgen hat, die durch die heutige Wirtschaftsweise noch verstärkt werden (z. B. Verknappung von Rohstoffen sowie Klimawandel als Folge hohen Energieverbrauchs).

Dauerhaft wachsende Systeme sind gefährdet

Für jegliches dauerhaftes Wachstum gilt: Es gefährdet das betroffene System. So gerät die Wirtschaft in eine ernsthafte Krise, wenn die Wirtschaftsleistung nicht wächst, obgleich die Wirtschaft darauf ausgerichtet ist — ganz zu schweigen vom Fall, dass die Leistung geringer ausfällt als im Vorjahr. Auch der Staat gerät in große Schwierigkeiten, wenn die Steuereinnahmen nicht weiter wachsen. Ein Sportler, der seine Leistung immer weiter verbessern möchte und deshalb dopt, ruiniert seine Gesundheit. Dauerhaftes Wachstum schwächt die Funktionsfähigkeit und die Stabilität der betroffenen Systeme — vor allem bei Leistungswachstum.

Dauerhaftes Wachstum ist in begrenzten Systemen nicht möglich. Die Grenzen des Wachstums liegen insbesondere in der Limitierung der Ressourcen, die zum Wachstum benötigt werden (Vorbedingung 2 für Wachstum verletzt). Aber auch negative Folgen, die das Streben nach dauerhaftem Wachstum haben kann, begrenzen Wachstum (Vorbedingung 4 für Wachstum verletzt).

Bei exponentiellem Wachstum sind die Gefahren besonders ausgeprägt und die Grenzen besonders schnell erreicht. Über einen längeren Zeitraum exponentiell wachsende Systeme brechen zusammen, wenn ein Grenzwert überschritten

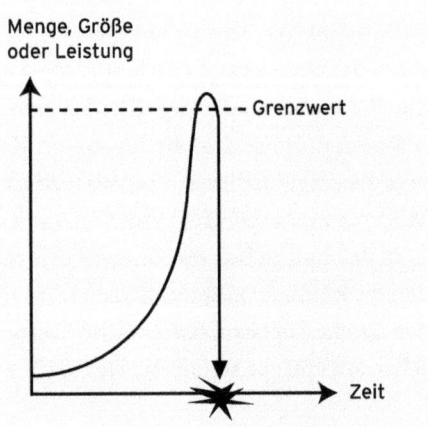

Langfristige Wirkung exponentiellen Wachstums (nach Frederic Vester: Unsere Welt – ein vernetztes System, S. 74)

ist (siehe Abbildung). So zeigt die Wirtschaftsgeschichte eine Vielzahl von Zusammenbrüchen — von Unternehmen bis hin zu ganzen Staaten.

>>*Unbegrenztes Wachstum zerstört begrenzte Systeme.*<<

Axel Mayer, Geschäftsführer BUND Regionalverband Südlicher Oberrhein[4]

Unter vernetzter Denkweise hingegen ist es das Ziel, das System funktionsfähig sowie anpassungsfähig und lebensfähig (= stabil) zu halten. Vorbild dafür kann die Natur sein. Seit Millionen von Jahren funktioniert sie erfolgreich. Wie geht Wachstum in der Natur vonstatten?

Wachstum in der Natur

>>*Groß werden, setzt klein sein voraus.*<<

Frithjof Hager, Soziologe, und **Werner Schenkel** (1938–2013), ehemaliger Erster Direktor am deutschen Umweltbundesamt[5]

Auch die Natur nutzt exponentielles Wachstum. So entstehen und entwickeln sich Menschen und Tiere durch Zellteilung, einem exponentiellen Wachstum. Das Wachstum verlangsamt sich allerdings mit der Zeit und endet, sobald alle Funktionen des Körpers vorhanden und alle Teile ausgewachsen sind. Solche Wachstumsentwicklungen werden logistisches Wachstum genannt.

Logistisches Wachstum
Logistisches Wachstum ist ein Wachstum, das zunächst exponentiell verläuft, sich dann verlangsamt und schließlich endet.

Wachstum ist hier also weder dauerhaft noch grenzenlos.

Der Prozess der Wachstumsbegrenzung erfolgt in der Natur selbstregulierend. Das bedeutet: Das wachsende System — etwa ein Mensch, ein Tier oder eine Pflanze — stellt das Wachstum zu gegebener Zeit entweder selbst ein oder es wird im Zusammenwirken mit seiner Umgebung dazu gebracht. So reguliert sich das Größenwachstum von Menschen durch Hormone. Beim Wachstum eines Baumes im Wald kommen zu den internen noch externe Faktoren hinzu — etwa, wie viel Platz und Licht die anderen Bäume lassen.

Logistisches Wachstum liegt ebenfalls bei Populationen vor. Unter einer Population wird eine Gruppe von Individuen der gleichen Art verstanden, die in einem Gebiet lebt und sich untereinander fortpflanzt. So können sich Bakterien, Hasen, Mücken und auch Menschen in ihrer Zahl exponentiell vermehren, bis die für das Wachstum notwendigen Ressourcen nicht mehr vorhanden sind. Dann flacht das Wachstum ab und geht in eine stationäre Phase über. Sozialer Stress ist ein weiterer Faktor, der das Wachstum bei größerer Populationsdichte begrenzt.

Dass Populationen nicht dauerhaft wachsen können, liegt in ihren vielfältigen Einbindungen in natürliche Systeme begründet. So ist Wachstum immer von den vorhandenen Ressourcen abhängig.

Die Leistungen der Natur wachsen ebenfalls nicht dauerhaft. So ist die Men-

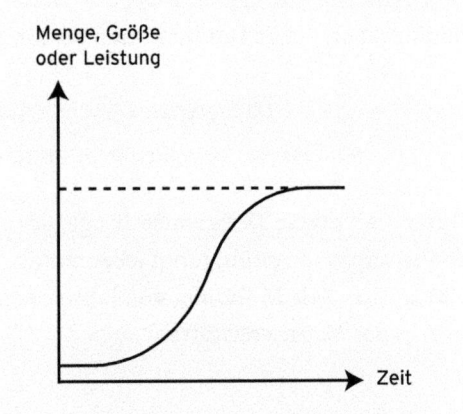

Logistisches Wachstum (nach Frederic Vester: Unsere Welt – ein vernetztes System, S. 73)

ge an Sauerstoff, die ein Baum innerhalb einer bestimmten Zeit produzieren kann, begrenzt. Zwar kann sich der Wald als Gesamtheit von Bäumen ausdehnen, sodass mehr Bäume Sauerstoff produzieren. Doch auch hierbei gibt es im Zusammenspiel mit anderen natürlichen Systemen Grenzen.

Ist in der Natur die selbstregulierende Beendigung exponentiellen Wachstums im Ausnahmefall gestört, etwa bei Insektenplagen, wächst das System (z. B. der Insektenschwarm) so lange ungebremst weiter, bis es kollabiert — siehe dazu nochmals die Abbildung zu exponentiellem Wachstum.

Ein weiteres Beispiel für ungebremstes Wachstum als Folge nicht mehr funktionierender Selbstregulation ist die Krebskrankheit. Die Krebszellen vermehren sich durch Zellteilung exponentiell so lange, bis der von der Krankheit befallene Mensch stirbt. Das exponentielle Mengenwachstum der Krebszellen führt letztlich auch zu ihrem eigenen Tod — zusammen mit dem des Menschen.

Schrumpfen

Das Wachstum von Populationen zeigt nach der Wachstumsphase zu Beginn einer Entwicklung unterschiedliche Ausprägungen. Entweder erhalten Populationen nach ihrem Wachstum den Bestand, d. h. die Zahl der Individuen bleibt konstant. Dieser eher theoretische Fall ist im logistischen Wachstum abgebildet. Oder der Bestand variiert um die Kapazitätsgrenze K (siehe Abbildung zu den Wachstumsformen von Populationen). Dies kann in regelmäßigen Zyklen erfolgen oder in unregelmäßigen Schwankungen. In beiden Fällen ist Wachstum mit Schrumpfungen verknüpft, sie wechseln sich ab. Zudem gibt es Entwicklungen, die zum Absterben oder gar Aussterben führen — eine Extremform des Schrumpfens.

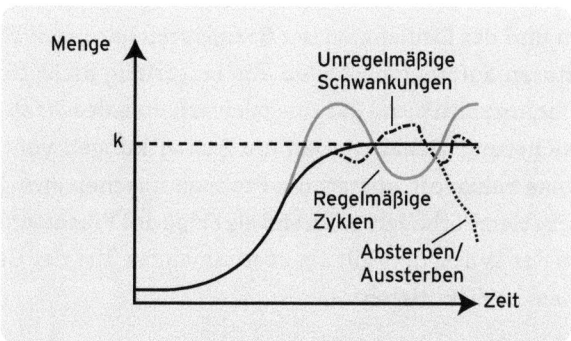

Mögliche Wachstumsformen von Populationen *(nach Czihak, Langer, Ziegler[6])*

Nicht allein, dass es in der Natur kein dauerhaftes Wachstum gibt, und insbesondere auch kein exponentiell dauerhaftes. In der Natur steht dem Wachstum das Schrumpfen gegenüber. Damit unterscheidet sich die Wachstumsstrategie der Natur elementar von jener unserer Gesellschaft: Die Gesellschaft strebt dauerhaftes Wachstum ohne zwischenzeitliches Schrumpfen an und negiert Kapazitätsgrenzen.

Zweck von Wachstum

Der Zweck natürlicher Wachstumsprozesse ist, eine Funktion erfüllen zu können und eine passende Größe des Systems dafür zu erreichen. Ist der Zweck erreicht, endet der Wachstumsprozess. Schauen wir uns noch mal das Beispiel der Entwicklung des Menschen an: Ein menschlicher Embryo entwickelt sich im Mutterleib zu einem kleinen Wesen, das alle für das eigene Überleben notwendigen Funktionen selbst leisten kann. Dann erfolgt die Geburt. Anschließend wächst der menschliche Körper, bis er seine passende Größe erreicht hat — groß genug, um Lebensnotwendiges zur Existenzsicherung erledigen zu können, klein genug, um sich gut bewegen zu können.

Hingegen steht bei Systemen, die vom Menschen geschaffen sind, oft nicht der Auf- oder Ausbau einer Funktion im Mittelpunkt des Wachstums, sondern das Mehr — mehr Wirtschaftsleistung, mehr Steuereinnahmen, mehr Umsatz, mehr Besitz. Dann aber fehlt das eigentliche Sachziel und damit ein Maßstab, wann das Gewünschte erreicht ist, wann das Wachstum zum Ende kommen kann. So ergibt sich das Streben nach dauerhaftem Wachstum.

》*Wachstum um des Wachstums willen ist die Ideologie der Krebszelle.*《
Edward Abbey (1927–1989), Naturforscher, Philosoph und Schriftsteller[7]

Resümee

Letztlich will die Gesellschaft durch das Wachstum der Wirtschaftsleistung, der Steuereinnahmen und der Einnahmen der Sozialversicherungen Finanzmittel generieren, um Strukturen aufrechtzuerhalten, die langfristig nicht tragfähig sind. Das betrifft etwa die Finanzpolitik und das Ausgabeverhalten des Staates oder die gesetzliche Rentenversicherung. Dabei werden die Auswirkungen von Problemen gelindert, also Symptome bekämpft, anstatt die Problemursachen anzugehen. So bleiben die bestehenden Probleme erhalten, während als Folge des Wachstums neue entstehen.

Das Wachstum der Wirtschaft gilt als bestimmendes Ziel der Gesellschaft. Es ist Zeit, über neue Ziele zu diskutieren.

DAS WICHTIGSTE IN KÜRZE

- Die Gesellschaft strebt exponentielles Leistungswachstum an: für die Wirtschaft des Landes, die Steuereinnahmen, die Einnahmen der Sozialversicherungen und die private Altersvorsorge.

- Beim exponentiellen Leistungswachstum muss die bisherige Leistung immer neu erbracht werden plus den Leistungszuwachs. Deshalb ist es sehr schwer, Leistungen dauerhaft zu vergrößern. Dabei wird der absolute Leistungszuwachs ständig größer, auch wenn das prozentuale Wachstum konstant ist.

- Wachstum ist nur dann dauerhaft möglich, wenn über eine längere Zeit die Leistungsfähigkeit und die notwendigen Ressourcen vorhanden sind, die betroffene Person oder Organisation oder das System das Wachstum verkraftet und Letzteres auch für die Umgebung gilt.

- Als stark entwickelte Volkswirtschaft auf dauerhaftes Wirtschaftswachstum zu setzen ist gefährlich, weil das Ziel nicht realistisch ist, es unsinnige Maßnahmen erfordert, es verhindert, sich den eigentlichen Ursachen von Problemen ausreichend anzunehmen und es vielerlei negative Folgen hat. Dauerhaftes Wachstum gefährdet das betroffene System selbst.

- Die Natur schafft Stabilität über logistisches Wachstum sowie über Zustände, die Wachstum und Schrumpfung verbinden.

- Zweck von Wachstum in der Natur ist, eine Funktion zu ermöglichen. In Systemen des Menschen hingegen liegt der Zweck oft im Mehr — es fehlt ein Sachzweck.

5

Vernetztes Denken

Die »dauerhafte Sanierung der Rentenversicherung« versprach Mitte der 1970er-Jahre der damalige Arbeitsminister Herbert Ehrenberg.[1] Ähnlich äußerten sich im Jahr 1993 Norbert Blüm und das Bundesministerium für Arbeit und Sozialordnung in einer breit angelegten Kampagne:[2] »Die Rente ist und bleibt sicher.« Mancher ihrer Nachfolger lehnte sich bei diesem Thema ebenfalls weit aus dem Fenster. Wie auch bei anderen Themen lautet die Nachricht: Wir haben die Probleme gelöst und alles im Griff.

Doch lassen sich komplexe Probleme, wie sie die Schwierigkeiten der gesetzlichen Rentenversicherung darstellen, wirklich lösen?

Warum es schlecht sein kann, Probleme lösen zu wollen

Die Milch ist ausgegangen oder das Fahrrad hat einen Platten: Solche überschaubaren Probleme lassen sich einfach lösen. Das liegt nicht zuletzt daran, dass sowohl die Ursache als auch wirksame Maßnahmen zur Abhilfe eindeutig zu erkennen sind. Derartige Probleme erweisen sich jedoch eher als Ausnahme, insbesondere auf gesellschaftlicher Ebene.

Die Welt ist komplex und damit auch die meisten Probleme. Komplexe Probleme zeichnen sich durch folgende Eigenschaften aus:

- Sie besitzen eine Vielzahl an Einflussfaktoren einschließlich Beteiligter, die untereinander vernetzt sind und sich vielfach beeinflussen.

- Nicht alle Einflussfaktoren eines komplexen Problems lassen sich von einem selbst beeinflussen (häufig sogar nur sehr wenige).

- Komplexe Probleme sind nicht statisch, sondern unterliegen einer Eigendynamik: Ständig kommt es zu Veränderungen und Entwicklungen, sodass sich ein Problem laufend verändert. Wie das genau erfolgt, lässt sich aber normalerweise nicht vorhersagen.

Alle drei Aspekte zusammen bedingen, dass es in der Regel nicht gelingt, komplexe Probleme zu lösen. Der weitverbreitete Irrglaube, dies dennoch tun zu können, führt zu aufwendigen und wenig wirksamen Maßnahmen — mit teils großen unerwünschten Nebenwirkungen.

Die Überzeugung, ein komplexes Problem lösen zu können, beruht auf einer linearen bzw. statischen Denkweise. Zugespitzt lässt sie sich so zusammenfassen: Es gibt ein Problem, dieses muss gelöst werden, und anschließend ist das Thema erledigt.

Zudem setzen die Maßnahmen zur vermeintlichen Lösung komplexer Probleme zumeist nur an den Problemsymptomen an, die Problemursachen bleiben häufig unbehandelt. In der Folge steht einem großen Aufwand oft ein geringer Nutzen gegenüber; unerwünschte Nebenwirkungen kommen noch hinzu. Solches Handeln signalisiert zwar Tatkraft; es lenkt allerdings von der Dringlichkeit zielführender Maßnahmen ab und verhindert, dass wirksame Maßnahmen ergriffen werden. So gesehen ist es in vielen Fällen schädlich, komplexe Probleme lösen zu wollen.

> »Die ›Lösungen‹ von gestern sind die Probleme von heute.«
>
> **Peter Senge**, Luft- und Raumfahrtingenieur, Systemwissenschaftler, Organisationsberater und Autor[3]

Zu erkennen, dass man so manches drängende Problem nicht lösen kann, vermag zunächst frustrierend zu sein. Allerdings schafft diese Erkenntnis die Möglichkeit, realistischer an Probleme heranzugehen und, wichtiger noch, zielgerichtetere und wirkungsvollere Maßnahmen zu finden. Statt komplexe Probleme lösen zu wollen, gilt es, dauerhaft systematisch mit ihnen umzugehen und sie auf diese Weise in den Griff zu bekommen.

Komplexe Probleme lassen sich meist nicht lösen: die Chancen

Anzuerkennen, dass sich komplexe Probleme in den meisten Fällen nicht lösen lassen, bietet die Chancen,

- Entwicklungen kontinuierlich im Auge zu behalten und schon frühzeitig zu agieren, um Probleme zu verhindern bzw. klein zu halten — anstatt zu reagieren, wenn das Kind schon in den Brunnen gefallen ist;

- realistisch an bestehende komplexe Probleme heranzugehen und damit zielführender und wirkungsvoller zu handeln;

- gezielt an jenen Einflussfaktoren anzusetzen, die man selbst maßgeblich beeinflussen kann, anstatt gegen Entwicklungen zu kämpfen, die man nicht beeinflussen kann;

- mit jenen Beteiligten zu kooperieren, die das Problem maßgeblich beeinflussen können; dieses Vorgehen gleicht das Manko aus, dass man ein komplexes Problem selbst oft nur wenig beeinflussen kann;

◆ sich auf unvermeidbare negative Wirkungen eines nicht lösbaren Problems einzustellen und sich vorausschauend darauf vorzubereiten.

Im weiteren Verlauf des Buches gehen wir auf die einzelnen Punkte noch näher ein.

Relevant sind diese Erkenntnisse nicht nur auf gesellschaftlicher, politischer und wirtschaftlicher Ebene. Auch privat lassen sich die Erkenntnisse über komplexe Probleme nutzen. Gegen Dinge, die man nicht beeinflussen kann, lohnt es sich nicht, mit großer Kraft zu kämpfen. Besser konzentriert man sich auf die Aspekte und Faktoren, die man beeinflussen kann, und stellt sich vorausschauend auf Entwicklungen ein, die man selbst nicht zu ändern vermag.

Vernetzt denken

Welche großen Folgen lineares Denken und Handeln auf gesellschaftlicher und politischer Ebene hat, verdeutlichten die ersten Kapitel. Sie zeigten ebenfalls, dass lineares Denken und Handeln weitverbreitet ist — im Kleinen wie im Großen, auf der gesellschaftlichen Ebene, in Unternehmen und im Alltag.

> 》*Von frühester Kindheit an lernen wir, Probleme in Einzelteile zu zerlegen und die Welt zu fragmentieren. Dadurch werden komplexe Aufgaben und Themen scheinbar leichter handzuhaben, aber wir zahlen einen versteckten, ungeheuer hohen Preis dafür. Wir sind nicht mehr in der Lage, die Konsequenzen unseres Handelns zu erkennen.*《
>
> **Peter Senge**, Luft- und Raumfahrtingenieur, Systemwissenschaftler, Organisationsberater und Autor[4]

In der Folge wachsen Probleme an, und neue werden geschaffen. Zwar bleiben die jeweils Verantwortlichen meist nicht untätig. Doch häufig ergreifen sie Maßnahmen, die Symptome bekämpfen. Auf diese Weise werden Probleme aber lediglich verschoben: in andere Bereiche oder in die Zukunft. Angesichts der komplexen Realität einer globalisierten Welt erweist sich das als verhängnisvoll.

Um die aktuellen und zukünftigen Herausforderungen meistern zu können, braucht es ein anderes Denken und Handeln! Wir nennen es vernetztes Denken und Handeln. Manche sprechen auch von systemischem Denken und Handeln. Ganz gleich, wie man es nennt: Es erweist sich als elementare Voraussetzung, um aktuelle und zukünftige Herausforderungen meistern zu können.

Beim vernetzten Denken werden Situationen und Probleme sowie ihre einzelnen Faktoren nicht isoliert betrachtet, sondern mit ihren internen Zusammenhängen sowie den Verbindungen zu anderen Themen. Zugleich wird berücksichtigt, wie sich die einzelnen Faktoren untereinander beeinflussen. Statt eine Situation oder ein Problem ausschließlich statisch zu sehen, werden auch mögliche Entwicklungen und Veränderungen beachtet.

》Systemdenken ist gesamtheitlich; es versucht, aus dem Verhalten und den Eigenschaften des Ganzen die Teile zu verstehen anstatt das Verhalten und die Eigenschaften des Ganzen aus denen der Teile.《

Russell Ackoff (1919–2009),
Organisationstheoretiker und Managementberater[5]

Das Konzept vernetzten Denkens ist in seinem Kern nicht neu. In den großen alten Hochkulturen Mesopotamien, Ägypten, Indien und China befasste man sich schon deutlich vor Beginn der Zeitrechnung mit dem Ganzen der Welt.[6] Die östlichen Philosophien folgen gesamtheitlichen Sichtweisen schon seit jeher.

Auch in der westlichen Welt war der Blick lange Zeit viel stärker auf das Ganze und Zusammenhänge gerichtet als heute. Ab dem 16. Jahrhundert gewannen die Naturwissenschaften und insbesondere die Mechanik in Europa an Bedeutung. Ihr mechanistisches, ja lineares Denken übertrug sich auf soziale und gesellschaftliche Themen. Dieser Wechsel des Denkstils bestimmt noch heute das Handeln von Gesellschaft, Politik, Unternehmen und des Einzelnen in hohem Maß.

Vernetzt zu denken sind wir vielfach nicht gewohnt. Das ist nicht verwunderlich, lernen wir doch in Schule oder Berufsausbildung linear zu denken und zu handeln. Wir zergliedern Zusammenhänge in Details nach Fachbereichen und schaffen die entsprechenden isolierten Strukturen und Verantwortungen in Verwaltung und Unternehmen. Wir betrachten die heutigen Ergebnisse des Handelns, ohne die mittel- und langfristigen Folgen zu berücksichtigen.

Dennoch lässt sich festhalten:

Vernetztes Denken bedeutet in erster Linie, den gesunden Menschenverstand zu nutzen.

Die schon betrachteten Beispiele für nichtvernetztes Denken und Handeln – also lineares Denken und Handeln – verdeutlichen dies.

Wie sich vernetztes von linearem Denken unterscheidet

Was unterscheidet vernetztes Denken von linearem Denken? Die folgende Abbildung fasst die unterschiedlichen Ansätze im Detail prägnant zusammen. Nicht alles müssen Sie an dieser Stelle vollständig erfassen; die weiteren Kapitel greifen alle wichtigen Aspekte noch einmal auf.

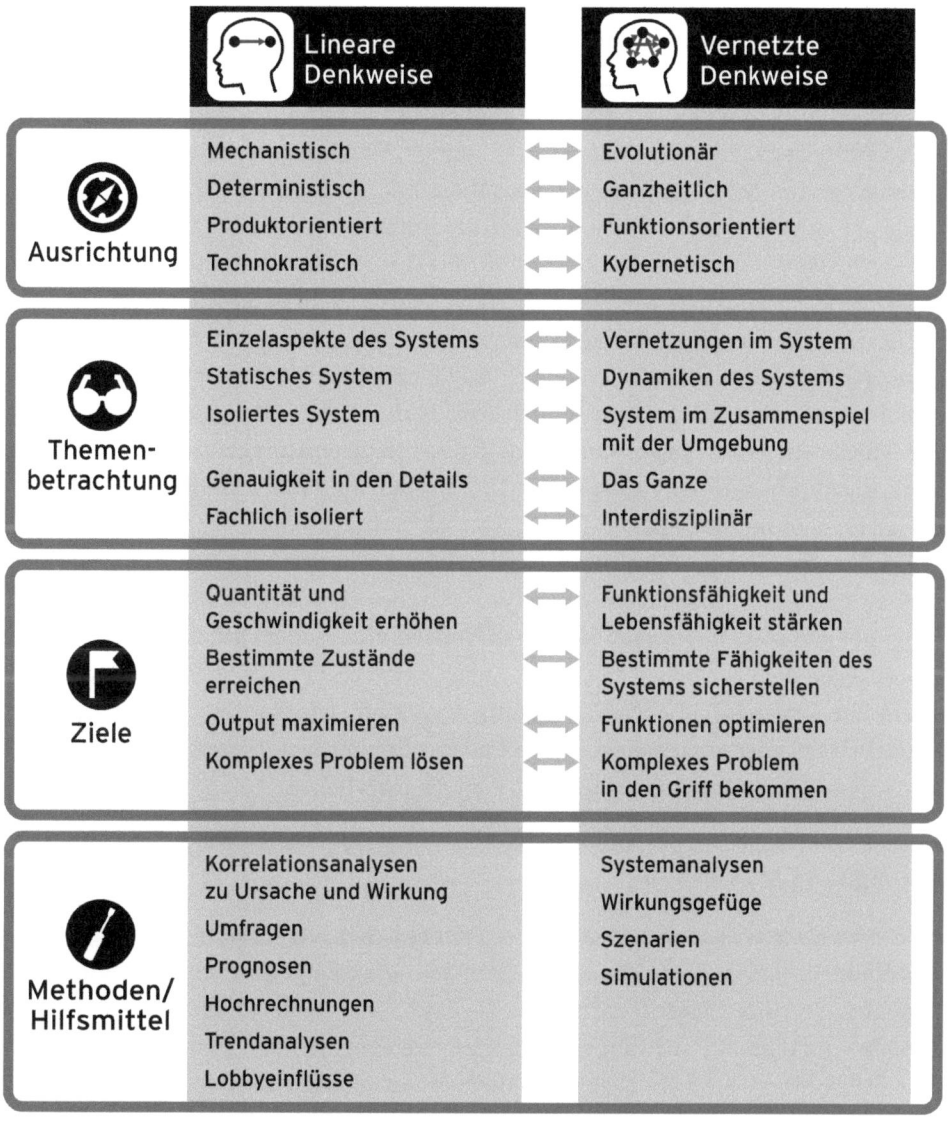

Vergleich zwischen linearer und vernetzter Denkweise *(erstellt nach Frederic Vester: Ausfahrt Zukunft Supplement, S. 19–20, verändert und weiterentwickelt)*

Warum linear statt vernetzt gedacht wird

Wir lernen, linear zu denken und zu handeln. Das beginnt trotz einiger Fortschritte in den letzten Jahren noch immer in der Schule mit dem fachlich isolierten Unterricht, setzt sich in vielen Ausbildungen fort und endet nicht in Unternehmen und Behörden. Dies kann als Hauptgrund dafür angesehen werden, dass Menschen in welcher Funktion auch immer nicht vernetzt denken und handeln. Überdies ist es einfach und bequem, Themen isoliert, ohne die inneren und äußeren Zusammenhänge sowie ohne die Dynamik zu betrachten. Lineares Denken erweckt die Illusion, mit wenig vorbereitendem Aufwand viel erreichen zu können, erhält bestehende Probleme aber nur und schafft neue. Wer linear denkt und handelt, ist stets gefordert, mit unerwartet aufkommenden Schwierigkeiten umzugehen. Das führt häufig zum Handeln nach Leidensdruck: Dringende Themen ziehen die Aufmerksamkeit der Verantwortlichen auf sich, hier ist schnelles Handeln gefordert. Für systematisches, langfristiges und vorbeugendes Handeln sowie die wichtigen Themen bleibt dann wenig Platz.

Die Ursachen von Schwierigkeiten verkürzt zu analysieren hilft, zu simplen Lösungen zu kommen. Das ist bequem, lässt sich einfach und verständlich kommunizieren und zeigt: Wir können schnell etwas tun — Erfolgskriterium nicht allein in der Politik. Hingegen zeigen sich die negativen Nebenwirkungen solchen Handelns meist mit deutlicher Zeitverzögerung. Nicht selten sind die Verantwortlichen dann gar nicht mehr im Amt, etwa in Politik oder Wirtschaft.

Der Glaube, komplexe Probleme lösen zu können, demonstriert ebenso Entschlossenheit und Gestaltungsmacht wie aktionistisches Handeln und Symptombekämpfung. Bei den beiden letzteren Vorgehensweisen wird zudem schnell sichtbar, dass etwas gegen die Probleme getan wird — auch wenn es sich um Scheinlösungen handeln sollte. Und schließlich fehlt es häufig an Wissen, wie sich vernetzt denken und handeln lässt. Hier wollen dieses Buch und das Projekt *Wandel vernetzt denken*, das kostenloses Unterrichtsmaterial bietet, Abhilfe schaffen.

Wie geht es weiter?

Im nun zu Ende gehenden ersten Teil des Buches haben wir uns mit linearem Denken und Handeln befasst. Im folgenden zweiten Teil beschäftigen wir uns mit komplexen Systemen und ihren Eigenschaften; dazu schauen wir uns verschiedenste praktische Beispiele an. Diese Betrachtungen helfen, zu verstehen, warum lineares Denken nicht zum Erfolg führt — und vor allem: wie sich vernetzt denken lässt.

DAS WICHTIGSTE IN KÜRZE siehe Abbildung auf Seite 77.

Teil 2

Komplexität verstehen

6

Warum es so schwer ist, ein Geschehen zu beeinflussen

Was unterscheidet einen Sandhaufen von einem Ameisenhaufen?

Fotos (v. l.): Andrew Dunn (CC BY-SA 2.0), Speifensender (CC BY-SA 3.0)

Auf den ersten Blick sehen beide Haufen sehr ähnlich aus. Und doch gibt es große Unterschiede. Sie verdeutlichen, warum es so schwer ist, ein Geschehen zu beeinflussen.

Bei einem Sandhaufen liegen die einzelnen Sandkörner unzusammenhängend aufeinander. Zwar könnte man sagen, dass ein Sandkorn eventuell das Gewicht der anderen Sandkörner »spürt«. Doch die Sandkörner des Sandhaufens sind nicht miteinander verbunden, sie beeinflussen einander nicht, sie agieren nicht. Deshalb kann man bei einem Sandhaufen etwas wegnehmen, dazutun oder austauschen, auch wenn dabei Sandkörner nachrutschen können: Es bleibt nach wie vor ein unbelebter Haufen Sand, das Gesamte verliert seinen Charakter dadurch nicht.

Das ist bei einem System, wie z. B. einem Ameisenhaufen, nicht möglich: Die Einzelteile des Ameisenhaufens hängen zusammen und beeinflussen einander. So sind die einzelnen Bestandteile des Ameisenbaus auf eine bestimmte Weise angeordnet; zudem haben die Ameisen soziale Beziehungen und organisieren ihren Staat. Das bedeutet: Nimmt man Teile weg oder gibt etwas dazu, kann sich das gesamte System verändern oder sogar zerstört werden.

Der Sandhaufen ist also nur eine Ansammlung unzusammenhängender Sandkörner, die nebeneinander- und übereinanderliegen. Es gibt kein eigenständiges Geschehen, keine Eigendynamik. Für solche bloßen Ansammlungen von Elementen gibt es nur wenige Beispiele, etwa Sandhaufen, Müllhalden, Tellerstapel oder Wäschestapel. Sie werden durch den Menschen geschaffen.

Im Gegensatz dazu geht es beim Ameisenhaufen auch um die Beziehungen und Wirkungen zwischen seinen Bestandteilen. Deshalb ist er ein System.

System

Ein System ist eine Einheit aus Elementen, die in einer bestimmten Anordnung miteinander verbunden sind und sich untereinander beeinflussen. Auch zwischen System und Umgebung gibt es Beziehungen und Wirkungen.

Ein System kann aus Teilsystemen bestehen und ist auch selbst in ein größeres System eingebettet, z. B.

Herzzelle → Herz → Mensch

Mensch → Familie → Gesellschaft → Umwelt

In der Natur und in der Gesellschaft gibt es praktisch nur Systeme — abgesehen von den wenigen Ausnahmen der Ansammlung unzusammenhängender Einzelteile.

Auch künstlich geschaffene Ansammlungen werden auf lange Sicht zum System, wenn z. B. Tiere sie als Lebensraum nutzen: Käfer oder Pflanzen im Sandhaufen oder Motten im Wäschestapel.

Warum nicht Luhmanns Systembegriff?

Wenn es um Systeme geht, wird in den Sozialwissenschaften häufig der Soziologe und Systemtheoretiker Niklas Luhmann herangezogen. Er entwickelte eine allgemeine Theorie der Gesellschaft, die so abstrakt und kompliziert ist, dass Luhmann selbst darüber schrieb:[1] »Die Theorieanlage gleicht also eher einem Labyrinth als einer Schnellstraße zum frohen Ende.«

Wir bevorzugen eine pragmatische Sichtweise, die sich an der Betrachtungsweise des Biokybernetikers Frederic Vester orientiert.

Während Luhmann zum Ziel hatte, eine allgemeine Theorie der Gesellschaft zu entwickeln, ist es unser Anliegen, nicht nur die Grundlagen für vernetztes Denken auf eine einfache und verständliche Art nahezubringen, sondern auch Werkzeuge an die Hand zu geben, um mit komplexen Situationen und Problemen erfolgreich umgehen zu können.

Mehr als die Summe der Einzelteile

Ein System ist immer mehr als die Summe seiner Einzelteile. Daraus folgt: Betrachtet man isoliert einzelne Teile, lässt sich das System weder verstehen noch zielgerichtet beeinflussen.

Eine aus Indien stammende Geschichte beschreibt dies bildhaft:[2] Ein König bittet einige blinde Männer, ein Objekt zu untersuchen und zu beschreiben — einen Elefanten. Die Männer fassen das Tier an und berichten. Der Elefant sei wie ein Topf (so der Blinde, der den Elefantenkopf fühlte), ein Korb (Ohr), ein Pflugmesser (Stoßzahn), ein Getreidespeicher (Körper), ein Ständer (Fuß), ein Pinsel (Schwanzende). Doch ist der Elefant nicht nur vielseitiger, als jeder der Blinden glaubt. Nicht isolierte Teile bestimmen die Eigenschaften des Elefanten, sondern das Zusammenwirken der »Einzelteile«. Erst die Gesamtheit aller Teile und Organe mit ihren Verknüpfungen und Wirkungen untereinander ergeben das lebendige Tier. Alle zusammen bilden sie den Elefanten, leisten also mehr, als es den einzelnen Teilen möglich ist.

> » *Wer einen Elefanten in zwei Hälften teilt,*
> *bekommt nicht zwei kleine Elefanten.* «
>
> **Peter Senge**, Luft- und Raumfahrtingenieur,
> Systemwissenschaftler, Organisationsberater und Autor[3]

Die Erkenntnis, dass das Gesamte mehr ist als die Summe der Einzelteile, gilt nicht allein für lebendige Wesen. Alle Systeme unterliegen diesem Grundsatz.

Einen Überblick zu Systemen und Nichtsystemen zeigt die nächste Abbildung. Der obere Teil fasst die bisherigen Erkenntnisse zu Systemen und Ansammlungen unzusammenhängender Einzelteile zusammen. Darunter folgt eine Unterteilung der Systeme einschließlich der Charakterisierung des Systemverhaltens.[4] Grundlegendes Wissen finden Sie hier übersichtlich konzentriert.

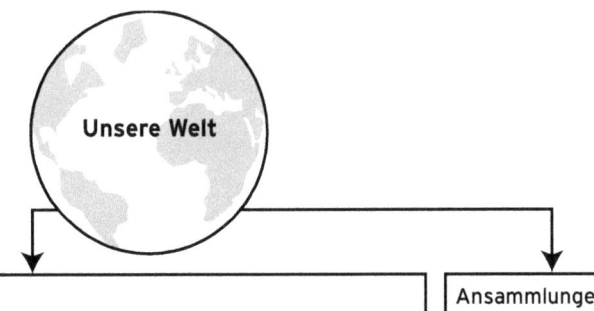

Unsere Welt

Systeme
- Einheit aus Elementen (Einzelteile, Menschen, Teilsysteme)
- Elemente sind in einer bestimmten Anordnung miteinander verbunden
- Elemente beeinflussen sich untereinander
- Austausch mit Umgebung (Beziehungen und Wirkungen)
→ Mehr als die Summe der Einzelteile

Ansammlungen unzusammen-hängender Einzelteile (z.B. Tellerstapel)

Komplexe Systeme
- Viele der Elemente wirken auf zahlreiche andere (Vernetzung)
- Sowohl die Elemente als auch ihre Beziehungen und Wirkungen verändern sich von selbst (Eigendynamik)

Nicht-komplexe Systeme
→ Einfach
  oder
  kompliziert

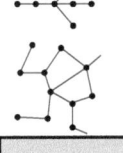

Natürliche Systeme

Beispiele:
Wald,
Ameisenhaufen,
Klima

Soziale Systeme

Beispiele:
Familie,
Sportverein,
Aktienmarkt

Technische Systeme

Beispiele:
Auto, Computer,
Solaranlage

Systemverhalten
In der Regel langfristig:
- Nicht vorhersagbar
- Nicht berechenbar
- Nicht erzwingbar

Systemverhalten
Kurz- und langfristig:
- Vorhersagbar
- Berechenbar
- Erzwingbar

Die wichtigsten Erkenntnisse zu Systemen und Nichtsystemen

Ansammlungen nicht zusammenhängender Einzelteile sowie einfache Systeme wie Locher oder Nagelschere werden im Folgenden nicht weiter von Bedeutung sein.

> **Ein System ist komplex,**
> - wenn viele der Elemente auf zahlreiche andere Elemente wirken und sich vielfach untereinander beeinflussen (Vernetzung) und
> - sich sowohl die Elemente als auch ihre Beziehungen und Wirkungen selbst verändern (Eigendynamik).
>
> Die Komplexität ist umso größer, je vernetzter die beteiligten Elemente untereinander sind.

Durch die Veränderung der Systemelemente kann sich das gesamte System verändern.

Der Motor als System

Matthias Meier freut sich über sein neu erworbenes Auto. Natürlich lässt er es sich nicht nehmen, gleich die Leistung des Wagens zu testen: Er drückt das Gaspedal komplett durch und beschleunigt von 0 auf 100 km/h in 5,7 Sekunden. Er kann den Motor bis 6.500 Umdrehungen pro Minute hochdrehen lassen, bevor er schaltet. Herr Meier ist begeistert. Bei der Fahrt auf der Autobahn regelt der Motor zu seinem Bedauern aber bei 240 km/h ab, d. h. schneller fährt das Auto nicht. Andererseits freut sich Herr Meier wiederum über den Tempomat, der lange Autobahnfahrten angenehm macht, weil er dann nur noch lenken und auf den Verkehr achten muss.

Der Motor ist ein technisches System. Welche Eigenschaften technische Systeme auszeichnen, zeigt der folgende Kasten.

Technische Systeme

1. Welche Systeme gehören zu dieser Systemart?

Technische Systeme sind Maschinen, Apparate und Anlagen. Zu ihnen zählen zum Beispiel Automotoren, Fernsehgeräte oder Chemieanlagen. Sie werden für bestimmte Aufgaben konstruiert. Dabei legen die Konstrukteure fest, wie das System aussieht, welche Teile enthalten sind und wie diese Teile zusammenwirken.

2. Wie viele Elemente und Beziehungen gibt es im System?

Es gibt wenige bis viele Elemente mit wenigen bis vielen Beziehungen.

3. Wie stehen die Elemente miteinander in Beziehung?

Technische Systeme werden so konstruiert, dass die einzelnen Teile des Systems meistens nur auf wenige andere Teile direkt wirken, und dies in definierter und wiederholbarer Form. Beispiele für solche Teile sind Ein-Aus-Schalter oder Zahnräder. Die Elemente haben also definierte und vorgegebene Ursache-Wirkung-Beziehungen (mechanisch, elektrisch, chemisch).

4. Gibt es im System eine Eigendynamik?

Technische Systeme verändern sich in der Regel nicht von selbst: Zum einen wachsen sie nicht, wie es Pflanzen, Tiere und Menschen tun. Zum anderen verändern sich weder einzelne Teile oder Elemente noch das gesamte System (von Abnutzung abgesehen) von selbst.[5] Es gibt also keine Eigendynamik.

5. Wer oder was bestimmt das Verhalten des Systems?

Was ein technisches System wann wie macht, ist also vorgegeben und bis ins Detail bekannt: Zum einen bestimmen die Konstrukteure den Aufbau und damit die Wirkungen und Abläufe im System. Zum anderen bestimmen im Rahmen dieser Vorgaben beispielsweise Programme oder Befehle, was das System im Betrieb tut.

6. Gibt es einen Austausch mit der Umgebung des Systems?

Technische Systeme sind in der Regel geschlossene Einheiten, bei denen es nur an wenigen Stellen (Schnittstellen) zum Austausch mit der Umgebung kommt. Beispielsweise besitzt ein Haartrockner nur vier Schnittstellen: Schalter, Öffnung zum Ansaugen von Luft, Öffnung für ausströmende Luft und Stromzufuhr.

7. Lässt sich das Systemverhalten langfristig verlässlich vorhersagen oder berechnen?

Das Verhalten technischer Systeme lässt sich sowohl für kurze Zeiträume als auch langfristig verlässlich vorhersagen oder berechnen, da bei ihnen zum einen Aufbau und Bestandteile sowie Abläufe und Wirkungen vorgegeben sind. Zum anderen ist bekannt, was an den Schnittstellen in welcher Menge ins System hinein- bzw. aus dem System heraustransportiert wird.

8. Lässt sich von außen auf lange Sicht erzwingen, was das System wie tut?

Ja, was ein technisches System wann wie macht, ist vorgegeben. Das Verhalten eines technischen Systems wird durch seinen Aufbau (Konstruktion und Bauteile) und durch Programme oder Befehle bestimmt.

9. Ist das System einfach, kompliziert oder komplex?

Technische Systeme sind einfach oder kompliziert.

Der Wald als System

Unzählige Pflanzen, Tiere, Kleinstlebewesen, Pilze und chemische Stoffe stehen in intensiver Wechselwirkung – willkommen im Wald.

Das Zusammenwirken reicht vom Abbau von Blättern, die im Herbst von Bäumen heruntergefallen sind, durch Bakterien bis hin zur Bestäubung von Pflanzen durch Insekten. Alle beteiligten Elemente zusammen halten den Wald durch ständigen Austausch stabil. Dabei schaffen sie Nährstoffkreisläufe, produzieren Sauerstoff, spielen eine wichtige Rolle im globalen Wasserkreislauf, verhindern Erosion und gestalten das Erdklima mit. Auf der anderen Seite wird der Wald durch äußere Einflüsse beeinflusst: Hitzeperioden mit Dürren und natürlichen Waldbränden, große Niederschläge, Stürme zum Beispiel.

Der Mensch greift massiv in die ökologischen Abläufe des Waldes ein. Das erfolgt durch intensive Waldbewirtschaftung, aber auch durch Umwidmung von Waldteilen in Wohngebiete, durch Zerteilung beim Straßenbau und durch Luftschadstoffe.

Wie genau die menschlichen Eingriffe wirken, lässt sich angesichts der hochkomplexen Vernetzung des Systems Wald nicht vorhersagen. Beispiel Luftverschmutzung: Lange Zeit unterschätzte man den Einfluss der Luftverschmutzung auf den Wald, um dann Anfang der 1980er-Jahre zu sehr negativen Einschätzungen zu gelangen. Das vorhergesagte großflächige Waldsterben trat dann aber nicht ein, und doch ist der Wald heute als Folge von Luftverschmutzung deutlich geschädigt.

Der Wald ist ein natürliches System. Welche Eigenschaften natürliche Systeme auszeichnen, verdeutlicht der folgende Kasten.

Natürliche Systeme

1. Welche Systeme gehören zu dieser Systemart?

Systeme in der Natur werden als natürliche Systeme bezeichnet. Zu ihnen zählen beispielsweise Ökosysteme (Ameisenhaufen, Wald, Meer, Klima) und alles Lebendige wie Pflanzen, Tiere, Menschen.

2. Wie viele Elemente und Beziehungen gibt es im System?

Diese Systeme bestehen aus vielen bis unzähligen Elementen mit vielen bis unzähligen Beziehungen. Ein einziges Element kann viele verschiedene Beziehungen besitzen. Beispielsweise kann eine Pflanze im System Wald mit vielen verschiedenen Elementen auf unterschiedliche Weise in Beziehung stehen.

3. Wie stehen die Elemente miteinander in Beziehung?

Die Elemente stehen auf vielfältige Weise miteinander in Beziehung. Über dieses Beziehungsgefüge beeinflussen sie sich untereinander (durch Material-, Stoff- und Energieaustausch).

4. Gibt es im System eine Eigendynamik?

Durch die vielfältige Beeinflussung der Elemente untereinander kommt es zu Veränderungen im System: Sowohl die Elemente als auch ihre Beziehungen und Wirkungen verändern sich von selbst. Natürliche Systeme besitzen also eine Eigendynamik.

5. Wer oder was bestimmt das Verhalten des Systems?

Wie sich natürliche Systeme verhalten, ist im Gegensatz zu technischen Systemen nicht vom Menschen vorgegeben. Vielmehr regulieren sich natürliche Systeme selbst, d.h. es gibt Wirkungskreisläufe, die das System stabilisieren und seine Funktionsfähigkeit aufrechterhalten (Selbstregulation). So können Störungen von außen oder im Inneren ausgeglichen werden.

6. Gibt es einen Austausch mit der Umgebung des Systems?

Natürliche Systeme tauschen mit ihrer Umgebung intensiv Material, Stoffe und Energie aus.

7. Lässt sich das Systemverhalten langfristig verlässlich vorhersagen oder berechnen?

Nein, auf lange Sicht lässt sich das Verhalten eines natürlichen Systems in der Regel nicht verlässlich vorhersagen oder berechnen, da es bestimmt wird durch:

- vielfältige Verhaltensweisen jedes einzelnen Elements,
- veränderliche Beziehungen und Beeinflussung der Elemente untereinander (Eigendynamik),
- vielfältigen Austausch mit der Umgebung sowie
- Störungen von außen bzw. unvorhersehbare Ereignisse und Entwicklungen.

8. Lässt sich von außen auf lange Sicht erzwingen, was das System wie tut?

Nein, langfristig lässt sich bei einem natürlichen System ein bestimmtes Verhalten in der Regel nicht erzwingen, da

- es sich selbst reguliert,
- es sich laufend verändert (Änderungen des gesamten Systems, einzelner Elemente, ihrer Verhaltensweisen, Beziehungen und Wirkungen),
- es nur unter bestimmten Bedingungen und innerhalb bestimmter Grenzen stabil ist (Grenzwerte),
- sich Eingriffe ins System unerwartet auswirken können (Vernetzung) und
- langfristig unerwartete Störungen, Ereignisse und Entwicklungen eintreten.

9. Ist das System einfach, kompliziert oder komplex?

Natürliche Systeme sind komplex.

Die Eishockey-Mannschaft als System

Der Eishockey-Verein EHC Neustadt hat seit über zehn Spielen keinen Sieg mehr errungen und steht auf dem vorletzten Tabellenplatz. Wenn der Verein absteigt, springt der Sponsor ab und der Verein kann die hohen laufenden Kosten für das Eisstadion nicht mehr finanzieren, es droht also Konkurs.

Trainer Frick muss nun dafür sorgen, dass die Mannschaft wieder gewinnt. Dafür hat er viele Möglichkeiten: Er ändert die Taktik, er wechselt die Stammbesetzung, er verpflichtet neue Spieler, er bittet Stadt und Fans um mehr Unterstützung. Alle diese Maßnahmen ergreift der Verein.

Zunächst werden die Ergebnisse schlechter, und erst nach fünf Wochen erringt die Mannschaft wieder einen knappen Sieg. Am Ende der Saison ist sie abgestiegen. Die umgesetzten Maßnahmen hatten nicht wie beabsichtigt gewirkt.

Die Eishockey-Mannschaft ist ein soziales System. Welche Eigenschaften soziale Systeme auszeichnen, fasst der folgende Kasten zusammen.

Soziale Systeme

1. Welche Systeme gehören zu dieser Systemart?

Ein soziales System ist eine Gruppe von Personen (oder Tieren), die miteinander in Beziehung stehen, z.B. Schulklassen, Sportmannschaften, Musikgruppen, Familien, Gemeinden und Staaten oder Vogelschwärme, Ameisenstaaten und Wolfsrudel. Auch wenn sich nicht alle Mitglieder einer Gruppe kennen oder sie nicht direkt in Kontakt kommen, sprechen wir von einem sozialen System. Beispiele sind die Wirtschaft (Zusammenspiel von Produktanbietern, Händlern und Konsumenten) oder der Aktienmarkt.

2. Wie viele Elemente und Beziehungen gibt es im System?

Soziale Systeme bestehen aus wenigen bis unzähligen Elementen. Elemente sind zum einen einzelne Personen bzw. Tiere oder Gruppen. Zum anderen können soziale Systeme weitere Elemente enthalten, beispielsweise umfasst das System »Aktienmarkt« auch Computer und Banken.

3. Wie stehen die Elemente miteinander in Beziehung?

Die Mitglieder eines sozialen Systems stehen auf vielfältige Weise miteinander in Beziehung. Sie beeinflussen sich untereinander (über Handlungen und Kommunikation).

4. Gibt es im System eine Eigendynamik?

Durch die vielfältige Beeinflussung der Mitglieder untereinander verändern sich auch ihre Beziehungen und Verhaltensweisen, wodurch sich das gesamte System verändern kann. Soziale Systeme besitzen also ebenfalls eine Eigendynamik (Gruppendynamik).

5. Wer oder was bestimmt das Verhalten des Systems?

Soziale Systeme organisieren sich innerhalb vorgegebener Rahmenbedingungen selbst. Die Selbstorganisation ermöglicht es sozialen Systemen, sich an geänderte Bedingungen anzupassen, die Funktionsfähigkeit sicherzustellen und die Stabilität zu bewahren.

6. Gibt es einen Austausch mit der Umgebung des Systems?

Soziale Systeme stehen mit ihrer Umgebung im Austausch, etwa mit anderen Gruppen. Außerdem kommen Mitglieder neu hinzu, andere verlassen die Gruppe. Sie tauschen auch Informationen, Güter und weitere Dinge aus.

7. Lässt sich das Systemverhalten langfristig verlässlich vorhersagen oder berechnen?

Nein, auf lange Sicht lässt sich das Verhalten einer sozialen Gruppe in der Regel nicht verlässlich vorhersagen oder berechnen, da es bestimmt wird durch:

- vielfältige Verhaltensmöglichkeiten bei jedem einzelnen Gruppenmitglied,
- veränderliche Beziehungen und Beeinflussung der Mitglieder untereinander (Gruppendynamik),
- vielfältigen Austausch mit der Umgebung sowie
- Störungen von außen bzw. unvorhersehbare Ereignisse und Entwicklungen.

8. Lässt sich von außen auf lange Sicht erzwingen, was das System wie tut?

Nein, langfristig lässt sich ein bestimmtes Systemverhalten in der Regel nicht erzwingen, da

- Menschen und Gruppen ihre eigenen Ziele verfolgen,
- sie sich selbst organisieren und regulieren,
- sie sich laufend verändern (Änderungen des gesamten Systems, einzelner Elemente, ihrer Verhaltensweisen sowie ihrer Beziehungen und Wirkungen untereinander),
- sie sich nicht immer rational verhalten,
- sich Eingriffe ins System unerwartet auswirken können (Vernetzung),
- langfristig unerwartete Störungen, Ereignisse und Entwicklungen eintreten und
- komplexe Systeme immer wieder für Überraschungen gut sind.

9. Ist das System einfach, kompliziert oder komplex?

Soziale Systeme sind komplex.

Was heißt hier komplex?

Wir haben verschiedene Arten von Systemen kennengelernt und konzentrieren uns nun auf natürliche und soziale Systeme. Diese Systeme haben eine besondere Eigenschaft: Sie sind komplex.

Zur Erinnerung: Ein System ist *komplex*,

- wenn viele der Elemente auf zahlreiche andere Elemente wirken und sich vielfach untereinander beeinflussen (Vernetzung) und

- sich sowohl die Elemente als auch ihre Beziehungen und Wirkungen selbst verändern (Eigendynamik).

Das mag zwar sehr abstrakt formuliert sein und danach klingen, als ob wir jedes einzelne System auf seine Komplexität überprüfen müssten. Dem ist jedoch nicht so. Natürliche und soziale Systeme sind immer komplexe Systeme: der Ameisenhaufen, ein Wald, die Atmosphäre — eine Familie, ein Staat, die Börse.

Auch eine Eishockey-Mannschaft oder eine Musik-Band stellen jeweils ein komplexes System dar. Die Elemente dieser Systeme sind die Mitglieder. Sie stehen miteinander in Beziehung.

Die Mitglieder sind nicht nur über soziale Beziehungen verbunden, sondern sie beeinflussen einander auch: Über ihre Handlungen und ihre Kommunikation wirken sie aufeinander, sowohl im Spiel bzw. beim Musikmachen als auch außerhalb von Training oder Proben.

Nicht nur Systeme können komplex sein, sondern auch Probleme, Situationen, Sachverhalte, Geschehen und Abläufe. Ihre Entwicklung lässt sich aufgrund der Vernetzung und der Eigendynamik in der Regel nicht verlässlich vorhersagen oder berechnen, mit Ausnahme von sehr kurzen Zeiträumen.

Komplexe Systeme, so haben wir gesehen, zeichnen sich durch ihre Vernetzung und ihre Eigendynamik aus. Diesen beiden Merkmalen widmen wir uns nun kurz.

>> *Komplexität bedeutet eigentlich nichts anderes als:*
Es gibt immer eine Überraschung. <<

Birger Priddat, Ökonom und Philosoph[6]

Vernetzung

Die Komplexität komplexer Systeme zeigt sich zum einen an der Fülle von Beziehungen und Wirkungen der einzelnen Elemente, die miteinander vernetzt sind (siehe Abbildung): Viele der Mitglieder einer großen Band, eines Vereins, eines Staates oder auch eines Waldes wirken auf zahlreiche andere Mitglieder, d.h. ein Mitglied wirkt auf viele andere und wird gleichzeitig von vielen beeinflusst. Alle Wirkungen im System zusammengenommen ergeben ein Wirkungsgefüge. Man spricht in diesem Zusammenhang auch von Vernetzung.

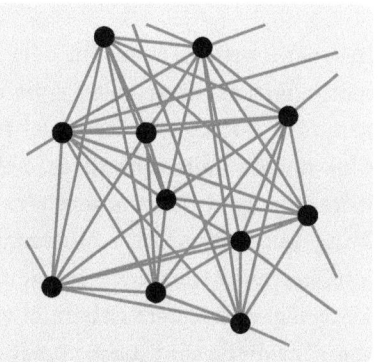

Struktur eines
komplexen Systems

Eigendynamik

Zum anderen zeigt sich die Komplexität komplexer Systeme an der Eigendynamik: Sowohl die Beziehungen und Wirkungen zwischen den Elementen als auch die Elemente selbst verändern sich von selbst, sodass sich das gesamte Gefüge über die Zeit verändern kann. Beispielsweise werden Teams aufgelöst oder neu zusammengesetzt, Mitglieder verlassen die Gruppe oder kommen neu dazu, die Spieler und Musiker können sich an verschiedenen Tagen unterschiedlich verhalten. Auch in der Natur ist die Eigendynamik eine bestimmende Eigenschaft. Natürliche Systeme verändern sich und entwickeln sich weiter. Sie organisieren sich selbst.

Eigendynamik kann zu qualitativen Verbesserungen und neuen, komplexeren Organisationsformen führen, die aus den Eigenschaften des ursprünglichen Systems nicht vorhergesagt werden können. Aus dem Schmetterlingsei entwickelt sich eine Raupe, daraus eine Larve und schließlich ein Schmetterling. Statt weiter Autos zu verkaufen, mutiert ein Autohersteller zum Mobilitätsanbieter. In einem solchen Fall wird quantitatives Wachstum, das heute die Gesellschaft bestimmt, durch qualitatives Wachstum ersetzt.

Gegenbeispiele:
kompliziertes System und einfaches System

In einer mechanischen Uhr oder in einem Automotor wirken zwar relativ viele Elemente zusammen. Doch jedes Einzelteil hat nur auf wenige andere Teile eine direkte Wirkung. Diese
Wirkung ist durch vorgegebene Ursache-Wirkung-Zusammenhänge bestimmt. Welches Teil
auf welches wie wirkt, ist vom Konstrukteur
festgelegt und ändert sich nicht von selbst. Auch
die Einzelteile und die komplette Uhr bzw. der
Automotor verändern sich nicht (wenn man von
Abnutzung absieht). Eine Eigendynamik gibt es
also nicht. Solche **technischen Systeme sind
nicht komplex, sondern kompliziert.** Das lässt
sich auf die meisten technischen Produkte (Systeme) übertragen, so lange keine künstliche Intelligenz ins Spiel kommt.

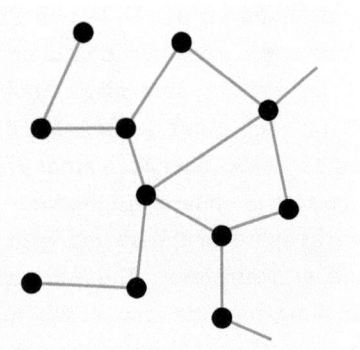

Struktur eines
komplizierten Systems

Andere technische Systeme sind nicht kompliziert, sondern einfach. **Einfache Systeme umfassen meist nur wenige Teile, die nur wenige
Verbindungen besitzen.** Zu ihnen zählen beispielsweise ein Lichtschalter und statische Ob-
jekte wie Regale und Stühle.

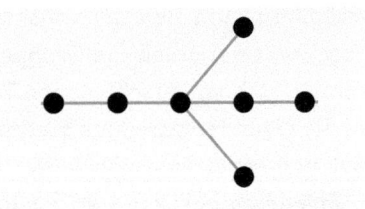

Struktur eines
einfachen Systems

Falscher Umgang mit komplexen Problemen und Systemen

Zurück zur Frage, warum es so schwierig ist, ein Geschehen zu beeinflussen.
   Technische Systeme als nicht-komplexe Einheiten lassen sich einfach beeinflussen. Natürliche und soziale Systeme hingegen können nicht auf einfache Weise
beeinflusst werden, die Komplexität steht dem entgegen. Hohe Vernetzungsgrade,
Eigendynamik, Selbstorganisation, Selbstregulation sowie Unberechenbarkeit sind
Merkmale, die es schwer machen, einem System etwas aufzuzwingen oder es zielgerichtet zu beeinflussen.

Und dennoch wird mit natürlichen und sozialen Systemen oft umgegangen, als seien sie einfach oder kompliziert. In der Absicht, Probleme in den Griff zu bekommen, behandeln Politiker, Verwaltungen, Unternehmen und Menschen soziale und natürliche Systeme wie eine Maschine.

> »*Komplexität kann man zwar ignorieren,*
> *aber deswegen verschwindet sie nicht.*«
>
> **Fredmund Malik**, Managementberater und Autor[7]

DAS WICHTIGSTE IN KÜRZE

◆ Ein System ist immer mehr als die Summe seiner Einzelteile.

◆ Systeme in Natur und Gesellschaft sind komplex und verhalten sich komplex. Ihr Verhalten lässt sich im Gegensatz zu technischen Systemen in der Regel langfristig weder verlässlich vorhersagen noch erzwingen.

◆ Ein System ist *komplex*, wenn viele der Elemente auf zahlreiche andere Elemente wirken und sich vielfach untereinander beeinflussen (Vernetzung) und sich sowohl die Elemente als auch ihre Beziehungen und Wirkungen selbst verändern (Eigendynamik).

◆ Komplexe Systeme und Probleme erfordern einen besonderen Umgang. Ihre Vernetzung und Eigendynamik müssen berücksichtigt werden.

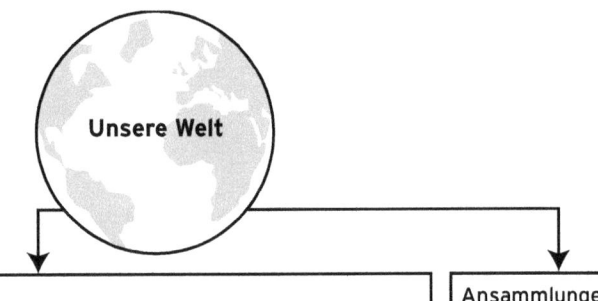

Unsere Welt

Systeme
- Einheit aus Elementen (Einzelteile, Menschen, Teilsysteme)
- Elemente sind in einer bestimmten Anordnung miteinander verbunden
- Elemente beeinflussen sich untereinander
- Austausch mit Umgebung (Beziehungen und Wirkungen)
→ Mehr als die Summe der Einzelteile

Ansammlungen unzusammen-hängender Einzelteile (z.B. Tellerstapel)

Komplexe Systeme
- Viele der Elemente wirken auf zahlreiche andere (Vernetzung)
- Sowohl die Elemente als auch ihre Beziehungen und Wirkungen verändern sich von selbst (Eigendynamik)

Nicht-komplexe Systeme
→ Einfach
oder
kompliziert

Natürliche Systeme
Beispiele:
Wald,
Ameisenhaufen,
Klima

Soziale Systeme
Beispiele:
Familie,
Sportverein,
Aktienmarkt

Technische Systeme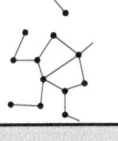
Beispiele:
Auto, Computer,
Solaranlage

Systemverhalten
In der Regel langfristig:
- Nicht vorhersagbar
- Nicht berechenbar
- Nicht erzwingbar

Systemverhalten
Kurz- und langfristig:
- Vorhersagbar
- Berechenbar
- Erzwingbar

Die wichtigsten Erkenntnisse zu Systemen und Nichtsystemen

7

Was passiert,
wenn man in ein Geschehen eingreift?
(Merkmale und Verhalten komplexer Systeme)

Mit großen Ambitionen gestartet, hat sie sich zu einem komplizierten und zähen Projekt entwickelt. Ihre Ziele werden nur teilweise oder in geringem Maße erreicht, während eigenartige und teils kontraproduktive Folgen aufgefangen werden müssen. Dürfen wir vorstellen? Die Energiewende.

Im Jahr 1990 hatte sich Deutschland das Ziel gesetzt, seine Stromversorgung stärker als bisher aus erneuerbaren Quellen zu decken. Das Stromeinspeisungsgesetz führt die Mission seit dem Jahr 2000 fort. Wer Strom aus erneuerbaren Quellen erzeugt, erhält Subventionen — sie werden über den Strompreis finanziert. Zugleich hat Strom aus erneuerbaren Quellen gegenüber konventionell erzeugter Elektrizität Vorrang. Konkret bedeutet das: Die Betreiber öffentlicher Stromnetze sind gesetzlich verpflichtet, zu jedem Zeitpunkt allen Strom aus erneuerbaren Quellen ins Stromnetz aufzunehmen — unabhängig davon, ob es für ihn einen Bedarf gibt oder nicht.

Für den aufgenommenen Strom müssen die Netzbetreiber den Stromerzeugern eine gesetzlich festgelegte Vergütung zahlen. Sie liegt höher als der Verkaufspreis, der sich beim Verkauf des Stroms an der Strombörse erzielen lässt. Wie können die Unternehmen trotz dieser Verluste existieren? Es sind die Stromverbraucher, die diese Verluste übernehmen. Zu diesem Zweck zahlen sie einen Aufpreis (»Umlage«) auf jede Kilowattstunde Strom, die sie verbrauchen.

Werfen wir einen Blick auf die eigenartigen und kontraproduktiven Folgen der Ökostromförderung. Wie politisch gewünscht, wuchs in den vergangenen 20 Jahren der Anteil des Ökostroms an der gesamten Elektrizitätsmenge deutlich. Allerdings ist fraglich, ob sich dadurch der Ausstoß des klimaschädlichen Kohlendioxids (CO_2) verringert hat — ein zentrales Ziel der Energiewende. Der Grund liegt im Emissionshandel der Europäischen Union (Erläuterungen in der Endnote).[1]

Nächste Eigenartigkeit: Vergleichsweise umweltfreundliche moderne Gaskraftwerke und gasbetriebene Anlagen zur Kraft-Wärme-Kopplung (Kraftwerke, die auch Wärme liefern) ließen sich unter den neuen Verhältnissen in vielen Fällen nicht mehr wirtschaftlich betreiben. Hingegen erlebten die klimaschädlichen Kohlekraftwerke mit ihrer kostengünstigen Stromerzeugung eine Renaissance.

Obwohl zu den bisherigen konventionellen Kraftwerken große Kapazitäten an Solaranlagen und Windrädern zugebaut wurden, sodass Überkapazitäten entstanden sind, drohen nun an sonnen- und windarmen Tagen Engpässe; das gilt insbesondere im Winter. Um die Stromversorgung dennoch zu sichern, zwingt der Staat einige Unternehmen dazu, ihre unwirtschaftlichen Kraftwerke weiter bereitzuhalten und zu betreiben. Die Überkapazitäten, die durch die umlagefinanzierten Subventionen für Ökostrom entstanden sind, führen zu einer weiteren eigentümlichen Konsequenz: Die Stromversorger kaufen Strom an der Strombörse deutlich billiger als früher. Die Stromverbraucher müssen jedoch wegen der Umlagen zur Subvention des Ökostroms mehr zahlen als zuvor.

Diese Betrachtungen sind kein Plädoyer gegen die Energiewende, zumal sie auch Erfolge vorweisen kann. Die Betrachtungen zeigen allerdings: Komplexe Systeme wie der Energiemarkt verhalten sich meist anders als auf den ersten Blick angenommen oder erwartet.

Einige Besonderheiten komplexer Systeme haben wir im vorherigen Kapitel bereits kennengelernt, etwa Vernetzung und Eigendynamik. Für den erfolgreichen Umgang mit komplexen Systemen ist weiteres Wissen hilfreich.

Selbstorganisation und Selbstregulation

Komplexe Systeme organisieren sich selbst. Das gilt sowohl für die Natur als auch die Gesellschaft. Wer (oder was) was tut und wie auf Eingriffe von außen reagiert wird, bestimmt keine zentrale Leitung von außen. Ein See, ein Wald, das Klima – eine Familie, eine Gemeinde, der Energiemarkt: Komplexe Systeme organisieren sich

innerhalb von außen vorgegebener Rahmenbedingungen eigenständig im Zusammenwirken der einzelnen Elemente.

Die **Selbstorganisation** macht die Gesellschaft und ihre Gruppen funktions- und anpassungsfähig, und somit stabil. Anpassungsfähig, da die Gruppen ohne Abstimmung mit übergeordneten Instanzen rasch handeln und sich an neue Situationen anpassen können. Das ermöglicht ihnen auch in einer sich wandelnden Umgebung zu überleben.

Selbstorganisation ist ein bedeutendes Merkmal komplexer Systeme — also sozialer und natürlicher Systeme. Technische Systeme hingegen organisieren sich nicht selbst, sondern führen nur das aus, was ein Bediener durch sein Einwirken auslöst oder was eine durch Menschen programmierte Steuerungssoftware befiehlt.

Ein elementarer Mechanismus der Selbst*organisation* ist die **Selbst*regulation***. Durch Selbstregulation halten sich Systeme und Teile davon in Balance. So hält das komplexe System des menschlichen Körpers die Körpertemperatur auf einem für die Körperfunktionen notwendigen Wert — über Selbstregulation.

> Jedes komplexe System organisiert sich selbst. Die Selbstorganisation hat viele Vorzüge; sie ermöglicht einem System:
>
> ♦ die Abläufe im System einfach und schnell zu regeln,
>
> ♦ Störungen abzufangen und sich an geänderte Situationen anzupassen,
>
> ♦ auf diese Weise funktionsfähig und lebensfähig zu bleiben, also stabil.
>
> Ein elementarer Mechanismus der Selbstorganisation ist Selbst*regulation*. Selbstregulation ermöglicht, das System in Balance und somit stabil zu halten.

Nicht-lineares Verhalten

Fünf Kugeln Eis kosten fünfmal so viel wie eine einzige Kugel. Die Anzahl der Eiskugeln und der Gesamtpreis verhalten sich linear: Eismenge und Gesamtpreis verändern sich in gleichem Verhältnis.

Lineares Verhalten beruht auf **linearen Ursache-Wirkung-Zusammenhängen**. Eine größere Zahl an Eiskugeln (Ursache) führt direkt und ohne Umwege zu einem höheren Gesamtpreis (Wirkung). Das Betätigen eines Lichtschalters (Ursache) führt direkt dazu, dass das Licht an- oder ausgeht (Wirkung) — auch hier spricht man von einem linearen Verhalten. Zwar liegt im Gegensatz zum Eis-Beispiel kein linearer Zusammenhang im mathematischen Sinn vor, wohl aber ein linearer Ursache-Wirkung-Zusammenhang: Dem Betätigen des Lichtschalters folgt direkt die Wirkung in der Lampe.

WENN'S DIR SO SCHLECHT GEHT, NIMM MAL MEHR PILLEN.

Ausschließlich einfache und komplizierte Systeme verhalten sich linear, nicht aber komplexe Systeme. Mit anderen Worten: Natürliche und soziale Systeme mit ihrer Komplexität zeigen nicht-lineares Verhalten. Was bedeutet das?

Die Tatsache, dass eine zurückliegende Erhöhung der Tabaksteuer um zehn Prozent zu sieben Prozent höheren Steuereinnahmen geführt hat, besagt nicht, dass eine erneute Steuererhöhung um den gleichen Prozentsatz wieder zum gleichen Anstieg der Steuereinnahmen führen würde. Eine Steuererhöhung kann sogar bewirken, dass der Staat weniger Steuern einnimmt, wenn beispielsweise Raucher weniger rauchen, sie Zigaretten plötzlich selbst drehen oder geschmuggelte Ware verwenden.

Die Tatsache, dass Strom aus erneuerbaren Quellen subventioniert und bevorzugt wird, besagt nicht, dass hierdurch die Emissionen an klimaschädlichen Gasen zwangsläufig entsprechend zurückgehen. Ein linearer Ursache-Wirkung-Zusammenhang liegt nicht vor. Die Eingriffe des Staates in den Energiemarkt haben eine Reihe von Folgen und führen zu vielfältigen Reaktionen der am Energiemarkt beteiligten Unternehmen. Zusammen bestimmt dies das Ergebnis des Eingriffes.

Das nicht-lineare Verhalten komplexer Systeme ergibt sich aus der Vernetzung und der Eigendynamik dieser Systeme, aber auch aus der Selbstorganisation.

Aufgrund der vielfältigen Vernetzungen hat ein Eingriff in ein komplexes System nicht eine einzige Wirkung an einer Stelle zur Folge, sondern mehrere Wirkungen im gesamten System. Auch kann eine Wirkung an ganz anderer Stelle auftreten als dort, wo ins System eingegriffen wurde.

Wie sich ein komplexes System verhält und insbesondere auf einen Eingriff von außen reagiert, ist aufgrund der Nicht-Linearität im Voraus nicht einfach ersichtlich. Nicht-lineares Verhalten kann zu völlig unerwarteten Wirkungen von Maßnahmen führen. Im Extremfall hat es zur Folge, dass ein winzig kleiner Eingriff ein System sehr stark verändert.

Bleibt Nicht-Linearität übersehen, besteht die große Gefahr, dass aufwendige Maßnahmen nur geringen Erfolg haben.

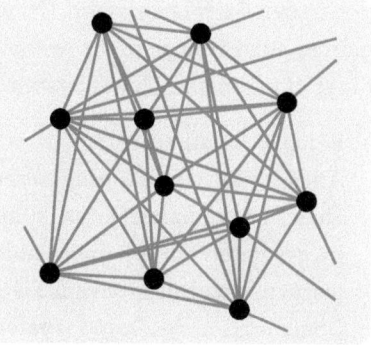

Vernetzung der Elemente eines komplexen Systems (schematisch)

Komplexe Systeme verhalten sich aufgrund ihrer Vernetzung und der Eigendynamik nicht-linear – sie weisen in der Regel keine linearen Ursache-Wirkung-Zusammenhänge auf. Das bedeutet: Wie sich komplexe Systeme verhalten und bei einem Eingriff von außen reagieren, ist nicht einfach ersichtlich. Kleine Eingriffe können große Wirkungen nach sich ziehen – positive wie negative. Große Eingriffe können zu geringen Wirkungen führen.

Nebenwirkungen bei Eingriffen ins System

Voll konzentriert auf ein Ziel — so werden Maßnahmen auf individueller, unternehmerischer und gesellschaftlicher Ebene ergriffen. Wir bezwecken eine ganz bestimmte Wirkung, wollen beispielsweise eine Situation verändern oder ein Prob-

lem in den Griff bekommen. Oft wird dabei übersehen, dass eine zielgerichtete Maßnahme auch immer nicht beabsichtigte Wirkungen zur Folge hat, wenn sie einen Eingriff in ein komplexes System umfasst:

- Beispiel Medikamente:
  Antibiotika werden eingesetzt, um bei einer Halsentzündung die Bakterien im Hals zu bekämpfen – das ist die gewünschte Wirkung. Antibiotika wirken jedoch im gesamten Körper, unter anderem im Darm. Auch hier können Bakterien zerstört werden, was Durchfall zur Folge hat. Eine andere unerwünschte Wirkung ist eine Überreaktion des Immunsystems (Allergie) auf Antibiotika.

- Beispiel Steuererhöhung:
  Steuererhöhungen verändern das Verhalten der Besteuerten. So verlagern einige Unternehmen die Produktion ins Ausland und manche Bürger weichen auf Schwarzarbeit aus – als Auftraggeber oder Arbeitskraft.

Diese unerwünschten Wirkungen nennt man Nebenwirkungen.

Wie kommt es zu Nebenwirkungen? Die vielfältigen Beziehungen und Wirkungen (Vernetzung) in komplexen Systemen sind dafür verantwortlich. So wirkt ein Eingriff in ein komplexes System nicht nur an einer einzigen Stelle, sondern beeinflusst indirekt gleichzeitig sehr viele Elemente und Beziehungen und somit das gesamte System. Auch die Eigendynamik komplexer Systeme spielt hierbei eine Rolle.

Nebenwirkungen treten nicht allein in jenem System auf, in das eingegriffen wird. Eingriffe können auch zu Nebenwirkungen in anderen Systemen führen. Weichen Raucher als Folge einer Tabaksteuererhöhung auf selbst gedrehte Zigaretten ohne Filter aus, so hat dies langfristig eine Nebenwirkung im Gesundheitssystem. Die Intensivlandwirtschaft mit starker Stickstoffdüngung führt zur Nebenwirkung einer hohen Nitratbelastung im Grund- und Trinkwasser. Finanziert der Staat Leistungen über Schulden, sind zukünftig Zinsen zu zahlen. Kohle und Öl zu verfeuern führt über die Freisetzung von CO_2 zum Klimawandel.

> Eingriffe in ein komplexes System verursachen neben der gewünschten Wirkung auch nicht beabsichtigte, unerwünschte Wirkungen – die Nebenwirkungen.
> Nebenwirkungen können nicht allein in jenem System auftreten, in das eingegriffen wurde, sondern auch in anderen Systemen.

Zeitverzögerungen bei Eingriffen ins System

Bei Eingriffen in komplexe Systeme können die Wirkungen zeitverzögert auftreten.

- Beispiel Blutzuckerspiegel:
  Bei einem niedrigen Blutzuckerspiegel hilft ein Stück Kuchen nicht sofort, denn: Es vergeht einige Zeit, bis die Kohlenhydrate aus dem Kuchen vom Körper aufgenommen und weiterverarbeitet werden, d. h. in Form von Glukose ins Blut gelangen.

- Beispiel Gesetze:
  Auch neue Gesetze zeigen nicht immer sofort Wirkung: Ein Gesetz, das für neue Autos die Einhaltung schärferer Abgasgrenzwerte vorschreibt, führt nicht dazu, dass die Schadstoffbelastung in der Umwelt sofort merklich abnimmt. Zunächst muss das Gesetz beschlossen werden, anschließend gibt es eine Vorlaufzeit, bis es in Kraft tritt. Schließlich müssen sich die Autohersteller auf die neue Situation einstellen und eventuell neue Motoren entwickeln. Einmal in Kraft getreten, betrifft das Gesetz lediglich Neuwagen. Die älteren Autos mit höherem Ausstoß von Schadstoffen fahren weiterhin. Bis sich eine große Umweltentlastung ergibt, können Jahre vergehen.

Es sind nicht allein die gewünschten Wirkungen, die sich häufig erst zeitverzögert zeigen. Auch die Nebenwirkungen können erst nach einiger Zeit auftreten. Warum zeigen sich diese Auswirkungen nicht sofort? Hauptgrund ist die Vernetzung in einem komplexen System: Es braucht Zeit, bis das System die Einwirkung von außen verarbeitet hat und das System danach wieder in Balance kommt. Nach Eingriffen in komplexen Systemen können erwünschte Wirkungen und unerwünschte Nebenwirkungen zeitverzögert auftreten.

Systeme und einzelne Elemente mit Grenzwerten

Alles funktioniert bestens, wir machen uns überhaupt keine Gedanken — und dann das: Plötzlich und unerwartet kommt es zu drastischen Problemen, steht alles auf der Kippe. Wir fragen uns: Wie konnte das passieren?

Oder: Etwas funktioniert zwar nicht bestens, macht aber immerhin einen stabilen Eindruck — um plötzlich große Probleme zu bereiten oder zusammenzubrechen.

Um funktionieren zu können, brauchen komplexe Systeme und auch ihre einzelnen Elemente bestimmte Bedingungen. Ändern sich diese, sodass Grenzwerte verletzt werden, kann das System zusammenbrechen.

- ◆ Beispiel Körpertemperatur:
  Hohes Fieber wie auch extreme Unterkühlung führen zum Tod. Der Körper »arbeitet« also nur innerhalb eines bestimmten Temperaturbereiches. Sinkt oder steigt die Temperatur zu sehr, d. h., werden Grenzwerte verletzt, bricht das System Körper zusammen. Einen Grenzwert zu verletzen bedeutet: einen oberen Grenzwert zu überschreiten oder einen unteren Grenzwert zu unterschreiten.

- ◆ Beispiel Arbeitsbelastung:
  Ein Vertriebsmitarbeiter ist auf seinen Chef sauer. Dieser setze unrealistische Ziele und unterstütze seine Untergebenen kaum, findet der Mitarbeiter. Lange versucht er dem durch hohen Einsatz entgegenzuwirken. Eines Tages fällt er im Zustand völliger Erschöpfung aus und kann seiner Arbeit monatelang nicht mehr nachgehen. Anderer Ausgang der Geschichte: Trotz großen Einsatzes des Mitarbeiters ist der Chef unzufrieden. Als der Mitarbeiter wohl als Folge der Überlastung einen folgenreichen Fehler macht, ist die Geduld des Chefs zu Ende: Er kündigt seinem Mitarbeiter fristlos. Für beide Versionen der Geschichte gilt: Nun ist zunächst gar niemand mehr da, der die vielen Aufgaben erfüllt und als Vertriebsmitarbeiter Aufträge ins Haus holt. Dies hat für das gesamte Unternehmen Folgen.

Systeme und Systemelemente funktionieren also nur unter bestimmten Bedingungen und innerhalb bestimmter Grenzen.

Auch wenn sich die Grenzwerte komplexer Systeme nicht genau ermitteln lassen, so kann man doch analysieren, welche grundsätzlichen Grenzen es gibt. Um

ER BRAUCHT KEINE BLUTDRUCKSENKER MEHR, DER DRUCK IST SCHON AUF NULL.

die obigen beiden Beispiele aufzugreifen: Der Mensch sollte sich nicht unterkühlen, der Mitarbeiter nicht überarbeiten und der Chef nicht erst (re)agieren, wenn seine Geduldsgrenze überschritten ist.

Ignoriert man Grenzen bzw. Grenzwerte, kommt es zu Problemen. Das passiert meist plötzlich, weil das System störende Einflüsse lange puffern, d. h. ihnen entgegenwirken kann. Ein kleiner letzter Impuls vermag dann zu großen Schwierigkeiten zu führen. Da die Elemente in einem komplexen System vernetzt sind und aufeinander wirken, hat der Ausfall eines einzigen Elements Auswirkungen auf das ganze System und kann sogar zum Systemkollaps führen.

Zwar besitzen auch nicht-komplexe Systeme (etwa ein Automotor) und ihre einzelnen Elemente Grenzwerte. Doch aufgrund der geringen Vernetzung greift ein Defekt in der Regel nicht auf das gesamte System über und das System funktioniert nach Austausch des defekten Teils wieder. Vor allem aber sind bei technischen Systemen — im Gegensatz zu komplexen Systemen — die notwendigen Grenzwerte bekannt und können im Betrieb eingehalten werden.

> Komplexe Systeme oder auch einzelne Systemelemente funktionieren nur unter bestimmten Bedingungen und innerhalb bestimmter Grenzen.
> Wird ein Grenzwert verletzt, funktioniert ein einzelnes Element oder das gesamte System nicht mehr. Solche Schäden können irreparabel sein.

Funktionsfähigkeit des Systems:
Bestimmte Elemente sind zwingend notwendig

Was ist ein Mensch ohne Leber und das heutige Wirtschaftssystem ohne Erdöl? Sie sind nicht überlebensfähig. Ohne bestimmte Elemente kann ein komplexes System weder funktionieren noch existieren:

- Beispiel Mensch:
  Für das System Mensch ist das Element Leber zwingend notwendig. Fällt dieses Element aus, bricht das ganze System zusammen: Der betroffene Mensch stirbt. Im Gegensatz dazu schränkt der Verlust des Gehörs zwar die Funktion des Systems ein, der betroffene Mensch kann jedoch weiterleben.

- Beispiel Erdölversorgung:
  Bei längerer Unterbrechung der Erdöllieferungen an einen Staat wird dieser zunächst auf seine Erdölvorräte zurückgreifen. Doch auch diese gehen nach einigen Wochen oder Monaten zur Neige. Wenn Erdöl nicht mehr verfügbar ist, gibt es in vielen Bereichen Probleme: Erdöl wird für unterschiedlichste Dinge benötigt, z. B. zum Heizen, als Treibstoff und für Kunststoff, Medikamente, Kosmetika, Schuhcremes und Reifen. Halten die Probleme über längere Zeit an, brechen auf Erdöl angewiesene Systeme zusammen — falls nicht kurzfristig Ersatz oder andere Lösungen gefunden werden.

Damit ein komplexes System existieren und funktionieren kann, benötigt es also bestimmte Elemente unbedingt. Wird eines dieser Elemente funktionsunfähig oder

zerstört (z. B. durch Überschreitung eines Grenzwertes), ist die Funktionsfähigkeit des Systems stark eingeschränkt oder es kann sogar das gesamte System zusammenbrechen.

Dies gilt ebenso in der Natur. Auch Ökosysteme besitzen Elemente, die für ihre Funktion zwingend notwendig sind. Hoher Flächen- und Rohstoffverbrauch sowie Intensivlandwirtschaft führen dazu, dass an bestimmten Orten notwendige Arten gefährdet sind, wenn bestimmte Grenzwerte über- oder unterschritten werden. Es birgt die Gefahr, dass unverzichtbare Pflanzen und Tiere aussterben.

Auch technische Systeme besitzen Elemente, die unverzichtbar für die Funktion des Systems sind. Das betrifft die große Mehrzahl der Teile. Fallen Elemente eines technischen Systems aus, kann man sie jedoch meistens ersetzen und somit das gesamte System wieder in Gang bringen.

In einem komplexen System hingegen ist es in vielen Fällen nicht möglich, die Funktion wieder herzustellen, indem ausgefallene Elemente ersetzt werden. Beim Merkmal der Grenzwerte haben wir bereits gesehen: Aufgrund der großen Vernetzung wirkt sich der Ausfall eines Elements nicht nur an einer einzigen Stelle aus, sondern es sind gleichzeitig viele Elemente und Beziehungen betroffen bis hin zum gesamten System.

> Bestimmte Elemente sind zwingend notwendig, damit ein komplexes System existieren und funktionieren kann. Wird eines dieser Elemente zerstört oder fällt aus, ist die Funktionsfähigkeit des Systems stark eingeschränkt oder es kann das ganze System zusammenbrechen.

Unberechenbarkeit
(Nicht verlässlich vorhersagbar, nicht berechenbar)

Vieles im Leben lässt sich nicht verlässlich vorhersagen und berechnen. Im Kapitel zu Prognosen hatten wir bereits gesehen: Wie sich das Wetter, der Aktienmarkt, die Wirtschaftsleistung oder eine Technologie entwickelt, vermag niemand auf lange Sicht verlässlich vorherzusagen. Auch ist nicht vorhersagbar, was sich im persönlichen Leben in Bezug auf Liebe, Familie, Freunde, Gesundheit, Arbeit und Finanzen ereignet. Woran liegt das?

Erstens liegt es an der Komplexität der Systeme, in denen wir leben und uns bewegen, genauer gesagt an ihrer Vernetzung und Eigendynamik. Letztere ist auch eine Folge der Selbstorganisation. Das bedeutet: Gesellschaftliche, wirtschaftliche und persönliche Entwicklungen laufen nicht nach starren Gesetzmäßigkeiten ab. Dies wäre jedoch die Voraussetzung für verlässliche Vorhersagen und Vorausberechnungen.

Der zweite Grund, warum sich das Verhalten eines komplexen Systems nicht verlässlich vorhersagen und berechnen lässt, liegt in der Unvorhersehbarkeit vieler Ereignisse, die einzelne Systeme beeinflussen. Dazu zählen beispielsweise der plötzliche Tod eines Staatsoberhaupts, ein großer Unfall oder der massenhafte Ausbruch ansteckender Krankheiten. Solche Ereignisse bezeichnen wir als Störfaktoren, wenn sie angestrebte Ziele gefährden, oder als Bedrohungsfaktoren, wenn die Stabilität des gesamten Systems gefährdet ist.

Wie ein komplexes System auf ein unvorhersehbares Ereignis reagiert, kann man aufgrund seiner Eigendynamik und Vernetzung nicht verlässlich vorhersagen. Nicht immer sind es große Faktoren, die auf ein System störend wirken. Für ein Unternehmen kann der Anstieg des Ölpreises oder ein neues Produkt, das die Konkurrenz auf den Markt bringt, äußerst störend und gefährlich sein.

Auch Zufälle beeinflussen vieles und können Störfaktoren sein. Eine Mücke fliegt einem Autofahrer ins Auge, der deshalb einen schweren Unfall verursacht. Einige Verkehrsteilnehmer geraten dadurch in einen Stau und verpassen einen Termin oder das Flugzeug, was wiederum weitere Folgen hat. Auch gibt es Schwerverletzte. Einer von ihnen ist Geschäftsführer einer Firma, die anschließend führungslos ist und bankrott geht. Dadurch verlieren viele Menschen ihre Arbeit. Niemand hätte all das vorhersagen und berechnen oder einplanen können. Die Wahrscheinlichkeit für diese Ereignisse war äußerst gering.

In anderen Fällen bestimmen Zufälle das Geschehen. Wann wir wen kennen und lieben lernen ist weitgehend dem Zufall geschuldet, beeinflusst aber fast alles in unserem weiteren Leben. Ähnliches gilt für das Berufsleben. Überspitzt lässt sich formulieren: Das Leben besteht aus einer Abfolge zufälliger Ereignisse und Entwicklungen.[2]

> Langfristig ist es in der Regel nicht möglich, das Verhalten und die Entwicklung komplexer Systeme verlässlich vorherzusagen und zu berechnen.
> Das liegt erstens an den komplexen Zusammenhängen (Vernetzung und Eigendynamik) und zweitens an unvorhersehbaren Ereignissen.

Resümee

Zurück zur Ausgangsfrage: Was passiert, wenn man in ein Geschehen eingreift? Geht es um ein Geschehen in einem einfachen oder komplizierten System (etwa Geräte und Maschinen), lassen sich die Folgen des Geschehens gut erkennen und vorhersagen, und dies oft auf einfache Weise. Bei komplexen Systemen ist das anders: Eingriffe können wegen der besonderen Eigenschaften komplexer Systeme vielfältige Wirkungen auslösen, die im Vorhinein nicht einfach zu erkennen sind und sich nicht eindeutig bestimmen lassen. Dieses Faktum erschwert den zielgerichteten Umgang mit komplexen Systemen.

Auch wenn der Umgang mit komplexen Systemen also alles andere als trivial ist, gibt es keinen Grund zur Resignation. Im dritten Teil des Buches befassen wir uns mit einer ganzen Reihe an Werkzeugen, die den Umgang mit komplexen Systemen erleichtern.

DAS WICHTIGSTE IM ÜBERBLICK

Das Verhalten komplexer Systeme ergibt sich aus ihren grundsätzlichen Merkmalen:

- Selbstorganisation und Selbstregulation
- nicht-lineares Verhalten
- Nebenwirkungen bei Eingriffen ins System
- Zeitverzögerungen bei Eingriffen ins System
- Funktionsfähigkeit des Systems:
  bestimmte Elemente sind zwingend notwendig
- System und einzelne Elemente mit Grenzwerten
- Unberechenbarkeit:
  Verhalten nicht verlässlich vorhersagbar, nicht berechenbar.

*》Ursache und Wirkung liegen räumlich und zeitlich
nicht nahe beieinander.《*

Peter Senge, Luft- und Raumfahrtingenieur, Systemwissenschaftler,
Organisationsberater und Autor, über soziale Systeme[3]

》Irgendwas ist immer.《

Stephanie Borgert, Management- und Organisationsberaterin
sowie Autorin, über das unberechenbare Verhalten komplexer Systeme[4]

8

Die Macht der Selbstorganisation

Wer bringt bei Ihnen den Müll runter? Machen Sie es? Oder Ihr Partner? Ist es die Aufgabe der Kinder? Sie wohnen in einer Wohngemeinschaft — auf wen fällt das Los? In irgendeiner Weise werden Sie das geregelt haben.

Wer den Müll aus der Wohnung trägt, entscheidet nicht der Umweltminister oder einer seiner Mitarbeiter, noch organisiert er es. Die einzelnen Haushalte organisieren sich selbst. Sie beachten dabei Rahmenbedingungen und Regeln, die vorgegeben und gesellschaftlich akzeptiert sind. So ist in Mitteleuropa klar, dass der Müll nicht ins Vorbeet geschüttet werden darf, sondern in die dafür vorgesehenen vor dem Haus stehenden Mülleimer zu stopfen ist — in die Papier und Verpackungsabfälle aber nicht gehören.

Auch andere Dinge organisieren Sie innerhalb der sozialen Gruppe, in der Sie leben, selbst. Sei es die Frage, wann Sie wo urlauben und wie Sie sich gegen die Widrigkeiten des Lebens absichern. Sie haben als Gruppe (und auch als Individuum) Interessen und Ziele, die Sie verfolgen. Im Mittelpunkt stehen dabei, die Existenz der Ein-

zelnen und der Gruppe zu sichern sowie angenehme Bedingungen zu schaffen und aufrechtzuerhalten. Selbstorganisation ergibt sich aus dem Willen und der Notwendigkeit, Dinge am Laufen zu halten und Probleme zu vermeiden sowie in den Griff zu bekommen.

Soziale Systeme organisieren sich also innerhalb der vorgegebenen Rahmenbedingungen und Regeln selbst. Ändern sich diese oder tritt ein Problem auf, reagiert die Gruppe darauf. Beispielsweise, wenn der Mülleimer ständig überläuft oder die Müllgebühr stark steigt. Durch Selbstorganisation können soziale Systeme Störungen im Inneren oder störende Einflüsse von außen ausgleichen. Auf diese Weise halten sie sich funktionsfähig, lebensfähig und stabil. Die Selbstorganisation erweist sich als mächtiges Merkmal komplexer, insbesondere sozialer Systeme. Aus diesem Grund befassen wir uns mit ihr im Weiteren noch näher.

Selbstorganisation in großen Systemen

Nicht allein Partnerschaften, Ehen, Familien und Wohngemeinschaften sind soziale Gruppen bzw. soziale Systeme. Auch Vereine, Gemeinden, Unternehmen, die gesamte Wirtschaft sowie die ganze Gesellschaft zählen dazu. Sie organisieren sich ebenso weitgehend selbst.

Als bemerkenswert erweist sich die Selbstorganisation in Systemen, die selbst wiederum aus eigenständig handelnden Systemen bestehen. Betrachten wir die Marktwirtschaft. Hauptbeteiligte sind Hersteller sowie Dienstleister, Handelsunternehmen und Käufer. Unabhängig von ihrer Ausgestaltung wie freier oder sozialer Marktwirtschaft, gilt: Alle Systembeteiligten organisieren sich individuell selbst, ihre eigenen Interessen verfolgend.

Die Organisation des gesamten Systems Wirtschaft erfolgt nicht in erster Linie durch Absprachen, sondern durch die Summe der Handlungen der Systemteilnehmer, die sich gegenseitig beeinflussen. Einer übergeordneten Steuerung bedarf es nicht, lediglich die Rahmenbedingungen sind durch Gesetze und Verordnungen vorgegeben.

Wie die einzelnen Verbraucher handeln, hängt von ihren individuellen Wünschen und Möglichkeiten ab. Ebenso entscheidend ist das Handeln von Herstellern und Händlern: Welche Produkte gibt es? Was leisten sie? Was kosten sie? Welche Vor- und Nachteile haben sie? Dominiert ein einziger Hersteller den Markt oder gibt es große Konkurrenz? Dabei agieren Hersteller und Händler nicht isoliert, sondern beeinflussen sich untereinander.

Elementar auf Selbstorganisation basiert auch das Genossenschaftswesen. Seit Jahrhunderten gründen und betreiben Gruppen Genossenschaften, um Not zu mindern, ihre Mitglieder sozial abzusichern und gemeinsame Ziele zu erreichen. Sie setzen die Grundsätze der Selbsthilfe und der Selbstorganisation praktisch um. Angesichts zunehmender gesellschaftlicher Probleme erlebt das Genossenschaftswesen seit einigen Jahren eine Renaissance.

Selbstorganisation

Komplexe Systeme organisieren sich selbst. Was im System geschieht, wird nicht vorgegeben, sondern ergibt sich aus dem Zusammenspiel der einzelnen Elemente innerhalb von Rahmenbedingungen. Rahmenbedingungen sind Bedingungen und Umstände, die vom System entweder gar nicht oder nur mit hohem Aufwand beeinflusst werden können.[1] Über Selbstorganisation entwickeln sich komplexe Systeme auch weiter und passen sich geänderten äußeren Bedingungen an.

Marktwirtschaft versus Planwirtschaft

Das Gegenstück zur Marktwirtschaft ist die Planwirtschaft, auch Zentralverwaltungswirtschaft genannt. In diesem weltweit kaum noch vorkommenden Wirtschaftssystem werden alle Entscheidungen über die Produktion von Gütern zentral und damit fern von den konkreten Bedürfnissen und Versorgungsproblemen gefällt.

Man sagt auch, das System würde gesteuert. Vorgaben und Befehle aus dem Wirtschaftsministerium und aus Planungskommissionen halten die Beteiligten zu Maßnahmen an, die sich im Detail und vor Ort nicht selten als unpraktikabel oder unsinnig erweisen.

Die Nachfrage nach Produkten und Leistungen zu erfüllen gelingt Planwirtschaften nicht besonders gut. Anstatt das Problem mangelnder Güterversorgung anzugehen, werden häufig Symptome bekämpft, beispielsweise zu geringe Produktionsmengen. Doch selbst mit hohen Produktionszahlen lässt sich die Güterversorgung nicht erfüllen, wenn die Fabriken nicht jene Produkte herstellen, die benötigt werden, oder wenn die Produkte schlechte Qualität aufweisen oder nicht dorthin gelangen, wo der Bedarf besteht.

Nicht allein, dass es planwirtschaftlichen Systemen nicht gelingt, die Bedürfnisse zu erfüllen. Sie zeichnen sich überdies durch einen hohen Planungs- und Organisationsaufwand aus. Es ergibt sich also ein schlechtes Verhältnis von Aufwand zu Nutzen. So verwundert es nicht, dass die wenigen planwirtschaftlich arbeitenden Staaten wie Kuba und Nordkorea mittlerweile einige marktwirtschaftliche Aktivitäten zugelassen haben.

Steuerung

Ein System wird gesteuert, wenn ein Steuerelement (Person, Organisation oder Maschine) Prozesse durch Anweisungen oder Befehle auf vorgegebene Ziele ausrichtet. Das Steuerelement ist entweder Teil des Systems oder wirkt von außerhalb.

Durch Steuerung wird das Verhalten eines Systems – oder auch nur Teile davon – komplett über Anweisungen oder Befehle bestimmt. Wird das Verhalten nur teilweise über Anweisungen oder Befehle bestimmt, kann von einem steuernden Einfluss gesprochen werden.

Während bei der Selbstorganisation das System selbst bestimmt, was es zur Erreichung seiner Ziele innerhalb von Rahmenbedingungen tut, gibt bei der Steuerung das Steuerelement konkret vor, wie das System handeln muss.

Über den Steuerungsaufwand

Die Steuerung komplexer Systeme wirkt gegen die Selbstorganisation. Diese auszuschalten und durch Steuerung zu ersetzen, erfordert einen hohen Aufwand. Mit steigender Größe und Komplexität eines Systems nimmt der Aufwand überproportional zu. Die Bürokratie wächst. Regeln müssen erlassen, umgesetzt, über ihre Wirkung berichtet und das Ergebnis kontrolliert werden. Das hat sich bei der Planwirtschaft ebenso gezeigt wie in Diktaturen. Letztere benötigen nicht allein große Verwaltungsapparate, sondern zusätzlich Überwachungs- und Sanktionierungsstrukturen.

Wird in Demokratien versucht, die Gesellschaft von der politischen Ebene aus zu steuern, zeigt sich der große Aufwand u. a. in wachsender Zahl sowie zunehmendem Umfang von Gesetzen und Verordnungen mit hoher Komplexität.

Widersprüchlichkeiten, geringe Wirkungen, Nebenwirkungen – es gibt viele Gründe, warum Vorschriften angepasst oder durch neue Vorgaben ergänzt werden müssen, was weiteren Aufwand erfordert. Zu guter Letzt ergibt sich eine derartige Fülle an Vorgaben, dass die Bürger sie gar nicht mehr alle beachten können. Dem hohen Aufwand der versuchten Steuerung steht geringer Erfolg oder Misserfolg gegenüber.

》*Wie ist es möglich, dass der liebe Gott nur zehn Gebote brauchte, die Pharisäer 613 und das deutsche Steuerrecht mehr als 30.000?*《
Alexander Neubacher, Volkswirt und Journalist[2]

》*Wenn man alle Gesetze studieren wollte, so hätte man gar keine Zeit, sie zu übertreten.*《
Johann Wolfgang von Goethe (1749–1832),
Dichter, Jurist, Staatsmann und Naturforscher[3]

Vorteile der Selbstorganisation

Die Selbstorganisation in sozialen Systemen hat gegenüber der Steuerung bedeutsame grundsätzliche Vorteile:

- **System gut bekannt – sachgerechtes Handeln**
  Die Menschen, die ein soziales System bilden, befinden sich mitten im Geschehen. Sie kennen das System und sein Verhalten (je kleiner das System, desto besser die Kenntnisse). So können sie für sachgerechte Maßnahmen sorgen, wenn Einwirkungen und Störungen von außen auftreten oder es Änderungsbedarf im System gibt. Soll das System hingegen von außen bzw. oben gesteuert werden, so gilt: Die zu steuernde Instanz kennt die Situation nicht aus eigener aktueller Erfahrung, sondern nur durch Berichte; diese stellen einen Informationsfilter dar und können die Realität nicht vollständig wiedergeben. Überdies sind Berichtsinhalte immer veraltet; das liegt in der Eigendynamik komplexer Systeme begründet in Kombination mit der Zeitdauer, die die Informationsübertragung benötigt.
  Und schließlich neigen steuernde Instanzen dazu, auf unterschiedlich geartete Situationen mit einheitlichen Strategien und Maßnahmen zu reagieren – sie ignorieren Unterschiede. Die Politik der Europäischen Union ist hierfür ein Beispiel, da sie z. B. gleiche Maßnahmen in Süditalien wie in Dänemark fordert, obgleich sowohl sachliche und strukturelle Unterschiede bestehen und sich auch die Mentalität der Menschen unterscheidet. Ein solches Vorgehen verringert die Chancen, Ziele zu erreichen.

- **Schnelles Agieren und Reagieren**
  Inmitten des Geschehens befindlich, können die Menschen im System Veränderungen, Meinungsumschwünge oder Probleme schon im frühen Stadium erkennen. Auch zwischen dem Erkennen und dem Handeln liegt häufig nur eine kurze Zeitspanne: Das System kann schnell auf Änderungen im System und auf Einwirkungen von außen reagieren, da die Entscheidungswege kurz sind (falls es überhaupt welche gibt).
  Auf Entscheidungen und Anordnungen von oben muss nicht gewartet werden; es existieren weder zeitintensive Informationsströme hin zu den Entscheidern noch zeitintensive Prozesse in den übergeordneten Entscheidungsgremien.
  Schnelligkeit hat einen weiteren Vorteil: Man kann sich schon um Themen kümmern, bevor sich Probleme überhaupt entwickeln oder bestehende Probleme gefährlich anwachsen. Das sichert die Funktionsfähigkeit des Systems und stärkt Anpassungsfähigkeit und Lebensfähigkeit, also die Stabilität.

◆ **Hohe Flexibilität**

Im Vergleich zu Systemen, die gesteuert werden, weisen selbstorganisierende Systeme weniger Hierarchien auf und unterliegen weniger Regeln und Vorschriften. In der Folge können selbstorganisierende Systeme flexibler agieren. Das ermöglicht vielfältigeres Handeln und erhöht die Chancen, auf Herausforderungen passende Antworten zu finden.

Komplexe Systeme sind unberechenbar und sorgen für Überraschungen. Angesichts dessen erweisen sich sowohl hohe Flexibilität als auch Schnelligkeit als ganz bedeutende Vorteile der Selbstorganisation.

◆ **Geringer Mittelbedarf**

Drei Faktoren führen zu geringem Mitteleinsatz der Selbstorganisation im Vergleich zur Steuerung. Erstens spart der Verzicht auf große Verwaltungsapparate direkt Ressourcen und Geld. Zweitens bedeuten sachgerechte Maßnahmen, dass Ziele mit vergleichsweise hoher Wahrscheinlichkeit weitgehend erreicht werden können; im Vergleich zum weniger erfolgreichen Versuch der Steuerung führt das ebenfalls zu einem geringerem Mitteleinsatz. Und drittens gelingt es durch schnelles Handeln, Probleme zu vermeiden oder klein zu halten — auch das reduziert den Mitteleinsatz.

◆ **Hohe Eigenverantwortung, wohlüberlegte Entscheidungen**

In selbstorganisierenden Systemen haben die Beteiligten eine hohe Eigenverantwortung. Sie selbst sind für den Zustand ihres Systems (mit-)verantwortlich. Sie investieren in vielen Fällen die Ressourcen des eigenen Systems (oder gar ihre eigenen), wenn sie Maßnahmen ergreifen. Falls sie schlechte oder sehr risikoreiche Entscheidungen fällen, spüren sie die Folgen meist selbst. Im extremen Fall setzen sie das eigene System, die eigene Existenz aufs Spiel. Das alles zusammen führt im Idealfall zu wohlüberlegten und verantwortungsvollen Entscheidungen. Im Gegensatz dazu spüren steuernde Instanzen die Folgen ihres Tuns nur indirekt. Zudem müssen die Entscheider und die Beteiligten oft nur begrenzt Verantwortung für ihr Tun tragen.

Doch die Eigenverantwortung wirkt nicht allein Negativem entgegen, sondern fördert ebenfalls Positives: Indem die Systembeteiligten selbst Nutznießer des funktionierenden Systems sind, besitzen sie ein elementares Interesse und eine Motivation, das System lebensfähig sowie stabil zu halten und zu verbessern.

◆ **Stabilität**

Mitten im Geschehen, sachgerechte Konzepte und Maßnahmen, schnelles Agieren und Reagieren, hohe Flexibilität, geringer Mitteleinsatz und direkte Verantwortung für das Tun – gemeinsam sorgen diese Vorzüge der Selbstorganisation tendenziell dafür, dass die Funktionen eines Systems erhalten bleiben können. Auch die Fähigkeiten, sich an geänderte Umweltbedingungen anzupassen und lebensfähig zu bleiben, werden gestärkt. Selbstorganisation stärkt folglich die Stabilität des Systems.

Demgegenüber ergeben sich beim Versuch, ein soziales System durch Eingriffe zu steuern, häufig neue Schwierigkeiten. Teils werden sie durch weitere Detaillösungen angegangen, was die Komplexität nochmals erhöht und Funktionsfähigkeit sowie Stabilität des Systems weiter einschränkt.

Selbstorganisation führt auf übergeordneter Ebene – also aus dem Blickwinkel des Gesamten – zu Vielfalt und in Folge dessen zu Anpassungsfähigkeit und Stabilität. So werden nicht alle Unternehmen eines Landes auf einen steigenden Ölpreis in gleicher Weise reagieren. Sie werden unterschiedliche Strategien verfolgen. Das führt zu einer Risikostreuung innerhalb der Volkswirtschaft und letztlich zu Stabilität. Würden die Unternehmen hingegen von einer übergeordneten Instanz zu einem einheitlichen Vorgehen angewiesen, könnte eine falsche Entscheidung die gesamte Wirtschaft in Mitleidenschaft ziehen und im Extremfall bedrohen.

> »*Die Fähigkeit zur Selbstorganisation ist der stärkste Ausdruck der*
> *Widerstandsfähigkeit. Ein System, das sich weiterentwickeln kann,*
> *kann fast alle Veränderungen überdauern, indem es sich selbst ändert.*«
>
> **Donella H. Meadows** (1941–2001), Umwelt- und Systemwissenschaftlerin[4]

Natürlich zeigen sich in der Praxis nicht in allen sozialen Systemen sämtliche Vorteile vollständig ausgeprägt. Und natürlich besitzt auch die Selbstorganisation ihre Grenzen: Einige Voraussetzungen müssen erfüllt sein, damit ein System sich weitgehend selbst organisieren kann.

Voraussetzungen für Selbstorganisation

Was ist zu beachten, damit Selbstorganisation funktionieren kann? Selbstorganisation benötigt zuallererst Vertrauen zwischen den Beteiligten – so lautet eine ganz entscheidende Voraussetzung. Auch müssen sich die Beteiligten an die vorgegebenen Regeln der Rahmenbedingungen halten. Die Rahmenbedingungen wiederum dürfen einerseits nicht zu strikt ausgestaltet sein, denn dann würde die Selbstorganisation zu sehr gebremst oder unterbunden. Andererseits müssen sie alle Faktoren berücksichtigen, die für die Systemstabilität von Bedeutung sind. Informationen spielen für die Selbstorganisation eine wichtige Rolle; wer nicht ausreichend über das grundsätzliche Verhalten des Systems, seine Regeln und das aktuelle Geschehen Bescheid weiß, wird nicht sachgerecht und gut entscheiden können. Diese Voraussetzung erfordert transparente Informationsstrukturen und wird durch Erfahrung gefördert.

Voraussetzung für Selbstorganisation ist zudem, dass sich die übergeordnete Instanz nicht außerhalb der vorgegebenen Regeln in Prozesse einmischt. Und schließlich müssen die Beteiligten eines sich selbst organisierenden Systems auch *fähig* sein, sich gemeinsam selbst zu organisieren.

Es ist also nicht selbstverständlich, dass Systeme sich selbst organisieren können:

- Es müssen bestimmte Strukturen im System vorhanden sein.

- Die Systembeteiligten benötigen gewisse Fähigkeiten.

- Die Beteiligten müssen sich an die bestehenden Regeln halten.

Tief im Menschen verwurzelt

Grundsätzlich ist Selbstorganisation eine tief im Menschen verwurzelte Handlungsweise. Elementare Tätigkeiten wie Nahrungsaufnahme und Körperpflege organisieren wir als Individuen ebenso selbst wie den Tagesablauf und den Großteil unseres Lebens. Überdies führt der Drang nach Selbstbestimmung, der schon bei kleinen Kindern zu beobachten ist und auch sozialen Gruppen bis hin zu ganzen Gesellschaften innewohnt, gleichfalls zu Selbstorganisation. Gleiches gilt für die Bedürfnisse nach Unabhängigkeit und Freiheit.

Wie tief die Fähigkeit zur Selbstorganisation im Menschen verwurzelt ist, zeigt sich in Notsituationen und bei plötzlich eintretenden Ereignissen. Wenn keine Strukturen und Vorgaben zum Umgang mit einer Situation vorhanden sind, aber dringender Handlungsbedarf besteht, organisieren sich die beteiligten Menschen spontan und sehr weitgehend selbst.

Hierarchien in Unternehmen

Stellen Sie sich vor, Sie machen sich selbstständig, beispielsweise als Werbetexter für Unternehmen. Wahrscheinlich beginnen Sie Ihre Selbstständigkeit zunächst ganz alleine, ohne Mitarbeiter einzustellen: Sie organisieren sich selbst.

Mit Ihrer Tätigkeit sind Sie erfolgreich. Nach zwei Jahren ist die Belegschaft auf fünf Mitarbeiter angewachsen. Jeder weiß, was er oder sie zu tun hat, man hilft sich gegenseitig aus — organisiert sich also noch immer weitgehend selbst, auch wenn Sie als Chef einige Vorgaben mit steuerndem Charakter machen. Sie setzen dabei die Rahmenbedingungen.

Es könnte aber auch anders laufen: Sie wären ein Chef, der nicht loslassen kann und niemandem vertraut — überall steckten Sie Ihre Nase rein, alles würden Sie bestimmen wollen. In diesem Fall steuerten Sie Ihren »Laden«.

Sie und Ihre Mitarbeiter sind weiter erfolgreich, sodass Sie die Selbstständigkeit in eine GmbH überführen. Nachdem Sie Ihr Angebot Stück für Stück erweitert haben, Ihr Unternehmen als Werbe- sowie Web-Agentur auftritt und Sie gleichermaßen ein gutes unternehmerisches Händchen beweisen wie das nötige Glück haben, wächst das Unternehmen über die nächsten 15 Jahre enorm. Für einzelne Themenbereiche wie Werbung und Informationstechnologie sowie Aufgaben wie Verwaltung und Personal bilden sie eigene Abteilungen.

Nun besitzt Ihr Unternehmen eine ausgeprägte Hierarchie mit Chef, Abteilungsleitern und Fachmitarbeitern — das System Unternehmen hat Teilsysteme ausgebildet. Diese organisieren sich wiederum zu einem beträchtlichen Teil selbst innerhalb der Rahmenbedingungen, wie Zielen und einigen grundsätzlichen Regeln, die Sie vorgeben. Haben Sie die Rahmenbedingungen klug gesetzt, erfüllen die Teilsysteme durch ihr selbstorganisiertes Handeln die Bedürfnisse des gesamten Systems, ohne dass Sie alles im Detail vorgeben und kontrollieren müssen. Doch in den meisten hierarchisch aufgebauten Unternehmen bestehen bedeutsame steuernde Strukturen, die weit über Rahmenbedingungen hinausgehen. Zum einen sollen diese steuernden Strukturen innerhalb der einzelnen Abteilungen Organisation schaffen. Zum anderen dienen sie dazu, die Abteilungen untereinander im Sinne des Gesamtunternehmens mit seinen Zielen zu koordinieren.

Intensiv befasst hat sich mit Hierarchien unter Systemaspekten die 2001 verstorbene Umwelt- und Systemwissenschaftlerin Donella H. Meadows. Sie schreibt dazu treffend:[5]

> » *Hierarchien entwickeln sich von der niedrigsten Ebene aufwärts –*
> *von den Teilen zum Ganzen, von der Zelle zum Organ und dann zum Organismus,*
> *vom Individuum zum Team, von der eigentlichen Produktion zum Management*
> *der Produktion. Ursprünglich als Bauern lebende Menschen beschlossen eines*
> *Tages, gemeinsam Städte zu gründen, um sich zu schützen und den Handel*
> *effizienter zu machen. Das Leben begann mit einzelligen Bakterien,*
> *nicht mit Elefanten. Der ursprüngliche Zweck einer Hierarchie ist immer, seinen*
> *ursprünglichen Teilsystemen zu besseren Leistungen zu verhelfen.* «

Unterstützende und befähigende Bürokratie versus einengende und zwingende

Mit Ihrem Unternehmen sind Sie weiterhin erfolgreich und entwickeln es zu einem weltweit tätigen Konzern. Um die einzelnen Unternehmen des Konzerns wirkungsvoll zu koordinieren und sie das Gesamtinteresse des Konzerns verfolgen zu lassen, erarbeitet die Konzernleitung ein umfangreiches Regelwerk. Es umfasst unternehmerisch wichtige Aspekte wie Art der Marktbearbeitung, Umgang mit Mitarbeitern und Kunden sowie organisatorische Abläufe, aber auch weniger zentrale Themen. Im Laufe der Zeit kommen neue Themen auf den Konzern zu, sodass zusätzliche Regeln erstellt werden. Zudem sind die einzelnen Unternehmen, aber auch einzelne Abteilungen verpflichtet, über diverse Themen Berichte zu erstellen und an die nächsthöhere Hierarchiestufe zu liefern.

Zufrieden ist sie, die Konzernleitung. Alle ihr wichtigen Aspekte hat sie geregelt, regelmäßig erhält sie Berichte, und sie glaubt, den Konzern zu steuern. Allerdings ist eine sich selbsterhaltende Regelungsbürokratie entstanden, die weitere Regeln aufstellen muss, um ihre Existenz zu rechtfertigen. Bedeutsam dabei: Der zur Steuerung notwendige Aufwand steigt mit der Unternehmensgröße überproportional. Denn eine zunehmende Zahl an Elementen in einem System (hier: Mitarbeiter) führt zu einer viel stärker zunehmenden Vernetzung und Komplexität.

Ob alle Regeln und Berichte notwendig und sinnvoll sind, bleibt offen. Manche der am Schreibtisch ausgedachten Regeln erweisen sich als nicht praxistauglich, andere übersehen, dass die Voraussetzungen und Mentalitäten in den einzelnen Ländern unterschiedlich sind. Ob die Unternehmen und ihre Mitarbeiter noch in der Lage sind, das gesamte Regelwerk zu berücksichtigen und alle Berichte sorgfältig und wahrheitsgetreu zu erstellen, bleibt ebenfalls offen.

> *»Hierarchische Systeme bilden sich von unten nach oben. Zweck der oberen Hierarchieebenen ist es, den Zwecken der unteren Ebenen zu dienen«,*

hatte Donella H. Meadows postuliert.[6] Wenn eine Konzernbürokratie die einzelnen Unternehmen, ihre Abteilungen und Mitarbeiter bei der Erfüllung derer Aufgaben unterstützt, dann liegt eine Hierarchie vor, die den Anforderungen Meadows' entspricht. Die Personalsuche und -betreuung durch die Personalabteilung kann als Beispiel für solch eine **unterstützende Bürokratie** genannt werden. Diese Leistungen unterstützen die Abteilungen und befähigen sie erst, ihre eigenen Aufgaben zu erfüllen. Hingegen zählen Vorschriften, Berichtspflichten und Kontrollen mit ihrem steuernden Charakter in der Regel zur **einengenden Bürokratie**. Zu einem Teil ist sie grundsätzlich nicht zu vermeiden – sowohl in kleinen wie auch großen Unternehmen. Zu einem anderen Teil nimmt die einengende Bürokratie mit der Unternehmensgröße zu.

Eine weitere Klassifizierung hat der Management- und Organisationsexperte Paul S. Adler vorgenommen. Er hat den Begriff *befähigende Bürokratie* geprägt und ihn der *zwingenden Bürokratie* gegenübergestellt.[7] Befähigend ist nach seiner Definition eine Bürokratie, die die Arbeit der Handelnden nicht nur unterstützt, sondern deren Prozeduren unter Beteiligung der Nutzer erstellt werden. Das Ziel: die besten Praktiken sowie Verbesserungsmöglichkeiten identifizieren. Zwingende Bürokratie dagegen ordnet von oben an. Sie soll sicherstellen, so Adler zugespitzt, dass potentiell widerspenstige, inkompetente oder verantwortungslose Mitarbeiter das Richtige tun.

Bürokratien in Konzernen engen mehrheitlich ein. Die negativen Folgen sind vielfältig. Bürokratie mit steuerndem Charakter schränkt das Prinzip der Selbstorganisation deutlich ein. Sie bremst tendenziell die Arbeitseffizienz, die Arbeitsmotivation, die Handlungskreativität und die Eigenverantwortung der Mitarbeiter. Letztlich bremst die Regelungsbürokratie auf Unternehmensebene Flexibilität, also die Fähigkeit, auf komplexe Herausforderungen angemessen sowie schnell zu reagieren. So nimmt auch die Widerstandsfähigkeit gegen störende Entwicklungen ab.

Regelung – eine weitere Organisationsmethode

Neben Selbstorganisation und Steuerung gibt es noch eine weitere bedeutende Methode der Organisation – die Regelung. Sie hilft, vereinbarte Ziele zu erreichen. Ein Beispiel: Regelmäßig kontrolliert der Chef, ob seine Mitarbeiter die Ziele erreicht haben, die er mit ihnen vereinbart hatte. Ist das bei einem Mitarbeiter nicht der Fall, greift der Chef ein: Er ordnet Maßnahmen an (oder entwickelt sie zusammen mit dem betroffenen Mitarbeiter).

Dieser Ansatz basiert auf dem gleichen Prinzip wie die Regelung in der Technik, etwa beim Heizungsthermostat. Liegt beispielsweise die Zimmertemperatur unter dem gewünschten Wert (Abweichung vom Zielwert), heizt der Heizkörper den Raum auf. Ist die gewünschte Temperatur erreicht, heizt der Heizkörper nicht weiter.

Während bei der Steuerung von Organisationen die Vorgesetzten grundsätzliche Vorgaben machen und Regeln aufstellen, greifen sie beim Regeln nur dann ein, wenn es zu Abweichungen bei den Zielen kommt.

Selbstorganisierende Unternehmen

Es ist ein Spagat. Einerseits besteht die Notwendigkeit, ein großes Unternehmen oder die Unternehmen eines Konzerns zu koordinieren und zielgerichtet zu beeinflussen, um die Existenz zu sichern. Das erfordert Ziele, Regeln und Eingriffe in die Handlungsfreiheiten der Unternehmen, ihrer Abteilungen und ihrer Mitarbeiter. Andererseits soll die Arbeitsfähigkeit der Unternehmen durch einengende und zwingende Bürokratie möglichst wenig eingeschränkt werden.

Dezentral aufgebaute, selbstorganisierende Unternehmen sind tendenziell flexibler und anpassungsfähiger als Unternehmen mit zentralen Strukturen, wie sie mit steigender Unternehmensgröße zunehmen. Doch nicht alle Unternehmen sind oder bleiben klein, und kleine Unternehmen eignen sich nicht für alle Branchen — beispielsweise nicht für Autohersteller.

Ein Ausweg aus diesem Dilemma liegt darin, Dezentralität und Selbstorganisation in Unternehmen bewusst zu verankern. So setzt der US-amerikanische *Gore*-Konzern in seinen Unternehmen auf Freiraum und Eigenverantwortung. Die Unternehmensgruppe ist durch seine Gore-Tex®-Funktionstextilien bekannt und produziert technologische Produkte in den Bereichen Elektronik, Industrie, Textil und Medizin. *Gore* beschreibt seine Philosophie so:[8]

> » *Es gibt keine Organigramme, keine Befehlsketten,*
> *noch vorgegebene Kommunikationskanäle. Stattdessen kommunizieren wir*
> *direkt miteinander und sind gegenüber den Kollegen unserer multidisziplinären*
> *Teams verantwortlich. [...] Teams organisieren sich um Gelegenheiten herum*
> *und Leiter bilden sich heraus.* «

Statt klassischer Hierarchie liegt ein Netzwerk vor. Während sich die Mitarbeiter hier auch bei größeren Fragestellungen selbst organisieren und Entscheidungen treffen, muss in anderen Unternehmen schon das Reinigen des Kühlschranks schriftlich beantragt und genehmigt werden.[9]

Selbstorganisation in Unternehmen weist auch eine Reihe an Nachteilen auf. So werden grundlegende Veränderungen und Innovationen im Unternehmen durch Selbstorganisation gebremst, falls sich das Beharrungsvermögen der Masse nicht überwinden lässt.[10] Zudem ist Selbstorganisation letztlich nur bis zu einer gewissen Unternehmensgröße möglich: Je größer ein Unternehmen, desto mehr Koordination und Führung bedarf es.

Ein Ansatz besteht darin, auch in einem Konzern die Größe der einzelnen Unternehmen vergleichsweise klein zu halten. Die Unternehmen erhalten aus dem Kon-

Der Erfolg genossenschaftlich organisierter Lebensmittelhandelsunternehmen

Zwei genossenschaftlich organisierte Lebensmittelhandelsunternehmen bestimmen neben den Discountern die Lebensmittelversorgung in Deutschland: *Edeka* und *Rewe*. In beiden Fällen bilden selbstständige Lebensmitteleinzelhändler einen genossenschaftlichen Verbund. Sie profitieren u. a. von den günstigen Einkaufspreisen, die der zentrale Unternehmensverbund bei den Lieferanten dank großer Einkaufsmengen erzielen kann, sowie einem zentralen deutschlandweiten Marketing. Dennoch arbeiten die Lebensmitteleinzelhändler weiterhin eigenverantwortlich und auf eigenes Risiko. Sie sind nahe an den Kunden und ihren Wünschen und können rasch ohne Abstimmung mit der Zentrale handeln. Diese Kombination aus Selbstorganisation und zentralem Einkauf sowie Marketing gilt als einer der Gründe für den Erfolg der beiden genossenschaftlichen Unternehmensverbünde.[14]

In den letzten vier Jahrzehnten wuchsen sie im Wettbewerb mit zentral geführten Lebensmittelketten wie *Kaiser's-Tengelmann* – einst nach eigenen Angaben der größte Lebensmittelhändler des Landes, mittlerweile vom Markt verschwunden – und mit den Discountern deutlich.

Mit dieser Struktur setzen die Einzelhändler auf Selbstorganisation. Indem sie Aufgaben in die Genossenschaft delegierten, hat sich die Hierarchie von unten nach oben entwickelt; die obere Ebene hilft, die Leistung der unteren Ebene zu verbessern.

zern Rahmenbedingungen, innerhalb derer sie selbstständig handeln können, ohne umfangreiche Anweisungen oder enge Kontrolle vieler Details durch die Konzernmutter. Wird ein einzelnes Unternehmen zu groß, überführt die Konzernmutter einen sinnvoll abtrennbaren Produkt- oder Aufgabenbereich in ein neues Unternehmen. Sowohl das bisherige als auch das neue Unternehmen können dann die Macht der Selbstorganisation nutzen.

Einige nicht börsennotierte Unternehmen arbeiten nach diesem Prinzip, auch der *Gore*-Konzern. Als Bill Gore und seine Frau Vieve das Unternehmen 1958 gründeten, sollen sie festgelegt haben, dass kein Einzelunternehmen mehr als 150 Mitarbeiter umfassen solle. Heute ist die Größengrenze etwas nach oben verschoben, aber offensichtlich noch immer gültig.[11]

Die Zahl 150 scheint gut gewählt. In den 1990er-Jahren fand der britische Anthropologe Robin Dunbar heraus, dass Gruppen mit bis zu 150 Personen stabile Beziehungen aufrechterhalten können; eine solche Zahl an Menschen kann sich noch kennen und vermag untereinander im sozialen Kontakt zu stehen.[12] Diese maximale Zahl an Mitarbeitern lässt sich auch als Richtschnur für weitgehend selbstorganisierende Unternehmen nennen. In Unternehmen mit bis zu 150 Mitarbeitern ist es möglich, Themen auf informeller Ebene ohne große Strukturen zu bearbeiten. Dunbar argumentiert, es sei auch kein Zufall, dass das Militär weltweit in Kompanien von 120 bis 180 Personen als kleinste selbstständige Einheit organisiert ist.[13]

Dezentrale Unternehmensorganisation kann auch Nachteile mit sich bringen und zu Herausforderungen führen. Bei kleinen Unternehmen mag es schwerfallen, alle Aufgaben sinnvoll zu organisieren, da nicht jede betriebliche Funktion (wie etwa Buchhaltung oder Personal) derart umfangreich ist, als dass sich eine eigene Stelle rechtfertigen ließe. Zudem lässt sich manche Aufgabe mit steigender Unternehmensgröße grundsätzlich effizienter durchführen, etwa als Folge höherer Produktionszahlen. Und schließlich sind Talente, Fähigkeiten und Ziele der Menschen sehr verschieden — nicht alle Menschen sind den Anforderungen gewachsen, die die Selbstorganisation in Unternehmen mit sich bringt.

Das Internet – Turbo zur Selbstorganisation

Eine neue Dimension der Selbstorganisation sozialer Gruppen brachte das Internet — und die Entwicklung ist noch längst nicht abgeschlossen. Über Jahrzehnte hatten sich Unternehmen, Parteien und Lobbyorganisationen an feste Hierarchien und Machtgefüge gewöhnt. Viele davon wurden und werden durch das Internet aufgebrochen. War bisher eine große Zahl an gesellschaftlichen Systemen durch zentrale Organisationen mehr oder weniger gesteuert, beeinflussen jetzt mehr und mehr dezentrale Einheiten das Geschehen. Sie arbeiten selbstorganisierend.

Wie führt das Internet zu Selbstorganisation? Es ist bekanntlich konsequent dezentral aufgebaut: Die Inhalte der Webseiten stammen nicht von wenigen Beteiligten, sondern von hunderten von Millionen Webseiten-Besitzern. Die Inhalte sind nicht auf wenigen zentralen Rechnern gespeichert, sondern auf den Computern einer Vielzahl an Internetanbietern weltweit — den Webhosting-Anbietern. Auch die Internetnutzer arbeiten dezentral von ihren Rechnern aus. Es gibt keine Kontrolle über die Inhalte (außer in Staaten mit Zensur), und jeder hat jederzeit Zugang zu allem — vorausgesetzt, Computer oder Smartphone mit Internetanschluss sind vorhanden.

Durch seinen dezentralen Ansatz hat das Internet neue Möglichkeiten geschaffen, Personen und Initiativen zu vernetzen. Sich mit (unbekannten) Gleichgesinnten zusammenzutun, ist heute dramatisch einfacher als zu Zeiten, als es das Internet noch nicht gab. Engagierte Menschen starten »von unten« Aktionen und benötigen

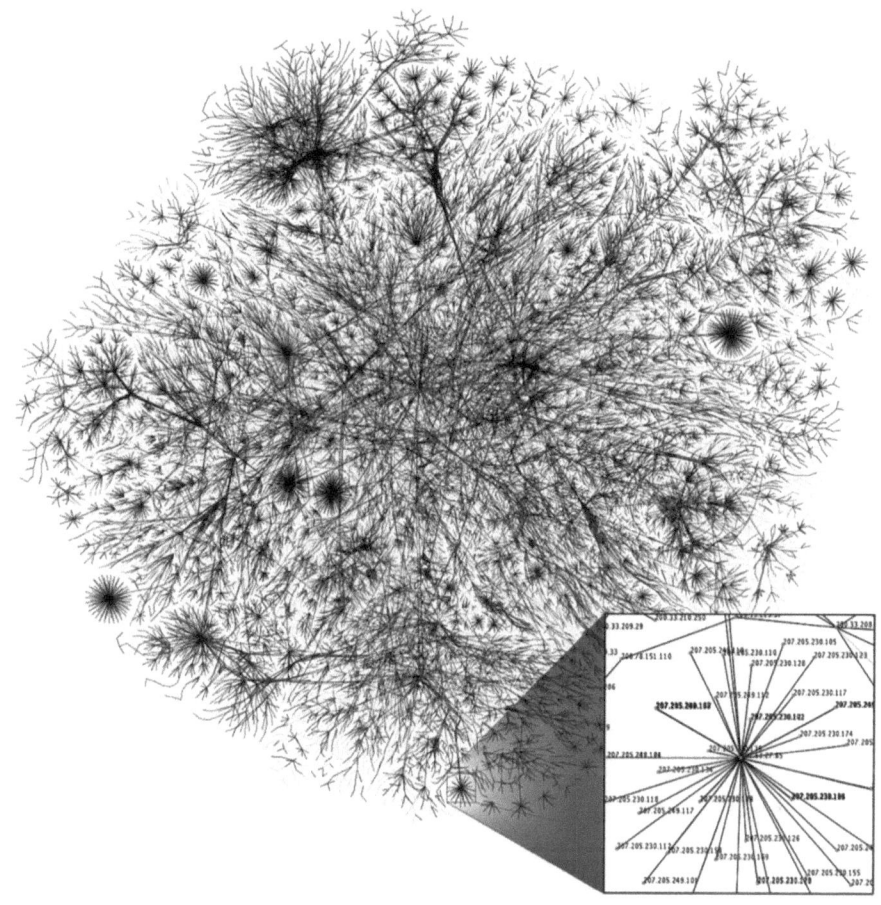

Ausschnitt einer Momentaufnahme aus dem Internet:
Jede Linie verbindet zwei Computer (IP-Adressen)
Grafik: Rezonansowy, CC-BY-2.5

dazu keine festen Strukturen, Gruppen oder Parteien. Dank der starken Vernetzung des Internets können solche Aktionen in Windeseile an Aufmerksamkeit gewinnen — und Druck auf Unternehmen und Politiker ausüben. Überdies kann das Engagement spontan und rasch erfolgen.

All das fördert die Macht der Selbstorganisation. Sie drängt den Einfluss von Unternehmen sowie Politik und Staat mit ihrem häufig steuernden Charakter zurück.

Wie sehr das Internet Selbstorganisation beim wirtschaftlichen Austausch fördert, zeigen Projekte wie der Internet-Marktplatz *eBay*, Carsharing mit webbasierten Buchungsmöglichkeiten über Smartphone, Privatzimmervermittlungen wie *Airbnb* und Plattformen für kostenlose Übernachtungen bei Privatpersonen (z.B. *Couchsurfing*).

Ein weiteres auf Selbstorganisation beruhendes vergleichsweise neues Konzept ist das Crowdfunding: Einzelpersonen, Gruppen, Organisationen und Unternehmen stellen ein zu finanzierendes Projekt auf einer Webseite vor. Viele Menschen tragen gemeinsam zur Finanzierung bei. Selbst Kredite lassen sich heute ohne Banken über Webplattformen aufnehmen – von Privatperson zu Privatperson.

> »Macht sitzt beim Nachfrager, und nicht beim Anbieter. Das heißt: Wir bekommen
> einen extrem starken Kunden, wir bekommen einen extrem starken Mitarbeiter und
> wir bekommen einen extrem starken Bürger.«
>
> **Peter Kruse** (1955–2015), Psychologe und Unternehmensberater[15]

Dezentralität und Selbstorganisation sind bedeutende Merkmale des Internets. Zugleich ist eine gegenteilige Entwicklung zu beobachten. Viele Menschen nutzen intensiv die Dienste von großen und damit mächtigen Unternehmen wie Google, Facebook, Microsoft, Apple und Amazon. Das führt zu Zentralität und tendenziell zu Steuerung. Nicht in allen Fällen ist diese Entwicklung aber zwangsläufig.

Was passiert, wenn Selbstorganisation eingeschränkt oder unterbunden wird

Paare, Familien, Vereine, Gemeinden, Unternehmen, die Wirtschaft – eine Vielzahl sozialer Systeme bestimmt in freien Gesellschaften durch ihr Handeln das Geschehen. Sie alle organisieren sich weitgehend selbst – einerseits mit steigender Tendenz, wie in den Betrachtungen zum Internet gerade gezeigt. Andererseits jedoch wird die Selbstorganisation durch umfangreiche Auflagen und Regeln ständig eingeschränkt.

Das Thema Sicherheit besitzt in der Gesellschaft einen hohen Wert. Mehr und mehr werden wir vor Gefahren gewarnt: Plastiktüten können zum Ersticken führen, Kleidung aus Kunstfaser soll von Feuer ferngehalten werden, übermäßiger Konsum von Lakritze ist nicht gut für den Blutdruck. Eine große Zahl an Verkehrsschildern soll Verkehrsteilnehmer vor Gefahren warnen. Parlamente und Behörden setzen immer weitere Vorschriften in Kraft, die Menschen vor Schäden schützen sollen. Eine ständig wachsende Zahl an Normen schreibt überdies vor, wie Produkte gestaltet, produziert, eingesetzt und regelmäßig geprüft werden müssen, um Gefahren zu verringern.

Alle diese Maßnahmen mehr oder weniger steuernden Charakters mögen zunächst dem Ziel der Sicherheit dienen. Allerdings nehmen dabei Eigenverantwortung sowie Handlungsfähigkeit der Menschen ab. Der Einzelne macht sich weniger Gedanken über Gefahren. Das ist vor allem in Situationen problematisch, für die noch keine Sicherheitshinweise bestehen oder für die man die Sicherheitshinweise nicht kennt.

Die Fähigkeit, auf gefährliche Situationen selbst angemessen zu reagieren, nimmt ab. Einmal verlorene Eigenverantwortung lässt sich aber nicht einfach wieder aufbauen. Diese Grundfähigkeit erneut zu etablieren ist ein längerer Prozess.

Hinzu kommt: Die große Zahl an Warnungen und Vorschriften führt dazu, dass die Adressaten abstumpfen, sie nicht mehr alle Warnungen und Vorschriften beachten wollen oder können.

Pointiert formuliert lässt sich zusammenfassen: Mit der Zahl der Sicherheitsvorschriften und -hinweisen kann die Sicherheit abnehmen. Und allgemeiner: Große steuernde Einflüsse beschädigen die Fähigkeit zur Selbstorganisation.

Verloren gegangene Eigenverantwortung und Handlungsfähigkeit wirken nicht allein auf die Sicherheit. Letztlich wird die Funktion von Systemen eingeschränkt und gefährdet, wenn eigenverantwortliches Handeln durch zu große Steuerungseinflüsse eingeschränkt wird. Das Beispiel Subventionen an Unternehmen verdeutlicht diese Problematik. Solche finanziellen Förderungen setzen Anreize, die zu unerwünschten Auswirkungen führen können — etwa, dass größere Mengen an Produkten hergestellt werden als Nachfrage besteht, umweltschädliche Maßnahmen ergriffen werden und ein Subventionswettlauf zwischen Bundesländern oder Staaten entsteht.

Eines Tages kommt allerdings der Zeitpunkt, da Subventionen nicht mehr ausreichen, um ein Unternehmen am Leben zu erhalten. Oder die Zahlungen werden aus politischen oder finanziellen Gründen verringert oder eingestellt. In diesen Fällen sind die betroffenen Unternehmen überfordert. Zum einen fehlt ihnen das Geld, das sie bisher erhielten, zum anderen die Fähigkeit, sich nach den Anforderungen des Marktes selbst zu organisieren.

In freien Gesellschaften gibt es keine übergeordnete Instanz, die Menschen und Organisationen bis ins Detail vorschreiben, wie ihre einzelnen individuellen Entscheidungen auszusehen haben. Wohl aber gibt der Staat Rahmenbedingungen vor, innerhalb derer die einzelnen Personen, Unternehmen und Organisationen handeln. Greift der Staat dabei zu stark in selbstorganisierende Abläufe ein, so werden Entscheidungsspielräume und Verantwortung der Beteiligten beschnitten. In solchen Fällen kann die Selbstorganisation gefährdet sein. Leistungen können ausfallen und Systeme nicht mehr funktionieren.

Je stärker die Selbstorganisation gestört ist, desto größeren Aufwand müssen steuernde Instanzen betreiben, um Funktionen aufrechtzuerhalten. Es liegt ein Teufelskreis vor, der letztlich auch die steuernden Instanzen überfordert.

DAS WICHTIGSTE IN KÜRZE

◆ Natürliche und soziale Systeme organisieren sich innerhalb vorgegebener Rahmenbedingungen selbst.

◆ Durch Selbstorganisation können natürliche und soziale Systeme Störungen im Inneren oder störende Einflüsse von außen ausgleichen. Auf diese Weise halten sich die Systeme funktionsfähig und stabil.

◆ Die Selbstorganisation in sozialen Systemen hat gegenüber der Steuerung bedeutsame grundsätzliche Vorteile:
  ▷ System gut bekannt — sachgerechtes Handeln
  ▷ schnelles Agieren und Reagieren
  ▷ hohe Flexibilität
  ▷ geringer Mittelbedarf
  ▷ hohe Eigenverantwortung, wohlüberlegte Entscheidungen
  ▷ Stabilität

◆ Das Internet fördert die Macht der Selbstorganisation in starkem Maße zu Lasten bisheriger zentraler Strukturen und bestehender Machtgefüge.

◆ Die Steuerung komplexer Systeme wirkt weitgehend gegen die Selbstorganisation. Diese auszuschalten und durch Steuerung zu ersetzen, erfordert einen hohen Aufwand. Mit steigender Größe und Komplexität eines Systems nimmt der Aufwand überproportional zu.

◆ Ist in einem System die Selbstorganisation beschädigt oder zerstört, kann diese nicht einfach wieder aufgebaut werden. Diese Grundfähigkeit erneut zu etablieren ist ein längerer Prozess.

9

Im Spannungsverhältnis von Steuerung und Selbstorganisation: das Wirken der Politik

Klimawandel, Luftverschmutzung und Folgen der Wachstumswirtschaft; Energieversorgung, demografischer Wandel und Umgang mit Flüchtlingen; Staatsverschuldung, strukturelle Probleme der Sozialversicherung und internationaler Terrorismus: An Herausforderungen mangelt es Gesellschaft und Politik nicht. Unabhängig von der Aufgabe, große Probleme in den Griff zu bekommen, handeln Regierungen zusätzlich: Sie versuchen, das Land nach ihren Vorstellungen zu gestalten.

Doch inwieweit lassen sich Gesellschaften mit ihren sozialen Systemen[1] *zielgerichtet* beeinflussen? Grundsätzlich erweist sich das als schwer. Im Kapitel zu den Merkmalen komplexer Systeme hatten wir die Gründe schon betrachtet:

- Soziale Systeme verfolgen über ihre Mitglieder eigene Ziele, bestimmen im Rahmen vorgegebener gesellschaftlicher Grundregeln selbst, was wann wie geschieht (Selbstorganisation).

- Wie sich ein soziales System über einen längeren Zeitraum entwickelt, wird auch durch störende Ereignisse beeinflusst; berechenbar und planbar sind sie nicht, bestimmen jedoch oft das Geschehen.

- Die Auswirkungen von Eingriffen in ein komplexes System lassen sich nur sehr begrenzt vorhersagen. Dies liegt an der Vernetzung sowie an der Eigendynamik komplexer Systeme: Ein Eingriff kann Auswirkungen an vielen Stellen im System haben, und das zeitverzögert. Außerdem ändert sich das System mit der Zeit von selbst. Welche Wirkungen ein Eingriff haben wird, ist deshalb oft nicht verlässlich vorhersagbar.

> » *Die Welt instabiler Phänomene ist keine Welt, die wir steuern können,*
> *genauso wenig wie wir die menschliche Gesellschaft in dem Sinne steuern können,*
> *wie es uns die Extrapolation in der klassischen Physik glauben lässt.* «
>
> **Ilya Prigogine** (1917–2003),
> Chemiker, Physiker und Philosoph, Nobelpreisträger[2]

Das Handeln der vielen sozialen Systeme zu beeinflussen, die eine freiheitliche Gesellschaft bilden, erweist sich als keine leichte Aufgabe. Dies durch Steuerung oder steuernde Einflüsse erfolgreich zu tun, ist nochmals schwieriger. Steuerung, so hatten wir im letzten Kapitel gesehen, liegt vor, wenn das Verhalten eines Systems oder auch nur Teile davon über Anweisungen oder Befehle bestimmt wird. Mangelnde Steuerungsmöglichkeiten sind mit dafür verantwortlich, wenn Regierungen ihre politischen Ziele nicht erreichen.

Das Verständnis von Steuerung in der Politikwissenschaft

In der Politikwissenschaft ist der Steuerungsbegriff seit jeher im Fluss und von unterschiedlichem Verständnis geprägt. Während in diesem Buch eine strikte Trennung erfolgt zwischen einerseits Steuerung – als Erzwingen von Handlungen durch Anweisungen und Befehle – sowie andererseits der Nutzung der Selbstorganisation, verstehen manche Politikwissenschaftler Beeinflussungen jeglicher Art als Steuerung.[3] In diesem Sinne wird auch die Nutzung der Selbstorganisation zur Erreichung staatlicher Ziele dazu gezählt.[4]

Angesichts der Erkenntnis, dass Globalisierung, technischer Wandel und die Möglichkeiten des Internets politische Steuerung im engen und hierarchischen Sinne weiter erschwert hat, ist der Steuerungsbegriff in den Politikwissenschaften mittlerweile in den Hintergrund getreten. Weitgehend verdrängt hat ihn der Begriff *Governance*.[5] Er geht über den Aspekt der Steuerung hinaus und umfasst als politische Instrumente u. a. auch ökonomische Anreize und die Verbreitung von Informationen.[6]

An der Selbstorganisation sozialer Systeme ansetzen

»Unter echten komplexen Bedingungen, wenn das Unvorhergesehene die Herrschaft übernimmt, muss jeder Versuch der zentralen Steuerung fehlschlagen. Es braucht ein ausgewogenes Verhältnis zwischen Freiheit und Disziplin.«

Benedikt Weibel, Publizist und ehemaliger Vorsitzender der Geschäftsleitung der Schweizerischen Bundesbahnen SBB[7]

Ein Staat kann ohne zielgerichtete Beeinflussung der gesellschaftlichen Systeme nicht funktionieren. Das ist *eine* Erkenntnis. Eine andere lautet: Die sozialen Systeme im Staat organisieren sich weitgehend selbst und lassen sich insbesondere in freiheitlichen Gesellschaften langfristig kaum steuern. Dennoch können soziale Systeme und die Gesellschaft in Grenzen zielgerichtet beeinflusst und auf diese Weise auch koordiniert werden. Insgesamt am besten gelingt das, wenn nicht gegen die Selbstorganisation sozialer Systeme gearbeitet, sondern ihr Potential genutzt wird.

Während sich die Regierung bei steuerndem Einfluss um eine Vielzahl an Themen detailliert kümmert und konkrete Vorschriften von oben macht, steht hinter dem Ansatz, die Selbstorganisation der Systeme zu nutzen, eine andere Philosophie:

- Wo immer sinnvoll möglich, motiviert der Staat Menschen und Organisationen über Anreize zu jenem Verhalten, das den Zielen von Gesellschaft und Politik dient. Dabei wird — falls die Anreize finanzieller Art sind — idealerweise das Unerwünschte belastet statt das Gewünschte gefördert.

- Wie Menschen und Unternehmen auf die Anreize reagieren, welche konkreten Maßnahmen sie ergreifen, bleibt ihnen überlassen (Prinzip der Eigenverantwortung).

- Nur dort, wo Anreize nicht zum Ziel führen können, erlässt der Staat konkrete Handlungsvorgaben.

Drei Handlungsgrundsätze lassen sich für diesen Ansatz nennen:

1. Verantwortlichkeiten auf die unterste mögliche Ebene legen (Subsidiarität)

Egal, ob Individuum, Projekt, staatliche Struktur oder ein soziales System: Die Verantwortung sollte grundsätzlich so nahe wie möglich am Ort des Geschehens liegen. Je näher sich die Verantwortlichen am Geschehen befinden, desto besser kennen sie Struktur und Verhalten des jeweils betroffenen Systems. Deshalb sollten Verantwortlichkeiten auf die unterste mögliche Ebene gelegt werden. Der Fachbegriff für diesen Grundsatz lautet *Subsidiarität*.

Eine hierarchisch übergeordnete Ebene soll die Verantwortlichkeit für ein Thema einer untergeordneten Ebene nur dann übernehmen, wenn die untergeordnete Ebene dazu selbst nicht in der Lage ist. Das führt in der Regel zu sachgerechten und ausreichend schnell ergriffenen Maßnahmen, um Probleme zu vermeiden und bestehende in den Griff zu bekommen. Zudem fördert dieser Ansatz über Selbstorganisation und Eigenverantwortung die Anpassungsfähigkeit sowie Stabilität der entsprechenden Systeme.

Die Europäische Union hat sich die Subsidiarität als Ziel gesetzt. Im Europäischen Vertrag heißt es:[8] »Für die Ausübung der Zuständigkeiten der Union gelten die Grundsätze der Subsidiarität und der Verhältnismäßigkeit.«

》Fördere die Autonomie der kleinsten Einheit.《

Peter Gomez, Ökonom und Manager, und **Gilbert Probst**, Ökonom[9]

2. Wenige und einfache Regeln als Rahmenbedingungen vorgeben

Je mehr Regeln Systembeteiligte beachten müssen und je komplizierter die Vorgaben sind, desto stärker wird die Macht der Selbstorganisation ausgebremst. Desto eher werden die Regeln auch ignoriert. Ziel sollte es deshalb sein, nur so wenige Regeln wie nötig zu erlassen und diese möglichst einfach auszugestalten.

>> *Wenn es nicht notwendig ist, ein Gesetz zu machen,*
dann ist es notwendig, kein Gesetz zu machen. <<
Montesquieu (Charles-Louis de Secondat, Baron de La Brède et de Montesquieu,
1689–1755), französischer Staatstheoretiker und Schriftsteller[10]

>> *Eine Regelung sollte sich nur mit dem Notwendigen befassen,*
aber nicht mit dem Erlässlichen. <<
Pierre Abaillard (1079–1142), französischer Theologe und Philosoph[11]

3. Negative Anreize setzen

Um ein Ziel zu erreichen, kann man etwas zu erzwingen versuchen. Die betroffenen Menschen und Organisationen werden entsprechend handeln, oder auch nicht. Oder man überzeugt sie vom gewünschten Tun; dann gibt es gute Chancen, ein Ziel zu erreichen. Und schließlich kann man sie zu einem bestimmten Handeln motivieren, indem man dazu Anreize schafft.

Häufig sind Anreize finanzieller Art. Gelten die einzelnen Anreize nur für bestimmte Personengruppen, Unternehmen oder Branchen oder beziehen sie sich lediglich auf einzelne Produkte oder Sachverhalte, entsteht mit der Zeit ein Wildwuchs an Anreizen. Dieser wiederum führt zu Ungerechtigkeiten und unerwünschten Folgen, sodass weitere politische Maßnahmen ergriffen werden (müssen). Anreize sollten daher möglichst übergeordnet für alle Beteiligten gelten.

Wichtig ist es überdies, Anreize nahe am Ziel ansetzen zu lassen. Um beispielsweise die Luftverschmutzung oder den Ausstoß von klimaschädlichem CO_2 zu verringern, bieten staatliche Kaufprämien für Elektroautos wenig Nutzen. Diese Förderung setzt fern von den Umweltzielen an und führt bei der heutigen Form der Stromerzeugung zu keinen bedeutenden ökologischen Vorteilen (siehe Erläuterungen in der Endnote[12]). Deutlich zielführender ist es, mit den Anreizen an den Emissionen umweltschädlicher Abgase anzusetzen. Über Umweltsteuern lässt sich dies erreichen — bei gleichzeitiger Steuerentlastung an anderer Stelle, um die Gesamtsteuerbelastung nicht zu erhöhen. Dann würden die Autohersteller gleichfalls motiviert, abgasärmere Wagen zu entwickeln und anzubieten, unabhängig von der Antriebsart. Sie hätten also ein Interesse, neue und bessere sowie kostengünstigere Lösungen zu entwickeln, um die Verschmutzung der Luft einzudämmen.

In diesem Beispiel setzt der Anreiz nicht nur direkt am Ziel — der geringeren Luftverschmutzung — an. Zusätzlich bedeutsam: Anstatt das zielgerechte Verhalten finanziell zu fördern, wird dem Ziel entgegenstehendes Tun finanziell belastet. Für die Anreize, die der Staat so setzt, muss er kein Geld ausgeben. Überdies werden Mitnahmeeffekte verhindert; sie treten auf, wenn Unternehmen oder Personen finanzielle Förderung z. B. für eine Investition erhalten, die zwar dem konkreten staatlichen Ziel dient, aber auch ohne finanzielle Förderung erfolgt wäre. Sofern im Einzelfall sinnvoll, sollte also dem Ziel entgegenstehendes Handeln belastet werden statt zielgerechtes Handeln zu fördern.

>> *Gute Anreizsysteme bringen Absicht und Anreiz in Deckung. [...]*
Schlechte Anreizsysteme hingegen schießen an der Absicht vorbei oder
pervertieren sie gar. <<

Rolf Dobelli, Schriftsteller, Autor und Ex-Manager[13]

Bei allen Vorzügen der Selbstorganisation ist sie nicht für alle Aufgaben und Ziele das Mittel der Wahl. So lässt sie sich nur dort nutzen, wo das Verhalten von Bürgern und Unternehmen beeinflusst werden soll bzw. kann. Zudem gibt es Situationen, bei denen andere Mittel überlegen sind. Beispielsweise ist bei besonders umwelt- oder gesundheitsgefährdenden Stoffen ein umfassendes Verbot ein besseres Instrument, weil schneller und stärker wirksam als Anreize — sofern es für einen zu verbietenden Stoff Alternativen gibt, die in ausreichender Menge zur Verfügung stehen.

Das Subsidiaritätsprinzip dient teils als pauschales Argument, um staatliche Leistungen zurückzufahren und Bürger stärker in Eigenverantwortung zu nehmen. Hier ist im Einzelfall sehr gut zu analysieren und zu begründen, ob die Idee der Subsidiarität mit ihren Vorzügen im Mittelpunkt einer Verantwortungsverlagerung steht, oder es Ziel ist, den Einfluss des Staates zu schwächen.

Halbdirekte Demokratie

Das Prinzip komplexer Systeme mit ihrer Selbstorganisation konsequent zu nutzen, würde in der Gesellschaft bedeuten: Die Initiative für politische Maßnahmen kann nicht allein aus Regierung und Parlament kommen, sondern auch von den Bürgern ausgehen, wann immer eine große Zahl von ihnen es wünscht. Wie könnte ein politisches System aussehen, das auf solche Weise die Macht der Selbstorganisation mit ihren Vorzügen nutzt?

Das politische System der Schweiz kommt den Anforderungen sehr nahe. Als eine Mischung aus parlamentarischer und direkter Demokratie, die durch Volksinitiativen und Referenden gekennzeichnet ist, wird das Schweizer Modell auch als halbdirekte Demokratie bezeichnet.[14] Dieser Begriff ist äußerst treffend.

Schweizer Staatsbürger wählen auf Kantons- und Bundesebene Volksvertreter ins Parlament; in größeren Gemeinden gibt es auch vom Volk gewählte Räteorgane (wobei hier teils auch Bewohner ohne Schweizer Staatsbürgerschaft wahlberechtigt sind). Zusätzlich wählen die Schweizer ihre Kantonsregierungen. Dies ist der indirekte Teil der Volksbeteiligung und zugleich der parlamentarische Teil des politischen Systems. Darüber hinaus können die Wähler Politik direkt gestalten und Gesetze sowie Verfassung mitbestimmen. Das erfolgt über Volksinitiativen, obligatorische Referenden, fakultative Referenden und Finanzreferenden. Der Reihe nach:

Eine **Volksinitiative** zielt auf die Änderung der Verfassung und umfasst zumeist eine klar abgegrenzte themenspezifische Forderung, darf aber auch die gesamte Verfassung betreffen. Volksinitiativen greifen Themen meist unabhängig von parlamentarischen Aktivitäten auf; sie umfassen teils ein Spektrum, das in anderen Ländern Gesetzes- statt Verfassungscharakter besitzt. 100.000 Unterschriften stimmberechtigter Bürger sind notwendig, damit eine Volksinitiative dem Volk zur Abstimmung vorgelegt wird.

Ergreift das Parlament die Initiative zu einer Verfassungsänderung, muss die Änderung dem Volk zur Abstimmung vorgelegt werden. Gleiches gilt für den Beitritt zu Organisationen kollektiver Sicherheit (etwa der NATO) oder supranationalen Organisationen (z. B. Europäische Union, Vereinte Nationen) sowie bestimmte Gesetze. Die Abstimmung erfolgt über **obligatorische Referenden**. Neben dem Volk muss auch der Ständerat zustimmen, der die Interessen der Kantone vertritt.

Über vom Bundesparlament beschlossene Gesetze kann das Volk durch **fakultative Referenden** entscheiden, falls dafür eine geforderte Zahl von 50.000 Unterschriften stimmberechtigter Bürger eingereicht wird. Mit anderen Worten: Gesetze können vom Volk abgelehnt werden.

Auf Kantons- und Gemeindeebene gibt es für neue Ausgaben, die eine bestimmte Höhe überschreiten, **Finanzreferenden**. Hierbei genehmigen die Bürger Ausgaben oder lehnen sie ab.

In der Mehrzahl der Schweizer Gemeinden gibt es keinen Gemeinderat. In diesen Orten stimmen die stimmberechtigten Einwohner auf **Gemeindeversammlungen** direkt über die zur Entscheidung stehenden Themen ab.

Die ausgeklügelte Kombination direktdemokratischer Elemente gibt dem Bürger auf allen staatlichen Ebenen große Einflussmöglichkeiten. Sie unterstützt den Ansatz der Selbstorganisation.

Die halbdirekte Demokratie der Schweiz ist mit stark föderalen Strukturen nach dem Subsidiaritätsprinzip gepaart. Folglich liegen viele Entscheidungsbefugnisse auf

Gemeinde- und Kantonsebene. Auch das fördert über Selbstorganisation die Stabilität der Gesellschaft.

> *≫Der Weg von der Empörung zum Gesetz ist nirgends*
> *so kurz wie in der Schweiz.≪*
>
> **Valentin Vogt**, Unternehmer und Präsident
> des Schweizerischen Arbeitgeberverbands[15]

Halbdirekte Demokratie im Check

Die halbdirekte Demokratie weist viele grundsätzliche Vorteile auf. Während Bundesregierung und Fraktionen in Deutschland nahezu alle ihre Gesetzesvorhaben offiziell als alternativlos bezeichnen[16] und immer wieder auch parteienübergreifend »alternativlos« handeln, gibt es in der halbdirekten Demokratie bei bedeutsamen Themen stets Alternativen. Wichtige Themen und dazugehörige politische Vorschläge diskutiert die Gesellschaft intensiv mit Vor- und Nachteilen sowie alternativen Möglichkeiten. Parteien und Politiker, aber auch die Initiatoren von Abstimmungen sind gezwungen, ihre Ideen ausführlich öffentlich zu begründen, um die Abstimmenden von ihrer inhaltlichen Position zu überzeugen.

Vielfach wird als Argument gegen direktdemokratische Elemente eingewandt, die Bevölkerung sei bei komplexen Themen nicht in der Lage, sich eine Meinung zu bilden. Abgeordnete hätten dazu bessere Voraussetzungen, zumal sie sich intensiver mit den einzelnen Themen auseinandersetzen können. Doch auch Politiker können nicht bei allen Themen Experten sein.

Entscheidender ist allerdings das Faktum, dass Bundestags- und Landtagsabgeordnete dem Fraktionszwang unterliegen. Wie sie entscheiden, gibt die Fraktionsführung in der Regel vor. Diese kann eher von Interessensgruppen beeinflusst sein als die gesamte wahlberechtigte Bevölkerung. Und schließlich lässt sich festhalten: Volksabstimmungen sind ein politisches Bildungsprogramm, das die Entscheidungsfähigkeit der Menschen stetig erhöht. Auch stellt sich eine grundsätzliche Frage: Wenn man der Bevölkerung und den Bürgern nicht zutrauen sollte, sich nach intensiver gesellschaftlicher Diskussion eine fundierte Meinung zu komplexen Themen zu bilden — wären dann die Bürger in der Lage, sich bei Parlamentswahlen zwischen den Parteien mit ihren Programmen kompetent zu entscheiden?

Ein weiterer Kritikpunkt an Volksentscheiden ist: Die Menschen würden zu sehr nach den eigenen Bedürfnissen im Jetzt abstimmen und die Zukunft außer Acht lassen. Dieses Problem ist grundsätzlicher Art und betrifft Politiker, die nach vier oder fünf Jahren wiedergewählt werden wollen, nicht minder.

Kritiker direktdemokratischer Elemente wenden weiter ein: Interessensverbände können Volksabstimmungen zu ihren Zwecken missbrauchen. Ausschließen lässt sich diese Gefahr nicht. Doch das unterscheidet die Volksabstimmung nicht von der Abstimmung im Parlament, die durch die Fraktionsführung bestimmt wird. Bei Referenden und Volksabstimmungen gilt jedoch: Je stärker sich die Bevölkerung mit politischen Themen beschäftigt, desto geringer fällt das Risiko aus, dass sich das Volk von Interessensverbänden manipulieren lässt. Die intensive gesellschaftliche Diskussion über den Inhalt von zur Abstimmung stehenden Referenden reduziert die Gefahr weiter.

In Einzelfällen kann das Volk fragwürdige Gesetze oder Regeln beschließen, monieren Kritiker. Doch auch Parlamente und Regierungen sind nicht davor gefeit, zweifelhafte Entscheidungen zu fällen.

Halbdirekte Demokratie schafft die Möglichkeit, die Macht der Selbstorganisation auf der gesellschaftlichen Ebene zu nutzen. Die Schweiz kann hier als Vorbild dienen, auch wenn die Eidgenossen selbst darüber diskutieren, wie sie ihr politisches System noch im Detail verbessern können. Es fehle ein Verfassungsgericht, die Finanzierung der Parteien sei intransparent und die Wahlbeteiligung sei insgesamt zu niedrig und nicht repräsentativ für die Bevölkerung, so einige Diskussionsthemen.[17]

Das Brexit-Votum: keine Volksinitiative

Es war der 23. Juni 2016, als Großbritannien weltweit für Aufregung sorgte: Die Briten votierten in einer Volksabstimmung mit knapper Mehrheit für den Austritt ihres Landes aus der Europäischen Union. Auch in Deutschland folgte eine gesellschaftliche Diskussion über den Sinn von Volksabstimmungen. Die Wähler hätten mehr über die Einwanderungspolitik als über den Verbleib in Europa abgestimmt und wären sich der Folgen ihres Abstimmungsverhaltens nicht bewusst gewesen, lautete eine verbreitete Kritik. Dies zeige, welche Gefahren Volksabstimmungen bergen.

Die Kritik war einerseits berechtigt — und ging andererseits dennoch am Kern vorbei.[18] Diese Volksabstimmung ging nicht vom Volk aus. Es gab keine Initiative von unten, die Unterstützer suchte, um die Zulassung als Volksentscheid zu erreichen. Auch bildete sich später keine wirksame Initiative aus der Bürgerschaft, die für ihr Ziel und »ihre« Volksabstimmung kämpfte und Menschen mobilisierte. Gerade diese beiden Elemente sind zugleich sinnvolle Hürde und Antrieb einer Volksabstimmung im Sinne der Selbstorganisation.

Der britische Premierminister David Cameron hatte die Abstimmung von oben angesetzt — nicht der Sache wegen, sondern aus machtpolitischen Gründen. Folglich kämpfte nicht eine Volksinitiative gegen ein politisches Vorhaben einer oder mehrerer Parteien. Vielmehr erfolgte der Wahlkampf nicht zuletzt zwischen den Parteien, die ihn zu vielerlei Zwecken instrumentalisierten.

Die Bürger Großbritanniens scheinen über grundsätzliche Unzufriedenheiten mit der Politik, die die arrivierten Parteien betreiben, abgestimmt zu haben. Dieser Befund kann als Argument für eine halbdirekte Demokratie interpretiert werden: Hätte es zuvor schon die Möglichkeit gegeben, Volksabstimmungen für jene Themen zu initiieren, die viele Menschen beschäftigt, hätte es wenig Anlass gegeben, pauschal opponierend zu stimmen. Festzuhalten bleibt auch: Ohne Zweifel ist das Ergebnis einer Volksabstimmung nicht für die Unzufriedenheit von Menschen verantwortlich, sondern es macht die Unzufriedenheit deutlich.[19]

Resümee

Das halbdirektdemokratische politische System führt den parlamentarischen Politikansatz mit zivilgesellschaftlichen Elementen zusammen. Durch das Wechselspiel zwischen oben und unten ergänzen sie sich.[20] Das Ziel: langfristig lebensfähige und stabile Systeme.

Einfach auf andere Länder übertragen lässt sich das in der Schweiz praktizierte halbdirekte politische System jedoch nicht. Gesellschaftliche Strukturen und Kultur der Eidgenossen sind traditionell auf Subsidiarität, Selbstorganisation und eine starke Bürgerbeteiligung ausgerichtet. Überdies zeigt sich hier eine Mentalität — sie lässt sich nicht einfach übertragen.

Sollen die Möglichkeiten der Selbstorganisation einer Gesellschaft in der Politik genutzt werden, bedarf es in anderen Ländern individueller Lösungen. Um das notwendige Bewusstsein bei allen Beteiligten stetig aufzubauen, könnten diese Lösungen nach und nach eingeführt werden.

> »Was wir brauchen ist ein neues demokratisches Bewusstsein
> und streitbare Bürger. Wir sind doch
> nur noch Kunden, Verbraucher, Beitragszahler und User.«
> **Andreas Rebers**, Kabarettist, über die politische Situation in Deutschland[21]

DER INHALT IN KÜRZE

◆ Die Gesellschaft mit ihrer Vielzahl an sozialen Systemen *zielgerichtet* zu beeinflussen erweist sich grundsätzlich als schwer. Der Grund: Komplexität.

◆ Zielgerichtet zu wirken gelingt vor allem, wenn nicht gegen die Selbstorganisation sozialer Systeme gearbeitet, sondern ihr Potenzial genutzt wird.

◆ Bei diesem Ansatz motiviert der Staat, wo immer sinnvoll möglich, Menschen und Organisationen über Anreize zu jenem Verhalten, das den Zielen von Gesellschaft und Politik dient. Dabei wird idealerweise das Unerwünschte belastet statt das Gewünschte gefördert.

◆ Wie Menschen und Unternehmen auf die Anreize und Regeln reagieren, welche konkreten Maßnahmen sie ergreifen, bleibt ihnen überlassen (Prinzip der Eigenverantwortung).

◆ Nur dort, wo Anreize und Regeln mit Entscheidungsspielräumen nicht zum Ziel führen können, schafft der Staat steuernde Regeln, also konkrete Handlungsvorgaben.

◆ Die Vorzüge der Selbstorganisation im politischen System konsequent zu nutzen, würde bedeuten: Die Initiative für politische Maßnahmen kann auch von den Bürgern ausgehen, wo immer von ihnen erwünscht — also von unten nach oben. Die halbdirekte Demokratie in der Schweiz kann hier als Beispiel dienen, auch wenn sich dieser Ansatz nicht einfach auf andere Länder übertragen lässt.

10

Wie sich Systeme durch Selbstregulation stabil halten

Sie lesen schon eine ganze Weile und suchen Bewegung? Dann stehen Sie jetzt doch auf, setzen sich wieder und wiederholen das zehnmal in hohem Tempo. Was macht Ihr Puls? Er steigt. Einige Minuten später ist er wieder auf das Ausgangsniveau zurückgegangen.

Bewegt sich der Mensch, so braucht der Körper mehr Sauerstoff. Deshalb pumpt bei körperlicher Betätigung das Herz schneller, um dem Organismus über den Blutkreislauf eine größere Menge an Sauerstoff zuzuführen – der Puls nimmt zu. Nach Ende der Bewegung, wenn der Sauerstoffbedarf wieder abgenommen hat, geht der Puls wieder auf das Anfangsniveau zurück. Ganz von selbst regelt das der Körper über die Herzfrequenz. Wir müssen keinen Schalter drücken und keine Tablette schlucken.

Die **Selbstregulation** ist ein elementarer Mechanismus der Selbst*organisation*. Durch Selbstregulation halten sich komplexe Systeme oder Teile davon in Balance. Dabei werden bestimmte Größen eines Systems in einem für das System notwendigen Bereich gehalten. Das geschieht über Rückkopplungen. Im einfachsten Fall einer Rückkopplung wirkt eine Größe über eine andere Größe wieder auf sich zurück.

Selbstregulation ermöglicht es einem komplexen System, Funktionen aufrechtzuerhalten. Auf diese Weise sorgt sie für Stabilität. Beispielsweise hält der menschliche Körper über Selbstregulation Größen wie Körpertemperatur und Herzfrequenz in einem lebensnotwendigen Bereich.

Wo Selbstregulation eine große Rolle spielt

Im menschlichen Körper ist es nicht allein die Herzfrequenz, die über Selbstregulation reguliert wird. Körpertemperatur sowie Hormon- und Stoffkonzentrationen seien als weitere wichtige Größen genannt. Auch das Körperwachstum erfolgt selbstregulierend. Ohne Selbstregulation könnte der Mensch nicht existieren; er würde dauerhaft zu wachsen versuchen. Zudem würden sich Körpertemperatur, Herzfrequenz, Hormon- sowie andere Stoffkonzentrationen nicht den Erfordernissen der körperlichen Abläufe und der Umweltbedingungen anpassen.

In natürlichen Systemen sorgt Selbstregulation seit Millionen von Jahren für Stabilität und Aufrechterhaltung von Funktionen. Einige Beispiele: Erdtemperatur und Klima, Nährstoffkonzentration in Ökosystemen und der Tierbestand in einem Gebiet. Der Planet Erde mit seiner Vielzahl natürlicher Systeme folgt keiner Steuerung durch eine zentrale Instanz. Es ist die Selbst*organisation*, die die natürlichen Abläufe auf der Erde bestimmt – und die Selbst*regulation* bildet dabei einen elementaren Mechanismus.

Auch in sozialen Systemen spielt Selbstregulation eine Rolle. Im Kleinen zeigt sich das in Supermärkten an der Länge der Kassenschlangen, wenn mehrere Kassen geöffnet sind. Die Zahl der angehenden Lehrer reguliert sich bis zu einem gewissen Grad ebenfalls selbst. Besteht ein grundsätzlicher Lehrermangel, entscheidet sich eine größere Zahl an jungen Menschen, ein Lehramtsstudium zu beginnen. Haben die vielen Studienanfänger nach einigen Jahren ihre Ausbildung beendet, kann sich ein Überangebot an Lehrkräften ergeben. Die Folge: vermehrte Lehrerarbeitslosigkeit. Daraufhin entscheiden sich weniger Schulabsolventen für ein Lehramtsstudium.

Eine besondere Bedeutung hat die Selbstregulation im sozialen System der Marktwirtschaft – und zwar unabhängig von der Ausgestaltung beispielsweise als weitgehend freie oder als soziale Marktwirtschaft.[1] Mehr dazu im nächsten Abschnitt.

Öl, Preis und Selbstregulation

Stellen Sie sich vor, Sie besäßen ein Haus, dessen Zentralheizung mit Heizöl betrieben wird. Nach dem Winter ist der Öltank nur noch zu einem Viertel voll. Da Sie den Sommer über nicht heizen müssen, beschließen Sie, erst im Spätsommer Heizöl zu bestellen.

Eines Tages lesen Sie in der Zeitung, dass Heizöl um 30 % billiger geworden ist. Wenn Sie gerade genügend Geld verfügbar haben, werden Sie wahrscheinlich die Gelegenheit nutzen, Ihre Heizölvorräte kostengünstig aufzufüllen. Auch viele andere Hausbesitzer werden dies tun. Die Nachfrage nach Heizöl nimmt daher deutlich zu. Nach dem Prinzip von Angebot und Nachfrage steigt nun der Preis, da die angebotene Menge an Heizöl im Land geringer ist als die neue Nachfrage.

Theoretisch steigt der Preis so weit an, bis genau so viel Heizöl gekauft wird, wie auf dem Markt angeboten. Praktisch geschieht das zwar nicht exakt, da zum Beispiel ein Heizölverkäufer seine Ware zumindest in Teilen zurückhalten und in seinen Tanks lagern kann, bis der Verkaufspreis wieder ansteigt. Dennoch gilt tendenziell: Ist das Angebot niedriger als die Nachfrage, steigt der Preis – und umgekehrt.

Die Welt und auch der Ölmarkt bleiben in Bewegung. Eine neue Entwicklung führt in unserem fiktiven Beispiel abermals zu Preisänderungen: Wegen eines Krieges im Nahen Osten sinkt die globale Ölfördermenge, sodass weltweit deutlich weniger Erdöl gefördert als verbraucht wird. Der Preis für Erdöl und in der Folge für Heizöl steigt stark an.

Die Unterversorgung mit Erdöl hält an und Fachleute sagen vorher, dass sowohl Erd- als auch Heizöl über Jahre sehr teuer bleiben werden. Als Konsequenz sparen die Verbraucher, indem sie weniger heizen. Überdies installieren viele Hausbesitzer Solaranlagen zur Wassererhitzung. Wohnungsbaugesellschaften dämmen ihre Häuser, sodass diese weniger Öl zum Beheizen benötigen. Und schließlich entwickelt die Industrie neue energiesparende Technologien. Durch diese Maßnahmen sinkt die Nachfrage nach Heiz- und Erdöl.

Zugleich ist die Förderung von Erdöl nun gewinnbringender als zuvor, da der Ölpreis als Folge der Unterversorgung im Markt gestiegen ist.[2] Einzelne Länder und Unternehmen werden deshalb größere Mengen Öl als bisher fördern, um ihre Einnahmen und Gewinne zu erhöhen. Zugleich ist es nun wirtschaftlich lohnend, Ölfelder zu erschließen, die sehr aufwendige Fördertechniken benötigen – zuvor war das nicht wirtschaftlich. Durch alle diese Maßnahmen nimmt das Angebot wieder zu. Zunehmendes Angebot und abnehmende Nachfrage – beides zusammen lässt den Preis wieder sinken.

Der Preis motiviert die Beteiligten zu einem Verhalten, das die Versorgung stabil hält. Obwohl die Beteiligten unterschiedliche Ziele verfolgen – die Anbieter wollen möglichst hohe Gewinne erzielen, während die Konsumenten preisgünstig einkaufen wollen –, hält ihr Zusammenspiel die Stabilität des Systems aufrecht. Davon profitieren beide Seiten. Über den Preis regulieren sich in der Marktwirtschaft also Angebot und Nachfrage auf eine Weise, die das System stabil hält – auch bei auftretenden Störungen. Diese Selbstregulation funktioniert unabhängig davon, ob es sich um eine soziale oder eine weitgehend freie Marktwirtschaft handelt. Rückkopplung und dynamische Balance sind dabei die Erfolgsfaktoren; mehr dazu im nächsten Abschnitt.

Die Selbstregulation gilt nicht allein für Rohstoffe wie Öl und bereits auf dem Markt angebotene Produkte wie Teller, Fahrräder und Computer. Vielmehr führt dieser Mechanismus auch dazu, dass neue Produkte und Leistungen entwickelt werden, um bestehende Probleme in den Griff zu bekommen.

> »*Der Regelungsmechanismus über den Preis*
> *ist eine Errungenschaft der Zivilisation.*«

Siegfried Wenzel (1929–2015), langjähriger Stellvertretender Vorsitzender der Planungskommission der DDR, im Jahre 2004[3]

Wie Selbstregulation funktioniert

Abstrakt formuliert, gilt: Selbstregulation ist die Fähigkeit komplexer Systeme, verschiedene Faktoren über Regelkreise in Balance zu halten, um die Systemfunktionen zu sichern. Wie funktioniert das im Detail?

Steigt die Körpertemperatur etwa beim Sport über einen bestimmten Wert, werden Drüsen in der Haut zum Schwitzen veranlasst. Durch den Vorgang des Schwitzens kann der Körper überschüssige Wärme abgeben, damit er nicht überhitzt. Das Schwitzen dauert so lange an, bis die Temperatur auf einen bestimmten Wert abgesunken ist bzw. die normale Körpertemperatur gehalten bleibt.

Notwendig für diese Regulation ist ein Kreislauf, auch Wirkungskreis oder Regelkreis genannt: Eine bestimmte Temperatur führt zum Schwitzen, das Schwitzen wiederum senkt die Temperatur. Die Körpertemperatur wirkt also auf sich selbst zurück. Dies wird Rückkopplung genannt. Das Beispiel zur Preisentwicklung für Öl zeigt ebenfalls eine Regulation durch Rückkopplung.

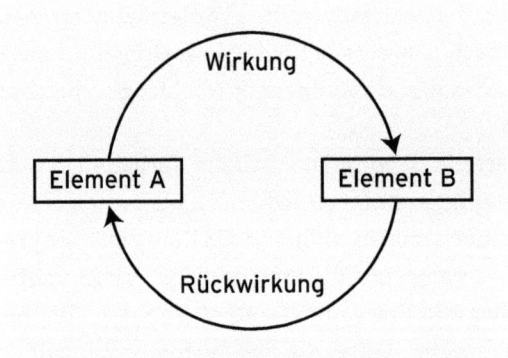

Prinzip der Rückkopplung

Eine Rückkopplung liegt dann vor, wenn ein Element eines Systems wieder auf sich selbst zurückwirkt – über ein oder mehrere andere Elemente in einem Wirkungskreis. Diese Rückwirkung kann Entwicklungen verstärken, abschwächen oder stabilisieren. Rückkopplungen sind eine wichtige Komponente der Selbstregulation komplexer Systeme.

Stabilisierender Wirkungskreis durch gegengerichtete Rückkopplung

Ob eine Rückkopplung in einem Wirkungskreis eine Entwicklung verstärkt, abschwächt oder stabilisiert, ist von den einzelnen Wirkungen der beteiligten Systemelemente abhängig. Im Heizöl-Beispiel zeigte sich:

- Je höher der Preis, desto höher das Angebot (oder auch: Je niedriger der Preis, desto niedriger das Angebot). Hier liegt eine *gleichgerichtete Wirkung* vor:

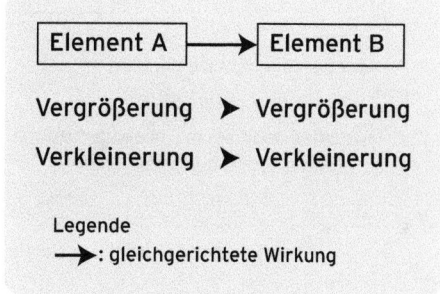

- Je höher das Angebot, desto geringer der Preis (oder auch: Je niedriger das Angebot, desto höher der Preis). Hier liegt eine *gegengerichtete Einzelwirkung* vor:

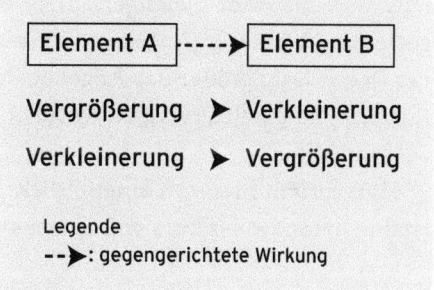

Die folgende Abbildung (linker Teil) zeigt die beiden Einzelwirkungen zusammen – als Wirkungskreis. Dabei gilt:

- Der durchgezogene Pfeil steht für eine *gleichgerichtete Wirkung:* Nimmt das eine Element (Preis) zu, nimmt das andere Element (Angebot) ebenfalls zu. Oder auch: Nimmt das eine Element ab, nimmt das andere Element ebenfalls ab.

- Der gestrichelte Pfeil steht für eine *gegengerichtete Einzelwirkung:* Nimmt das eine Element (Angebot) *zu*, nimmt das andere Element (Preis) *ab*. Oder auch: Nimmt das eine Element *ab*, nimmt das andere Element *zu*.

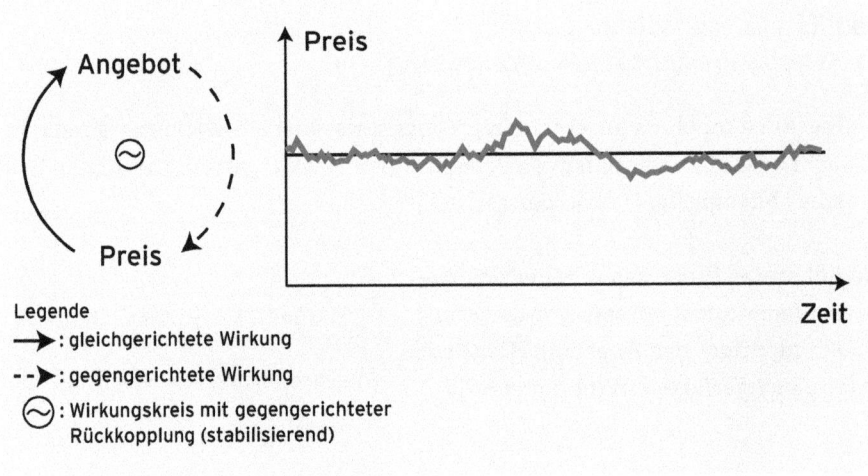

Legende
→ : gleichgerichtete Wirkung
--▶ : gegengerichtete Wirkung
⊙ : Wirkungskreis mit gegengerichteter
Rückkopplung (stabilisierend)

Stabilisierender Wirkungskreis zur Preisentwicklung eines Produktes

Hier wird also eine gleichgerichtete Wirkung (Preis zu Angebot) durch eine gegengerichtete Wirkung (Angebot zu Preis) zu einem Wirkungskreis ergänzt: Je höher der Preis, desto größer das Angebot, desto geringer der Preis. Diese *gegengerichtete Rückkopplung* hält Preis und Angebot in Balance, wie der rechte Teil der Abbildung verdeutlicht.

Man spricht hier von einem Wirkungskreis mit gegengerichteter Rückkopplung (stabilisierend) oder kurz von einem **stabilisierenden Wirkungskreis**.

Stabilisierender Wirkungskreis

Ein stabilisierender Wirkungskreis ist ein Wirkungskreis mit gegengerichteter Rückkopplung. Diese wirkt einem dauerhaften Wachstum eines Elementes entgegen und hält das System in Balance und somit stabil.

Legende
→ : gleichgerichtete Wirkung
--▶ : gegengerichtete Wirkung
⊙ : Wirkungskreis mit gegengerichteter
Rückkopplung (stabilisierend)

Selbstregulation tritt dann auf, wenn die Rückkopplung in einem Wirkungskreis *gegengerichtet* ist. Gegengerichtete Rückkopplungen wirken einem dauerhaften Wachstum entgegen und halten komplexe Systeme in Balance und somit stabil.

Dynamische anstatt statischer Balance

Die Balance eines stabilisierenden Wirkungskreises ist durch stetige Bewegung oder Entwicklung gekennzeichnet. Die Beispiele Ölpreis und Herzfrequenz zeigen: Die Stabilität in komplexen und somit selbstregulierenden Systemen ist nicht statischer Art, d. h. nicht starr und unveränderlich. Das unterscheidet diese Systeme beispielsweise von einem Gebäude mit seinen einzelnen Bauteilen oder einer Balkenwaage, bei der sich nach dem Auflegen von Gewichten eine **statische Balance** einstellt.

Vielmehr handelt es sich bei der Stabilität in komplexen Systemen um eine **dynamische Balance**: Natürliche und soziale Systeme reagieren ständig auf Veränderungen. Und stets gibt es Wirkungen, die zusammen über Rückkopplung den stabilisierenden Wirkungskreis bilden.

Veranschaulichen lässt sich eine dynamische Balance durch den Vorgang des Balancierens auf einem Seil. Die balancierende Person muss immer wieder agieren und reagieren, um die Balance zu halten.

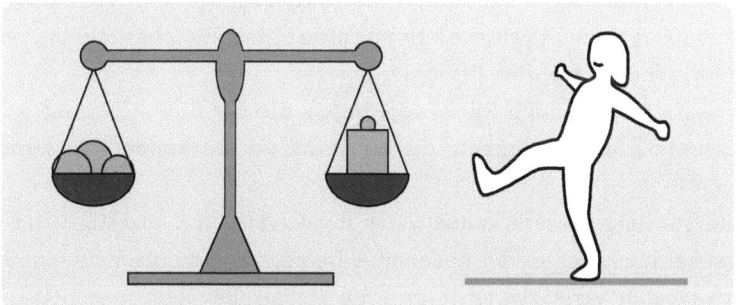

Statische Balance (links) und dynamische Balance (rechts)

Dynamische Balance ist eine Balance, die durch Selbstregulation und damit durch Änderungen der beteiligten Elemente zustande kommt.

Im Beispiel des Balancierens liegt die Änderung in den ausgleichenden Bewegung der Person auf dem Seil. Bei komplexeren Systemen zur dynamischen Balance bestehen die Änderungen im Handeln der Beteiligten. So ändern im Beispiel der Ölversorgung Anbieter und Verbraucher ihr Handeln, wenn der Ölpreis steigt oder sinkt. Einige Unternehmen werden sich aufgrund eines geänderten Ölpreises auch entwickeln, etwa, indem sie neue Technologien entwickeln, ihre Strategie ändern oder Mitarbeiter einstellen oder entlassen. Das Gegenstück zur dynamischen Balance ist die statische Balance, bei der sich die einzelnen Elemente im Ruhezustand befinden (Beispiel Balkenwaage).

Sehr deutlich wird die Dynamik der Stabilität etwa in natürlichen Systemen wie einem Wald oder dem globalen Klima: Obwohl es in beiden Systemen ständig zu Veränderungen kommt und es auch viele Einflüsse von außen gibt, stabilisieren sich diese Systeme selbst. Die Tatsache, dass es einer Dynamik bedarf, um die Balance zu erhalten, verdeutlicht zugleich: Komplexe Systeme müssen ihre Stabilität ständig »erarbeiten«.

> Komplexe Systeme regulieren sich über Wirkungskreise mit gegengerichteter Rückkopplung selbst. Dabei entsteht eine dynamische Balance und somit Stabilität.

Selbstverstärkende Entwicklungen durch gleichgerichtete Rückkopplungen

Gegengerichtete Rückkopplungen führen in komplexen Systemen zu Stabilität. Dabei liegt in einem komplexen System nicht nur eine einzige solche stabilisierende Rückkopplung vor, sondern mehrere bis viele.

Zugleich gibt es aber auch Rückkopplungen, die der Stabilität entgegenstehen — gleichgerichtete Rückkopplungen, die zu **selbstverstärkenden Wirkungskreisen** führen.

Beispiele für selbstverstärkende Wirkungskreise sind Streitigkeiten, die sich durch gegenseitige kernige oder unsensible Bemerkungen aufschaukeln, Gewalt, die durch Gegengewalt verstärkt wird, und die globale Bevölkerungsentwicklung. Für letzteres Beispiel gilt vereinfacht betrachtet und unter Vernachlässigung der zeitlichen Verzögerung:

- Je mehr Geburten, desto größer die Bevölkerungszahl (Wirkung), und je größer die Bevölkerungszahl, desto mehr Geburten (Rückwirkung).

- Die Anzahl der Geburten wird also ständig größer und verstärkt sich selbst. Es kommt zu einer Bevölkerungsexplosion (siehe Abbildung)[4]. In diesem Zusammenhang spricht man auch von *Aufschaukeln*.

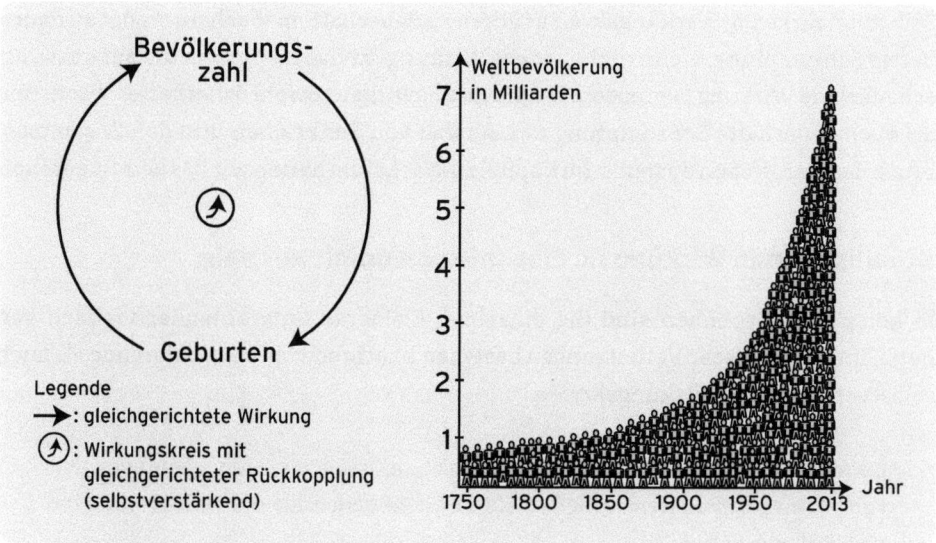

Selbstverstärkender Wirkungskreis zur globalen Bevölkerungsentwicklung

Auch eine Entwicklung in die Gegenrichtung wird über diese *gleichgerichtete* Rückkopplung verstärkt: Nimmt das eine Systemelement ab, nimmt auch das andere Element ab.

Am Beispiel Bevölkerungsentwicklung heißt das:

• Je weniger Geburten, desto kleiner die Bevölkerungszahl, desto weniger Geburten.

• Hier kommt es also zum *Abschaukeln* und zur Bevölkerungsschrumpfung[5].

Selbstverstärkender Wirkungskreis
Ein selbstverstärkender Wirkungskreis ist ein Wirkungskreis mit gleichgerichteter Rückkopplung. Hier wird eine Entwicklung ohne Einfluss von außen selbstverstärkt, d. h. ein Element im Wirkungskreis wird immer größer (Aufschaukeln) oder immer kleiner (Abschaukeln). Das geschieht häufig innerhalb von Grenzen, wenn andere Wirkungen im System das Auf- oder Abschaukeln begrenzen können.

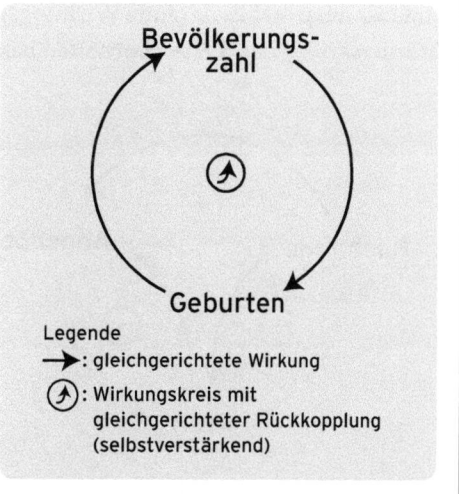

Selbstverstärkende Wirkungskreise führen zu dauerhaftem Wachstum oder zu dauerhafter Schrumpfung, wenn nicht andere Wirkungskreise im System die auf- bzw. abschaukelnde Wirkung begrenzen. Langfristig bewirken sowohl dauerhaftes Wachstum als auch dauerhafte Schrumpfung den Ausfall von Funktionen und den Zusammenbruch des betroffenen Systems. Im Kapitel zu Wachstum hatten wir das bereits gesehen.

Stabilisierende Wirkungskreise müssen dominant sein

In komplexen Systemen sind die einzelnen Elemente untereinander vielfach vernetzt. Innerhalb dieser Vernetzungen bestehen häufig sowohl stabilisierende als auch selbstverstärkende Wirkungskreise.

> Damit ein komplexes System stabil bleibt, müssen die stabilisierenden Wirkungskreise das Systemverhalten stärker bestimmen als die selbstverstärkenden Wirkungskreise.

Ein einfaches Beispiel für ein System, das sowohl stabilisierende als auch selbstverstärkende Wirkungskreise besitzt, ist der Ausgleich von Angebot und Nachfrage in der Marktwirtschaft. Weiter oben hatten wir bereits den stabilisierenden Wirkungskreis zur Preisentwicklung in der Marktwirtschaft betrachtet, einschließlich der Rückkopplung von Angebot auf Preis. Der einfachen Darstellung wegen war diese Betrachtung verkürzt: Es fehlte die Nachfrage. Sie spielt im Preismechanismus mit Rückkopplung und dynamischer Balance eine wichtige Rolle.

Die folgende Abbildung zeigt die kompletten Zusammenhänge — den Ausgleich zwischen Angebot und Nachfrage über den Preis. Hier sind sowohl selbstverstärkende als auch stabilisierende Wirkungskreise enthalten, wobei die stabilisierenden Wirkungskreise das Systemverhalten bestimmen (Erläuterungen in der Endnote[6]).

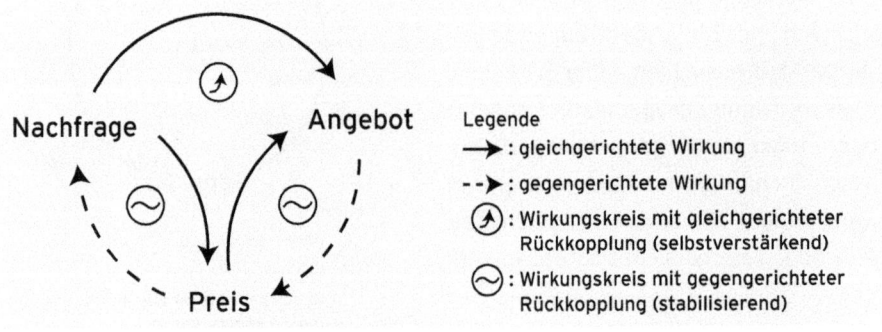

Wirkungskreise und Rückkopplungen zu Angebot und Nachfrage

Gestörte Selbstregulation in sozialen Systemen

In größeren sozialen Systemen sind es vor allem wirtschaftliche Themen, bei denen die Selbstregulation bedeutsam ist. Zum einen beim Ausgleich zwischen Angebot und Nachfrage in der Marktwirtschaft über den Preis. Zum anderen beim Ausgleich von Einnahmen und Ausgaben privater Haushalte, Unternehmen und staatlicher Instanzen.

Wie werden die entsprechenden regulierenden Wirkungskreise gestört? Vor allem vier Dinge tragen dazu bei:[7]

- Bürokratie
- Subventionen
- Verschuldung
- das Anstreben unrealistischer Ziele[8]

Erstens erfolgt die Störung der Selbstregulation durch **Bürokratie** — ständig neue Auflagen, Regeln, Normen und Gesetze sowie deren häufige Änderung. Sie schränken die Handlungsmöglichkeiten der verantwortlichen Personen in Systemen ein und binden Ressourcen.

Zweitens wird die **dynamische Balance von regulierenden Wirkungskreisen aufgehoben**, indem der Staat **Subventionen** an Unternehmen vergibt. Sie verfälschen den Ausgleich von Angebot und Nachfrage und den Wettbewerb zwischen Unternehmen. Subventionen können vorübergehend sinnvoll sein, um Entwicklungen anzustoßen; dauerhaft hingegen erweisen sie sich als schädlich.

Besonders stark ausgebremst ist die Selbstregulation im Verkehrssystem und auf dem Energiemarkt: Ob Bahnverkehr, Straßenverkehr, Binnen- und Seeschifffahrt oder Luftfahrt — alle Verkehrsträger erhalten Subventionen. Im Energiebereich werden nicht allein die regenerativen Energien subventioniert, sondern auch Kohle und Kernkraft sowie indirekt Öl und Gas. Durch diese umfangreiche Subventionierung ist die Selbstregulation der Wirtschaft über Angebot und Nachfrage weitgehend gestört. Es verwundert daher nicht, dass das Verkehrsaufkommen ständig wächst und der Energiebedarf auf hohem Niveau verharrt.

Die dynamische Balance von Wirkungskreisen wird drittens durch **Schuldenaufnahme** gestört, sofern sie nicht projektbezogen erfolgt und planmäßig wieder abgebaut wird. Würde ein finanziell angeschlagenes Unternehmen einen zeitlich unbegrenzten Kredit aufnehmen, könnte es seine Ausgaben zunächst noch weiter hoch halten, auch wenn es im Verhältnis zu seinen regulären Einnahmen grundsätzlich zu hohe Ausgaben tätigen sollte. Unendlich währende Kredite bekommt ein Unternehmen jedoch nicht, auch keine Privatpersonen.

Wohl handelt der Staat, als besäße er diese Möglichkeit: Die öffentliche Hand zahlt fällig werdende Schulden mit Geld zurück, das sie über neue Schulden beschafft. Als Konsequenz unterliegt sie nicht der Funktion der Selbstregulation, ihre regulären Einnahmen mit ihren Ausgaben in dynamischer Balance zu halten. Hohe staatliche Schulden sind die Folge.

Und viertens wird Selbstregulation gestört, wenn im System **unrealistische Ziele angestrebt werden**. Eine Million Elektroautos will die deutsche Bundesregierung bis zum Jahr 2020 auf deutschen Straßen sehen[9], so hat sie 2009 beschlossen, obwohl Autofahrer sich aus vielerlei Gründen nicht für E-Autos erwärmen können. Soll das Ziel auch nur annähernd erreicht werden, muss der Staat ganz immens in die Selbstregulation von Angebot und Nachfrage eingreifen. Denn die eigentlichen Ursachen dafür, dass die Menschen bisher keine Elektroautos kaufen, kann die Regierung nicht einfach aus der Welt schaffen.

Eine elementare politische Vorgabe bestimmt in der Gesellschaft vieles. Diese Vorgabe kommt aus dem Wirtschaftsministerium. Es ist die Wachstumsprognose für die Wirtschaft des Landes. Die grundsätzliche Zielsetzung, die Wirtschaft solle dauerhaft wachsen, widerspricht dem Ausgleich von Angebot und Nachfrage durch Selbstregulation und damit der Marktwirtschaft essenziell. Dauerhaft erweist sie sich zudem als unrealistisch, wie wir schon im Kapitel zu Wachstum gesehen haben.

Wachstumswirtschaft: zwei Selbstregulationen gestört

Nie dürfen die Bedürfnisse und Wünsche der Menschen gedeckt sein, immer müssen die Verbraucher weiter- und mehr konsumieren. Und die Wirtschaft erzeugt bei den Menschen neue Wünsche. Das alles ist eine Folge des Zieles, die Wirtschaftsleistung dauerhaft zu steigern.

Die Selbstregulation der Marktwirtschaft wird dabei ausgehebelt — statt Marktwirtschaft liegt eine Wachstumswirtschaft vor. Genährt wird sie nicht zuletzt durch die direkten und indirekten Subventionen des Staates. Es ist kein Zufall, dass alle Verkehrsträger und viele Energieträger subventioniert werden — Energie und Verkehr lassen sich als Treibstoff der Wirtschaft bezeichnen.

Wie kam es zu den Subventionen mit dem Ziel, Wirtschaftswachstum zu ermöglichen? Mitte der 1960er-Jahre begann die Wirtschaft in Deutschland vom Wachstumspfad abzukommen. Nach dem Wiederaufbau aus Kriegsschutt waren die elementaren Bedürfnisse der Menschen gedeckt und das Land hatte zu Wohlstand gefunden. Die Politik sah sich gezwungen, zu handeln.

1967 erarbeitete die damalige Große Koalition das *Gesetz zur Förderung der Stabilität und des Wachstums der Wirtschaft*. Es weist Bund und Ländern noch heute die

Aufgabe zu, ihre Wirtschafts- und Finanzpolitik so auszurichten, dass sie zu einem stetigen Wachstum der Wirtschaftsleistung beiträgt.[10] Die Selbstregulation zwischen Angebot und Nachfrage musste und muss dazu ein deutliches Stück gehindert werden. Subventionen entwickelten sich für die Politik dabei zum Mittel der Wahl.

Um in die Lage zu kommen, die notwendigen Subventionen auch dauerhaft zu finanzieren, musste eine weitere Selbstregulation ausgeschaltet werden. So beschlossen 1968 Bundestag und Bundesrat eine Verfassungsänderung. Hatte der Bund seine Ausgaben bis dahin praktisch ausschließlich durch reguläre Einnahmen zu finanzieren — selbst den Wiederaufbau nach dem 2. Weltkrieg —, darf er seither auch Kredite in Höhe der geplanten Investitionen eines Haushaltsjahres aufnehmen, ohne die Schulden jemals wieder abbauen zu müssen.[11] Bei ökonomischen Problemen im Land (»Störung des gesamtwirtschaftlichen Gleichgewichts«) darf die Neuverschuldung auch höher ausfallen. Länder und Gemeinden machten diesen Richtungswechsel ebenfalls mit.[12]

Ausgleich zwischen Angebot und Nachfrage einerseits und zwischen Einnahmen und Ausgaben andererseits — beide selbstregulierende Mechanismen setzte die Politik zu einem Teil außer Kraft, um Wirtschaftswachstum zu ermöglichen. Die Folgen sind problematisch: Ihre Bandbreite reicht von hohem finanziellen Mitteleinsatz des Staates und hoher Staatsverschuldung mit ständigen Zinskosten über Einschränkung der Fähigkeit des Wirtschaftssystems zur Selbstorganisation bis hin zur Überproduktion in einer Wegwerfgesellschaft mit vielfältigen ökologischen Konsequenzen.

Alle Aspekte berücksichtigen

Sind im Regelungsmechanismus der Selbstregulation nicht alle wichtigen Aspekte berücksichtigt, kann es zu negativen Entwicklungen kommen. Im System der Marktwirtschaft in heutiger Ausprägung beispielsweise sind die ökologischen Folgen wirtschaftlicher Aktivitäten nur unzureichend einbezogen: Der Faktor Umweltbelastung geht nur in geringem Maß in die Preisbildung ein. Die Schädigung der Umwelt wird also niemandem ausreichend in Rechnung gestellt, im Gegensatz etwa zu Lohnkosten und Werbeausgaben, die in den Preis eines Produktes komplett eingehen.

Weil hier also die Rahmenbedingungen schlecht gesetzt sind, gibt es für Unternehmen nur eine geringe Motivation, bestimmte Umweltbelastungen bei Produktion und spätere Produktnutzung zu vermeiden. So entstehen teils große Umweltschäden mit weitreichenden Folgen. Luftverschmutzung sei als ein Beispiel genannt. In der EU sind im Jahr 2010 etwa 420.000 Menschen als Folge von Luftverschmutzung vorzeitig gestorben, schätzte die Europäische Kommission.[13] Ein weiteres Beispiel ist der Klimawandel.

Dass das marktwirtschaftliche Prinzip trotz seiner wirkungsvollen Grundidee zu negativen Auswirkungen führen kann, ist also auf einen Mangel in der Umsetzung zurückzuführen. Konsequenterweise müssten die Schäden, die ein Produkt oder Vorgang der Umwelt zufügt, vom Nutzer oder Produzenten finanziell ausgeglichen werden. Das ist etwa über Steuern auf Umweltbelastungen möglich. Mehr noch: Wenn die Belastung der Umwelt zum Kostenfaktor würde, hätten Unternehmen und Menschen ein eigenes Interesse, die von ihnen verursachten Umweltbelastungen zu verringern und zu vermeiden. Dann ergäbe sich auch hier eine Selbstregulation.

Wie fehlerhaft die heutige Kostenrechnung und damit die aktuelle Selbstorganisation auf dem Markt über den Preis ist, zeigt neben dem hohen Ausstoß des klimaschädlichen CO_2 das Beispiel der Kernkraftwerke. Befürworter preisen die geringen Produktionskosten für Atomstrom. Nicht einberechnet werden allerdings die Kosten, die durch die Lagerung der radioaktiven Abfälle über einen Zeitraum von etwa 33.000 Generationen entstehen. Gleichfalls übersehen bleibt, dass die Kraftwerksbetreiber in Deutschland nur einen kleinen Teil der Risiken der Kernkraftwerke über eine Haftpflichtversicherung abdecken müssen.[14]

Handlungsanreize schaffen

Möchten Regierungen und Parlamente politische Ziele erreichen, ist es wenig zielführend, die Selbstregulation in sozialen Systemen durch Bürokratie, Subventionen und Vorgabe unrealistischer Zielniveaus zu beeinträchtigen. In den meisten Fällen erweist es sich als sinnvoller, Handlungsanreize zu schaffen, um Ziele zu erreichen — beispielsweise durch Anpassung des Steuersystems. Diese für alle geltenden Rahmenbedingungen gehen in die Selbstregulation ein, werden von den Systemen sozusagen verarbeitet.

Dabei sollte der Staat nicht das erwünschte Handeln belohnen — wie bei Subventionen —, sondern unerwünschtes Handeln unattraktiv machen, etwa durch Steuern; im letzten Kapitel hatten wir das bereits gesehen. Denn während Subventionen die öffentliche Hand Geld kosten, schaffen Steuern Einnahmen. Damit die Steuerlast für Bürger und Unternehmen nicht ansteigt, sollten an anderer Stelle Steuern in Höhe der zusätzlichen Steuereinnahmen gesenkt werden. Im Übrigen wäre es nicht das Ziel solcher Steuern, Geld einzunehmen, sondern die Selbstregulation im gewünschten Sinne zu beeinflussen. Wenn Letzteres komplett gelänge, würde eine zielgerichtete Steuer zu keinerlei Einnahmen führen: Alle im System hätten ihr Verhalten so angepasst, dass sie keine Steuern zahlen müssen — und auf diese Weise das übergeordnete Ziel, das hinter der Steuer steht, Realität werden lassen.

Resümee

>>*Manage ein System so, dass es sich selbst managen,*
sich selbst regulieren und sich selbst organisieren kann.<<

Fredmund Malik, Wirtschaftswissenschaftler und Management-Berater[15]

>>*Eine strategische Planung wird es [...] nicht mehr darauf anlegen, durch isolierte*
Eingriffe einzelne Probleme zu lösen, sondern versuchen, die Kybernetik
des Systems zu nutzen. Ohne Kenntnis derselben bricht man dagegen
nur allzu leicht mit kurzsichtigen Maßnahmen vorhandene Regelkreise auf,
statt ihre oft wesentliche, stabilisierende Leistung zu nutzen [...].<<

Frederic Vester (1925–2003), Biochemiker und Biokybernetiker[16]

DAS WICHTIGSTE IN KÜRZE

- Die Selbstregulation ist ein elementarer Mechanismus der Selbstorganisation. Durch Selbstregulation halten sich komplexe Systeme oder Teile davon in Balance. Dabei werden bestimmte Größen eines Systems in einem für das System notwendigen Bereich gehalten. Das geschieht über Rückkopplungen. Im einfachsten Fall einer Rückkopplung wirkt eine Größe über eine andere Größe wieder auf sich zurück.

- Selbstregulation ermöglicht es einem komplexen System, Funktionen aufrechtzuerhalten. Auf diese Weise sorgt sie für Stabilität.

- Bei der Selbstregulation wirken gegengerichtete Rückkopplungen einem unendlichen Wachstum oder einer ständigen Schrumpfung entgegen und fungieren als eine Art Bremse.

- Damit ein komplexes System stabil bleibt, müssen die stabilisierenden Wirkungskreise das Systemverhalten stärker bestimmen als die selbstverstärkenden Wirkungskreise.

- Die Marktwirtschaft als selbstregulierendes System wird durch Bürokratie, Subventionen und das Ziel, dauerhaft zu wachsen, stark gestört mit vielfältigen negativen Folgen.

- Ziele lassen sich meist am besten erreichen, wenn die Selbstregulation von Systemen nicht gestört, sondern ihre stabilisierende Wirkung genutzt wird. Dazu sind Handlungsanreize zu setzen.

Teil 3

Werkzeuge für vernetztes Denken

11

Die wichtigen Themen erkennen und vorausschauend handeln

Es war der 4. September 2015. Der österreichische Bundeskanzler Werner Faymann telefonierte abwechselnd mit dem ungarischen Ministerpräsidenten Viktor Orbán und der deutschen Kanzlerin Angela Merkel. Anschließend traf Merkel eine Entscheidung, die Deutschland und Europa verändern sollte.

Das Beispiel Flüchtlingsnothilfe

Tausende von Flüchtlingen hatten in Ungarn am Budapester Bahnhof Keleti und in Aufnahmelagern unter unwürdigen Zuständen gelitten. Viele von ihnen wollten nach Deutschland oder Schweden weiter, obwohl sie nach europäischem Recht (Dubliner Abkommen) in Ungarn hätten bleiben müssen, da sie dort in die Europäische Union eingereist waren. Sie weigerten sich, sich in Ungarn registrieren zu lassen und dort zu bleiben. Zunächst brachen einige hundert Menschen zu Fuß auf den Weg Richtung Österreich auf, dann wurden es mehr. Merkel entschied innerhalb von wenigen Stunden, dass Deutschland die in Ungarn befindlichen Flüchtlinge aufnehmen werde.

Demonstrierende
Flüchtlinge
vor dem Budapester
Bahnhof Keleti am
3. September 2015
*(Foto: Mstyslav Chernov
CC BY-SA 4.0)*

Am folgenden Tag telefonierten Merkel und Orbán miteinander; die Bundesregierung gab dazu bekannt:[1]

>>In einem Telefonat am Samstag waren sich Merkel und Orbán einig, dass das Dubliner Abkommen weiterhin gilt und die Weiterreise der Flüchtlinge aufgrund der Notlage an der ungarischen Grenze eine Ausnahme war.<<

Am gleichen Tag hatte der deutsche Bundesaußenminister Frank-Walter Steinmeier schon berichtet:[2]

>>Die Hilfe in der gestrigen Notlage war verbunden mit der dringenden Mahnung dafür, daraus gerade keine Praxis für die nächsten Tage zu machen.<<

Indem Deutschland aus humanitären Gründen seine Grenzen »kurzzeitig« öffnete, wurde für kurze Zeit eine Notlage entspannt. Beseitigt war die schwierige Situation in Ungarn jedoch nicht, da weitere Flüchtlinge in das Land drängten. Letztlich konnte die humanitäre Hilfe Deutschlands, die als einmalige Ausnahme gedacht war, die Situation in Ungarn lediglich für einige Stunden entspannen, bevor sich die Problematik wieder einstellte. So erhob die Bundesregierung die kurzzeitige Grenzöffnung stillschweigend zum Dauerzustand.

Vor allem aber ließen die Entscheidung Merkels sowie ihre anschließenden Aussagen zusätzliche Menschen aus ihrer Heimat und aus Flüchtlingslagern Richtung Deutschland aufbrechen.[3] Dass Deutschland seine Grenzen geöffnet hatte, sprach sich in Syrien, im Irak, in Afghanistan und in Afrika sowie in den Flüchtlingslagern in der Türkei, im Libanon und in Jordanien dank moderner Informationstechnologie schnell herum. Fernsehbilder und Berichte aus Deutschland, die zeigten, wie Flüchtlinge mit Applaus begrüßt wurden, verstärkten diese Entwicklung. Hier herrschten für Flüchtende ideale Verhältnisse, Wohlstand wartete und man habe die Menschen sogar gebeten, zu kommen — solche Informationen machten die Runde, offensichtlich auch durch Schlepper befeuert.[4]

Vermehrt machten sich Menschen auf den beschwerlichen und gefährlichen Weg Richtung Deutschland, die schon vor Gewalt geschützt waren oder primär eine bessere wirtschaftliche Perspektive suchten — aus elenden Verhältnissen kommend oder nicht. Die bessere wirtschaftliche Perspektive als Migrationsgrund war und ist verständlich, gab den Menschen nach damaligem Recht aber keine dauerhafte Aufenthaltsberechtigung in Deutschland. Manche der zusätzlich aufgebrochenen Menschen erlitten auf ihrer Flucht traumatische Erfahrungen, manche ertranken.

Natürlich wurde die Flüchtlingsproblematik an sich nicht durch die Grenzöffnung ausgelöst. Natürlich hätten sich in Ungarn und den Balkanländern so oder so weitere chaotische Zustände ergeben, da viele Menschen bereits auf dem Weg nach Europa waren. Und natürlich befand sich die Bundeskanzlerin am 4. September 2015 in einer schwierigen Situation, aus der heraus sie schnell entscheiden musste. Doch ihre Entscheidung hat insgesamt gesehen nicht für Entspannung gesorgt, sondern über längere Sicht eher das Gegenteil bewirkt.

Unvorbereitet gehandelt

Ein Konzept und einen durchdachten Plan für ihre schnelle Entscheidung hatte die Bundeskanzlerin nicht. Auch hatte sie offensichtlich nicht bedacht, welche (Neben-) Wirkungen ihre Nothilfe haben würde und welche Anreize sie setzte, nach Deutschland zu kommen. Sie hatte auf eine konkrete Situation unvorbereitet reagiert, ohne das Gesamte im Blick zu behalten. Schnell beugte sie sich der Realität täglich tausender ankommender Flüchtlinge und machte aus einer Ausnahme einen Normalzustand, ließ die Grenzen ohne zeitliche Begrenzung offen.[5]

Auf die daraus resultierende Entwicklung mit zunächst über hunderttausend ankommenden Flüchtlingen monatlich war das Land überhaupt nicht vorbereitet. Weder gelang es, einen Überblick über die Zahl der eingereisten Menschen zu bekommen, sie sofort zu registrieren und die Asylverfahren rasch beginnen zu lassen, noch gab es ausreichende Unterkünfte und Betreuungs- oder Versorgungsstrukturen. Vielerlei grundsätzliche Fragen, die sich stellten, waren nicht beantwortet.

Bedeutsam ist auch die Tatsache, dass schon die Situation vor der Grenzöffnung Politik und Verwaltung überfordert hatte. Eine große Zahl an Asylverfahren war unbearbeitet, und bis zu einem rechtskräftigen Bescheid vergingen im Schnitt 11,3 Monate[6] — eine Zeit, in der die Asylsuchenden teils versuchten, Wurzeln zu schlagen, anschließend aber im Falle der Ablehnung zur Ausreise aufgefordert wurden. Und schließlich verließen nur wenige der Menschen Deutschland wieder, deren Asylantrag endgültig abgelehnt wurde.

Da das Land im September 2015 auf die Flüchtlingsthematik nicht ausreichend vorbereitet war, wurde in bewundernswerter Weise improvisiert und von vielen Freiwilligen und Mitarbeitern in Behörden und Organisationen Enormes geleistet. Dieser positiven Erfahrung steht die Erkenntnis entgegen: Hätte man sich vorausschauend mit dem Flüchtlingsthema beschäftigt und die damit verbundenen grundsätzlichen Herausforderungen und Aufgaben vor dem Handeln erfasst, hätten sich systematisch und in Ruhe Antworten finden lassen und wäre ausreichend durchdachtes und planvolles Handeln möglich gewesen. Zudem hätte man sich vorbereiten können. Zwar wäre dennoch nicht alles optimal gelaufen und wären Überraschungen aufgetaucht. Doch die große Linie wäre klar gewesen und die wichtigen Fragen beantwortet. Etwa: Wem soll unter welchen Voraussetzungen und Bedingungen geholfen werden? Wie und wie lange soll geholfen werden (beispielsweise über das Ende eines Bürgerkriegs hinaus)? Wie soll die Hilfe organisiert sein? Wie können die Menschen gefahrloser nach Deutschland kommen, etwa durch Luftbrücken? Wie lassen sich die Schwierigkeiten verringern, die sich aus dem unterschiedlichen kulturellen Hintergrund Deutschlands und vieler Flüchtlinge ergeben? Soll die Hilfe Deutschlands primär nahe der Heimat der Flüchtenden in ihrem Kulturkreis erfolgen oder in Deutschland? Wie soll mit jenen Menschen umgegangen werden, die voller Hoffnung ins Land kommen, aber weder Asyl noch vorübergehenden Schutz zugesprochen bekommen? Wie lässt sich weitgehende Kontrolle über die Zuwanderung halten, beispielsweise unter Sicherheitsaspekten?

Vermeiden lassen hätte sich überdies das Hin und Her, das Deutschland beim Flüchtlingsthema zeigte. Jahrelang wandte man sich vehement gegen die Verteilung von Flüchtlingen in Europa; von einem auf den anderen Tag forderte die Regierung das Gegenteil, nachdem viele Menschen ins Land drängten. Nach der Öffnung der Grenzen sprach man von einer Willkommenskultur und motivierte auf diese Weise teils Menschen, ihre Heimat zu verlassen und nach Deutschland zu kommen. Nur wenige Wochen später begann die Bundesregierung, Flüchtlinge abzuwehren — durch ein umstrittenes, maßgeblich von Deutschland vorangetriebenes Abkommen der EU mit der Türkei, aber auch durch innenpolitische Maßnahmen.

Hätte die Regierung das Thema früher und systematisch aufgegriffen, wären wahrscheinlich auch humanere Lösungen herausgekommen — Lösungen, die auch alte, schwache und arme Menschen berücksichtigt und Schutzsuchende nicht zu lebensgefährlichen Fluchtwegen gezwungen hätten. Denn die Grenzöffnung half vor allem starken und aktiven Menschen, die sich die beschwerliche Flucht körperlich und mental zutrauten und wie auch immer finanziell leisten konnten. Wo blieb der Schutz derjenigen, die die Hilfe am stärksten benötigten: schwache und arme Menschen, die sich erst gar nicht auf den langen Weg machen konnten? Warum war der lebensgefährliche Weg nach Deutschland Qualifikation für einen Schutz — nur die überlebenden Starken konnten ihn erhalten (vom Familiennachzug abgesehen)? Wieso konnte Schutz nur auf deutschem Boden beantragt werden, nicht aber z. B. in Botschaften im Nahen Osten oder aufzubauenden örtlichen Registrierzentren?

Warum gab es kein ausgereiftes Konzept?

Grundsätzlich stellt sich die Frage, warum die Bundesregierung kein ausgereiftes Konzept zum Umgang mit einer großen Zahl an Flüchtlingen hatte, obwohl das Thema nicht unvermittelt auftrat. Der Bürgerkrieg in Syrien dauerte im Sommer 2015 bereits mehr als vier Jahre. Hilferufe wegen der schlechten Situation in Syrien und den angrenzenden Ländern, in denen viele Flüchtlinge lebten, gab es immer wieder — beispielsweise vom Flüchtlingshilfswerk UNHCR der Vereinten Nationen, von der UN selbst, dem Welternährungsprogramm, diversen Hilfsorganisationen und den betroffenen Ländern. Fast regelmäßig wiesen diese Organisationen darauf hin, dass die zur Verfügung stehenden Gelder nicht ausreichen.[7]

Man muss der Regierung zugute halten, dass Deutschland zwischen 2012 und 2015 immerhin 1,4 Milliarden Euro Hilfen für die Opfer des Syrien-Krieges vor Ort zahlte[8] — nicht wirklich viel im Vergleich zu den Beträgen, die heute in Deutschland für Flüchtlinge aufgebracht werden, jedoch auch nicht wenig. Dennoch bleibt festzuhalten: Sonderlich aktiv zeigte sich die Bundesregierung nach den Hilferufen nicht. Merkel sagte dazu nach Öffnung der deutschen Grenzen vor Beginn eines EU-Sondergipfels:[9] »Hier haben wir alle miteinander, und ich schließe mich da auch ein, nicht gesehen, dass die internationalen Programme nicht ausreichend finanziert sind, dass Menschen hungern in den Flüchtlingslagern.«

Die Regierungen Griechenlands, Italiens und Maltas hatten ihre europäischen Kollegen schon vor dem Jahr 2015 mehrfach darauf hingewiesen, dass sie mit der großen Zahl an Flüchtlingen, die in ihr Land drängten, nicht mehr zurecht kämen. Deutschland pochte jedoch auf die Dublin-Abkommen (und ignorierte gleichzeitig, dass Griechenland und Italien die vertraglich geforderte Registrierung von Flüchtlingen in vielen Fällen nicht vornahmen und sie die Menschen entgegen den Dublin-Abkommen weiterreisen ließen).[10]

Die deutsche Bundesregierung und ihre Kanzlerin hatten kein ausgereiftes Konzept und keinen durchdachten Plan zur Flüchtlingsthematik, weil sie sich über lange Zeit um dieses Thema nicht ausreichend gekümmert hatten. Sie hatten sich mit anderen Themen intensiv beschäftigt, etwa der innenpolitischen Entwicklung in der Ukraine mit dem Ziel, das Land an die Europäische Union zu binden, und immer wieder der Rettung des Euros. Sie hatten nicht das Gesamte im Blick, um alle wichtigen Themen zu erkennen und vorausschauend zu handeln.[11]

Ein Jahr und zwei verlorene Landtagswahlen später resümierte die deutsche Bundeskanzlerin:[12] »Und wenn ich könnte, würde ich die Zeit um viele viele Jahre zurückspulen, um mich mit der ganzen Bundesregierung und allen Verantwortungsträgern besser vorbereiten zu können auf die Situation, die uns dann im Spätsommer 2015 eher unvorbereitet traf.«

>> *Selten wurde so deutlich wie in jüngster Zeit,*
dass es der deutschen Politik an vorausschauender Planung mangelt. <<
Wolfgang Jäger, Politikwissenschaftler, im Herbst 2015[13]

Dass wichtige Themen zu lange ignoriert oder nicht ausreichend bedacht werden, da das Gesamte nicht im Blick ist, zeigt sich in anderen Fällen ebenso. Das betrifft scheinbar kleine Themen, aber auch große wie die langfristige Ausgestaltung der gesetzlichen Rentenversicherung, die Folgen der europäischen Geldpolitik oder die Problematik des Wachstumszwangs. Zu sehr wird Politik im Jetzt betrieben und zu wenig an die Zukunft gedacht, zu oft werden Einzelthemen ohne System ausgewählt und Zusammenhänge ignoriert.

Von Regierungen und Parlamenten beschlossene Sofortprogramme lassen sich häufig als Zeichen interpretieren, dass wichtige Themen zuvor nicht ausreichenden Stellenwert besessen haben — wobei natürlich auch persönliche Einschätzungen eine Rolle spielen, was sich bei Sofortprogrammen nach einem Regierungswechsel zeigt. Das Themenfeld ist breit: Sofortprogramme für Hochwasserschutz, digitale Infrastruktur, Kinderbetreuung, Abwasseranlagen, Spielplätze, Jugendarbeitslosigkeit, Versorgung von Obdachlosen, bessere Hinterlandanbindung von Häfen.

Woran liegt es?

Das Problem, dass Wichtiges übersehen bleibt und nicht vorausschauend gehandelt wird, beschränkt sich nicht allein auf die Politik, obgleich die Auswirkungen ihres Handelns oft besonders weitreichend sind. Auch in Verwaltung, Unternehmen, Vereinen und anderen Organisationen sowie im privaten Leben liegen die beschriebenen Mängel vor. Wieder zeigt sich: Nicht-vernetztes Denken ist weit verbreitet.

Letztlich liegen jene grundsätzlichen Fehler vor, die wir im Einstiegskapitel schon kennengelernt haben und die wir im Kapitel zu »Fehler und Erfolgsfaktoren im Umgang mit komplexen Systemen« noch systematischer betrachten werden. Vernetzung und Eigendynamik komplexer Systeme bleiben grundsätzlich übersehen, Ziele werden falsch gesetzt, es wird nur auf einzelne Aspekte geschaut, Nebenwirkungen und auch Zeitverzögerungen bleiben unberücksichtigt, Stör- und Bedrohungsfaktoren ignoriert und Alternativen werden nicht ausreichend in Erwägung gezogen. Zudem werden im System bestehende Grenzen übergangen. Und schließlich verdrängt der Mensch gerne Tatsachen und Erkenntnisse, wenn sie unangenehm sind.

Ein weiteres grundsätzliches Problem kommt hinzu: Im linearen Denken verhaftet, orientieren sich Menschen und Organisationen in erster Linie an Ereignissen. Auch in der Politik lässt sich dies beobachten. Sie handelt, wenn Flüchtlinge auf die Grenze zumarschieren, oder nach Terroranschlägen und Unglücken, nachdem Banken in wirtschaftliche Schwierigkeiten geraten sind oder sich eine Epidemie ausbreitet. Nicht allein, dass das folgende Handeln oft zu spät kommt, um wirklich etwas zu bewirken, und meist an Problemsymptomen ansetzt. Fatal ist dabei: Entwicklungen, die nicht in Ereignissen münden, drohen übersehen zu werden. Stetig und daher schleichend kommt es zu Veränderungen, an die man sich gewöhnt, wenn sie langsam genug sind. Spezifische oder grundsätzliche Probleme, die sich aus solchen Entwicklungen ergeben, bleiben unerkannt.

> *»Es ist leider häufig so, dass sich die Politik erst dann bewegt,*
> *wenn es vorher zu einem dramatischen Ereignis gekommen ist.«*
>
> **Wolfgang Bosbach**, langjähriger Bundestagsabgeordneter
> und Vorsitzender des Innenausschusses[14]

Wie sich wichtige Themen und Probleme frühzeitig erkennen lassen

> *»Keine Zukunft vermag gut zu machen, was du in der Gegenwart versäumst.«*
>
> **Albert Schweitzer** (1875–1965), Arzt, Philosoph, Theologe und Organist,
> Träger des Friedensnobelpreises[15]

Bestehende Probleme anzugehen, mögliche zukünftige Probleme zu vermeiden und Ziele aktiv zu verfolgen: Dies sollte der Antrieb des Handelns sein — nicht allein in der Politik, sondern auch in Unternehmen und Organisationen sowie im Privaten. Diese Absichten helfen, auch über den Tag hinaus erfolgreich zu sein.

Linear zu denken reicht dabei nicht. Zusammenhänge, Dynamiken und Entwicklungen müssen beachtet und persönliche Vorlieben für Themen ausgeblendet werden. Der Blick über den Tellerrand und in die Zukunft ist wichtige Bedingung für erfolgreiches und auch vorbeugendes Handeln. Nach Betrachten des Gesamten sind die wichtigen Themen zu erkennen und entsprechend richtige Handlungsprioritäten zu setzen. Mit etwas Übung in vernetztem Denken lässt sich das für kleinere Systeme ohne umfassende Analysen schaffen. Bei größeren Systemen kann ein Fahrplan als Unterstützung dienen:

---

1. Schritt: Auf das Gesamte blicken und Handlungsbedarf erfassen
2. Schritt: Die wichtigen und die dringenden Themen identifizieren
3. Schritt: Handlungsprioritäten setzen
4. Schritt: Für die Handlungsprioritäten Ziele konkretisieren und Maßnahmen auswählen
5. Schritt: Maßnahmen umsetzen und Erfolg kontrollieren

Zusätzlich:

- Für wichtige Themen Frühwarnsystem aufbauen und nutzen

1. Schritt:
Auf das Gesamte blicken und Handlungsbedarf erfassen

Vielerlei Themenbereiche beschäftigen Politiker und Unternehmenslenker. In der Politik werden diese Bereiche durch die einzelnen Ministerien abgebildet, in Unternehmen durch Abteilungen.

Inneres, Soziales, Außenpolitik, Verkehr, Landwirtschaft, Verteidigung, Finanzen und mehr: Jedes Ministerium konzentriert sich auf seine Themen, kennt sich hier gut aus, sieht, wo Probleme bestehen, am Entstehen sind oder entstehen könnten. Die Betrachtungen erfolgen jedoch isoliert von den anderen Ministerien mit deren Themen — unvernetztes Denken und Handeln eben. Es ist Aufgabe des Regierungschefs und seines Apparates, ein zusammenhängendes Bild zu erzeugen — ein Bild, das die Themen nicht allein aufsummiert, sondern auch in einen Zusammenhang setzt.

Genauso verhält es sich in Unternehmen. Produktentwicklung, Produktion, Vertrieb, Personal und Verwaltung: Alle diese Abteilungen bearbeiten im Interesse des gleichen Unternehmens unterschiedliche Themen, sehen unterschiedliche Entwicklungen, Notwendigkeiten, Schwierigkeiten und aufkommende Probleme. Aus den einzelnen Themenbereichen und Blickwinkeln muss sich die Unternehmensleitung ein Gesamtbild machen, das mehr darstellt als die Summe isolierter Einzelaspekte.

Im Privaten lässt sich das Gesamte betrachten als Kombination aus dem Privatleben, der Gesundheit, dem Berufsleben, der sozialen Absicherung sowie dem Materiellen (wie Wohnung, Auto, Waschmaschine). Auch hierfür lässt sich ein Gesamtbild erstellen.

Grundsätzlich können die folgenden Fragen helfen, beim Blick auf das Gesamte den Handlungsbedarf zu erkennen:

1. Welche folgenreichen Probleme bestehen?

2. Welche folgenreichen Probleme entstehen oder könnten entstehen? (Simulationen und Szenarien können helfen, solche Probleme zu identifizieren; mehr dazu in den jeweiligen Kapiteln.)

3. Bei welchen Themen muss gehandelt werden, um bestehende Ziele zu erreichen?

2. Schritt:
Die wichtigen und die dringenden Themen identifizieren

Aus dem Blickwinkel der einzelnen Ministerien, Abteilungen oder Themenbereiche gibt es oft viele Angelegenheiten, bei denen man gut begründet etwas tun könnte oder sollte. Werden alle Themenbereiche zusammen betrachtet, vergrößert sich die Zahl relevanter Themen nochmals massiv.

Allerdings erweisen sich aus der Sicht des Gesamten manche aufgezeigten Probleme oder Handlungsnotwendigkeiten als unwichtig. Das resultiert aus dem Faktum, dass der Blick und das Interesse für das Gesamte andere sind wie jene der Teilbereiche mit ihrer isolierten Sichtweise.

Erste Aufgabe ist es daher, aus der Vielzahl der möglichen relevanten Themen und Probleme die wichtigen und die dringenden zu identifizieren.

> **Wichtig sind Themen,**
> ◆ bei denen man Ziele verfolgt, also etwas erreichen möchte,
> ◆ oder bei denen die Funktion eines notwendigen Systems gefährdet ist.

Wichtig ist es beispielsweise, den Klimawandel einzudämmen, das System der gesetzlichen Rentenversicherung langfristig stabil auszugestalten und genügend Lehrer auszubilden. Hier ist ein Vorausschauen gefordert. Im persönlichen Leben kann es als wichtig erachtet werden, den Berufsweg sinnvoll zu beschreiten und für Notfälle vorzusorgen, etwa durch Versicherungen.

Auf dem Weg, die wichtigen Themen zu erkennen, können folgende Fragen helfen:

1. Welche Ziele verfolge ich bzw. verfolgen wir?

2. Welche Entwicklungen beeinträchtigen meine bzw. unsere Ziele?

3. Welche Entwicklungen und Ereignisse können meine bzw. unsere Ziele zukünftig beeinträchtigen?

> **Dringend sind jene Themen und Aufgaben,** deren Erledigung nicht aufgeschoben werden kann, beispielsweise wegen eines Termins oder, weil sich eine besondere Situation ergeben hat – eine Situation, die rasches Handeln erfordert.

Dringend war es für die deutsche Bundeskanzlerin am 4. September 2015, eine Entscheidung zu fällen, ob Deutschland die von Ungarn nach Deutschland strebenden Flüchtlinge aufnimmt. Dringend ist es auch, bei Hochwasser oder bei einer schweren Verletzung zu handeln. Dringend kann es aber auch sein, die Wohnung zu verlassen, um auf eine in einer halben Stunde beginnende Vereinsversammlung zu gehen, da man zu kommen versprochen hat — auch wenn es sich um eine unwichtige Veranstaltung handelt.

Um entscheiden zu können, was wichtig ist und was nicht, braucht es einen Maßstab. Maßstab für die Wichtigkeit sind Werte, Grundsätze und Ziele, die die Gesellschaft (System Politik), ein Unternehmen oder eine Person besitzt. Dieser Maßstab kann auch bei der Einschätzung der Dringlichkeit von Themen nützlich sein.

Bei der Dringlichkeit betrachten wir Themen und Aufgabe parallel. Streng genommen sind es ja nicht die Themen selbst, die dringend sind, sondern die sich aus Situationen ergebenden Handlungsnotwendigkeiten und Aufgaben.

3. Schritt:
Handlungsprioritäten setzen

Sind die wichtigen und die dringenden Themen bzw. Aufgaben identifiziert, gilt es sie zu sortieren und Handlungsprioritäten zu setzen. Denn nicht alles lässt sich gleichzeitig erledigen. Dazu reichen in der Regel die vorhandenen Ressourcen wie Geld und Personal nicht aus.

Dringenden Themen bzw. Aufgaben wohnt ein Zeitdruck inne. Deshalb führen wir solche Aufgaben häufig vor den wichtigen Aufgaben aus, auch wenn sie vergleichsweise unwichtig sind. Für die wichtigen Aufgaben bleibt dann zu wenig Aufmerksamkeit und Zeit. In der Folge entstehen Probleme, oder bestehende Schwierigkeiten wachsen an. Auf sie muss dann erneut dringend reagiert werden. Und wieder müssen wir uns dann Dringendem widmen, statt Wichtiges zu erledigen. Die ständigen Bemühungen, den Euro zu retten, lassen grüßen.

Daraus folgt der Grundsatz, die wichtigen Dinge vor den dringenden zu tun. Das auf diesem Grundsatz beruhende Eisenhower-Prinzip sortiert folgendermaßen:[16]

1. Themen und Aufgaben, die wichtig und dringend sind
2. Themen und Aufgaben, die wichtig, aber nicht dringend sind
3. Themen und Aufgaben, die unwichtig, aber dringend sind
4. Themen und Aufgaben, die unwichtig und nicht dringend sind

Unwichtige, aber dringende Themen und Aufgaben (Kategorie 3) gibt es meist viele. Hier gilt es zu prüfen, ob sie auch wirklich notwendig sind, um Ziele zu erreichen und Probleme zu vermeiden.

Für die unwichtigen und zugleich »undringenden« Themen und Aufgaben (Kategorie 4) gibt es eine klare Empfehlung: Sie können meist unterbleiben – einfach streichen.

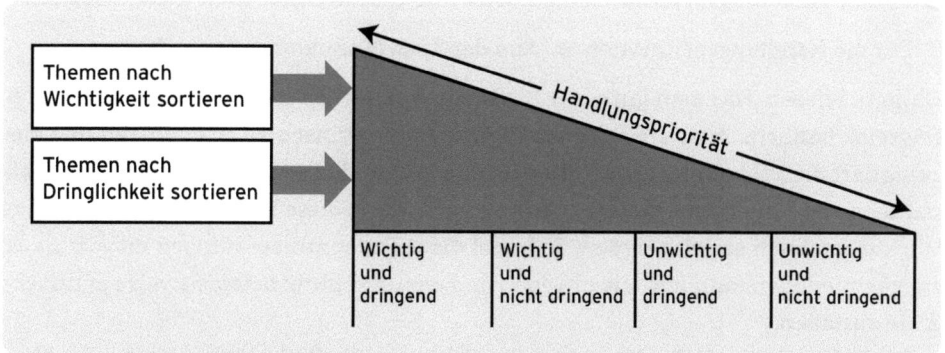

Das Eisenhower-Prinzip zur Priorisierung von Aufgaben

Auf diese Weise werden Prioritäten für das Handeln gesetzt. Auch innerhalb der einzelnen Kategorien müssen Prioritäten gesetzt werden, in welcher Reihenfolge die Themen und Aufgaben bearbeitet werden sollen. Zu berücksichtigen ist dabei, dass Organisationen je nach Größe und vorhandene Ressourcen viele Themen und Aufgaben parallel bearbeiten bzw. erledigen können. Das gilt etwa für den Staat.

Klappt das Prinzip gut, die wichtigen und die dringenden Themen und Aufgaben zu identifizieren und Prioritäten zu setzen, stellt sich ein schöner Erfolg ein: Die Zahl der plötzlich auftretenden dringenden Themen und Probleme nimmt ab, vorausgesetzt: Es wurde anhand der gewonnenen Erkenntnisse auch (klug) gehandelt. Dieser Ansatz ermöglicht also vorausschauendes Handeln.

4. Schritt:
Für die Handlungsprioritäten Ziele konkretisieren und Maßnahmen auswählen

Zwischen dem Setzen von Handlungsprioritäten und dem vorausschauenden Handeln stehen noch zwei weitere Schritte:

1. Für die Handlungsprioritäten Ziele setzen bzw. bestehende Ziele konkretisieren.

2. Für die Handlungsprioritäten anhand der Ziele Maßnahmen auswählen.

Ohne zu wissen, was man mit einer Maßnahme erreichen möchte, lässt sich nicht erfolgreich handeln. Ziele ermöglichen erst, etwas Gewünschtes anzustreben und zielorientiert darauf hinzuarbeiten. Sie dienen als Grundlage für die Auswahl von Maßnahmen, für Planen und Handeln, aber auch für die spätere Kontrolle, ob gewünschte Wirkungen auch erzielt wurden. So banal diese Erkenntnisse klingen mögen: Es ist immer wieder erstaunlich, wie ungenau und wenig konkret beispielsweise politische Ziele ausfallen.

Das folgende Kapitel zeigt, wie sich wirkungsvolle Ziele setzen lassen. Im übernächsten Kapitel, das sich den Fehlern und Erfolgsfaktoren im Umgang mit komplexen Situationen und Problemen widmet, werden wir sehen, was bei der Auswahl von Maßnahmen zu beachten ist.

5. Schritt:
Maßnahmen umsetzen und Erfolg kontrollieren

Wichtiges zu diesem Schritt zeigt das übernächste Kapitel, das sich mit Fehlern und Erfolgsfaktoren im Umgang mit Komplexität beschäftigt.

Zusätzlicher Schritt:
Für wichtige Themen Frühwarnsystem aufbauen und nutzen

»Wir sollten uns mit großen Problemen beschäftigen,
solange sie noch klein sind.«

Jadwiga Rutkowska, Feuilletonistin[17]

Alles ist in Bewegung, fast nichts bleibt wie es ist. Deshalb reicht es nicht, den Gesamtblick einmal durchzuführen und dann wieder zur Tagesordnung überzugehen. Regelmäßig muss aufs Gesamte geschaut werden, zum Beispiel einmal pro Jahr, um neue Herausforderungen und Situationen zu erkennen.

Für die wichtigsten Themen ist es gleichfalls bedeutsam, ein **Frühwarnsystem** aufzubauen. Seine Aufgabe: frühzeitig ungünstige und folgenreiche Entwicklungen zu identifizieren, damit man rechtzeitig gegenwirken oder sich darauf vorbereiten kann. Auf diese Weise lassen sich in vielen Fällen große Schwierigkeiten vermeiden. Beispielsweise hätte die Wichtigkeit, sich mit dem Thema Flüchtlinge auseinanderzusetzen, durch ein Frühwarnsystem aufgezeigt werden können.

Basis eines Frühwarnsystems ist ein grundsätzliches Nachdenken, eine Ursachenanalyse über die Ursachengrafik — wir hatten sie im Kapitel zu »Ursachen und Wirkungen« schon kennengelernt — oder eine Systemanalyse (ihre Bekanntschaft werden wir noch im entsprechenden Kapitel machen). Beide genannten Werkzeuge zeigen für betrachtete Probleme die Ursachen mit ihren Ursachen und deren Ursachen (usw.). Treten bei den Unterursachen Veränderungen auf, wirken diese auf das betroffene System meist mit einer Zeitverzögerung. Diese Verzögerung schafft in vielen Fällen die Möglichkeit, problematische Entwicklungen frühzeitig zu erkennen, sodass man noch Zeit hat, etwas zu tun.

Wie lässt sich ein Frühwarnsystem entwickeln? Für die Ursachen der zu betrachtenden Thematik werden **Indikatoren** gesucht, deren Entwicklung man über die Zeit beobachten kann. Ein Indikator ist eine mess- oder anderweitig ermittelbare Größe, die einen Sachverhalt quantitativ aufzeigt, d. h. in einer Zahl. Beispielsweise ist für die Arbeitslosigkeit die Zahl der Arbeitslosen ein Indikator.

Die Zahl der Arbeitslosen wiederum wird über die Produktions- und Dienstleistungsmenge und die Nachfrage unter anderem durch Kaufkraft, Inflation und Schwarzarbeit beeinflusst. Diese Faktoren lassen sich mit einem Frühwarnsystem beobachten.

Ein Frühwarnsystem kann nur für analysierbare Zusammenhänge und Strukturen Ergebnisse liefern. Für Unplanbares, das in komplexen Systemen ja sehr bedeutsam ist, eignet es sich nicht. Hier helfen Szenarien, wie wir sie im Prognose-Kapitel schon kurz angesehen haben und in einem eigenen Kapitel noch weiter betrachten werden.

	2014	Δ 2014 zu 2013*	Δ 2014 zu 2012*	Δ 2014 zu 2004*	OECD-Staaten 2014		
					Durchschnitt	Bester Wert	Schlechtester Wert
Pro-Kopf-Kaufkraft	€ 21.117	+0,95 %	+0,94 %	+3,6 %	€ 19.522	€ 33.777	€ 11.822
Umfang der Schattenwirtschaft** an der Gesamtwirtschaftsleistung	11,6 %	-4,1 %	-7,2 %	-26,1 %	12,4 %	6,3 %	23,3 %

* inflationsbereinigt, ** Schwarzarbeit, Nachbarschaftshilfe, Eigenleistungen

Ausschnitt aus einem Frühwarnsystem für das System Arbeitsmarkt in Deutschland
Zahlen aus verschiedenen Quellen ermittelt, teils selbst berechnet und lediglich informativ

Mit Frühwarnsystemen lassen sich analog zu negativen auch positive Entwicklungen frühzeitig erkennen. Das bietet die Möglichkeit, Chancen früh aufzugreifen und positive Entwicklungen zu unterstützen.

Insbesondere im Privaten, aber auch bei kleineren Themen in Unternehmen braucht es nicht unbedingt strukturierte Frühwarnsysteme, um ungünstige (oder auch günstige) Entwicklungen frühzeitig zu erkennen. Wichtiger als das Instrument selbst ist die entsprechende Denkweise: das Gesamte betrachten und mögliche negative Entwicklungen mitberücksichtigen.

Resümee

*»Ich bemühe mich um innere Unabhängigkeit und versuche oft,
mal einen Schritt zurückzutreten und das Gesamtbild zu betrachten.«*

Jens Todt, Sportdirektor[18]

Das Gesamte im Blick behalten, das Wichtige und das Dringende identifizieren und Handlungsprioritäten setzen, um vorbeugend agieren zu können – das sind elementare Voraussetzungen für erfolgreiches Handeln. Wer diese Voraussetzungen nicht beachtet, handelt in vielen Fällen fahrlässig. Sei es, dass vermeidbare negative Entwicklungen nicht unterbunden werden, planlos gehandelt wird mit der Folge schlechter Ergebnisse, oder dass ein enormer Mitteleinsatz notwendig ist, um ein Ziel annähernd zu erreichen.

DAS WICHTIGSTE IN KÜRZE

◆ Ganz gleich ob im Privaten, im Beruf oder auf gesellschaftlicher Ebene: Viele Themen gilt es, parallel im Auge zu behalten und viele Aufgaben zu erledigen.

◆ Bleiben wichtige Themen übersehen oder muss unvorbereitet gehandelt werden, drohen negative Entwicklungen. Während diese im persönlichen Bereich auf das Individuum und sein Umfeld beschränkt bleiben, betreffen die Konsequenzen in Wirtschaft und Politik viele Menschen. Entscheidend ist, aufkommende Probleme und Handlungsnotwendigkeiten vorausschauend zu erkennen und richtige Prioritäten zu setzen.

◆ Das Eisenhower-Prinzip ist ein einfaches, aber wirkungsvolles Instrument, um Themen und Aufgaben fundiert zu priorisieren.

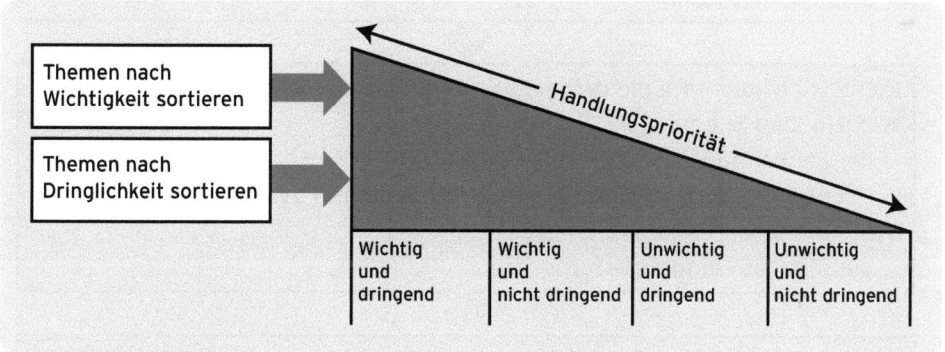

Eisenhower-Prinzip zur Priorisierung von Themen und Aufgaben

◆ Das Eisenhower-Prinzip anzuwenden allein reicht aber nicht aus. Die darin enthaltenen Arbeitsschritte sind Teil eines umfassenderen Ablaufes zum Erkennen der wichtigen Themen und zu vorausschauendem Handeln.

Die wichtigen Themen erkennen und vorausschauend handeln

Ziele

- Bestehende Probleme meistern
- Aufkommende Probleme klein halten
- Neue Probleme vermeiden
- Das Gesamtsystem stabil halten

Ablauf

1. Auf das Gesamte blicken und Handlungsbedarf erfassen
- Welche folgenreichen Probleme bestehen?
- Welche folgenreichen Probleme entstehen oder könnten entstehen?
- Bei welchen Themen muss gehandelt werden, um bestehende Ziele erreichen zu können?

2. Die wichtigen und die dringenden Themen identifizieren
Wichtig sind Themen,
- bei denen man Ziele verfolgt
- oder bei denen die Funktion eines notwendigen Systems gefährdet ist.
Dringend sind Themen und Aufgaben,
- die rasches Handeln erfordern.

3. Handlungsprioritäten setzen
1. Themen und Aufgaben, die wichtig und dringend sind
2. Themen und Aufgaben, die wichtig und nicht dringend sind
3. Themen und Aufgaben, die unwichtig und dringend sind

4. Für die Handlungsprioritäten Ziele konkretisieren und Maßnahmen auswählen

5. Maßnahmen umsetzen und Erfolg kontrollieren

Zusätzlicher Schritt

Für wichtige Themen Frühwarnsystem aufbauen und nutzen

12

Ziele wirkungsvoll setzen

>>ver.di blickt auf erfolgreiches Jahr 2013 zurück!
Keine Woche ohne ver.di-Streik in 2013!<<[1]

Lässt sich der Erfolg gewerkschaftlicher Arbeit an der Zahl der Streiks bemessen? Selbstverständlich — wenn Streiken das primäre Ziel der Gewerkschaft wäre. Traditionell streben Gewerkschaften allerdings danach, Arbeitnehmerrechte zu wahren sowie Arbeitsbedingungen und Entlohnung zu verbessern. Streiks sind ein Mittel, um diese Ziele zu erreichen.

Eine große Zahl an Streiks könnte gar als ein Zeichen des Misserfolges gewerkschaftlicher Arbeit interpretiert werden: Hätten die Gewerkschaftsvertreter doch nur besser verhandelt, wären Streiks nicht notwendig gewesen ... (Natürlich sind auch andere Interpretationen möglich, warum es viele Streiks gab, etwa: Die Gewerkschaft ist hartnäckig oder die Arbeitgeber sind unnachgiebig.)

>>Österreich ist ein besonders familien- und kinderfreundliches Land.
Alle Kinder sollen in Österreich unbeschwert aufwachsen können
und die besten Zukunftschancen haben. Daher wollen wir die Eltern durch
Bildungs- und Betreuungsangebote sowie durch finanzielle Zuwendungen
bzw. steuerliche Erleichterung unterstützen. [...]
Ziel: Finanzielle Unterstützung von Familien und Kindern.<<

So steht es im Arbeitsprogramm der österreichischen Bundesregierung für die Jahre 2013 bis 2018.[2] Soll das Ziel wirklich darin liegen, Familien und Kinder finanziell zu unterstützen? Und das unabhängig davon, ob die einzelnen Familien und Kinder finanzielle Unterstützungen benötigen? Oder lauten die eigentlichen Ziele nicht wie folgt: »Alle Kinder sollen in Österreich unbeschwert aufwachsen können und die besten Zukunftschancen haben.« Wenn dem so wäre: Was bedeuten diese beiden Ziele genau?

Die gleiche Frage stellt sich auch bei Zielen wie etwa die Verbesserung der Luftqualität. Was bedeutet Luftqualität? Was genau soll denn verbessert werden? Wenn nicht klar ist, was genau erreicht werden soll, fällt es schwer, passende Maßnahmen zu ergreifen. Verwundert es da noch, dass im Entwicklungsplan einer süddeutschen Stadt für das Doppelziel »Verbesserung der Luftqualität, Minderung von Lärm« lediglich eine einzige Maßnahme vorgeschlagen wurde: »Austausch veralteter Feuerstätten durch neue Technologien entsprechend den gesetzlichen Vorschriften.«?[3] Der Lärm in der Stadt soll durch neue Öl- und Gasbrenner in den Heizungsanlagen vermindert werden?

Diese Beispiele zeigen: Mit Zielen ist es so eine Sache. Ziele zu haben ist wichtig, Ziele wirksam zu setzen jedoch schwer.

>> *Der Weg, den du einschlägst, hängt in erster Linie davon ab,*
wohin du gehen willst. <<

Lewis Carroll (1832–1898), Schriftsteller, Fotograf, Mathematiker und Diakon[4]

Warum Ziele wichtig sind

Ob man eine leichte Aufgabe angeht, ein wichtiges Projekt plant oder eine Lebensentscheidung trifft — Ziele zu setzen ist bei jedem Vorhaben wichtig. Es verschafft einem Klarheit darüber, was man wirklich möchte. Erst mit einem klaren Ziel vor Augen lässt sich auch der Weg dorthin bestimmen. Und schließlich braucht es Ziele als Maßstab, damit später geprüft werden kann, ob ergriffene Maßnahmen wie gewünscht wirken.

> Ein Ziel ist etwas, das man erreichen möchte. Dabei kann es sich um ein Ereignis (z. B. Bestehen einer Prüfung), um eine Situation oder um einen Zustand (z. B. gesund sein) handeln.

Klare Ziele zu haben ist aus den folgenden Gründen wichtig:

* **Was will ich überhaupt erreichen?**
  Um Klarheit zu bekommen, was man wirklich will und wie man sich das Ergebnis des Handelns vorstellt.

* **Ist das machbar?**
  Um realistisch einschätzen zu können, ob das Gewünschte unter den gegebenen Möglichkeiten und Umständen tatsächlich erreichbar ist.

* **Wie komme ich dorthin?**
  Um die passenden Methoden und Maßnahmen auswählen zu können.

- **Bin ich noch auf Kurs?**

  Um überprüfen zu können, ob der eingeschlagene Kurs noch passt oder eine Kurskorrektur notwendig ist.

- **Habe ich alles erreicht?**

  Um am Ende überprüfen zu können, ob das Gewünschte erreicht wurde bzw. wie viel erreicht wurde.

Wie man Ziele falsch setzt – das Beispiel guter Vorsätze

Wer kennt das nicht? Am Jahresbeginn startet man mit guten Vorsätzen. Je weiter das Jahr fortschreitet, desto deutlicher wird jedoch, dass man seine Ziele nicht erreicht. Meist liegt das daran, dass die guten Vorsätze schlecht gesetzte Ziele beinhalten. Um die Problematik zu verdeutlichen, schauen wir uns einen Klassiker der guten Vorsätze an:

» *Ich höre mit dem Rauchen auf.* «

Ein tolles Ziel, das sich aber in vielen Fällen als unrealistisch erweist. Realistischer scheint dieses (Zwischen-)Ziel:

» *Ich möchte nicht mehr so viel rauchen.* «

Hier stellen sich dennoch einige Fragen:

1. Was bedeutet »nicht mehr so viel«: wie viele Zigaretten pro Tag? Und soll das ab sofort gelten?

2. Was will ich wirklich? Das genannte Ziel besagt, was ich *nicht* möchte, es ist negativ formuliert. Zu wissen, was man nicht möchte, reicht nicht aus; man muss auch wissen, was man möchte.

3. Ist das Ziel wirklich realistisch, etwa wenn der Partner oder viele Kollegen rauchen?

4. Habe ich wirklich die gesamte Situation betrachtet? Vielleicht rauche ich aufgrund von Stress. Dann wäre es wichtiger, den Stress zu reduzieren.

5. Muss ich ernsthafte Folgen befürchten? Hört ein starker Raucher von einem auf den anderen Tag mit dem Rauchen auf, kann es zu Entzugserscheinungen kommen. Im Extremfall und bei anderen Drogen kann solch eine Maßnahme die Stabilität eines gesamten Systems (hier: der Person) gefährden.

6. Steht mein Ziel eventuell im Widerspruch zu einem anderen Ziel? So könnte das Ziel, sich das Rauchen abzugewöhnen, mit dem Ziel konkurrieren, mich häufig mit Freunden zu treffen, die jedoch rauchen.

Aus diesen Fragen lassen sich häufige Fehler beim Zielsetzen ableiten.

Fehler beim Zielesetzen
1. Ziel ist unklar.
2. Ziel ist negativ formuliert.
3. Ziel ist möglicherweise nicht erreichbar.
4. Gesamtsituation wurde nicht beachtet.
5. Funktionsfähigkeit sowie Lebensfähigkeit und Stabilität sind gefährdet.
6. Widerspruch zu anderen Zielen.

Einige dieser Fehler lassen sich auch in den Zielen finden, die in das Kapitel einleiteten, z. B. Verbesserung der Luftqualität. Die dort genannten Ziele sind vor allem unklar (Fehler Nr. 1).

Unklar bedeutet: Das Ziel ist nicht genau beschrieben und nicht messbar. In einem solchen Fall ist es schwierig, passende Maßnahmen zu finden, um das Ziel zu erreichen. In der Folge wird häufig ein großer Aufwand betrieben und große Summen an

Geld investiert, obwohl sich letztlich nur wenig Gewünschtes erreichen lässt. Den Erfolg unklarer Ziele bemessen Politiker und Manager gerne an der investierten Geldsumme. Je mehr sie für Maßnahmen ausgeben, umso positiver sei das, so lautet die Botschaft. Sie laufen dabei Gefahr, hohe Ausgaben zum Ziel zu erheben.

Einige Worte zu Fehler 6: Widerspruch zu anderen Zielen. Deutschland will sowohl seine Wirtschaftsleistung steigern als auch die Umwelt besser schützen; hier liegt ein Zielkonflikt vor. Der Staat hat sowohl die Frühverrentung als auch die Beschäftigung älterer Menschen über viele Jahre finanziell gefördert. Die dahinterstehenden beiden Einzelziele stehen im Widerspruch.

Die Widersprüchlichkeit von Zielen zu vermeiden ist in unserer komplexen Welt keine leichte Aufgabe. Auf gesellschaftlicher Ebene erschwert die Zergliederung von Themen und Verantwortlichkeiten nach einzelnen Fachgebieten und Ministerien die Aufgabe noch weiter.

Hinzu kommt: Wird nicht das Gesamte mitbetrachtet (Fehler 4), finden sich für die einzelnen Bereiche vielerlei Ziele, die bezogen auf den jeweiligen Bereich sinnvoll sein mögen. Und dennoch können sie dem Gesamten mit seinen Zielen widersprechen.

Wie man Ziele wirkungsvoll setzt

Das Ziel des Rauchers lässt sich klarer formulieren:

>> *In vier Wochen möchte ich nur noch eine Zigarette pro Tag rauchen.* <<

Statt sehr allgemein formuliert die Luftqualität verbessern zu wollen, ließe sich das Ziel so setzen:

>> *Die maximale Konzentration des Luftschadstoffs Stickstoffdioxid soll sich*
in den Städten innerhalb der nächsten zwei Jahre von derzeit
etwa 40 Mikrogramm pro m² Luft auf 20 Mikrogramm verringern. <<

Reicht dieses Ziel nicht aus, um die Luftqualität grundsätzlich zu verbessern, sind für weitere Luftschadstoffe Ziele aufzustellen.

Statt generell Familien und Kinder unterstützen zu wollen, könnte ein Ziel lauten:

>> *Ab 2017 will die Bundesregierung 75 Prozent der Familien in Österreich,*
die monatlich pro Kopf nach Mietzahlung und Krankenkassenbeitrag
weniger als 380 Euro zur Verfügung haben,
jährliche eine zweiwöchige Familienfreizeit ermöglichen. <<

Für solche Ziele können passende Maßnahmen gefunden werden. Zudem ist es möglich, den Erfolg zu überprüfen: Wurden die Ziele erreicht?

Für Klarheit ist es auch wichtig, dass *ein* Ziel nur eine einzige Sache enthält, die erreicht werden soll — unter Berücksichtigung der Gesamtsituation. Denn eine Maßnahme kann in der Regel nur einem Ziel ordentlich dienen. Gleichzeitig die Luftqualität verbessern und den Lärm verringern — das kann eine Maßnahme nur schwerlich oder nur in geringem Maß erfüllen. Zugleich Arbeitsplätze sichern und die Luftqualität verbessern, wie es die deutsche Bundesregierung mit der »Umweltprämie« zum Abwracken von Autos angestrebt hatte, erweist sich ebenfalls als fragwürdiges Doppelziel. Dass die Prämie obendrein noch die Innovationskraft der deutschen Wirtschaft stärken und die Automobilindustrie modernisieren sollte, macht die Sache nicht besser.[5]

Mehrfachziele bergen die Gefahr, insgesamt nur wenig zu erreichen und einen hohen Aufwand zu erfordern. Die Konzentration auf jeweils ein Ziel schließt dennoch nicht aus, dass im Einzelfall auch anderen Zielen gedient sein kann — das ist aber nicht Zweck der Zielsetzung.

Im Sinne vernetzten Denkens muss bei Zielen auf das Gesamte geschaut werden. Ein Ziel beispielsweise, das eine Unternehmensabteilung aufstellt, mag für die Abteilung selbst sinnvoll und ohne Widerspruch zu ihren anderen Zielen sein; es kann jedoch gegen die Ziele des Gesamtsystems stehen, des Unternehmens.

Erfolgsfaktoren für das Zielsetzen

Aus den Fehlern bei der Zielsetzung lassen sich Erfolgsfaktoren bilden. Es geht also nicht nur darum, die Fehler zu vermeiden, sondern wichtige Faktoren zu berücksichtigen, die zum Erfolg eines Vorhabens entscheidend beitragen. Solche Faktoren nennen wir Erfolgsfaktoren.

Erfolgsfaktoren für das Zielsetzen
1. Ziele klar und konkret setzen.
2. Ziele positiv formulieren.
3. Darauf achten, dass die Ziele realistisch erreichbar sind.
4. Die Gesamtsituation anstatt einzelne Faktoren beachten.
5. Auf Funktionsfähigkeit sowie Lebensfähigkeit und Stabilität des gesamten Systems achten.
6. Darauf achten, dass sich die Ziele nicht widersprechen.

Die sechs Erfolgsfaktoren sind prägnant, damit allerdings auch sehr kurz. Was die Faktoren bedeuten, wird im Sinne einer Checkliste mit den folgenden Fragen verdeutlicht.

1. Ziele klar und konkret setzen

- Ist das Ziel genau beschrieben und messbar?
- Was? Wer? Wo? Wann?
- Woran erkenne ich, dass ich das Ziel erreicht habe?

2. Ziele positiv formulieren

- Ist im Ziel formuliert, was ich will — und nicht das, was ich nicht will?
- Wurden Wörter wie »nicht« oder »keine« vermieden?
- Was möchte ich anstatt der aktuellen Situation bzw. des negativen Ziels?

3. Darauf achten, dass die Ziele realistisch erreichbar sind

- Kann ich das Ziel in angemessener Zeit erreichen?
- Was brauche ich dafür (z. B. Helfer, Arbeitsmittel, Geld, Infos)?
- Wie und in welchen Etappen kann ich das Ziel erreichen?
- Gibt es Hindernisse?
- Würde ein weniger ambitioniertes Ziel ausreichend Fortschritt bringen? (Das Pareto-Prinzip besagt vereinfachend: 80 % eines Ergebnisses lassen sich mit 20 % des Gesamtaufwandes erzielen; für die restlichen 20 % an Ergebnis sind hingegen 80 % des Gesamtaufwandes nötig. Deshalb erweisen sich Ziele, die perfekte Ergebnisse anstreben, häufig als unrealistisch, da zu aufwendig.)

4. Die Gesamtsituation statt einzelner Aspekte beachten

- Habe ich mir das Gesamte angeschaut?
- Passt das Ziel in die Gesamtsituation?
- Welche Zusammenhänge gibt es?

5. Auf Funktionsfähigkeit sowie Lebensfähigkeit und Stabilität des gesamten Systems achten

- Wie beeinflusst das Ziel die Lebensfähigkeit und damit die Stabilität des Systems?
- Bleibt das System weiterhin stabil und funktionsfähig?
- Gibt es Grenzwerte im System (z. B. in Bezug auf Geld, Zeit, Energie)?

6. Darauf achten, dass sich Ziele nicht widersprechen

- Sind die Ziele widerspruchsfrei, d. h. können alle Ziele erreicht werden, ohne sich gegenseitig zu behindern?
- Habe ich die Ziele nach Wichtigkeit sortiert (das Wichtigste zuerst)?

Wirkungsvoll gesetzte Ziele: allein kein Garant für Erfolg

Sich Ziele so zu setzen, dass sie realistischerweise erreicht werden können — dies ist ein Baustein für vernetztes Denken und Handeln. Würden Regierungen, Parlamente und Verwaltungen in allen Fällen Ziele wirkungsvoll setzen, also die obigen Erfolgsfaktoren anwenden, wäre manches Problem kleiner. Überdies würde sich der Aufwand an Geld und anderen Ressourcen verringern. Auch in Unternehmen und im Privaten lohnt es sich, Ziele wirkungsvoll zu setzen und auf Basis solcher Ziele zu handeln. Das Ergebnis: mehr Erfolg. Das ist die gute Nachricht.

Die schlechte Nachricht lautet: Ziele richtig zu setzen allein kann den Erfolg nicht garantieren. Schließlich gibt es noch viele Möglichkeiten, Fehler zu machen — bei der Auswahl von Maßnahmen zur Zielerreichung, bei ihrer Planung und bei der Umsetzung. Zudem kann Unvorhergesehenes störend wirken. Und auch eine noch so gute Planung und Umsetzung kann nicht zum Ziel führen, wenn das Ziel schlecht, d. h. nicht wirkungsvoll gesetzt wurde. Mit gut gesetzten Zielen fängt also alles an, sie sind grundlegende Voraussetzung für erfolgreiches Handeln.

Im nächsten Kapitel beschäftigen wir uns mit den grundsätzlichen Fehlern bei der Planung von Maßnahmen und ihrer Umsetzung. Auch sie lassen sich vermeiden, auch für diese Projektphasen gibt es Erfolgsfaktoren.

DAS WICHTIGSTE IN KÜRZE

◆ Ziele sind wichtig bei allen Vorhaben, beispielsweise wenn man Projekte plant, Probleme angeht oder knifflige Entscheidungen trifft — unabhängig davon, ob man dies für sich selbst, für seinen Verein, für seinen Arbeitgeber oder für die Gesellschaft tut.

◆ Um Vorhaben und Wünsche erfolgreich verwirklichen zu können, braucht man Klarheit über seine Ziele:
  ▷ Was will ich überhaupt erreichen?   ▷ Bin ich noch auf Kurs?
  ▷ Ist das machbar?   ▷ Habe ich alles erreicht?
  ▷ Wie komme ich dorthin?

◆ Sechs Erfolgsfaktoren helfen, Ziele wirkungsvoll zu setzen:
  1. Ziele klar und konkret setzen
  2. Ziele positiv formulieren
  3. Darauf achten, dass die Ziele realistisch erreichbar sind
  4. Die Gesamtsituation statt einzelner Aspekte beachten
  5. Auf Funktionsfähigkeit und Lebensfähigkeit sowie Stabilität des gesamten Systems achten
  6. Darauf achten, dass sich Ziele nicht widersprechen

13

Erfolgsfaktoren im Umgang mit komplexen Situationen und Problemen

Was haben die konventionelle Entwicklungshilfe, Wirtschaftspolitik und Doping gemeinsam? In allen drei Beispielen werden die Nebenwirkungen weitgehend ignoriert — einer der klassischen Fehler im Umgang mit komplexen Systemen. Weitere Fehler bestehen. In diesem Kapitel schauen wir uns diese Fehler an, um sie anschließend umzudrehen und zu Erfolgsfaktoren zu entwickeln.

»Revolutionär« und »epochemachend« — so lobten Bundesregierung und CDU/CSU 1957 ihr neues Konzept für die gesetzliche Rentenversicherung.[1] Diese wurde damals von einem weitgehend kapitalgedeckten System auf das heute noch genutzte Umlageverfahren umgestellt. Beim Umlageverfahren werden die laufenden Rentenauszahlungen hauptsächlich über die aktuellen Einnahmen durch die Beitragszahler finanziert. Seitdem gilt: Die Organisationen der gesetzlichen Rentenversicherung sparen die Beitragseinnahmen nicht für ihre Mitglieder an; vielmehr finanzieren die Arbeitenden mit ihren Beitragszahlungen die Rente der im Ruhestand befindlichen Menschen.

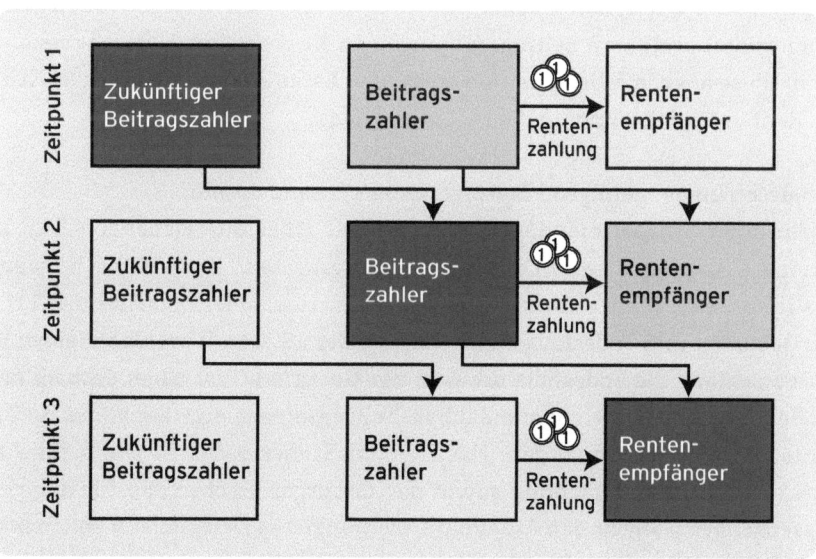

Prinzip des Umlageverfahrens des gesetzlichen Rentenversicherungssystems

Mit dem Umstieg auf das neue Verfahren ließen sich elegant die Kapitalverluste auffangen, die die Rentenversicherungsträger durch den 2. Weltkrieg, den Zusammenbruch des Deutschen Reichs und die Währungsreform 1948 erlitten hatten. Zugleich konnte die Höhe der Renten schnell und deutlich erhöht werden.

Beflügelt vom neuen Rentensystem und von einer stetig wachsenden Wirtschaftsleistung baute die Politik die Leistungen der staatlichen Altersversorgung über Jahrzehnte aus. Zusätzlich wurden der gesetzlichen Rentenversicherung sachfremde, sogenannte versicherungsfremde Leistungen auferlegt. Darunter sind Leistungen zu verstehen, die allgemeinen Staatszielen dienen, aber durch die gesetzliche Rentenversicherung bezahlt werden müssen. Dazu zählen insbesondere Leistungen, die anderen Zwecken als der Altersversorgung dienen – etwa Vorruhestandsregelungen zur Verringerung der Arbeitslosigkeit – oder die an Nichtversicherte gezahlt werden, z. B. Renten an Aussiedler. Gleichzeitig bezuschusst der Staat das System mittlerweile in hohem Umfang aus Steuergeldern.

Die Hauptfehler bei Einführung des Umlageverfahrens

Drei Bedingungen müssen erfüllt sein, damit das Umlageverfahren der gesetzlichen Rentenversicherung stabil bleiben kann:

1. Die Wirtschaft muss ständig prosperieren:
   Nur wenn die Wirtschaft wächst, gibt es trotz Produktivitätsgewinnen genügend Arbeitsplätze und somit Beitragszahlungen an die gesetzliche Rentenversicherung, damit diese auskömmliche Renten auszahlen kann. Auf wirtschaftliche Krisen ist das Rentenversicherungssystem nicht ausgelegt.

2. Es müssen immer genügend Beitragszahler vorhanden sein:
   Neben einer prosperierenden Wirtschaft mit einer ausreichenden Zahl an gut dotierten Arbeitsplätzen und einem Bildungssystem, das für die notwendigen Qualifikationen sorgt, erfordert dies zunächst ein ungefähr konstantes Verhältnis von Geburten und Todesfällen. Seit Anfang der 1970er-Jahre übersteigen jedoch in Deutschland die Todesfälle die Zahl der Geburten.[2] Vor allem deshalb muss in der Tendenz eine abnehmende Zahl an Beitragzahlern eine zunehmende Zahl an Rentenempfängern versorgen. Nach einem Szenario des Instituts für Arbeitsmarkt- und Berufsforschung sowie der Coburger Hochschule für angewandte Wissenschaften würde das Arbeitskräftepotenzial in Deutschland von heute etwa 45 Millionen bis zum Jahr 2050 auf unter 29 Millionen zurückgehen, wenn es keine Zuwanderung gäbe.[3] Zuwanderung kann das Problem allerdings nur ent-

schärfen, wenn die zugewanderten Menschen auch die entsprechende Qualifikation für die notwendigen Berufe besitzen.

3. Die Lebenserwartung der Menschen darf nicht deutlich steigen:
Steigende Lebenserwartung bedeutet, dass die Rentenversicherung ihren Mitgliedern länger Rente zahlen muss. Das stellt sie vor finanzielle Probleme. Betrug die statistische Lebenserwartung einer 65-jährigen Person in Deutschland im Jahr 1957, als das neue Konzept der Rentenversicherung beschlossen wurde, etwa 12,3 Jahre, waren es 2013 17,6 Jahre.[4] Diese Lebenserwartung hat also um fast die Hälfte zugenommen. Das ist schön für die Menschen, aber schlecht für die gesetzliche Rentenversicherung.

Die Hauptfehler, die bei der Einführung des Umlageverfahrens offensichtlich gemacht wurden, lassen sich so zusammenfassen:

◆ Die Gesamtsituation und die Vernetzung wurden nicht berücksichtigt:
Die Bundesregierung hatte offensichtlich nicht ausreichend berücksichtigt, welche Faktoren für das Rentenversicherungssystem bedeutend sind und wie diese Faktoren untereinander vernetzt sind.

◆ Es wurde eine Kontinuität der damaligen Situation vorausgesetzt:
Unterstellt man der damaligen Regierung, dass sie ein langfristig funktionierendes Rentensystem als Ziel hatte, dann setzte sie voraus: Die Wirtschaft wächst dauerhaft weiter, die Zahl der Arbeitnehmer bleibt konstant oder nimmt zu und die Lebenserwartung der Menschen steigt nicht weiter an.

◆ Auf die dauerhafte Funktionsfähigkeit und Stabilität des Systems wurde nicht ausreichend geachtet:
Indem die Regierung die Gesamtsituation nicht ausreichend berücksichtigte und überdies die Kontinuität der damaligen Situation voraussetzte, hatte sie weder die dauerhafte Funktionsfähigkeit noch die Lebensfähigkeit und Stabilität des Rentenversicherungssystems im Blick.

Die heutigen Probleme resultieren aus den »Lösungen« von gestern[5] — diese grundsätzliche Erkenntnis des Systemwissenschaftlers Peter Senge zeigt sich am Beispiel der gesetzlichen Rentenversicherung sehr deutlich: Die heutigen massiven Probleme sind eine Folge der Problem-»Lösungen« in der Vergangenheit. Dauerhaftes Wirtschaftswachstum, wie oft als vorgebliche Lösung propagiert, ist nicht realistisch und würde nur weitere Probleme schaffen. Hingegen bedeuten weiter steigende Zahlungen des Staates an die gesetzlichen Rentenversicherungsträger eine faktische Abkehr vom Umlageverfahren.

Klassische Fehler im Umgang mit Komplexität

Im Umgang mit Komplexität gibt es weitere, häufig vorkommende Fehler. Einige haben wir anhand der Beispiele des ersten Kapitels bereits kennengelernt. Die klassischen Fehler im Umgang mit Komplexität fasst die nächste Abbildung zusammen.[6]

Klassische Fehler

1. Keine Ziele setzen oder Ziele falsch setzen	7. Weiche Faktoren nicht berücksichtigen
2. Gesamtsituation und Vernetzung nicht berücksichtigen	8. Nebenwirkungen nicht berücksichtigen
3. Kontinuität voraussetzen und Dynamik nicht berücksichtigen	9. Zeitverzögerungen nicht berücksichtigen
4. Störfaktoren nicht berücksichtigen	10. Informationen nicht hinterfragen
5. Nicht auf Funktionsfähigkeit und Stabilität achten	11. Unsystematisch oder subjektiv handeln
6. Vorhandenes nicht nutzen oder gegen das System arbeiten	12. Alternativen nicht berücksichtigen oder durchdenken

Klassische Fehler im Umgang mit komplexen Systemen
*(eigene Erstellung unter Verwendung von Erkenntnissen
von Frederic Vester und Dietrich Dörner)*

Die meisten der Fehler sind selbsterklärend. Drei der Fehler seien kurz etwas näher betrachtet.

- Nicht auf Funktionsfähigkeit und Stabilität zu achten (Fehler 5) bedeutet: Man ergreift Maßnahmen, die ungeeignet sind und beispielsweise über Nebenwirkungen oder Teufelskreise das System destabilisieren. Oder man verfolgt das Ziel, das Maximale aus einem System herauszuholen, ohne darauf zu achten, dass das System langfristig funktionsfähig, lebensfähig und anpassungsfähig bleibt.

- Vorhandenes nicht zu nutzen oder gegen das System zu arbeiten (Fehler 6) heißt: Man nutzt die Eigenschaften des Systems nicht und kämpft eventuell sogar gegen diese an. Dieser Fehler liegt beispielsweise vor, wenn Selbstorganisation und Selbstregulation eines Systems nicht genutzt werden, um Ziele zu erreichen — oder gar gegen sie gearbeitet wird. Als negative Beispiele lassen sich nennen: hierarchisch aufgebaute Systeme mit einengender Bürokratie; nachsorgende Gesundheitspolitik statt Prophylaxe (Thema Rückenschmerzen); Wirtschaftspolitik über Subventionen statt geschickter marktwirtschaftlicher Anreize.

- Weiche Faktoren nicht zu berücksichtigen (Fehler 7) bedeutet: Faktoren zu übergehen, die man nicht objektiv messen oder in Zahlen fassen kann. Zu ihnen zählen sowohl Befinden, Werte, Interessen und Einstellungen, z. B. Zufriedenheit, Motivation und Engagement, als auch Fähigkeiten und Verhaltensweisen. Die weichen Faktoren sind nicht immer auf dem Schirm und werden öfters übersehen.

»Ich war es nicht«

Fehler rächen sich. Eines Tages führen sie zu Schwierigkeiten und Problemen. Charakteristisch für lineares Denken ist es, sich für die Ursachen von Problemen nicht ausreichend zu interessieren, sich um Fehler und ihre Ursachen nicht zu kümmern.

Es sind immer wieder die gleichen Begründungen, die genannt werden, wenn gewählte Maßnahmen nicht den gewünschten Erfolg brachten. Ständig werden die gleichen Ablenkungen betrieben, um Fehler nicht eingestehen zu müssen. Auf der folgenden Doppelseite sehen Sie die Top-Vier der Rechtfertigungshitparade.

Nummer 1:
»Es ging nicht gut; also muss weiter verbessert werden.«

Nummer 2:
»Wenn Menschen beteiligt sind, lässt sich nicht vermeiden,
dass etwas schiefläuft. Hätten wir nicht so gut geplant,
wäre es noch schlimmer gekommen.«

Nummer 3:
»Es war alles geplant und hätte klappen müssen.
Irgendjemand, dem das nicht passt, hat eingegriffen.«

Nummer 4:
»Wir haben doch in guter Absicht unser Bestes getan.«

Aus Misserfolg lässt sich lernen: Wer versteht, wie es dazu kam, vermag doch noch zum Ziel zu kommen. Und kann es in Zukunft von Anfang an besser machen.

Erfolgsfaktoren im Umgang mit Komplexität

Auch aus den klassischen Fehlern kann man lernen: Durch das Wissen um die klassischen Fehler wird klar, worauf zu achten ist, wenn man Ziele setzt, Projekte plant, Entscheidungen trifft oder Probleme angeht. So lassen sich aus den zwölf klassischen Fehlern zwölf Erfolgsfaktoren im Umgang mit Komplexität bilden (siehe Abbildung).[7]

Erfolgsfaktoren im Umgang mit Komplexität
(Quelle: Eigene Erstellung anhand der klassischen Fehler unter Verwendung von Erkenntnissen von Frederic Vester und Dietrich Dörner)

Unterschiedliche Projektphasen

Die zwölf Erfolgsfaktoren bilden eine gute Orientierung für vernetztes Denken und Handeln. Wer sie bei seinem Handeln berücksichtigt, wird erfolgreicher sein, weniger Probleme haben und geringeren Aufwand betreiben müssen als es ansonsten der Fall wäre. Sie helfen, komplexe Situationen und Probleme in den Griff zu bekommen.

Hätten sich all die Verantwortlichen in den Beispielen des ersten Kapitels die Erfolgsfaktoren zu Herzen genommen, sähe vieles besser aus – im Kleinen wie im Großen. Mit dieser Erkenntnis könnte dieses Buchkapitel hier enden.

So hervorragend die Erfolgsfaktoren als generelle Orientierung sind, erweisen sie sich doch in konkreten Problemstellungen als ziemlich allgemein. Aus diesem Grund seien noch einige Details betrachtet.

Fehler zeigen sich zwar oft erst dann, wenn jemand handelt, also beispielsweise Pläne umsetzt und Maßnahmen ausführt. Fehler können jedoch schon im Vorfeld passieren: So können in einem Projekt bei jedem Schritt Fehler gemacht werden, in jeder Projektphase.

Für die weiteren Betrachtungen teilen wir den Ablauf eines Projekts in die folgenden fünf Phasen ein:

◆ **Zielsetzung:**

Mit der Zielsetzung haben wir uns im Kapitel zu Zielen bereits beschäftigt.

◆ **Analyse:**

Die Analyse dient dem Ziel, eine Situation oder ein Problem zu durchdringen, um die passenden Maßnahmen finden und auswählen zu können.

◆ **Planung:**

Planung heißt nicht nur, Maßnahmen auszuwählen und einen Zeitrahmen dafür festzulegen. Es gehört auch dazu, sich die Folgen dieser Maßnahmen zu überlegen und sie mit dem gewünschten Nutzen abzuwägen.

◆ **Umsetzung:**

In der Umsetzungsphase werden Pläne in die Tat umgesetzt.

◆ **Wirkungskontrolle:**

Bei der Wirkungskontrolle überprüft man die Wirkung der Maßnahmen: Waren die Maßnahmen komplett erfolgreich, teilweise erfolgreich oder nicht erfolgreich? Und was sind die Gründe hierfür?

Neben den generellen Erfolgsfaktoren für den Umgang mit Komplexität gibt es für die einzelnen Phasen weitere Faktoren, die den Erfolg eines Tuns fördern. Die nächste Abbildung fasst diese spezifischen Erfolgsfaktoren zusammen.

》*Was gut durchdacht und vorbereitet, ist meistens von Erfolg begleitet.*《

Oskar Stock, Schriftsteller[8]

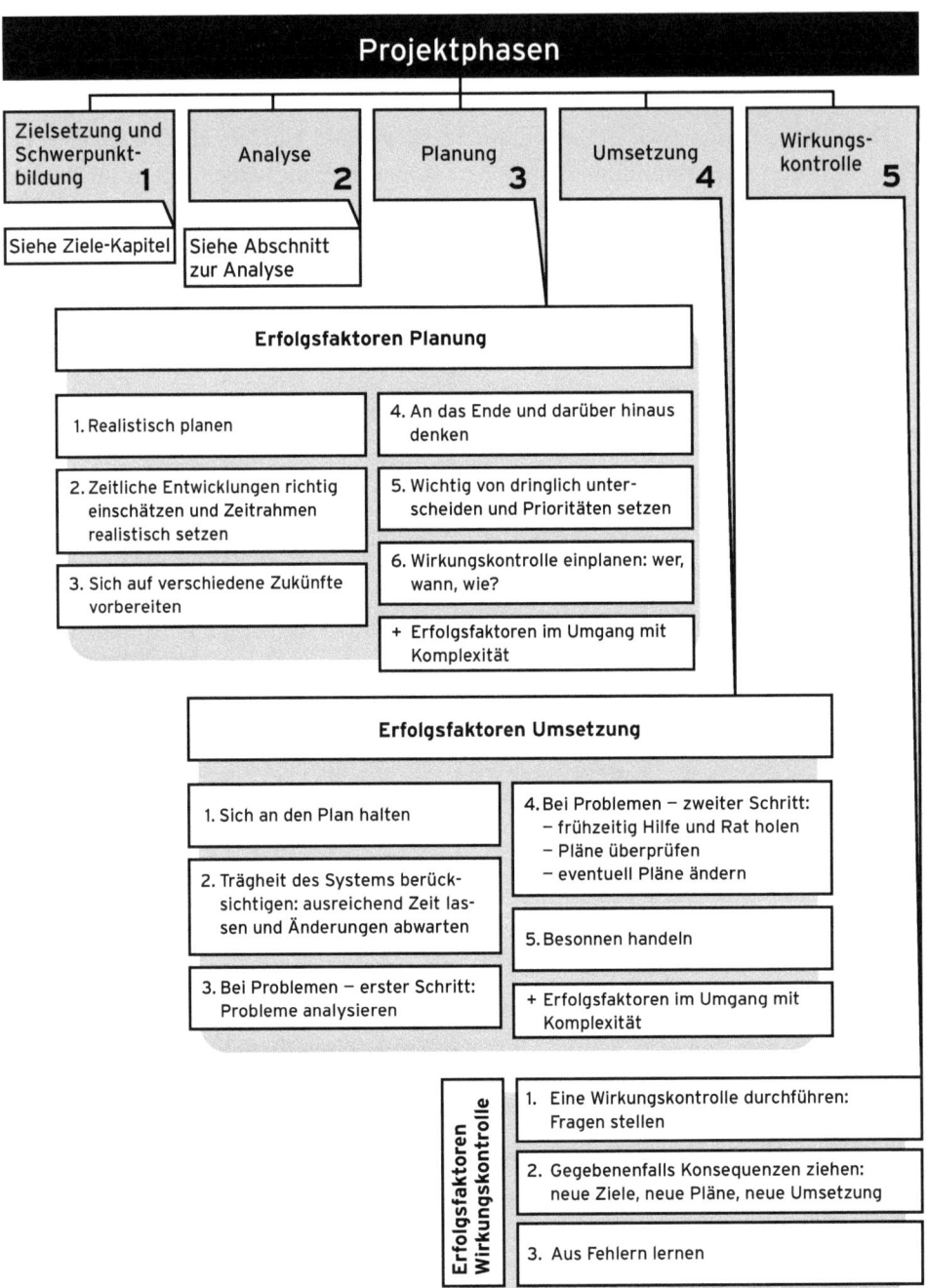

Spezifische Erfolgsfaktoren für die einzelnen Projektphasen

Sie interessieren sich detaillierter für die spezifischen Projektphasen? Dann bleiben Sie dran und lesen die folgenden Ausführungen. Ansonsten lädt Sie das nächste Kapitel zum Weiterlesen ein. Das Thema: wie man sich auf die immer ungewisse Zukunft vorbereiten kann.

Analyse

Ganz gleich, ob ein Projekt zu planen, eine Entscheidung zu treffen oder ein Problem in den Griff zu bekommen ist: Am Anfang steht die Frage nach der Ausgangssituation. Eine Analyse ist notwendig, um die Fakten und die Ursachen zu kennen. Zugleich soll das Gesamte einschließlich der Wirkungen untereinander verstanden werden.

Eine einfache Analysemethode beruht auf Fragen: Was? Wer? Wo? Wann? Wie? Warum? Mit wem oder was? Sie unterstützen vernetztes Denken; ihnen widmen wir uns im Kapitel zu Fragen später noch. Weiteren Methoden wie grafische Veranschaulichung und Systemanalyse sind ebenfalls eigene Kapitel gewidmet.

Planung

»Planen besteht darin, dass man
einzelne Aktionen auf ihre Konsequenzen untersucht [...].
Planen ist ›Probehandeln‹«

Dietrich Dörner, Psychologe, langjähriger Direktor des Instituts
für Theoretische Psychologie an der Universität Bamberg[9]

Gut geplant ist halb gewonnen, besagt eine Redewendung. Wer ein Projekt im Vorhinein gut durchdenkt, kann die Fehlerwahrscheinlichkeit deutlich verringern und das Verhältnis von Mitteleinsatz zu Wirkung erhöhen.

Dies sind die wichtigsten Aufgaben einer Planung:

1. Maßnahmen auswählen, mit denen ein gesetztes Ziel erreicht werden soll.

2. Zeitrahmen für die Umsetzung festlegen.

3. Direkte und indirekte Konsequenzen der ausgewählten Maßnahmen überlegen und abwägen — und an das Ende der Maßnahme denken: Wie geht es dann weiter?

4. Kontrolle zur Wirksamkeit der Maßnahmen einplanen.

Viele unterschiedliche Fehler werden bei der Planung gemacht. So planen die Verantwortlichen häufig unrealistisch. Sie gehen zu optimistisch an Projekte heran und blenden mögliche bremsende und störende Faktoren aus. Sie planen überdies oft zu wenig Zeit für Projekte ein. Überhaupt fällt ein falscher Umgang mit der Zeit auf: Viele Personen unterschätzen den Zeitbedarf von Entwicklungen. Dabei lassen sie außer Acht, dass Prozesse Zeit brauchen, sodass Maßnahmen erst zeitverzögert wirken. Häufig wird auch lediglich für *eine* Zukunft geplant; man geht davon aus, dass sich alles in die gewünschte Richtung entwickelt. Doch die Zukunft ist bekanntlich ungewiss, sodass es wichtig ist, sich auf mehrere mögliche Entwicklungen einzustellen.

Wie soll es nach dem Ende des Projekts weitergehen? Immer wieder bleibt diese Frage übersehen, die Verantwortlichen denken nicht über das Ende hinaus. Doch Entwicklungen gehen weiter, die Welt hört mit dem Projektende nicht auf sich zu drehen. Zugleich weichen Verantwortliche bei der Planung teils der Frage aus, was wichtig und was dringend ist. Und schließlich unterbleibt nicht selten eine Wirkungskontrolle. Sie erweist sich jedoch als notwendig, um festzustellen, ob das ursprüngliche Ziel erreicht wurde, und wenn es nicht erreicht wurde, woran das lag.

Aus diesen Erkenntnissen lassen sich die Erfolgsfaktoren gewinnen, die für die Planung zusätzlich zu den klassischen Erfolgsfaktoren im Umgang mit komplexen Situationen und Problemen bestehen:

1. Realistisch planen.

2. Zeitliche Entwicklungen richtig einschätzen und Zeitrahmen realistisch setzen.

3. Sich auf verschiedene Zukünfte vorbereiten.

4. An das Ende und darüber hinaus denken.

5. Wichtig von dringend unterscheiden und Prioritäten setzen.

6. Wirkungskontrolle einplanen:
   Wer, wann, wie?

Umsetzungsphase

In dieser Phase geht es um das Handeln und Tun — also darum, einen Plan, den man anhand der gesetzten Ziele aufgestellt hat, in die Tat umzusetzen.

Fehler in einem Projekt werden häufig erst bei der Umsetzung sichtbar, auch wenn sie schon in einer vorangegangenen Projektphase gemacht wurden, etwa bei der Planung. Daher ist es wichtig, zu beobachten, was während der Wirkung der Maßnahmen geschieht.

Das sind die Erfolgsfaktoren der Umsetzungsphase, die über die klassischen Erfolgsfaktoren hinaus gelten:

1. Sich an den Plan halten.

2. Trägheit des Systems berücksichtigen, d. h. ausreichend Zeit lassen und Änderungen abwarten.

3. Bei Problemen – 1. Schritt: Probleme analysieren.

4. Bei Problemen – 2. Schritt: frühzeitig Rat und Hilfe holen; Pläne überprüfen; eventuell Pläne ändern.

5. Besonnen handeln.

Hat die Umsetzungsphase begonnen, ist es wichtig, zu beobachten, was passiert. So lässt sich erkennen, ob man noch auf dem richtigen Kurs ist oder ob eine Korrektur notwendig wird. Dabei gilt es, die Erfolgsfaktoren im Blick zu behalten und sich folgende Fragen zu stellen:

- Was verändert sich?
- Kommt es zu Nebenwirkungen oder Zeitverzögerungen?
- Nähert sich das System einer Grenze bzw. der Wert eines Systemelements einem Grenzwert?
- Treten Störungen auf?
- Wie wirken die Maßnahmen auf das gesamte System?
- Passen die gesetzten Ziele noch?
- Wird mit dem System gearbeitet oder dagegen?

Wirkungskontrolle

Einer der häufigsten Fehler im Umgang mit komplexen Systemen und in Projekten ist der Verzicht auf eine Wirkungskontrolle. Niemand prüft in diesem Fall, ob die gewünschte Wirkung einer Maßnahme in der Realität erreicht wurde. Welche Gründe gibt es hierfür? Erstens kann es daran liegen, dass eine Wirkungskontrolle aus Unkenntnis nicht vorgesehen war. Zweitens meinen Vielbeschäftigte angesichts vieler anderer Aufgaben, sie hätten dafür keine Zeit. Dass die hohe zeitliche Belastung nicht selten gerade aus einem ungeschickten Umgang mit komplexen Systemen herrührt und sich diese Situation verbessern ließe, wenn nur die Erkenntnis dazu reifte, bleibt außen vor. Und drittens ist das in vielen Fällen auf sehr allgemeine Ziele zurückzuführen (wie Luftqualität verbessern), die gar nicht nachgeprüft werden können; es fehlt der Bemessungsmaßstab.

Eine Wirkungskontrolle ist jedoch wichtig, um

- zu erkennen, ob sich eine Maßnahme gelohnt hat, d. h. ob ein Ziel vollständig, teilweise oder gar nicht erreicht wurde,
- die Ursachen für Erfolg bzw. Misserfolg herauszufinden,
- aus Fehlern zu lernen und dadurch Ziele doch noch erreichen zu können,
- bisher unentdeckte Fehler aufzudecken und so zukünftige Ziele zu erreichen,
- unerwünschte Wirkungen des Tuns zu erkennen, falls vorhanden.

Drei spezifische Erfolgsfaktoren gibt es für die Wirkungskontrolle:

- Wirkungskontrolle durchführen:
  Fragen stellen
- Gegebenenfalls Konsequenzen ziehen:
  neue Ziele, neue Pläne, neue Umsetzung
- Aus Fehlern lernen

DAS WICHTIGSTE IN KÜRZE

- Die Welt ist komplex. Mit komplexen Situationen, Problemen und Systemen angemessen umzugehen, fällt jedoch vielen schwer. Häufig werden im Umgang mit Komplexität Fehler gemacht. In der Folge lassen sich Ziele nicht erreichen, Maßnahmen sind nicht erfolgreich, Probleme werden vergrößert und die für eine geringe Wirkung aufzuwendenden Mittel erweisen sich als hoch.

- Zwölf Erfolgsfaktoren für den Umgang mit komplexen Situationen und Problemen bieten eine Orientierung für vernetztes Denken und Handeln. Sie helfen, komplexe Situationen und Probleme in den Griff zu bekommen.

- Diese grundsätzlichen Erfolgsfaktoren kann man überall anwenden, egal ob bei persönlichen Vorhaben oder bei großen gesellschaftlichen Projekten.

- Für die einzelnen Phasen eines Projektes gibt es zusätzliche spezifische Faktoren, die den Umgang mit komplexen Situationen und Problemen erfolgreicher machen.

Erfolgsfaktoren im Umgang mit Komplexität

1. Ziele richtig setzen	7. Weiche Faktoren berücksichtigen
2. Gesamtsituation und Vernetzung berücksichtigen	8. Nebenwirkungen berücksichtigen
3. Dynamik berücksichtigen	9. Zeitverzögerungen berücksichtigen
4. Störfaktoren berücksichtigen	10. Informationen hinterfragen
5. Auf Funktionsfähigkeit und Stabilität achten	11. Systematisch und objektiv handeln
6. Vorhandenes nutzen und mit dem System arbeiten	12. Alternativen berücksichtigen und durchdenken

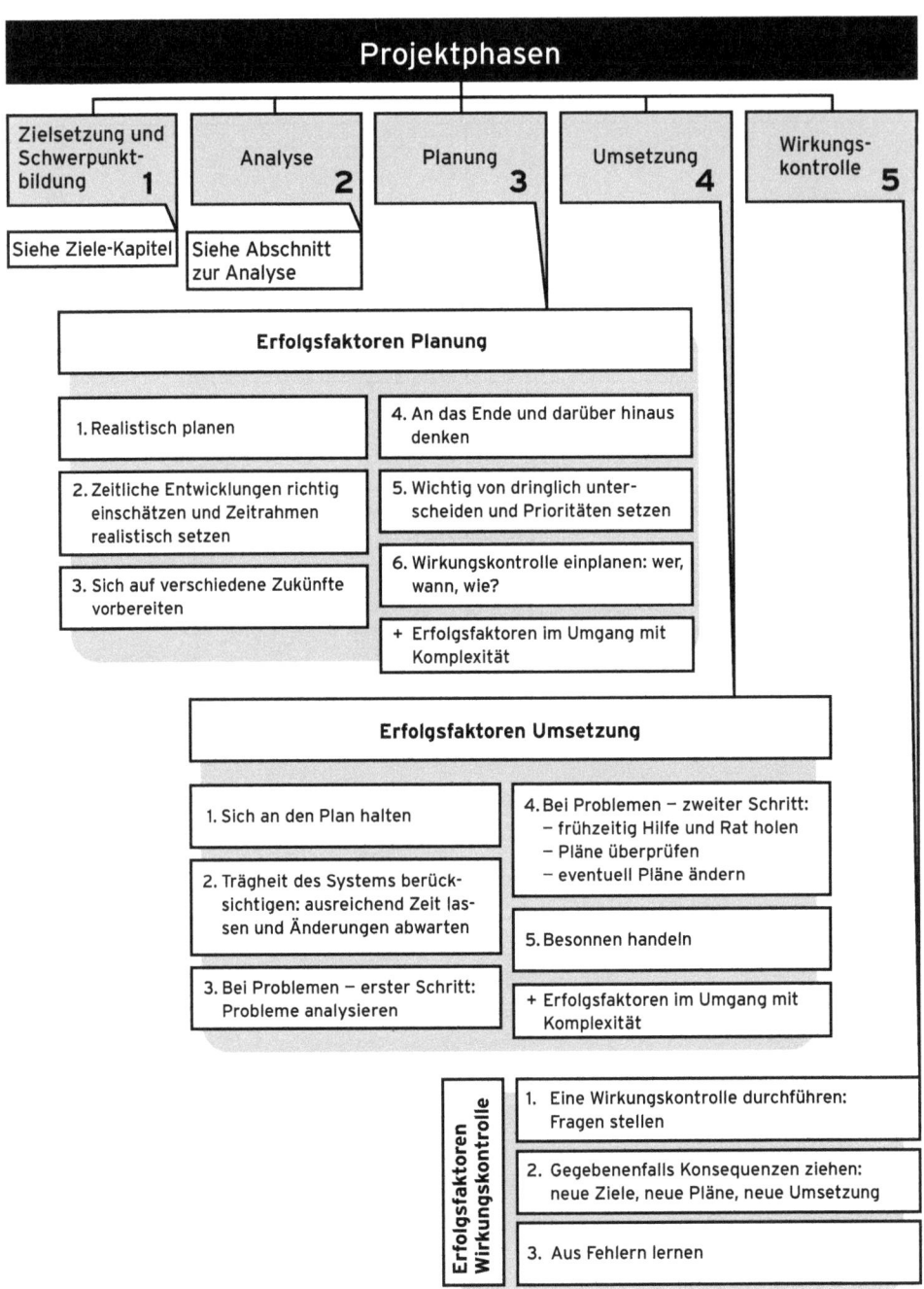

Projektphasen

Zielsetzung und Schwerpunktbildung 1 | **Analyse 2** | **Planung 3** | **Umsetzung 4** | **Wirkungskontrolle 5**

Siehe Ziele-Kapitel | Siehe Abschnitt zur Analyse

Erfolgsfaktoren Planung

1. Realistisch planen

2. Zeitliche Entwicklungen richtig einschätzen und Zeitrahmen realistisch setzen

3. Sich auf verschiedene Zukünfte vorbereiten

4. An das Ende und darüber hinaus denken

5. Wichtig von dringlich unterscheiden und Prioritäten setzen

6. Wirkungskontrolle einplanen: wer, wann, wie?

+ Erfolgsfaktoren im Umgang mit Komplexität

Erfolgsfaktoren Umsetzung

1. Sich an den Plan halten

2. Trägheit des Systems berücksichtigen: ausreichend Zeit lassen und Änderungen abwarten

3. Bei Problemen – erster Schritt: Probleme analysieren

4. Bei Problemen – zweiter Schritt:
   – frühzeitig Hilfe und Rat holen
   – Pläne überprüfen
   – eventuell Pläne ändern

5. Besonnen handeln

+ Erfolgsfaktoren im Umgang mit Komplexität

Erfolgsfaktoren Wirkungskontrolle

1. Eine Wirkungskontrolle durchführen: Fragen stellen

2. Gegebenenfalls Konsequenzen ziehen: neue Ziele, neue Pläne, neue Umsetzung

3. Aus Fehlern lernen

Spezifische Erfolgsfaktoren für die einzelnen Projektphasen

14

Wie man sich auf die immer ungewisse Zukunft vorbereiten kann

Zurück in die Vergangenheit: Stellen Sie sich vor, Sie würden in einem Jahr Ihre Schulkarriere beenden. Welche Abschlussnote Sie erzielen werden, wissen Sie natürlich noch nicht. Sie kann im Rahmen Ihrer bisherigen Noten liegen, aber auch ein deutlich schlechterer Abschluss ist möglich, wenn die Prüfungen für Sie schlecht verlaufen. Selbstverständlich kann das Ergebnis ebenso besser ausfallen.

Zwar haben Sie großen Einfluss auf das Prüfungsergebnis — durch eine gute Vorbereitung. Doch es gibt auch eine ganze Reihe von Faktoren, die Sie nicht oder nur in geringem Maß beeinflussen können. Dazu zählen die Schwere der Prüfungsaufgaben, Ihr Talent, Ihre Nervosität in den Prüfungen, ob Sie sich den Magen verdorben haben oder das Verhalten des Prüfers.

Trotz der Ungewissheit, wie die Prüfungen für Sie verlaufen und welche Abschlussnote Sie erzielen werden, müssen Sie jetzt schon planen, was Sie nach der Schule beruflich machen. Wie können Sie mit diesem Dilemma umgehen?

Szenarien sind die Lösung. Ein Szenario beschreibt eine mögliche zukünftige Entwicklung oder Situation. Üblicherweise werden mehrere Szenarien entworfen, um unterschiedliche Zukünfte gleichzeitig betrachten zu können. In unserem Beispiel könnten die Szenarien folgendermaßen aussehen:

- positives Szenario: Note 1,6
- negatives Szenario: Note 3,5
- erwartetes Szenario: Note 2,4

Nehmen wir an, Ihr Berufswunsch sei Psychologin bzw. Psychologe. Im *positiven Szenario* hätten Sie gute Chancen auf einen Studienplatz. Tritt das *erwartete Szenario* ein, müssten Sie hingegen wegen Zulassungsbeschränkungen an den Universitäten einige Semester warten, bis Sie einen Studienplatz bekämen, oder im Ausland studieren. Im Falle des *negativen Szenarios* gälte es zu klären, ob ein Auslandsstudium möglich ist; ansonsten wäre der Berufswunsch wohl unrealistisch und Sie müssten sich einen anderen Beruf suchen.

Wie die Zukunft genau aussehen wird, kann niemand für einen langen Zeitraum verlässlich vorhersagen. Dies gilt nicht nur für den Ausgang einer Prüfung: Weder ist zuverlässig vorhersagbar, was sich langfristig im persönlichen Leben in Bezug auf Liebe, Familie, Freunde, Gesundheit und Arbeit ereignet — noch, wie sich das Wetter, der Aktienmarkt, die Wirtschaftsleistung eines Landes oder eine Technologie entwickelt. Im Kapitel zu Prognosen hatten wir das ausführlich betrachtet. Einerseits werden zukünftige Entwicklungen also auch von Faktoren bestimmt, die:

▷ nicht beeinflussbar und   ▷ nicht vorhersagbar sind.

Andererseits ist es sinnvoll, sich im Voraus gedanklich mit der Zukunft zu beschäftigen, damit man vorbereitet ist: Je nachdem, wie eine zukünftige Situation aussieht, sind unterschiedliche Maßnahmen notwendig oder machbar, um ein bestimmtes Ziel zu erreichen.

》Wir können in einer Welt voller Überraschungen nicht mit Sicherheit nach vorne drängen, aber wir können Überraschungen erwarten und von ihnen lernen und sogar profitieren.《

Donella H. Meadows (1941–2001), Umwelt- und Systemwissenschaftlerin[1]

Mehrere mögliche Zukünfte betrachten

》Es kommt nicht darauf an, die Zukunft vorauszusagen, sondern darauf, auf die Zukunft vorbereitet zu sein.《

Perikles (ca. 490 v. Chr.–429 v. Chr.), griechischer Staatsmann[2]

Obwohl die Zukunft langfristig nicht verlässlich vorhersagbar und vieles nicht beeinflussbar ist, kann man sich auf die Zukunft vorbereiten. Dazu beschäftigt man sich gedanklich mit verschiedenen möglichen Zukünften, mit verschiedenen Szenarien.

Szenario
Ein Szenario beschreibt eine mögliche zukünftige Entwicklung oder Situation. Üblicherweise werden mehrere Szenarien entworfen, um unterschiedliche *mögliche* Zukünfte gleichzeitig betrachten zu können.

Szenarien sind vor allem dann hilfreich, wenn die Zukunft maßgeblich von Faktoren bestimmt wird, die man nicht oder nur gering beeinflussen kann.

Das Beispiel Abschlussnote zeigt: Für den Fall, dass die Prüfung schlechter als erwartet verläuft, ist es nützlich, einen Alternativplan zu haben. Doch auch bei einem deutlich besseren Ergebnis ist es hilfreich, sich seiner Handlungsmöglichkeiten bewusst zu sein und im Voraus Pläne parat zu haben.

Auf die Zukunft vorbereitet zu sein bedeutet also, im Voraus zu überlegen, welche zukünftigen Entwicklungen bzw. Situationen möglich sind und einen entsprechenden Plan zu haben, wie man handeln würde, wenn es tatsächlich zu diesen Entwicklungen bzw. Situationen käme (Wenn-dann-Plan).

Der Vorteil ist, dass man sich rechtzeitig und in Ruhe Handlungsmöglichkeiten überlegen kann und nicht später aus der Not heraus handeln muss.

> Um sich auf die Zukunft vorzubereiten, sind zwei Fragen hilfreich:
> - Welche zukünftigen Entwicklungen und Situationen sind möglich?
> - Wie würde man bei den wichtigsten dieser Entwicklungen und Situationen handeln?

Der Einsatz von Szenarien ist in Politik und Gesellschaft die Ausnahme. Sehr häufig werden dagegen Prognosen erstellt, etwa für die Wirtschaftsleistung, die Steuereinnahmen oder die Einnahmen der Sozialversicherungen (Rentenversicherungen, Krankenversicherungen etc.) eines Staates. Auf diesen Prognosen aufbauend beschließt die Regierung Investitionen und staatliche Leistungen, stellt Mitarbeiter ein, macht Schulden etc. Nur in Ausnahmefällen wird die prognostizierte Zukunft Realität, wie wir im Prognosekapitel gesehen haben. Somit bereitet man sich auf die falsche Zukunft vor.

Szenarien und Prognosen – die Unterschiede

- Sowohl Szenarien als auch Prognosen dienen dem Ziel, sich ein Bild über die Zukunft zu machen und eine Entscheidungsgrundlage zu schaffen.

- Während eine Prognose die vom Prognoseersteller erwartete Zukunft beschreibt, zeigen Szenarien auf, welche Zukünfte überhaupt möglich sind.

- Prognosen sind nur sehr begrenzt aussagefähig: In den meisten Fällen weichen sie von der späteren realen Entwicklung ab.

- Prognosen zeigen eine einzige Zukunft auf. Entscheidungen, Pläne und Maßnahmen werden ausschließlich auf diese eine Zukunft ausgerichtet. Tritt die prognostizierte Zukunft nicht ein, passen die geplanten Maßnahmen nicht mehr.

- Dagegen beschreiben Szenarien, welche Zukünfte überhaupt möglich sind. Damit lässt sich erkennen, welche Maßnahmen *notwendig* und *möglich* sind, um ein Ziel zu erreichen.

- Szenarien helfen also, sich auf verschiedene mögliche zukünftige Entwicklungen bzw. Situationen vorzubereiten, um im Voraus entsprechende Pläne machen zu können.

»Wer nicht an die Zukunft denkt, wird bald Sorgen haben.«

Konfuzius (551–479 v. Chr.), chinesischer Philosoph[3]

Für ein einfaches Beispiel wie die Abschlussnote lassen sich Szenarien allein mit dem gesunden Menschenverstand erstellen. Bei komplexeren Themen erweist sich eine Anleitung als hilfreich. Beispielhaft betrachten wir den Ablauf einer umfassenden Szenarienerstellung an einem Open-Air-Theaterprojekt in sieben Schritten.

Schritt 1: Thema und Zeithorizont festlegen

◆ **Thema festlegen**
Die Fragestellung klären und das Thema festlegen, für das die Szenarien erstellt werden.
Beispiel: Unsere Gruppe hat das Ziel, eine erfolgreiche Open-Air-Theateraufführung zu veranstalten. Mit erfolgreich ist gemeint, dass alle Zuschauer und Theater-Mitwirkenden zufrieden sind und Spaß haben, dass die Einnahmen mindestens die Kosten decken und dass die Aufführung ohne Zwischenfälle verläuft.

◆ **Zeithorizont festlegen**
Zeitpunkt (bzw. Zeitraum) festlegen, für den die Szenarien erstellt werden.
Beispiel: Aufführung am 18. Juni des laufenden Jahres; 2 Monate Vorlaufzeit.

Schritt 2: Die wichtigsten nicht-beeinflussbaren Einflussfaktoren auswählen

◆ **Einflussfaktoren herausfinden**
Jene Faktoren herausfinden, die die zukünftige Entwicklung beim betrachteten Thema beeinflussen (= Einflussfaktoren).
Beispiel Theaterprojekt: Einflussfaktoren sind Finanzmittel, Werbung, Organisation, Popularität des Theaterstücks, Leistung der Darsteller, Eintrittspreise, Wetter, Zahl der Zuschauer, Funktion der Bühnentechnik, Konkurrenzveranstaltungen am Tag der Aufführung.

◆ **Nichtbeeinflussbare Einflussfaktoren auswählen**
Aus den Einflussfaktoren sind jene Faktoren auszuwählen, die man nicht oder nur gering beeinflussen kann. Der Hintergrund: Jene Faktoren, die man beeinflussen kann, wird man im Sinne seiner Ziele angehen. Die nichtbeeinflussbaren Fakto-

ren hingegen beinhalten Ungewissheit über die Zukunft — hier braucht es Szenarien. Im Theaterprojekt könnte das Projektteam die folgenden Einflussfaktoren als nichtbeeinflussbar identifizieren: Leistung der Darsteller (im Sinne der Tagesform), Wetter, Zahl der Zuschauer[4] und Konkurrenzveranstaltungen.

◆ **Wichtigste nichtbeeinflussbare Einflussfaktoren bestimmen**
Nicht alle ermittelten nichtbeeinflussbaren Einflussfaktoren haben einen großen Einfluss auf ein Projekt. Um den Aufwand möglichst gering zu halten, sind lediglich für die *wichtigsten* nichtbeeinflussbaren Einflussfaktoren Szenarien zu erstellen. Als wichtig seien jene der Faktoren betrachtet, die großen Einfluss auf das Projekt haben.
Im Beispiel des Theaterprojekts könnten die Leistung der Darsteller und das Wetter die wichtigsten nichtbeeinflussbaren Einflussfaktoren sein.

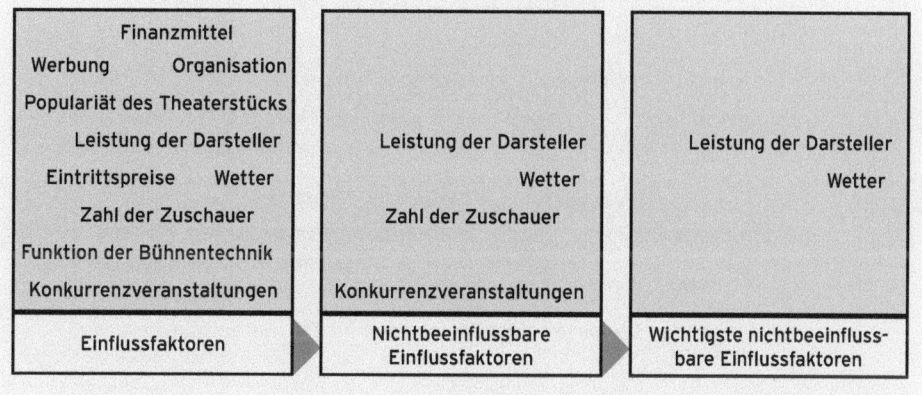

Von den Einflussfaktoren zu den wichtigsten nichtbeeinflussbaren Einflussfaktoren: das Beispiel Open-Air-Theaterprojekt

Schritt 3: Einflussfaktor-Szenarien bilden

Für jeden der wichtigsten nichtbeeinflussbaren Einflussfaktoren überlegt man sich jeweils drei Zukünfte, genauer: eine positive und eine negative Zukunft sowie die Zukunft, von der man erwartet, dass sie eintritt. Jede dieser Zukünfte stellt ein Einflussfaktor-Szenario dar:

◆ **Ein positives Einflussfaktor-Szenario**
Beschreibt für einen ausgewählten wichtigsten nichbeeinflussbaren Einflussfaktor eine mögliche zukünftige Entwicklung oder Situation, die das Erreichen der Ziele begünstigt.

◆ **Ein negatives Einflussfaktor-Szenario**
Beschreibt für einen ausgewählten wichtigsten nichbeeinflussbaren Einflussfaktor eine mögliche zukünftige Entwicklung oder Situation, die das Erreichen
der Ziele erschwert. Hierbei geht es nicht um seltene Extremereignisse wie einen
Wirbelsturm, sondern um den »Normalbetrieb«.

◆ **Das erwartete Einflussfaktor-Szenario**
Beschreibt für einen ausgewählten wichtigsten nicht-beeinflussbaren Einflussfaktor eine mögliche zukünftige Entwicklung oder Situation, die man für realistisch hält, d. h. von der man ausgeht, dass sie geschehen wird.

Wetter	Darsteller
Ein positives Einflussfaktor-Szenario	
Angenehme Temperaturen, kein Niederschlag, kein starker Wind.	Alle Darsteller anwesend, gesund und textsicher.
Ein negatives Einflussfaktor-Szenario	
Regen und Sturm.	Ein Darsteller kommt nicht, ein Darsteller hat eine Blockade, ein Darsteller ist heiser.
Das erwartete Einflussfaktor-Szenario	
Sommergewitter	Alle Darsteller erscheinen, ein Darsteller ist nervös, ein Darsteller heiser.

Einflussfaktor-Szenarien am Beispiel Open-Air-Theateraufführung

Schritt 4: System-Szenarien bilden

Im vorhergehenden Schritt wurden Szenarien für die wichtigsten nichtbeeinflussbaren Einflussfaktoren erstellt. Doch letztlich sind nicht einzelne Faktoren von Interesse,
sondern das gesamte System. Deshalb werden in diesem Schritt die Einflussfakto-
ren-Szenarien zu insgesamt drei System-Szenarien kombiniert, wobei in jedem System-Szenario alle wichtigsten nichtbeeinflussbaren Einflussfaktoren vertreten sind:
◆ ein positives System-Szenario
◆ ein negatives System-Szenario
◆ das erwartete System-Szenario

Die nachfolgende Abbildung zeigt am Beispiel Open-Air-Theateraufführung die
Kombination der *Einflussfaktor-Szenarien* zu *System-Szenarien*. Die System-Szenarien werden aus den positiven, negativen und erwarteten Szenarien für die — im

Beispiel gewählten — wichtigsten nichtbeeinflussbaren Einflussfaktoren *Wetter* und *Darsteller* zusammengestellt.

Ein positives System-Szenario
Alle Darsteller sind anwesend, gesund und textsicher. Das Wetter ist gut: angenehm warm, windstill, Himmel klar.

Ein negatives System-Szenario
Ein Darsteller kommt nicht, ein Darsteller hat eine Blockade. Es regnet und stürmt.

Das erwartete System-Szenario
Alle Darsteller sind anwesend, ein Darsteller ist nervös, ein anderer heiser. Ein Gewitter zieht auf.

System-Szenarien am Beispiel Open-Air-Theateraufführung

Schritt 5: Handlungsmöglichkeiten überlegen

Für alle drei System-Szenarien ist zu überlegen, wie man sich auf die Entwicklungen einstellen kann: Was könnte man tun, wenn das jeweilige Szenario Realität würde? In diesem Schritt geht es noch nicht darum, eine einzige Handlungsmöglichkeit auszusuchen. Vielmehr werden verschiedene Handlungsmöglichkeiten überlegt.

System-Szenarien aus Schritt 4	Handlungsmöglichkeiten
Ein positives System-Szenario	
Alle Darsteller sind anwesend, gesund und textsicher. Das Wetter ist gut: angenehm warm, windstill und praktisch wolkenlos.	◆ Bühne wird im Freien aufgebaut. ◆ Darsteller benötigen keine besondere Unterstützung.
Ein negatives System-Szenario	
Ein Darsteller kommt nicht, ein Darsteller hat eine Blockade. Es regnet und stürmt.	◆ Bühne überdachen. ◆ Bühnentechnik vor Regen schützen. ◆ Regenponchos an Zuschauer austeilen. ◆ Person bestimmen, die entscheidet, wann Aufführung wegen schlechten Wetters abgebrochen wird. ◆ Bühne von Anfang an in Gebäude aufbauen. ◆ Jede Rolle zweitbesetzen. ◆ Souffleuse/Souffleur einsetzen. ▶▶

System-Szenarien aus Schritt 4	Handlungsmöglichkeiten
	◆ Antistressprogramm, Meditation und Baldrian allen nervösen Darstellern anbieten.
	◆ Halsschmerztabletten und Wasser für den Tag der Aufführung bereithalten.
	◆ Darsteller von Fahrdienst zu Hause abholen lassen.

Das erwartete System-Szenario

Alle Darsteller sind anwesend, ein Darsteller ist nervös, ein anderer heiser. Ein Gewitter zieht auf.	◆ Bühne im Freien aufbauen.
	◆ Bühnentechnik vor Regen schützen.
	◆ Regenponchos für Zuschauer bereithalten.
	◆ Person bestimmen, die entscheidet, wann Aufführung wegen schlechten Wetters abgebrochen wird.
	◆ Souffleuse/Souffleur einsetzen.
	◆ Halsschmerztabletten und Wasser am Tag der Aufführung bereithalten.

Von den System-Szenarien zu den Handlungsmöglichkeiten:
das Beispiel Open-Air-Theateraufführung

Schritt 6: Geeignete Maßnahmen auswählen

Aus allen Handlungsmöglichkeiten des vorhergehenden Schritts sind geeignete Maßnahmen auszuwählen. Geeignet sind umsetzbare und realistische Maßnahmen. Sie stammen in erster Linie aus dem erwarteten Szenario, ergänzt durch relevant erscheinende Maßnahmen aus dem negativen Szenario.

Für das Beispiel Open-Air-Theateraufführung könnten diese Maßnahmen ausgewählt werden:

◆ Bühne überdachen.
◆ Bühnentechnik vor Regen schützen.
◆ Regenponchos für die Zuschauer bereithalten.
◆ Person bestimmen, die entscheidet, wann Aufführung wegen schlechten Wetters abgebrochen wird.
◆ Souffleur/Souffleuse einsetzen.
◆ Halsschmerztabletten und Wasser am Tag der Aufführung bereithalten.

Es versteht sich von selbst: Die ausgewählten Maßnahmen müssen anschließend geplant und umgesetzt werden. Wie das gut gelingen kann, zeigt das Kapitel zu Fehlern und Erfolgsfaktoren im Umgang mit Komplexität.

Schritt 7: Störfaktor- und Bedrohungsfaktor-Szenarien überlegen und Handlungsmöglichkeiten überprüfen

Die bisherigen Betrachtungen zu Einflussfaktoren gingen von normalen Verhältnissen aus, von einem Normalbetrieb. Seltene, extreme oder außergewöhnliche Ereignisse werden hierbei nicht berücksichtigt. Doch es gibt solche Ereignisse und Entwicklungen, die das angestrebte Ziel oder gar das gesamte System ernsthaft gefährden.

Deshalb ist es für größere und bedeutende Projekte sinnvoll, mögliche Stör- und Bedrohungsfaktoren zu betrachten.

Zur Erinnerung: Ein Störfaktor ist ein Ereignis (bzw. eine Entwicklung), das ein angestrebtes Ziel gefährdet. Hingegen ist ein Bedrohungsfaktor ein Ereignis (bzw. eine Entwicklung), das die Funktionsfähigkeit und Stabilität des betrachteten Systems gefährdet.

Jeder Störfaktor und jeder Bedrohungsfaktor stellt als ein mögliches Ereignis oder eine mögliche Entwicklung schon ein Szenario dar: ein *Störfaktor-Szenario* bzw. ein *Bedrohungsfaktor-Szenario*.

Wie unterscheidet sich ein Bedrohungsfaktor-Szenario von einem negativen Szenario? Als Veranstalter einer Open-Air-Theateraufführung setzt man sich sicherlich gedanklich damit auseinander, dass das Wetter schlecht sein oder ein Schauspieler krank werden könnte – und sorgt entsprechend vor. Diese Szenarien sind negative Zukünfte der Einflussfaktoren *Wetter* und *Leistung der Darsteller*, d. h. negative Einflussfaktor-Szenarien.

Mit einem Ereignis wie dem abrupten Stromausfall auf dem gesamten Veranstaltungsgelände rechnet man üblicherweise genauso wenig wie mit dem Herzinfarkt eines Zuschauers während der Aufführung. Gut gewappnet ist, wer auch solche Bedrohungsfaktoren in seine Betrachtungen mit einbezieht.

Bedrohungsfaktoren wie der oben genannte Stromausfall bei einer Open-Air-Theateraufführung sind Entwicklungen und Ereignisse, die weitreichende Folgen haben können: Eventuell muss die Aufführung abgebrochen werden, damit kann das System »Theaterprojekt« seine Funktionen (Theaterstück aufführen, Zuschauern und Mitwirkenden Spaß bereiten, Kosten decken) nicht mehr aufrechterhalten. Nach einem solchen Abend könnte die Theatergruppe sogar pleitegehen.

Bei Projekten wie einer Theateraufführung ist es die Herausforderung, sich nicht zu viele Gedanken über Störungen und Bedrohungen zu machen. Die Szenarienerstellung soll weder zu viel Zeit und Energie noch zu viel Elan für das Projekt absorbieren.

Als deutlich gravierender erweisen sich Stör- und Bedrohungsfaktoren für Unternehmen und die Gesellschaft. Beispiele für solche Faktoren auf gesellschaftlicher Ebene sind politische Krisen, Terroranschläge, Rückgang der Wirtschaftsleistung, Probleme bei den Staatsfinanzen, Pleiten von Lebensversicherungsunternehmen, der Ausbruch gefährlicher Infektionskrankheiten und ein GAU in einem Kernkraftwerk in dicht besiedeltem Gebiet. Das Scheitern des Euros, ein Auseinanderbrechen der Europäische Union, längere Störungen bei der Stromversorgung, bei Öllieferungen und des Internets oder das Kündigen der Generationenverträge durch die junge Generation lassen sich als weitere Beipiele nennen.

Für die erstellten Störfaktor- und Bedrohungsfaktor-Szenarien sind Handlungsmöglichkeiten zu überlegen und vorzubereiten:

- Kann man das Eintreten von Stör- und Bedrohungsfaktoren verhindern oder deren Folgen mildern? Falls ja: wie?

- Was würde man tun, wenn ein solches Szenario Realität würde?

Im Beispiel eines möglichen Stromausfalls während der Open-Air-Theateraufführung lässt sich sowohl vorbeugend handeln als auch auf den Eintritt des Szenarios vorbereiten. Indem man alle elektrische Geräte vor ihrem Einsatz überprüft und zudem sicherstellt, dass die einzelnen Stromleitungen nicht durch zu viele Geräte überlastet sind, kann man vorbeugen. Ebenfalls im Vorhinein lässt sich auch überlegen und planen, was zu tun ist, wenn der Strom dennoch ausfällt.

Beim Szenario *Herzinfarkt eines Zuschauers* hingegen kann der Veranstalter im Vorhinein nichts unternehmen, um die Eintrittswahrscheinlichkeit zu verringern. Auf das Szenario selbst vermag er sich jedoch vorzubereiten (z. B. durch Anwesenheit eines Sanitäters).

Szenarien in Politik und Gesellschaft

Mithilfe von Szenarien kann man sich auch auf negative Entwicklungen vorbereiten und Stör- sowie Bedrohungsfaktoren erkennen. So läuft man nicht Gefahr, überrascht zu werden und aus einem Handlungsdruck heraus unvorbereitet reagieren zu müssen. Ebenfalls lässt sich mit klug aufgebauten Szenarien verhindern, unrealistische Pläne zu schmieden und wirklichkeitsfremde Maßnahmen umzusetzen. Szenarien helfen, das Ganze im Blick zu behalten, vorausschauende Entscheidungen zu treffen, zielorientiert zu handeln, Probleme zu vermeiden oder gering zu halten und auf Eventualitäten vorbereitet zu sein.

Somit lassen sich Szenarien nicht nur für private oder berufliche Vorhaben nutzen, sondern vor allem für gesellschaftliche Projekte einsetzen. In der Praxis jedoch wird dieses Werkzeug hier selten genutzt, mit problematischen Konsequenzen: Auf die Zukunft ist die Gesellschaft nicht ausreichend vorbereitet, Maßnahmen führen nicht zum Ziel, und Probleme bekommt die Gesellschaft nicht in den Griff; häufig werden die Schwierigkeiten sogar noch vergrößert.

Der Einsatz von Szenarien wäre gerade bei großen Fragen in Gesellschaft und Politik besonders nützlich, weil die Zusammenhänge komplex sind und Entscheidungen weitreichende Folgen haben können. Dennoch setzt die Gesellschaft etwa bei Betrachtungen zu zukünftigen Wirtschaftsleistungen, Steuereinnahmen, Einnahmen der Sozialversicherungen und der Arbeitslosigkeit fast ausschließlich Prognosen ein. Gleiches gilt etwa für die Entwicklung des Euros oder der Europäischen Union.

Auf der einen Seite werden hilfreiche Werkzeuge wie Szenarien nicht genutzt, um Projekte angemessen anzugehen, die folgenreich in die Zukunft wirken. Auf der anderen Seite ist jedes Mal die Überraschung groß, wenn Vorhaben nicht nach Plan verlaufen. Im Bestreben, größeren Schaden abzuwenden, wird dann nicht selten improvisiert, geflickt und viel Geld für wenig Nutzen eingesetzt.

Wie hilfreich ein Szenario wirklich ist, hängt nicht zuletzt von den getroffenen Annahmen ab. Wer für das negative Szenario ein abgeschwächtes Positivszenario einsetzt, statt der Bedeutung des Begriffes *negativ* Rechnung zu tragen, bereitet sich nicht gut auf die Zukunft vor. Mehr noch: Entweder wiegt man sich in einer trügerischen Sicherheit, sich gut auf die Zukunft vorbereitet zu haben. Oder es ist einem bewusst, sich nicht gut vorbereitet zu haben, möchte aber signalisieren, dass das betroffene System stabil ist.

Die deutsche Bundesregierung beispielsweise rechnet im Rentenversicherungsbericht die Einnahmen und Ausgaben der gesetzlichen Rentenversicherungen anhand von Modellrechnungen über 15 Jahre hoch. Dabei bilden die erstellenden Fachgremien drei Szenarien für die Entwicklung der Löhne und Gehälter je Arbeitnehmer: eine untere Lohnvariante, eine mittlere Lohnvariante und eine obere Lohnvariante. Für das Jahr 2019 beispielsweise rechnete die Regierung 2015 mit einer durchschnittlichen Lohn- und Gehaltserhöhung von 1,8 % (untere Variante), 2,8 % (mittlere Variante) und 3,8 % (obere Variante).[5] Ein wahrlich negatives Szenario scheint hier nicht enthalten zu sein. Sollte die Wirtschaft schwächeln oder es zu einer Wirtschaftskrise kommen, ist es fraglich, ob die Erhöhung um 1,8 % realistisch sind und die Rentenversicherung auf die Situation vorbereitet wäre.

Szenarien – was können sie noch?

Szenarien ermöglichen, sich ein Bild über die Zukunft zu machen. Indem man sich verschiedene mögliche Zukünfte überlegt, kann man Klarheit darüber gewinnen, was überhaupt passieren könnte. So lässt sich die Unsicherheit über die Zukunft einschränken.

Szenarien führen darüber hinaus zu Erkenntnissen, mit denen sich mögliche zukünftige Probleme vermeiden lassen: Habe ich eine mögliche ungünstige Entwicklung oder ein mögliches zukünftiges Problem erkannt, kann ich im Rahmen meiner Einflussmöglichkeiten dafür sorgen, dass diese nicht oder nur in vermindertem Maß zum Tragen kommt.

Überdies können Szenarien dabei helfen, sich zwischen Alternativen zu entscheiden. Ein Beispiel: Es gibt in einer Situation drei unterschiedliche Handlungsmöglichkeiten. Für jede der Möglichkeiten lassen sich die Folgen abschätzen und Szenarien bilden, um die Risiken und die Chancen der einzelnen Handlungsmöglichkeiten erkennen zu können.

Und schließlich können Szenarien helfen, Wege zum Ziel zu finden: Mithilfe von Szenarien kann man viele unterschiedliche Wege aufdecken, um ein bestimmtes Ziel zu erreichen. Auf diese Weise lässt sich die bestmögliche Maßnahme oder Methode finden.

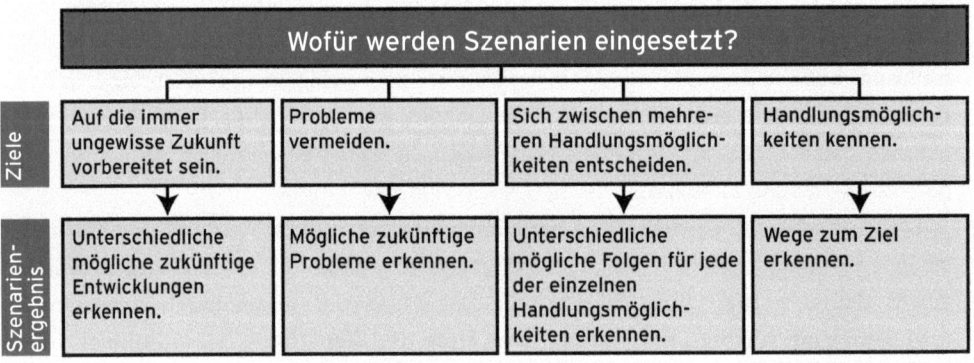

Wofür Szenarien eingesetzt werden

DAS WICHTIGSTE IN KÜRZE

◆ Um sich auf die immer ungewisse Zukunft vorzubereiten, sind zwei Fragen hilf-reich:

  ▷ Welche zukünftigen Entwicklungen und Situationen (Szenarien) sind möglich und welche davon sind die wichtigsten?

  ▷ Wie würde man bei jedem Einzelnen dieser Szenarien handeln (Wenn-dann-Betrachtungen)?

◆ Ein Szenario beschreibt eine mögliche zukünftige Entwicklung oder Situation. Üblicherweise werden drei Szenarien entworfen, um unterschiedliche *mögliche* Zukünfte gleichzeitig betrachten zu können: ein positives, ein negatives und das erwartete Szenario.

◆ Szenarien sind vor allem dann hilfreich, wenn die Zukunft maßgeblich von Fakto-ren bestimmt wird, die nicht bzw. nur wenig beeinflussbar und nicht vorhersag-bar sind.

◆ Mithilfe von Szenarien kann man sich auch auf negative Entwicklungen vorbe-reiten und Stör- sowie Bedrohungsfaktoren erkennen. So läuft man nicht Gefahr, überrascht zu werden und aus einem Handlungsdruck heraus unvorbereitet reagieren zu müssen.

◆ Szenarien ermöglichen, sich ein Bild über die Zukunft zu machen. Indem man sich verschiedene mögliche Zukünfte überlegt, kann man Klarheit darüber gewinnen, was überhaupt passieren könnte. So lässt sich die Unsicherheit über die Zukunft einschränken.

◆ Die Anleitung zum Erstellen von Szenarien zeigt die folgende Abbildung.

Schritt-für-Schritt-Anleitung zum Erstellen von Szenarien

1 Thema und Zeithorizont festlegen
- a) Thema festlegen
- b) Zeitpunkt bzw. Zeitraum festlegen, für den die Szenarien erstellt werden

2 Die wichtigsten nichtbeeinflussbaren Einflussfaktoren auswählen
- a) Einflussfaktoren herausfinden
- b) Nichtbeeinflussbare Einflussfaktoren auswählen
- c) Wichtigste nichtbeeinflussbare Einflussfaktoren bestimmen

3 Einflussfaktor-Szenarien bilden

Für jeden Einzelnen der ausgewählten wichtigsten nichtbeeinflussbaren Einflussfaktoren jeweils drei Szenarien bilden:
1. Ein positives Einflussfaktor-Szenario
2. Ein negatives Einflussfaktor-Szenario
3. Das erwartete Einflussfaktor-Szenario

4 System-Szenarien bilden

Die Einflussfaktor-Szenarien zu insgesamt drei System-Szenarien kombinieren:
1. Ein positives System-Szenario
2. Ein negatives System-Szenario
3. Das erwartete System-Szenario

5 Handlungsmöglichkeiten überlegen

Für alle drei System-Szenarien Handlungsmöglichkeiten überlegen

6 Geeignete Maßnahmen planen

Aus Handlungsmöglichkeiten geeignete Maßnahmen auswählen

7 Störfaktor- und Bedrohungsfaktor-Szenarien bilden und Handlungsmöglichkeiten überlegen
- a) Störfaktoren und Bedrohungsfaktoren überlegen (=Störfaktor- und Bedrohungsfaktor-Szenarien)
- b) Überprüfen, ob sich die in Schritt 6 ausgewählten Handlungsmöglichkeiten auch bei Störfaktor- und Bedrohungsfaktor-Szenarien eignen und gegebenenfalls neue Maßnahmen überlegen

15

Simulation: wie sich Zukunft und Handeln ausprobieren lassen

Die deutschen Steuerberater machten sich Sorgen, einige Rechtsanwälte obendrein. Was trieb sie um?

Ersetzendes Scannen war der Grund ihrer Beunruhigung. Immer mehr Unternehmen scannten Dokumente wie Rechnungen und Quittungen ein, verwalteten sie digital und vernichteten die Originale. Das spart Lagerplatz und Verwaltungskosten. Die gescannten Dokumente ersetzen die Originalunterlagen. Doch ob im Falle eines Falles eingescannte digitale Dokumente vor Gericht als Beweismittel anerkannt würden, und falls ja, unter welchen Bedingungen, das war lange Zeit nicht klar. Diese Ungewissheit zog für Unternehmen rechtliche und finanzielle Risiken nach sich.

Wie kann man mit diesen Risiken umgehen?, überlegten die Steuerberater und Rechtsanwälte. Das Ergebnis ihrer Überlegungen: Statt eine Prognose zu erstellen, wie Gerichte zukünftig entscheiden würden, ließen sie 14 Gerichtsverfahren simulieren. Über die Datev-Genossenschaft (einen Dienstleister von Steuerberatern, Wirtschaftsprüfern und Wirtschaftsanwälten) und weitere Partner engagierten die Steuerberater erfahrene Richter, Rechtsanwälte und Gutachter, konstruierten unterschiedliche Fälle aus der Unternehmenspraxis und gingen damit vor »Gericht«. Das Ergebnis gibt zwar keine absolute Rechtssicherheit, ist für die Steuerberater und ihre Klienten jedoch trotzdem sehr nützlich: Grundsätzlich akzeptierten die »Gerichte« gescannte Dokumente als Beweismittel. Zudem lieferten die simulierten »Gerichtsverfahren« zahlreiche Erkenntnisse, was beim Scannen sowie beim Umgang mit gescannten Dokumenten zu beachten ist, um vor Gericht Ansprüche durchsetzen zu können.[1]

Die Steuerberater ließen ausprobieren, wie Gerichte in solchen Fällen entscheiden, wie das Rechtssystem sich verhalten würde. Sie ließen Gerichtsverfahren simulieren. Auf diese Weise wurde die Ungewissheit über die Zukunft des *Ersetzenden Scannens* deutlich reduziert und die entsprechenden Risiken für Unternehmen beträchtlich verringert.

> **Simulation** ist das Ausprobieren, wie sich ein System verhalten oder die Zukunft aussehen kann. Grundlage dafür bildet ein Modell der Wirklichkeit.

Einsatzzwecke der Simulation

Die Steuerberater wollten wissen, wie sich das Rechtssystem beim *Ersetzenden Scannen* verhält. Ziel ihrer Simulationen war es also, das Systemverhalten unter einer bestimmten Fragestellung zu analysieren. Eine Simulation kann Weiteres leisten:

* eine zukünftige Entwicklung aufzeigen bzw. die Zukunft ausprobieren (Zukunft simulieren)

* Handlungsfolgen abschätzen (Folgenabschätzung: was passiert, wenn ...)

* die Stabilität eines Systems überprüfen (Stresstest)

Überdies wird der Begriff *simulieren* auch für das Vortäuschen eines Zustands verwendet: Ab und an simuliert ein Fußballspieler kurz vor Spielende eine Verletzung, um Zeit zu schinden; er möchte auf diese Weise die knappe Führung über die Zeit retten. Für vernetztes Denken interessiert dieser Aspekt der Simulation nicht.

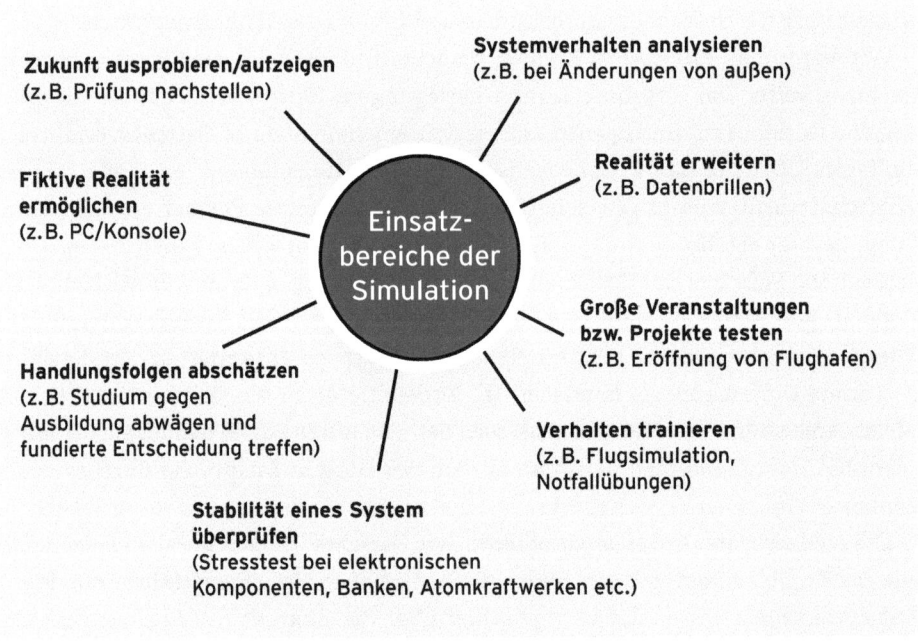

Einsatzbereiche der Simulation

Systemverhalten analysieren

Die simulierten Gerichtsprozesse zu gescannten Dokumenten dienen dem Ziel, das Systemverhalten zu analysieren. Assessment-Center sind ein weiteres Beispiel: Unternehmen testen meist in Form von Planspielen das Verhalten und das Potenzial von Bewerbern oder Mitarbeitern. Dazu werden reale Situationen aus dem Berufsleben simuliert.

Planspiel

In einem Planspiel werden Abläufe simuliert, die in einem realen sozialen System (z. B. Unternehmen, Kommune, Gesellschaft) stattfinden – einschließlich der Entscheidungen der Beteiligten. Dazu wird das reale System in einem Modell abgebildet (»manuelles« Modell oder Software). Neben den Abläufen sowie dem Verhalten des Systems und seiner Elemente werden oft auch die Folgen analysiert.[2]

Eine große Rolle spielt die Simulation von Systemverhalten in der experimentellen Psychologie. Ziel ist hierbei, grundsätzliches Verhalten von Menschen zu analysieren und Einblicke in die mentalen Prozesse zu erhalten. Wie gehen Probanden mit vorgegebenen Problemen um? Wie reagieren sie auf bestimmte Situationen? Welche Fehler machen sie?

Für besonders komplizierte technische Produkte wie Flugzeuge, Kraftwerke oder große Anlagen in der Chemieindustrie wird Simulation nicht allein zu Trainingszwecken eingesetzt, sondern auch, um Fehleranfälligkeiten an der Schnittstelle von Mensch und Maschine zu erkennen. Man simuliert das Verhalten des Gesamtsystems, bestehend aus Technik und bedienenden Menschen.

Überdies simulieren Unternehmen für ihre Produkte und einzelne Bauteile, wie sich diese unter bestimmten Belastungen verhalten. Solche Simulationen erfolgen, noch bevor Prototypen der Bauteile und Produkte zur Verfügung stehen. Auf diese Weise können bereits in der Entwicklungsphase Produkteigenschaften festgestellt und Schwachpunkte sowie Fehler erkannt und anschließend behoben werden.

Zukunft simulieren

Die Grenzen zwischen der Simulation des Systemverhaltens und der Simulation der Zukunft sind oft fließend. Indem das Verhalten des Rechtssystems auf ersetzende Scandokumente simuliert wurde, erfolgte zugleich eine Simulation der Zukunft: der Zukunft der Rechtsprechung. Auf diese Weise konnte die Ungewissheit der Steuerberater und ihrer Klienten über die Zukunft reduziert werden.

Wie werden sich Arbeitslosigkeit, Energieversorgung und Mobilität in den nächsten zehn Jahren voraussichtlich entwickeln? Und wie die Flüchtlingszahlen und das globale Klima? Simulationen der Zukunft versuchen darauf Antworten zu geben. Basis der Simulation sind gewisse Annahmen; beim Beispiel der Arbeitslosigkeit betrifft dies etwa die Entwicklung der Wirtschaft sowie der Kaufkraft. Simuliert man die Zukunft lediglich auf Basis *einer* Kombination von Annahmen – z. B. Wirtschaftswachstum von 2,2 % und Zunahme der Kaufkraft um 1,8 % –, ergibt sich eine Prognose der Zukunft. Sie zeigt auf, wie sich z. B. die Arbeitslosigkeit entwickeln würde, wenn die getroffenen Annahmen einträten. Den großen Nachteil der Prognose kennen wir mittlerweile gut: Mit ihr kann man sich lediglich auf *eine* Zukunft vorbereiten. Erweisen sich die zugrunde liegenden Annahmen als falsch und entwickelt sich die Realität anders als prognostiziert, dann hat man sich auf die falsche Zukunft vorbereitet.

Aus diesem Grund sollten Simulationen auf Basis mehrerer Szenarien erfolgen. Jedes der Szenarien umfasst andere Annahmen. Es bietet sich an, drei unterschiedliche Szenarien zu bilden, wie wir es im vorhergehenden Kapitel gesehen haben: ein positives, ein negatives und das erwartete. Anschließend simuliert man für jedes dieser Szenarien die Zukunft. Das Ergebnis: drei mögliche Zukünfte, auf die man sich vorbereiten kann.

Beim Beispiel der ersetzenden Scandokumente hingegen genügte, lediglich eine Zukunft zu betrachten (auch wenn dies in 14 Einzelfällen geschah). Es fanden sich keine weiteren Einflussfaktoren, die sich stark verändern könnten. Nimmt die Fälschung von gescannten Dokumenten in Unternehmen zu, sodass solche Dokumente juristisch nicht mehr anerkannt werden können? Schwenkt Deutschland in den kommenden Jahren auf ein völlig neues Rechtssystem um, das anders entscheiden wird? Solche Entwicklungen sind doch äußerst unwahrscheinlich und können hier vernachlässigt werden. Unter der zu klärenden Fragestellung erweisen sich diese Faktoren nicht als Stör- oder Bedrohungsfaktor.

Bevor die Zukunft für einen Themenbereich unter einer Fragestellung simuliert wird, gilt es also zu prüfen: Reicht eine Simulation aus oder werden mehrere Simulationen für unterschiedliche Szenarien benötigt? Mehrere Szenarien als Ausgangsbasis für Simulationen sind zum einen dann notwendig, wenn sich nicht-beeinflussbare

Faktoren unterschiedlich entwickeln können. Zum anderen müssen mehrere Szenarien einbezogen werden, wenn wir unterschiedliche Handlungsoptionen besitzen und uns noch für keine der Optionen entschieden haben. Über Simulation wollen wir erfahren, welche Folgen unser Handeln jeweils hätte. So ergibt sich ein fließender Übergang zwischen der Simulation der Zukunft und der Simulation zur Abschätzung von Handlungsfolgen, dem Thema des nächsten Abschnitts.

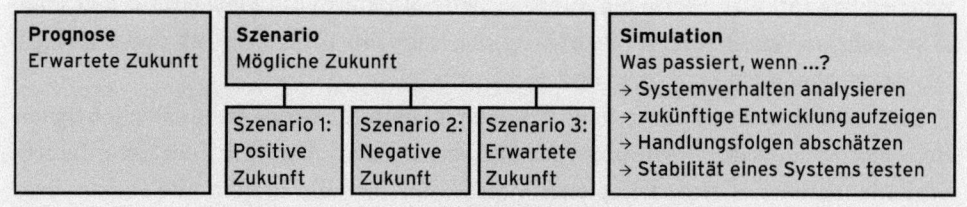

Abgrenzung von Prognose, Szenario und Simulation

Welche folgenreichen Probleme entstehen oder könnten entstehen? Dies ist eine der Fragen, die helfen sollen, die wichtigen Themen zu erkennen (siehe das Kapitel »Die wichtigen Themen erkennen und vorausschauend handeln«). Simulation bietet sich hierbei als Werkzeug an.

Handlungsfolgen abschätzen

Ausländische Fluggesellschaften, deren Flugzeuge etwa auf dem Weg von Paris nach Prag, Moskau oder Tokio über Deutschland flogen, mussten Anfang des Jahres 2015 vor Erreichen des deutschen Luftraums dem deutschen Zoll schriftlich melden: Namen und Geburtsdaten der Besatzungsmitglieder, Beginn von deren Arbeit über Deutschland, voraussichtliche Dauer der Beschäftigung im deutschen Luftraum und – man staune – Ort, an dem die Besatzungsmitglieder tätig sein würden.

Nach dem Flug mussten die Fluggesellschaften die genauen Arbeitszeiten der Besatzungsmitglieder über Deutschland schriftlich dokumentieren und diese Dokumentation zwei Jahre lang in Deutschland lagern. Auf Verlangen der Behörden hätten die Unterlagen auch im Flugzeug bereitgehalten werden müssen. All das forderte das zum 1. Januar 2015 in Kraft getretene Gesetz zur Regelung eines allgemeinen Mindestlohns.[3]

Wie kam es zu dieser absurden Vorschrift? Der Gesetzgeber wollte die gewerbliche Personenbeförderung in Deutschland dem Mindestlohn unterwerfen. Nicht bedacht hatte man, dass auch Flugzeuge Personen befördern.

Hätte das Arbeitsministerium das Gesetz vor Inkrafttreten simuliert, wäre der Fehler wahrscheinlich aufgefallen. Zudem wäre sicherlich auch deutlich geworden, dass Seeschiffe zum Transportgewerbe gehören und folglich Reedereien für Schiffe, die durch deutsche Hoheitsgewässer fahren, ebenfalls Meldungen abgeben müssten – auch diese Wirkung des Gesetzes hatte die Bundesregierung nicht beabsichtigt.

Statt die Auswirkungen des Gesetzes im Vorhinein zu simulieren, hatte das Arbeitsministerium den realen Einsatz als Test genutzt. Nachdem das Gesetz vier Wochen in Kraft war, setzte die Bundesarbeitsministerin die Klauseln für den Transitverkehr im Verkehrsbereich vorläufig aus. Das sollte für Lastwagen und Busse gelten, betraf aber auch Flugzeuge und Seeschiffe.

Das Mindestlohngesetz mit seinen Folgen ist kein Einzelfall. Grundsätzlich testen in Deutschland weder Regierung noch Parlamentsfraktionen ihre Gesetzesentwürfe oder Maßnahmen – trotz komplexer Materie. Sie simulieren nicht die Folgen ihres Handelns. Auf Bundesebene in Deutschland muss in Gesetzentwürfen lediglich angegeben werden, welche Kosten und welcher Zeitaufwand sich für Verwaltung, Bürger und Unternehmen ergeben, nicht aber sonstige Folgen.

In Österreich hingegen erstellt die Bundesregierung seit 2013 für jeden Entwurf eines Gesetzes oder einer Verordnung eine Folgenabschätzung, ebenso für Investitionen und andere Ausgaben ab einer bestimmten Höhe.[4] Es wird analysiert und bewertet, welche Auswirkungen ein Gesetzesvorhaben beispielsweise auf Umwelt, Unternehmen und Gleichstellung von Frauen und Männern hat.[5] Insofern ist man diesbezüglich in Österreich weiter als in Deutschland.

Die Grundidee der Folgenabschätzung lautet, so zu tun, als ob das Geplante schon Realität wäre: *Was passiert, wenn ...* Die Theatergruppe aus dem Szenarien-Kapitel möchte ihre Einnahmen erhöhen und denkt dazu über verschiedene Maßnahmen nach. Welche Folgen hätte es, den Eintritt zu erhöhen? Was passiert, wenn sie ihr Stück nicht dreimal, sondern zwanzigmal aufführen würde? So lassen sich für mehrere Handlungsmöglichkeiten die Folgen abschätzen und auf diese Weise Entscheidungen vorbereiten.

Nach dem gleichen Ansatz sollte die Politik ihre beabsichtigten Handlungen simulieren, um zielgerichtet handeln und Nebenwirkungen im Voraus erkennen zu können – ganz gleich, ob es um vergleichsweise folgenarme Maßnahmen geht oder um grundsätzliche Entscheidungen.

Von Interesse sind nicht allein die mit Sicherheit auftretenden Folgen, sondern auch Gefahren – d. h. negative Folgen, die mit einer bestimmten Wahrscheinlichkeit eintreten werden.

Kriterien für die Folgenabschätzung

- ◆ Welche negativen Folgen und Gefahren bestehen?
- ◆ Wie hoch ist die Eintrittswahrscheinlichkeit bei den Gefahren?
- ◆ Wie groß ist das Ausmaß der Folgen (direkte Folgen oder Realität gewordene Gefahren)?
- ◆ Treten die Folgen kurz, lang oder dauerhaft auf?
- ◆ Lassen sich die Folgen rückgängig machen?
- ◆ Wann treten die Folgen ein: direkt oder später?

Vielerlei Themenfelder berücksichtigen die österreichischen Behörden bei den Folgenabschätzungen von Gesetzen und Verordnungen. Sie tun dies aber in der Regel nicht im Gesamtzusammenhang, nicht vernetzt. Man schaut sich die einzelnen Bereiche isoliert an, statt das gesamte Wirkungsgefüge zu betrachten, wie es z. B. Systemanalysen (siehe dazu das übernächste Kapitel) oder Computersimulationen ermöglichen. Es liegt also ein linearer Ansatz vor. Dieses Vorgehen hält zwar den Aufwand für die Analyse gering, schmälert aber den Nutzen der Simulation. Will man alle relevanten Wirkungen erkennen, führt am Gesamtblick einschließlich der Zusammenhänge kein Weg vorbei.

Stabilität eines Systems überprüfen

Der Begriff *Stresstest* machte zuletzt Furore. Bislang waren solche Tests aus Technik und Medizin bekannt, wo Bauteile auf physikalische und Menschen auf physische Belastungen getestet werden. Mittlerweile unterzieht man Banken, Lebensversicherungsunternehmen, Kernkraftwerke und Städte einem Stresstest. Dabei untersuchen Aufsichtsbehörden oder Institute, ob das ausgewählte System auch stabil bliebe, wenn eine bestimmte angenommene Entwicklung eintreten würde. Man simuliert die Folgen einer oder mehrerer negativer Entwicklungen, eines oder mehrerer negativer Szenarien. In diesem Sinne erweist sich dieser Zweck der Simulation als eine erweiterte Folgenabschätzung, mit dem Ziel, Belastbarkeit und Stabilität des betrachteten Systems zu prüfen.

Nach dem verheerenden Atomunfall im japanischen Fukushima im Jahr 2011 ordnete die Europäische Union einen Stresstest für alle Kernkraftwerke ihrer Mitgliedsländer an. Mehrere negative Annahmen bzw. Szenarien wurden berücksichtigt: drei externe Ereignisse — Erdbeben, Hochwasser und extremes Wetterereignis —, außerdem der Ausfall der Stromversorgung, der Ausfall der Wärmeabfuhr und eine Kombination beider Ereignisse.[6]

Bei einem Bankenstresstest prüfen die Aufsichtsbehörden, wie stabil Banken bei negativer gesamtwirtschaftlicher Entwicklung bleiben würden. 2014 führte die Europäische Bankenaufsichtsbehörde EBA einen solchen Stresstest für 130 große europäische Banken durch. Das negative Szenario ging davon aus, dass das Wirtschaftswachstum in der EU im Jahr 2014 real (also inflationsbereinigt) um 0,7 % zurückginge, 2015 nochmals um 1,5 % nachließe, aber 2016 um 0,1 % wachse.[7]

Auf Basis dieses Szenarios simulierten die Banken die Folgen, die sich für sie ergeben würden. Anschließend prüfte die Aufsichtsbehörde anhand von Zielwerten für das Eigenkapital, welche Banken den Stresstest bestanden hatten und als stabil gelten durften.

Stresstests sind ein wichtiges Werkzeug, um mögliche Probleme rechtzeitig zu erkennen und vorbeugend handeln zu können. Wie aussagefähig ihre Ergebnisse sind, ist von den getroffenen Annahmen abhängig — vom Inhalt der Szenarien. Das negative Szenario im beschriebenen Bankenstresstest beispielsweise war deutlich positiver als die Wirtschaftskrise 2009/2010. Das Ziel, die Stabilität der Banken im Falle von wirtschaftlichen Schocks zu simulieren, konnte dieser Stresstest wohl kaum erfüllen. Dennoch bestand ungefähr jede fünfte Bank den Test nicht.[8]

Beim Stresstest der Kernkraftwerke gab die EU keine Bewertungskriterien vor, anhand derer sich feststellen ließ, ob ein Kraftwerk wirklich stabil ist.[9] Stattdessen sollten die Kraftwerksbetreiber beschreiben, wie die einzelnen Kraftwerke für die in den Szenarien genannten Ereignisse ausgelegt sind. Zudem hatten die Betreiber aus ihrer Sicht zu bewerten, wie robust die Kraftwerke über die Auslegung hinaus wären, wenn die Szenarien Wirklichkeit würden, und welche Verbesserungsmöglichkeiten bestehen.[10] Folglich fiel keines der Kraftwerke durch den Stresstest, obwohl viele Sicherheitsmängel deutlich wurden.

Überdies blieben wichtige Aspekte außen vor: technisches oder menschliches Versagen? Sie wurden nicht berücksichtigt. Flugzeugabsturz, Terrorangriff oder Cyberattacke über das Internet? Sie fanden als Szenario ebenfalls keine Berücksichtigung. Eine fundierte Aussage zur Sicherheit der Kraftwerke ist so nicht möglich.

Zusammenfassend lässt sich festhalten: Stresstests sind ein wichtiges Werkzeug, um Erkenntnisse für vorsorgendes Handeln zu gewinnen. Fundierte Aussagen ermöglichen solche Simulationen jedoch nur dann, wenn die zugrunde liegenden Szenarien umfassend und ausreichend negativ sind. Nicht in allen Fällen lässt sich beurteilen: Liegt das Ziel eines Stresstests darin, den Grad der Stabilität von Systemen aufzuzeigen oder das Handeln der Behörden zu demonstrieren?

Simulationsmethoden

Wie simuliert man denn nun? Drei wichtige Methoden wollen wir weiter betrachten:

- Logische Folgerungen
- Planspiel
- Computersimulation

Logische Folgerungen

Auf welche Weise kann man durch logisches Folgern die Folgen einer Handlung simulieren? Und wie lässt sich die Zukunft simulieren? Schritt für Schritt tastet man sich vor.

>>*Simulation ist ganz einfach: Suchen Sie immer nur*
den nächsten logischen Schritt, und reihen Sie so Schritt an Schritt.<<

Johanna Joppe und **Christian Ganowski**, Managementberater[11]

Wie sich das prinzipiell durchführen lässt, zeigt die folgende Abbildung an einem Beispiel: der Einführung einer Zuckersteuer auf Süßgetränke.

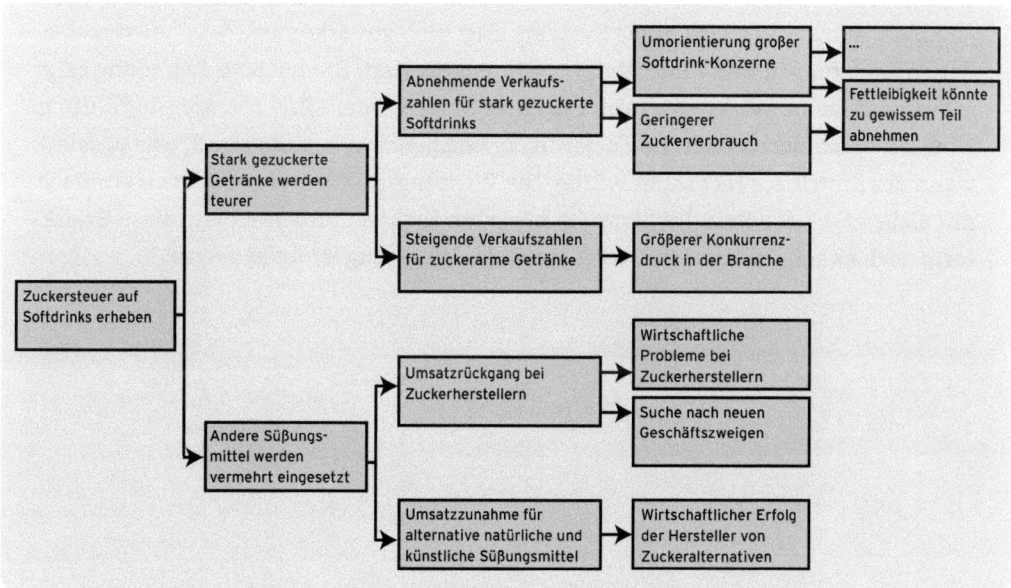

Das Prinzip der Simulation anhand logischer Folgerungen:
das Beispiel Zuckersteuer auf Softdrinks

Im Beispiel des Theaterprojekts und des Ausgangsszenarios *Zwanzig statt drei Aufführungen* könnte die Simulation anhand logischer Folgerungen so aussehen:

Wenn die Theatergruppe ihr Stück zwanzigmal aufführt,

* steigen die Gesamtkosten,
* nimmt mit der Zahl der Vorstellungen die durchschnittliche Zahl der Zuschauer pro Aufführung ab,
* lässt der Spaß der Darsteller bald nach und
* wird die Belastung der Darsteller hoch sein.

Im nächsten Schritt sind für die ermittelten Folgen wiederum die jeweiligen Folgen zu betrachten. Man folgt der Logik einer Ursachengrafik; im Kapitel zu Ursachen und Wirkungen haben wir sie bereits kennengelernt, im nächsten Kapitel schauen wir uns das Prinzip und ihre Möglichkeiten näher an.

Noch bessere und umfangreichere Aussagen zu den Zusammenhängen in einem System liefern Wirkungsgrafiken, wie wir sie im Kapitel zur Selbstregulation bereits für den Zusammenhang zwischen Angebot, Nachfrage und Preis kennenlernten. Wirkungsgrafiken enthalten die systembestimmenden Elemente einschließlich ihrer Wirkungen untereinander. Wirkungsgrafiken bilden eine gute Basis dafür, logische Folgerungen zu simulieren; schließlich werden die Zusammenhänge systematisch ermittelt.

An der Wirkungsgrafik eines Systems lässt sich gut erkennen, was bei verschiedenen Änderungen und Eingriffen ins System passiert. Die nächste Abbildung zeigt eine vereinfachte Wirkungsgrafik für unser System *Open-Air-Theater-Aufführung*. Hier lässt sich durch logische Folgerungen beispielsweise simulieren, was passiert, wenn der Eintrittspreis erhöht würde. Die Wirkungsgrafik ist für Sie noch ein Buch mit sieben Siegeln? Kein Problem: Im nächsten Kapitel betrachten wir diese Grafikform noch näher, im übernächsten Kapitel das Werkzeug Systemanalyse.

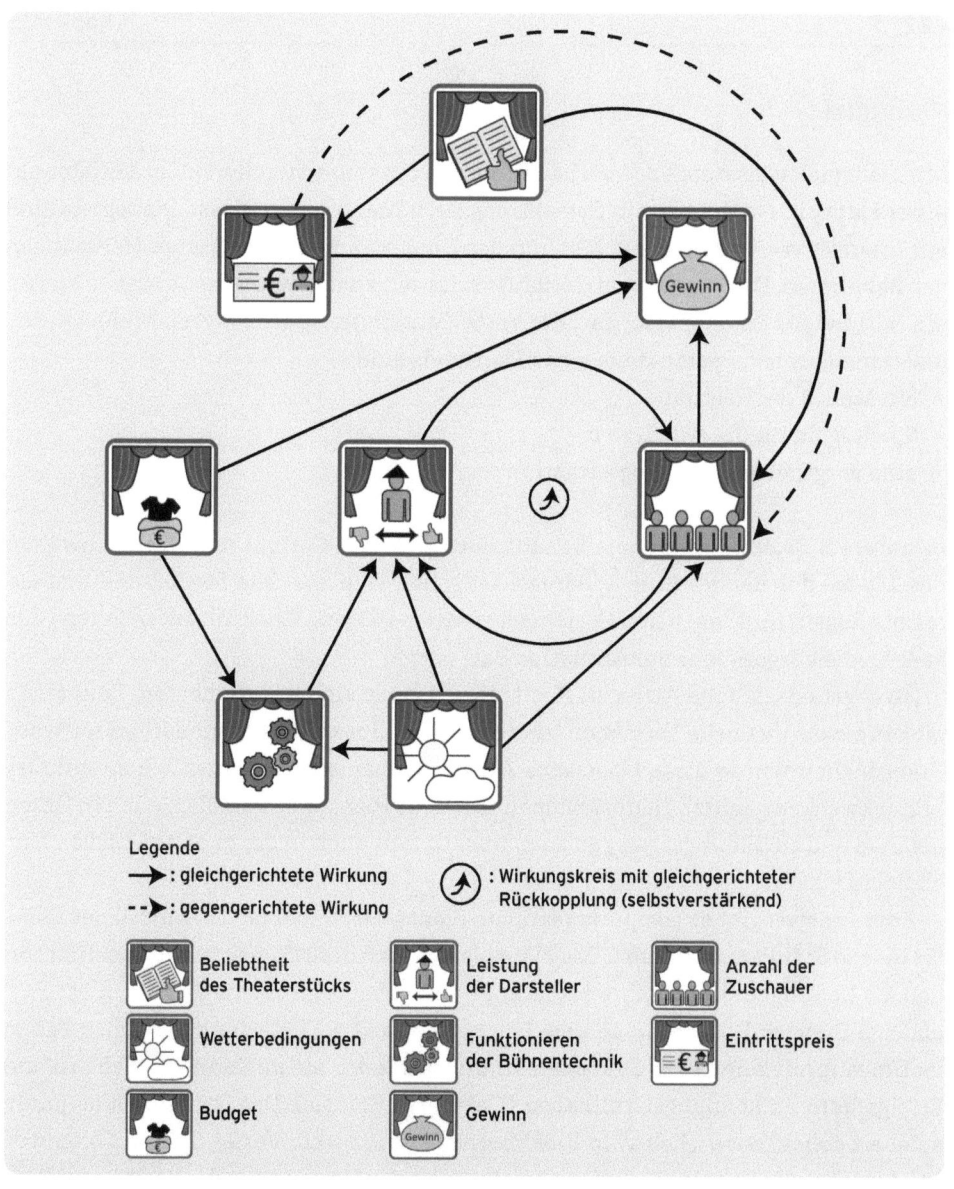

Legende
→ : gleichgerichtete Wirkung
--▶ : gegengerichtete Wirkung

🔄 : Wirkungskreis mit gleichgerichteter Rückkopplung (selbstverstärkend)

Beliebtheit des Theaterstücks

Wetterbedingungen

Budget

Leistung der Darsteller

Funktionieren der Bühnentechnik

Gewinn

Anzahl der Zuschauer

Eintrittspreis

Was passiert, wenn der Eintrittspreis erhöht wird? Ein erhöhter Eintrittspreis führt einerseits isoliert betrachtet zu höherem Gewinn (pro Besucher). Andererseits führt er zu einer geringeren Zahl an Zuschauern, was für sich gesehen den Gewinn verringert. Ein höherer Eintrittspreis hat also einen direkten positiven Effekt auf den Gewinn, aber auch einen indirekten negativen.

Vereinfachte Wirkungsgrafik für das System Open-Air-Theatergruppe

》Denken ist die Simulation gemachter Erfahrungen.《

Markus Kiefer, Kognitionspsychologe[12]

Planspiel

Mit Planspielen lässt sich das Verhalten sozialer Systeme simulieren. Im Mittelpunkt eines Planspiels steht also ein System, das auch Menschen umfasst. Planspiele sind ein interaktives Werkzeug, es lebt von den voneinander beeinflussten Handlungen der Beteiligten. Die simulierten Gerichtsverfahren zum ersetzenden Scannen stellen ein Beispiel für ein Planspiel dar: Konkrete Situationen (Gerichtsverfahren) wurden real durchgespielt. Bestandteile eines Planspiels sind:

- ein Modell der Realität
- Spielregeln für die Beteiligten
- eine vorgegebene Ausgangssituation

In unserem Beispiel bildete die Struktur aus fiktivem Gericht und Rechtsanwälten das Modell der Realität. Die Spielregeln ergaben sich aus dem Modell und umfassten die Regeln für Klagen und Gerichtsverfahren. Die vom Gericht verhandelten Fälle stellten die vorgegebene Spielsituation dar.

Zwei grundsätzliche Arten an Planspielen lassen sich unterscheiden. Zum einen gibt es sie als manuelle Versionen, also ohne den Einsatz einer Simulationssoftware. Ursprünglich wurde diese klassische Art des Planspiels ausschließlich zu militärischen Zwecken genutzt. Heute kommen manuelle Planspiele vor allem auch in Unternehmen und zu Bildungszwecken zum Einsatz, teils auch in der experimentellen Psychologie.

Zum anderen gibt es computergestützte Planspiele. Dabei ist das Modell der Realität in eine Software überführt. Das Planspiel wird also am Computer durchgeführt, in den die Beteiligten jeweils ihre Handlungen eingeben. Auf solche Weise hat der Psychologe Dietrich Dörner mit seinem Planspiel *Tanaland* Teile der klassischen Fehler im Umgang mit komplexen Systemen ermittelt, wie wir sie im Kapitel zu Fehlern und Erfolgsfaktoren kennengelernt haben.[13] Weiteres Beispiel: Das Strategie-Computerspiel *ecopolicy*, entwickelt vom Biokybernetiker Frederic Vester. Dieses Computerspiel möchte die Nutzer spielerisch Erfahrungen im Umgang mit der komplexen Welt machen lassen und vernetztes Denken fördern.

Für ein politisches Thema hat die unabhängige britische »Denkfabrik« *Open Europe* das Werkzeug des Planspiels zwei Mal eingesetzt. Die zentrale Frage lautete: Wie könnten die Verhandlungen innerhalb der Europäischen Union zum Verbleib oder zum Austritt Großbritanniens aus der Staatengemeinschaft verlaufen? Während im Jahr 2013 ehemalige und aktive Politiker sowie Politikexperten aus unterschiedlichen Ländern die einzelnen Rollen einnahmen, verhandelten Anfang 2016 unter anderem zwei ehemalige Premierminister und neun Exminister für ihr jeweiliges Land.[14]

Computersimulation

Simuliert allein die Computer-Software, ohne dass Menschen interaktiv in Abläufe eingreifen, liegt eine Computersimulation vor. Mit ihrer Hilfe lassen sich technische Abläufe simulieren — beispielsweise, wie sich ein Bauteil oder Produkt unter bestimmten Belastungen verhält. Für kurze Zeiträume können gleichfalls einige natürliche Systeme durch Computer simuliert werden (z. B. das Wetter).

Einige Wissenschaftler versuchen, das Verhalten sozialer Systeme mit Computern zu simulieren. Doch während sich in technischen Systemen die Zusammenhänge in weitgehend eindeutige mathematische Formeln übertragen lassen und sich auf diese Weise ein realitätsnahes Computermodell erzeugen lässt, ist dies bei sozialen Systemen in der Regel nicht möglich: Das Verhalten von Menschen und sozialen Gruppen erweist sich als unberechenbar, wie wir in den Kapiteln zu Prognosen und zu den Eigenschaften komplexer Systeme schon gesehen haben. Wie Menschen Entscheidungen fällen, kann nicht in verlässlichen mathematischen Formeln abgebildet werden. Deshalb simulierten die Steuerberater ihre Gerichtsprozesse zu ersetzenden Scandokumenten mit einem Planspiel, nicht per Computersimulation.

»[Computermodelle] sind unfähig, mit Beziehungen und Faktoren umzugehen, die schwer zu quantifizieren sind, für die es keine numerischen Daten gibt oder die außerhalb der Expertise der Spezialisten liegen, die das Modell erstellen.«

John D. Sterman, Direktor der *System Dynamics Group* des Massachusetts Institute of Technology (MIT)[15]

Praktischer Nutzen

Die Simulation über logische Folgerungen und Planspiele stellt ein sehr hilfreiches Werkzeug dar, um das Verhalten von Systemen zu analysieren, die Zukunft auszuprobieren, Handlungsfolgen abzuschätzen und die Stabilität von Systemen zu testen.

Auch im persönlichen Bereich bietet die Simulation großen Nutzen, wenn folgenreiche Entscheidungen zu fällen sind. Welchen der vorausgewählten Berufe ergreife ich? Oder: Nehme ich ein neues Jobangebot an oder arbeite ich in meiner jetzigen Funktion weiter? Oder: Ziehen wir ins Dorf oder in die Stadt? Mit logischen Folgerungen kann man die jeweiligen Folgen abschätzen und die Zukunft testen.

Wichtig ist hierbei, nicht nur das persönlich bevorzugte Szenario zu simulieren, sondern auch mindestens ein weiteres Szenario. Beispielsweise nicht allein das Szenario *Ich nehme die angebotene Stelle bei einem neuen Arbeitgeber an*, sondern auch: *Ich bleibe bei meinem jetzigen Arbeitgeber.*

Geht es nicht darum, Handlungsfolgen zu ermitteln, sondern die Zukunft zu simulieren, ohne dass eine Entscheidung getroffen werden soll, dann sollten drei Szenarien simuliert werden: ein positives Szenario, ein negatives Szenario und das erwartete Szenario.

Zusammenfassend lässt sich festhalten: Die Simulation ist ein wichtiges Werkzeug, um die Ungewissheit der Zukunft zu verringern und sich auf unterschiedliche Zukünfte einzustellen. Wer simuliert, nimmt die Komplexität der Realität an und denkt vernetzt.

DAS WICHTIGSTE IN KÜRZE

- Simulation ist das Ausprobieren, wie sich ein System verhalten oder die Zukunft aussehen kann. Grundlage dafür bildet ein Modell der Wirklichkeit.

- Einsatzzwecke der Simulation sind u. a.:
  - ▷ Systemverhalten analysieren
  - ▷ zukünftige Entwicklung aufzeigen bzw. die Zukunft ausprobieren (Zukunft simulieren)
  - ▷ Handlungsfolgen abschätzen (Folgenabschätzung: was passiert, wenn …)
  - ▷ Stabilität eines Systems überprüfen (Stresstest)

- Zusätzlich können mit Simulationen Verhaltensweisen trainiert werden, etwa bei Notfallübungen oder im Flugsimulator.

- Die drei wichtigsten Simulationsmethoden sind:
  - ▷ Logische Folgerungen
  - ▷ Planspiel (manuell oder computergestützt)
  - ▷ Computersimulation

- Im persönlichen Bereich ist Simulation insbesondere von Nutzen, wenn eine folgenreiche Entscheidung zu fällen ist. Hier bietet sich die logische Folgerung als Methode an.

16

Visualisierung: komplexe Zusammenhänge veranschaulichen und verstehen

Es quält Sie der Schmerz. Sie eilen zu Ihrem Hausarzt; er schreibt Sie für drei Tage krank und verschreibt Ihnen ein teures Medikament. Das Rezept überreichen Sie der Apothekerin; sie kassiert von Ihnen eine Zuzahlung und drückt Ihnen die Pillen, die Linderung versprechen, samt Packung in die Hand.

Natürlich steht jetzt die Genesung im Mittelpunkt. Da Sie drei Tage zu Hause bleiben müssen und dort zur Schonung nicht allzu aktiv sein sollen, ließe sich doch mal über verschiedene Dinge nachdenken. Zum Beispiel über die Frage, welche Finanzstrukturen es Ihnen ermöglichten, das teure Medikament aus der Apotheke mitzunehmen, ohne dort viel zu bezahlen.

Und so sehen die Finanzstrukturen der gesetzlichen Krankenversicherungen Deutschlands zum Zeitpunkt der Manuskripterstellung aus:[1] Die Arbeitnehmer zahlen Beiträge an den staatlichen Gesundheitsfonds, Gleiches tun die Arbeitgeber. Beide zahlen aber auch Steuern an den Staat. Der Staat wiederum setzt diese Steuereinnahmen u. a. dazu ein, um dem Gesundheitsfonds jährlich einen Zuschuss zu zahlen. Aus dem insgesamt eingenommenen Geld zahlt der Gesundheitsfonds für Sie einen Betrag an die gesetzliche Krankenversicherung, der nach einem komplizierten Verfahren ermittelt wurde. Sollte Ihre Krankenkasse mit dem Geld nicht zurechtkommen, das sie aus dem Gesundheitsfonds erhält, darf sie von ihren Mitgliedern direkt einen Zusatzbeitrag einfordern. Und nun zurück in die Apotheke: Schlussendlich zahlt die Krankenkasse Ihrem Apotheker den Preis des Medikaments, abzüglich der von Ihnen geleisteten Zuzahlung.

Ganz schön kompliziert ist das. Einfacher und übersichtlicher als mit einem Text lässt sich die Finanzstruktur mit einer Grafik darstellen.

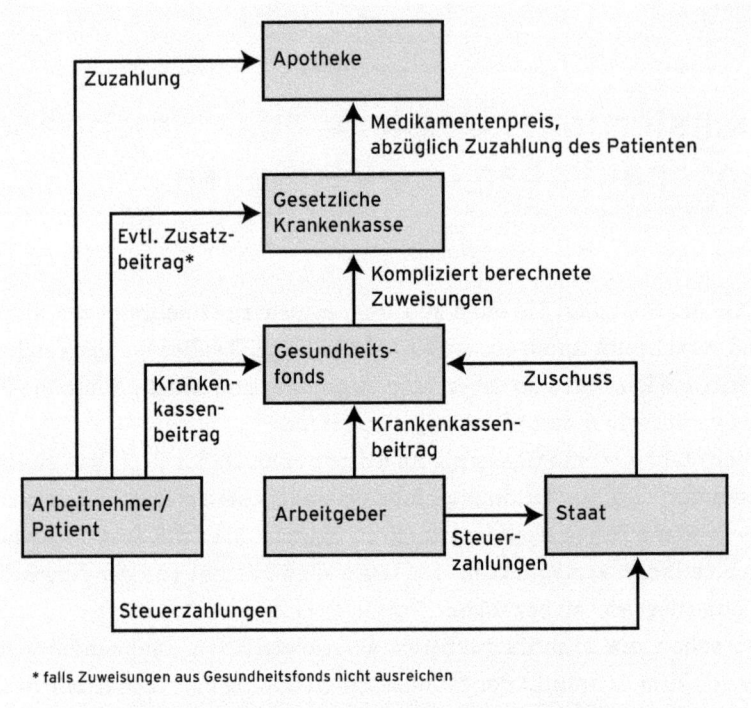

* falls Zuweisungen aus Gesundheitsfonds nicht ausreichen

Vereinfachte Finanzstruktur der gesetzlichen Krankenversicherung in Deutschland (bezogen auf das Beispiel des Medikamentenkaufs)

Praktische Hilfe

Dieses Kapitel bietet ganz praktische Hilfe im Umgang mit Komplexität. Oft liest man über komplexe Zusammenhänge. Diese beispielsweise aus Texten aufzunehmen und zu verstehen erweist sich nicht selten als schwierige Aufgabe. Das liegt zum einen daran, dass Texte nur wenige Gliederungsmöglichkeiten bieten, da sie linear aufgebaut sind: Es folgt ein Wort auf das andere, ein Satz dem nächsten. Weder können mehrere Zusammenhänge gleichzeitig dargestellt werden, noch lassen sich vernetzte Strukturen adäquat abbilden. Zum anderen führt der Gedankenfluss des Autors nicht immer zu einer einfach verständlichen Struktur des Textes.

Grafiken hingegen können sowohl komplizierte als auch komplexe Zusammenhänge in ihrer logischen Struktur darstellen. Sie zeigen Zusammenhänge auf einen Blick.

Mehr noch: Sie zu erstellen hält dazu an, Gedanken zu strukturieren. Die Vorzüge von Grafiken gelten natürlich nicht allein, wenn der Leser sich vorgegebene Informationen veranschaulichen möchte. Will man sich selbst oder anderen Zusammenhänge bzw. Erkenntnisse veranschaulichen, sind sie ebenfalls sinnvoll. So bietet das Visualisieren über Grafiken nicht nur bei gesellschaftlichen Themen viele Vorteile, sondern auch im Beruf und im Privaten.

In diesem Kapitel sehen Sie, wie sich Strukturen, Ursachen, Wirkungsbeziehungen und Wissen grafisch darstellen lassen. Die einzelnen Grafiktypen helfen, Zusammenhänge zu erkennen, zu verstehen und zu vermitteln. Insofern unterstützen sie vernetztes Denken und Handeln.

>>*Zeichnen ist eine Form des Nachdenkens auf dem Papier.*<<

Saul Steinberg (1914–1999),
rumänisch-amerikanischer Cartoonist und Illustrator[2]

Strukturgrafiken

Die Grafik zu den Finanzen der gesetzlichen Krankenversicherung (s. o.) zeigt eine Struktur: die Finanzstruktur. Es handelt sich um eine Strukturgrafik.

Dieser Grafiktyp bietet sich auch für andere Strukturen an. Beispielsweise werden Verantwortlichkeiten in einer Organisation als Strukturdiagramm gezeichnet (auch Organigramm genannt). Auch die Struktur eines Gerätes, eines Prozesses, eines Experiments oder eines Wissensgebietes lässt sich durch eine Strukturgrafik darstellen.

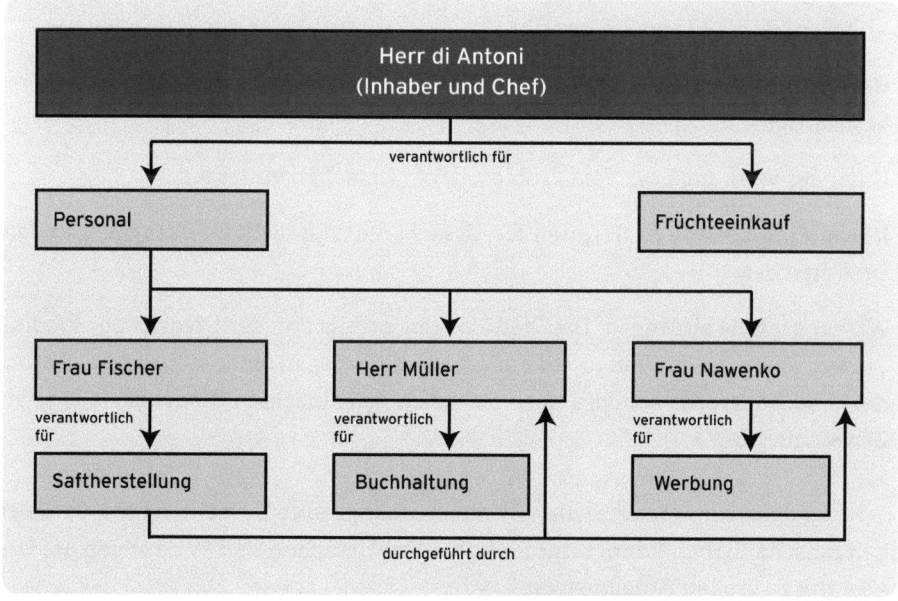

Verantwortlichkeiten in einem Saftladen

So erstellen Sie eine Strukturgrafik:

◆ Bei hierarchischen Strukturen (Standardfall) das übergeordnete Element auf ein Blatt Papier oben in die Mitte schreiben. Nach unten folgen die weiteren Ebenen. Pfeile zeigen Verantwortlichkeiten, Strukturierungen oder Flussrichtungen.

◆ Bei nicht-hierarchischen Strukturen jene Elemente in die Mitte des Blattes anordnen, die eine zentrale Rolle im betrachteten System spielen und zugleich häufig beteiligt sind; anschließend die weiteren Elemente einfügen.

Ursachengrafiken

Im Kapitel zu Ursachen und Wirkungen haben wir bereits erkannt: Von einfachen Fällen abgesehen, besitzen Wirkungen und Probleme immer mehrere Ursachen. Diese einzelnen Ursachen haben wieder ihre eigenen Ursachen. Dabei sind die einzelnen Ursachen voneinander häufig nicht isoliert, sondern beeinflussen sich teils auch untereinander. Oder anders formuliert: Ursachen können Ursachen von Ursachen sein, die sich wiederum untereinander beeinflussen.

Ursachengrafiken sind ein hervorragendes Instrument, um Problemursachen umfassend identifizieren und darstellen zu können.

So erstellen Sie eine Ursachengrafik:

1. Ganz oben auf dem Blatt Papier die Wirkung bzw. das Problem eintragen, das einen beschäftigt.

2. Unter der Wirkung bzw. dem Problem deren Ursachen eintragen.

3. In weiteren Ebenen nach unten die Ursachen der Ursachen eintragen und deren Ursachen usw.

4. Wirkungspfeile eintragen: Die Pfeile zeigen jeweils von der Ursache zur Wirkung. Sie werden nicht nur von unten nach oben eingetragen entsprechend des Aufbaus der Ursachengrafik, sondern auch zwischen den einzelnen Ursachen, falls es eine Beziehung gibt.

Welche komplexen umfangreichen Zusammenhänge eine Ursachengrafik übersichtlich veranschaulichen kann, zeigt im Kapitel zu Ursachen und Wirkungen die Ursachengrafik zu großen Abfallmengen.

Erfolglos beworben

Der Schüler Xavier Müller hat sich im Saftladen von Antonio di Antoni um eine Ausbildungsstelle beworben. Er möchte gerne in der Gastronomie arbeiten. Herr di Antoni sagte Xavier ab. Auf alle anderen acht Bewerbungen hatte Xavier ebenfalls Absagen erhalten. Xavier wundert sich, warum kein Restaurant, keine Bar und kein Saftladen Interesse an ihm hatte. »Die Firmen interessieren sich einfach nicht für mich«, seufzt er frustriert.

Herr di Antoni hat ihn abgelehnt, da der Saftladen gar nicht ausbildet. Auch einige der anderen Bewerbungen hatte Xavier an Betriebe geschickt, die gar nicht ausbilden. Xavier hatte also nicht gut recherchiert. Überdies fiel Herr di Antoni auf, dass Xaviers Bewerbung voller kleiner Rechtschreib- und Grammatikfehler war, denn Xavier hatte sich bei seiner Bewerbung keine Mühe gegeben.

Dass Xavier schlecht recherchiert und sich bei der Bewerbung keine Mühe gegeben hatte, lag vor allem daran, dass er sich für seine Bewerbung nicht viel Zeit genommen hatte. Lieber ging er mehrmals die Woche ins Kino. Um sich das leisten zu können, jobbte er zweimal die Woche nachmittags – auch diese Zeit fehlte ihm.

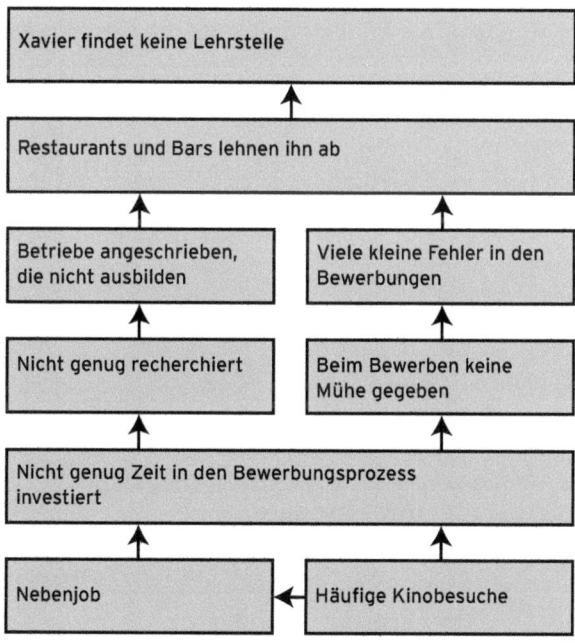

Wirkungsgrafiken

Ursachengrafiken zeigen ausschließlich Ursache-Wirkung-Zusammenhänge zwischen verschiedenen Faktoren bzw. (System-)Elementen auf, ohne zu verdeutlichen, wie die Wirkungen aussehen.

Wirkungsgrafiken hingegen veranschaulichen zusätzlich die Art der Wirkung: Verstärkt ein Element ein anderes Element oder schwächt es dieses ab? Solches Wissen unterstützt das Verständnis, wie sich ein betrachtetes System verhält. So lässt sich abschätzen, wie das System bei Eingriffen reagiert oder wo angesetzt werden muss, um eine bestimmte Wirkung zu erzielen. Während mit der Ursachengrafik im Nachhinein analysiert wird, wie es zu einer Situation kam, steht bei Wirkungsgrafiken das grundsätzliche Verständnis eines Systems im Mittelpunkt. An einem Beispiel sei dies aufgezeigt.

Tim ist ein Jugendlicher, wie es ihn häufig gibt: Er geht nach der Schule gerne seinem Lieblingshobby nach und spielt Videospiele oder trifft sich mit Freunden. Da ihn die Spiele nach einiger Zeit immer wieder langweilen, kauft er sich neue. Je mehr Geld er hat, desto mehr Spiele kauft er sich. Je mehr neue Spiele er kauft, desto weniger Geld hat er, um mit seinen Freunden in die Disco zu gehen. Tim sortiert aus diesem Grund dreimal die Woche je drei Stunden lang Unterlagen für ein Unternehmen. Allerdings hat Tim nun weniger Freizeit und kann wiederum seltener in die Diskothek. Je mehr er jedoch arbeitet, desto mehr Geld hat er zur Verfügung.

Als er genug Geld hat, kauft sich Tim ein Moped. Je häufiger er nun mit dem Moped zur Arbeit fährt, desto mehr Freizeit hat er. Je häufiger er jedoch sein Moped nutzt, desto weniger Geld hat er zur Verfügung, da er das Benzin bezahlen muss. Die Wirkungen dieser komplexen Sachverhalte veranschaulicht die folgende Wirkungsgrafik.

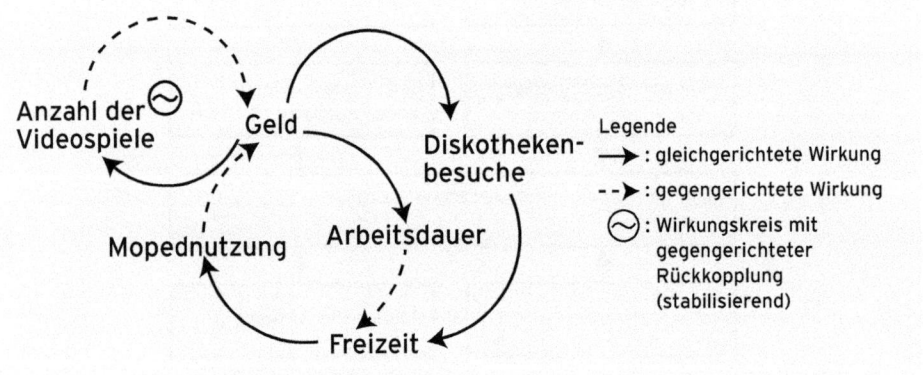

Wirkungsgrafik zu Tims Freizeit

Mithilfe dieser Wirkungsgrafik kann Tim nun überlegen, was er tun möchte, um sein Zeit-Geld-Dilemma zu entschärfen. Dabei vermag er für jede mögliche Handlungsoption die Wirkungen abzuschätzen.

Welche Bedeutung die Pfeile in Wirkungsgrafiken haben, haben wir bereits im Kapitel zur Selbstregulation gesehen. Zur Erinnerung:

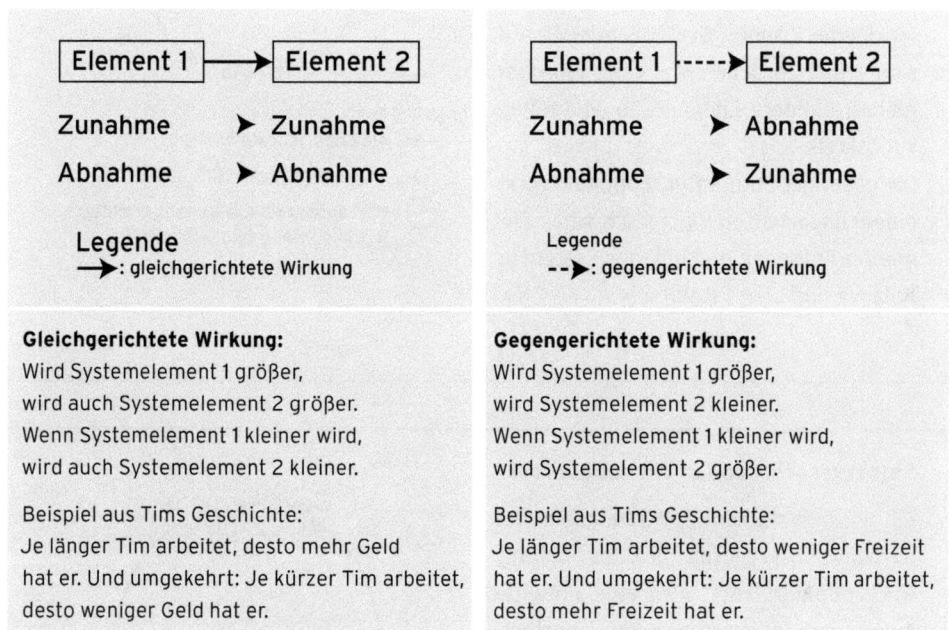

Welche Regeln für die Wirkungskreise gelten, wird auf der nächsten Seite verdeutlicht.

Stabilisierender Wirkungskreis

Ein stabilisierender Wirkungskreis ist ein Wirkungskreis mit gegengerichteter Rückkopplung.

Eine Rückkopplung liegt dann vor, wenn ein Element eines Systems wieder auf sich selbst zurückwirkt – über ein oder mehrere andere Elemente in einem Wirkungskreis.

Die gegengerichtete Rückkopplung wirkt einem dauerhaften Wachstum eines Elementes entgegen und hält das System in Balance und somit stabil.

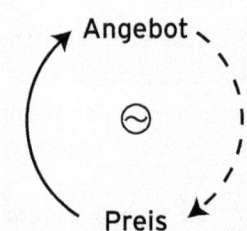

Legende
→ : gleichgerichtete Wirkung
--▶ : gegengerichtete Wirkung
⊘ : Wirkungskreis mit gegengerichteter Rückkopplung (stabilisierend)

Selbstverstärkender Wirkungskreis

Ein selbstverstärkender Wirkungskreis ist ein Wirkungskreis mit gleichgerichteter Rückkopplung. Hier wird eine Entwicklung ohne Einfluss von außen selbstverstärkt, d. h. ein Element im Wirkungskreis wird immer größer (Aufschaukeln) oder immer kleiner (Abschaukeln).

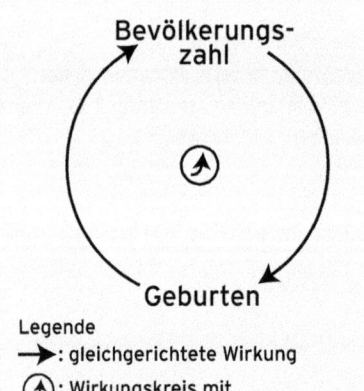

Legende
→ : gleichgerichtete Wirkung
⊛ : Wirkungskreis mit gleichgerichteter Rückkopplung (selbstverstärkend)

Wirkungsgrafiken lassen sich sowohl für einzelne Fragestellungen als auch für ganze Systeme erstellen und verwenden. Eine Wirkungsgrafik für ein gesamtes System erstellt man mithilfe einer Systemanalyse. Mehr dazu im folgenden Kapitel.

So erstellen Sie für eine Fragestellung eine Wirkungsgrafik:

1. Fragestellung formulieren und zentrales Element bestimmen.

2. Weitere wichtige Elemente des Systems bestimmen. Dazu überlegt man sich, welche Faktoren das zentrale Element beeinflussen. Alle Elemente müssen quantifizierbar formuliert sein, damit sich Wirkungsaussagen bilden lassen wie: *je mehr oder größer Element 1, desto mehr oder größer Element 2*. Oder: *je mehr oder größer Element 1, desto weniger oder kleiner Element 2*

3. Für jedes Element überlegen, ob es auf die anderen Elemente wirkt.

4. Für jede gefundene Wirkung zwischen zwei Elementen überlegen: Liegt eine gleichgerichtete oder eine gegengerichtete Wirkung vor?

5. Alle Elemente in der Grafik anordnen; dabei Elemente, die viele Wirkungen besitzen, in die Mitte setzen. Besteht zwischen Elementen eine Wirkung, einen entsprechenden Wirkungspfeil einzeichnen (durchgezogen für gleichgerichtete Wirkung; gestrichelt für gegengerichtete Wirkung).

6. Prüfen, ob Wirkungskreise vorliegen. Falls ja: durch das Symbol für gleichgerichteten oder gegengerichteten Wirkungskreis kennzeichnen.

Begriffslandkarten

Wie kommt es eigentlich zu den Jahreszeiten?

Die Schwierigkeit bei dieser Frage ist: Viele miteinander vernetzte Zusammenhänge bilden die Antwort. Diese Zusammenhänge in Textform darzustellen wäre unübersichtlich und aufwendig. Begriffslandkarten (oftmals auch als Concept Maps bezeichnet) helfen, die Zusammenhänge analytisch zu reflektieren und zu veranschaulichen.

Während Strukturgrafiken Strukturen und Hierarchien darstellen, lässt sich mithilfe von Begriffslandkarten komplexes Wissen veranschaulichen.

Die folgende Begriffslandkarte beantwortet die oben genannte Frage zur Entstehung von Jahreszeiten.

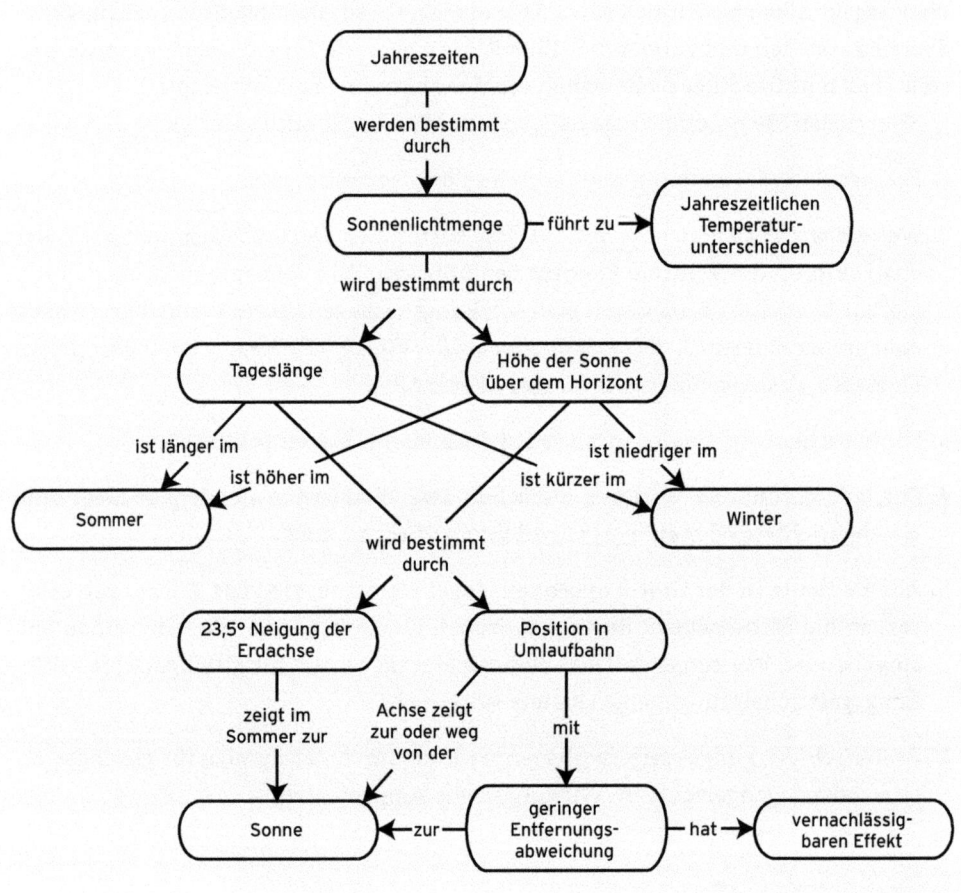

Begriffslandkarte zur Entstehung der Jahreszeiten
(nach Joseph D. Novak und Alberto J. Cañas, Institute for Human and
Machine Cognition Pensacola Florida[3])

Die Begriffslandkarte zur Entstehung der Jahreszeiten verdeutlicht, dass dieses Instrument viel mehr darstellen kann als lediglich eine Struktur. So können Pfeile in der Begriffslandkarte für folgende Aspekte stehen:

- Hierarchische Ordnung
- Eigenschaften
- Wirkungen
- Ursachen
- Folgen
- Zwecke
- Begründungen
- Bedingungen

Begriffslandkarten visualisieren Wissen in Form von Begriffen und ihren Beziehungen. Dabei gehen sie von mehr als einem Begriff aus — von einigen wenigen Begriffen – und verzweigen von dort zu weiteren Begriffen. Die Pfeilbeschriftung der Begriffslandkarte zeigt die Art der Beziehung untereinander:

Art der Beziehung	Beispiele für Pfeilbeschriftung
Statisch	besteht aus, entspricht, ist, beinhaltet, umfasst, bedeutet, ein Teil von, Grundlage für, erfordert
Dynamisch	führt zu, erhöht, verringert, wirkt, beeinflusst, bewirkt, verändert

Eine statische Beziehung ist dadurch gekennzeichnet, dass sich aus der betrachteten Beziehung heraus keine Veränderungen ergeben. Bei einer dynamischen Beziehung dagegen verändert das eine Element den Status des zweiten Elements.

Begriffslandkarten unterscheiden sich von den weitverbreiteten Mind-Maps deutlich, wie folgender Vergleich zeigt.[4]

	Begriffslandkarte	Mind-Map
Zweck	Komplexe Zusammenhänge visualisieren.	Informationen sortieren und kategorisieren.
Erstellung	Eine Struktur analytisch reflektieren.	Begriffe spontan verketten; eher kreativ.
Aufbauprinzip	Von mehreren Begriffen zu weiteren verzweigten Begriffen.	Von einem zentralen Begriff von innen nach außen aufgebaut.

So erstellen Sie eine Begriffslandkarte:[5]

1. Das zentrale Thema formulieren und auf ein Blatt Papier (Querformat) als Stichwort oben in die Mitte schreiben.

2. Sechs bis zwölf Schlüsselbegriffe (Substantive) für das zentrale Thema auswählen und diese von übergeordneten zu konkreten Themen sortieren. Die Schlüsselbegriffe können umfassen: hierarchische Ordnung, Eigenschaften, Wirkungen, Ursachen, Folgen, Zweck, Begründung.

3. Vom zentralen Thema ausgehend die Schlüsselbegriffe logisch in der Grafik anordnen, umranden, mit Pfeilen verbinden, wo Beziehungen bestehen, und die Pfeile nach Art der Beziehung beschriften.

4. An den einzelnen Elementen weitere eng verwandte Begriffe durch Pfeile anfügen, falls sie für die Fragestellung von Bedeutung sind. Neue Begriffe umranden und neue Pfeile nach Art der Beziehung beschriften.

Begriffslandkarten können auch am Computer erstellt werden. Dazu gibt es spezielle Softwares, auch als kostenlose Versionen.[6]

Resümee

Strukturgrafik, Ursachengrafik, Wirkungsgrafik und Begriffslandkarte — für unterschiedliche Zwecke steht jeweils ein Grafiktyp zur Verfügung, um komplizierte und komplexe Zusammenhänge zu veranschaulichen. Mithilfe des jeweiligen Grafiktyps gelingt es, Komplexität zu verstehen und auch anderen Menschen zu vermitteln. Somit unterstützen diese Grafikformen, vernetzt zu denken und zu handeln. Ob es sich um kleine oder große Themen handelt, spielt auch hier wieder keine Rolle. In allen Fällen gilt jedoch: Übung macht den Meister.

DAS WICHTIGSTE IN KÜRZE

- Sprache und Texte sind linear und können komplizierte sowie komplexe Zusammenhänge nicht adäquat abbilden. Es folgt Wort auf Wort, Satz auf Satz. Sprache und Texte bieten nur wenige Gliederungsmöglichkeiten.

- Grafiken hingegen bieten die Möglichkeit, komplexe Zusammenhänge übersichtlich darzustellen.

- Das Erstellen von Grafiken hilft, Zusammenhänge zu durchschauen.

- Grafiken ermöglichen, komplexe Zusammenhänge zu dokumentieren und erleichtern es anderen, diese Zusammenhänge zu verstehen.

- Vier hilfreiche Grafiktypen haben wir in diesem Kapitel kennengelernt.

Grafiktyp	Zweck
Strukturgrafik	Strukturen von Organisationen, Geräten, Prozessen, Versuchen und Wissensgebieten veranschaulichen.
Ursachengrafik	Problemursachen mit ihren Unterursachen und Vernetzungen veranschaulichen.
Wirkungsgrafik	Wirkungen bei komplexen Sachverhalten und in komplexen Systemen veranschaulichen.
Begriffslandkarte	Komplexes Wissen in Form von Begriffen und Beziehungen veranschaulichen.

17

Wie sich Aufbau und Verhalten komplexer Systeme verstehen lassen

»Die strafrechtliche Drogenprohibition ist gescheitert, sozialschädlich und unökonomisch. [...] Menschen mit problematischem Drogenkonsum brauchen Hilfe. Die Strafverfolgung hat für sie und alle anderen nur negative Folgen.

Prohibition soll den schädlichen Konsum bestimmter Drogen verhindern. Tatsächlich kann sie dieses Ziel nicht erreichen. [...] Prohibition schreckt zwar einige Menschen ab, verhindert aber Aufklärung und vergrößert gleichzeitig dramatisch die gesundheitlichen und sozialen Schäden für diejenigen, die nicht abstinent leben wollen. [...]

Die Prohibition ist unverhältnismäßig kostspielig. Die Bürger werden Opfer der Beschaffungskriminalität. Jedes Jahr werden Milliardenbeträge für die Strafverfolgung aufgewendet, welche sinnvoller für Prävention und Gesundheitsfürsorge eingesetzt werden könnten. Der Staat verzichtet auf Steuereinnahmen, die er bei einem legalen Angebot hätte. [...]

Konsumenten werden diskriminiert, strafrechtlich verfolgt und in kriminelle Karrieren getrieben. [...] Es gibt keinen Verbraucher- und Jugendschutz. Riskante Konsumformen werden gefördert und die Konsumenten werden gefährlichen Krankheiten ausgesetzt (z. B. AIDS, Hepatitis C). Normales jugendliches Experimentierverhalten wird kriminalisiert und das Erlernen von Drogenmündigkeit erschwert. Junge Menschen werden dauerhaft stigmatisiert und ihre Lebenschancen werden gemindert.«

So beschreibt ein Netzwerk von Experten aus Wissenschaft und Praxis (Schildower Kreis) die Auswirkungen der aktuellen Drogenpolitik.[1] Mehr als 100 Staatsrechtsprofessoren haben diesen Text unterschrieben, der in der vollständigen Fassung als Resolution an die Abgeordneten des Deutschen Bundestages gesandt wurde.

Man muss nicht alle Aussagen der Resolution teilen, um zu erkennen: Die derzeitige Drogenpolitik hat vielfältige negative Auswirkungen. Das lässt vermuten, dass die Verantwortlichen die Gesamtwirkung ihres Handelns im Vorhinein nicht analysiert haben. Ob im Großen, etwa auf Ebene von Ländern, oder im Kleinen, z. B. in Gemeinden oder Unternehmen: Aufbau (Wirkungsgefüge) und Verhaltensmuster der Systeme, in die eingegriffen wird, sind häufig nicht bekannt. Zwar wird vielfach ein enormer Aufwand betrieben, um den *Istzustand* eines Systems über eine Vielzahl an Daten und Statistiken darzustellen. Doch noch so viele Daten können nicht darüber hinwegtäuschen: Es liegt eine statische Betrachtung vor, die weder über den Aufbau des Systems noch über dessen Verhaltensmuster Erkenntnisse bringt. Folglich ist es schwer, zielgerichtet zu wirken und Probleme in den Griff zu bekommen.

Der Nutzen von Systemanalysen

Wie kann es gelingen, ein Geschehen zielgerichtet zu beeinflussen, die Ziele mit möglichst geringem Aufwand zu erreichen und dabei möglichst wenige Nebenwirkungen zu erzeugen? Man muss die komplexen Zusammenhänge im betroffenen System kennen. Das betrifft Wirkungsgefüge und Verhalten des Systems.

Diese Aufgabe folgt einigen der Erfolgsfaktoren zum Umgang mit komplexen Systemen, wie wir sie im Kapitel zu den Erfolgsfaktoren kennengelernt haben:

- Gesamtsituation und Vernetzung berücksichtigen
- Dynamik berücksichtigen
- Störfaktoren berücksichtigen
- Auf Funktionsfähigkeit und Stabilität des Systems achten
- Vorhandenes nutzen und mit dem System arbeiten
- Nebenwirkungen berücksichtigen

> Mit dem **Werkzeug Systemanalyse** lassen sich Wirkungsgefüge und Verhalten eines komplexen Systems ermitteln. Sie schafft einen strukturierten Überblick zu den Ursachen von Problemen und weist auf wirksame Handlungsmöglichkeiten hin. Diese dienen dem Ziel, Stabilität und Beeinflussbarkeit des Systems zu stärken.
>
> Im Detail zeigt das Ergebnis einer Systemanalyse, wo im System mit möglichst geringem Aufwand und unter möglichst geringen Nebenwirkungen zielorientiert eingegriffen werden kann. Dabei werden Teufelskreise, selbstverstärkende Erfolgsdynamiken und selbstregulierende stabilisierende Wirkungskreise im System sichtbar.

Die hier vorgestellte Form der Systemanalyse wurde vom Biokybernetiker Frederic Vester (1925–2003) entwickelt.[2]

> *》Zu studieren sind nicht mehr einzelne Elemente,*
> *sondern die Wirkungen der Elemente aufeinander, nicht die Eigenschaften*
> *losgelöster Prozesse, sondern die Eigenschaften von Ganzheiten.《*
>
> **Wolfgang Wieser** (1919–2017), Zoologe und Systemforscher[3]

Wie man eine Systemanalyse erstellt – das Beispiel Saftladen

Systemanalysen sind ein aufwendiges Werkzeug. Für den Drogenmarkt eine Systemanalyse zu erstellen, würde den Rahmen dieses Buchkapitels sprengen. Und Ihre Geduld beim Lesen überstrapazieren. Ziel dieses Kapitels ist es daher, Prinzip und Nutzen der Systemanalyse zu verdeutlichen, ohne zu sehr ins Detail zu gehen. Deshalb wird das Werkzeug der Systemanalyse an einem einfachen Beispiel für ein kleines System aufgezeigt: an einem Saftladen.

Stellen wir uns vor, wir würden einen Saftladen in einem Stadtviertel betreiben. Wir haben vor Kurzem eröffnet, stellen verschiedene Säfte selbst her und verkaufen sie direkt an die Kunden im Laden.

Die folgenden fünf Schritte der Systemanalyse sollen uns dabei helfen, unseren Laden profitabel zu machen.

- Schritt 1: System, Problem und Ziel definieren
- Schritt 2: Wesentliche Elemente des Systems erfassen
- Schritt 3: Wechselwirkungen zwischen den Elementen im System erfassen
- Schritt 4: Eigenschaften der einzelnen Elemente im System ermitteln
- Schritt 5: Wirkungsgrafik erstellen und Schlussfolgerungen ziehen

Schritt 1: System, Problem und Ziel definieren

Um zu wissen, welches Problem gemeistert werden soll, welches Ziel verfolgt wird und welches System analysiert werden soll, ist Schritt 1 der Analyse wichtig.

Für den Saftladen zeigt die folgende Tabelle das Ergebnis.

System	Es handelt sich um das System *Saftladen*, in dem wir Säfte selbst produzieren und verkaufen.
Problem	Wir haben das Problem, neu am Markt zu sein und noch nicht im Detail zu wissen, was beachtet werden muss, um unseren Saftladen erfolgreich im Stadtviertel zu etablieren und profitabel zu machen.
Ziel	Wir haben das Ziel, den Laden profitabel zu machen und langfristig erfolgreich zu sein.

Ausgangsbasis der Systemanalyse

Schritt 2: Wesentliche Elemente des Systems erfassen

Um ein System möglichst realitätsnah abzubilden, müssen die wesentlichen Systemelemente (im weiteren auch *Elemente* genannt) ermittelt werden. Dies sind jene Elemente, die die Eigenschaften und das Verhalten des Systems maßgeblich bestimmen.

Um das Wirkungsgefüge eines Systems vollständig zu erfassen, müssen nach Frederic Vester — je nach Komplexität — zwischen 20 und 40 Elemente identifiziert und ihre Vernetzungen untersucht werden.[4] Unser Saftladen dient als Beispiel, um die Grundidee der Systemanalyse zu erläutern. Um das Beispiel übersichtlich zu halten, werden deutlich weniger Systemelemente als in der Praxis betrachtet.

Wie aber kann man unterscheiden, welche Systemelemente wesentlich sind und welche nicht? In der Praxis ist diese Unterscheidung ein komplexer Vorgang, bei dem durch vielfältige Diskussionen und Gedankenspiele nebensächliche von wesentlichen Elementen getrennt und bestimmte Aspekte berücksichtigt werden.[5] Pragmatisch lassen sich die Systemelemente durch sechs Leitfragen ermitteln:

1. Welche Personengruppen und Institutionen sind am zu betrachtenden System beteiligt?

2. Welche Interessen haben sie?

3. Welche Faktoren beeinflussen ihr Handeln?

4. Welche weiteren Elemente bilden das System?

5. Welche externen Faktoren wirken auf das System?

6. Welche weichen Faktoren spielen eine Rolle?

Um in Schritt 3 die Wechselwirkungen zwischen den Systemelementen erfassen zu können, müssen alle Systemelemente bewertbar sein: entweder quantifizierbar — also in einer Zahl zu fassen — oder qualitativ bewertbar — z.B. hoch oder niedrig. Erfüllt wäre das bei dem Element *Saftpreis* (er ist quantifizierbar) oder bei der *Kundenzufriedenheit* — sie ist qualitativ bewertbar. Ungeeignet wäre hingegen *Farbe der Säfte*; dieses Element ist weder quantifizierbar noch kann es qualitativ bewertet werden.

Die folgenden Systemelemente wurden für unsere kompakte Systemanalyse des Saftladens ermittelt. Damit das Beispiel übersichtlich bleibt, fehlen einige Systemelemente, z.B. die Einnahmen des Saftladens oder die Qualität der verwendeten Früchte. Das Element *Durst der Anwohner* hingegen ist nur bedingt passend, wurde aber einbezogen, um in diesem kompakten Beispiel alle Möglichkeiten der Systemanalyse aufzeigen zu können.

Saftpreis:
Der Preis, zu dem ein Glas Saft in unserem Laden verkauft wird.

Saftqualität:
Umfasst den Geschmack des Saftes, sein Aussehen und seine Bekömmlichkeit.

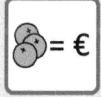
Herstellungskosten pro Saftportion:
Umfasst alle Kosten, die zur Produktion einer Saftportion (d.h. 1 Glas Saft) anfallen (z.B. für Früchte, Ladenmiete, Energie und Löhne).

Anzahl verkaufter Säfte:
Summe der in unserem Laden verkauften Saftportionen (pro Monat).

Kundenzufriedenheit:
Einstellung der Kunden zu unserem Saftladen: Zufrieden ist ein Kunde, wenn der Saft seinen Erwartungen entspricht oder diese übertrifft; unzufrieden, wenn seine Erwartungen nicht erfüllt werden.

Stellenwert von Säften in der Gesellschaft:
Zeigt an, ob das Trinken von Säften gesellschaftlich gerade im Trend liegt oder nicht.

Durst der Anwohner:
Zeigt an, wie groß oder gering der Durst der Bewohner in unserem Stadtviertel ist.

Fett markierte Elemente: Zielelemente; unterstrichene Elemente: beeinflussbare Elemente

Systemelemente im Saftladen

Damit wir aus der Analyse praktische Erkenntnisse ziehen können, ist es wichtig, diejenigen Elemente zu erkennen, die unser Ziel beinhalten **(Zielelemente)**, und jene, die wir selbst beeinflussen können (beeinflussbare Elemente). So dient die Kundenzufriedenheit unserem Ziel, profitabel zu werden; sie ist ein Zielelement. Direkt — sozusagen auf Befehl — kann sie von uns jedoch nicht beeinflusst werden. Direkt beeinflussen können wir hingegen den Saftpreis; er ist ein beeinflussbares Element. In obigem Überblick zu den Systemelementen im Saftladen sind die Zielelemente bereits fett markiert und die von uns beeinflussbaren Elemente unterstrichen.

Welche Elemente bilden das System und beeinflussen sein Verhalten? Allein schon die Kenntnis dieser Elemente erweist sich als sehr hilfreich im Umgang mit komplexen Systemen. Wenn zusätzlich noch bekannt ist, welches dieser Elemente dem Ziel dienen und welche man selbst beeinflussen kann, ist schon viel gewonnen.

Während also die Systemanalyse jenen Elementen eine besondere Aufmerksamkeit widmet, die man beeinflussen kann, werden die nicht beeinflussbaren Elemente durch Szenarien abgedeckt. Die Fragestellung dabei lautet: Wie lässt sich auf Entwicklungen vorbereiten, die man nicht oder nur in geringem Maße beeinflussen kann? Im Szenarien-Kapitel haben wir uns mit dieser Fragestellung bereits auseinandergesetzt.

Schritt 3:
Wechselwirkungen zwischen den Elementen im System erfassen

In Schritt 2 wurde das Wirkungsgefüge des Systems erfasst, also welche Systemelemente unseren Saftladen bilden. Ein System ist jedoch keine bloße Ansammlung unzusammenhängender Einzelteile — wie beispielsweise ein Tellerstapel —, sondern wird dadurch bestimmt, dass die einzelnen Elemente untereinander vernetzt sind und sich beeinflussen.

Eine Systemanalyse bildet einen gesamtheitlichen Ansatz. Gesamtheitlich bedeutet, dass einzelne Elemente nicht allein für sich betrachtet werden: Es wird untersucht, wie ein System in seiner Gesamtheit funktioniert. Hierfür müssen die Wirkungen aller beteiligten Systemelemente auf alle anderen geprüft werden.

In Schritt 3 wird nun gezeigt, wie diese wechselseitigen Wirkungen (Wechselwirkungen) erkannt werden können. Hierzu wird für jedes der sieben Systemelemente geprüft, ob es direkt Einfluss auf die jeweils anderen sechs Elemente hat. Dabei sind ausschließlich **direkte** Wirkungen relevant, nicht aber Wirkungen mit Umweg über ein anderes Systemelement. Die *Herstellungskosten pro Saftportion* z. B. wirken nicht direkt auf die *Anzahl verkaufter Säfte*, sondern nur indirekt über den *Saftpreis*. Zusammengestellt werden die Ergebnisse in der System-Matrix, einer Art Tabelle.

Um zu prüfen, ob zwischen zwei Elementen eine direkte Wirkung vorliegt oder nicht, hat es sich bewährt, den Zusammenhang auszuformulieren.

Zusammenhang	Ausformulierung	Direkte Wirkung
Wirkt die *Saftqualität* direkt auf die *Kundenzufriedenheit?*	Je höher die Qualität des verkauften Saftes ist, desto höher ist die Kundenzufriedenheit? (Je niedriger die Qualität des verkauften Saftes ist, desto niedriger ist die Kundenzufriedenheit?)	Ja
Wirken die *Herstellungskosten pro Saft* direkt auf die *Anzahl der verkauften Säfte?*	Je höher die Herstellungskosten pro Saft sind, desto mehr Säfte werden im Laden verkauft? (Je niedriger die Herstellungskosten pro Saft sind, desto weniger Säfte werden im Laden verkauft?)	Nein*

* Die Herstellungskosten pro Saft wirken vielmehr direkt auf den Saftpreis und dieser wiederum wirkt auf die Anzahl der verkauften Säfte. Die Wirkung der Saftproduktionskosten auf die Verkaufszahl ist also indirekt und somit für die Ermittlung der Wechselwirkung nicht relevant.

Direkte Wirkung zwischen zwei Systemelementen: ja oder nein?

Wirkt ein Element direkt auf ein anderes, ist es wichtig zu wissen, ob diese Wirkung gleichgerichtet oder gegengerichtet ist. Für das Verständnis des Systems ist die Richtung der wechselseitigen Wirkungen der Elemente grundlegend. In den Kapiteln zu Selbstregulation und Grafiken haben wir das bei Wirkungsgrafiken bereits kennengelernt. Die nächste Abbildung fasst den Charakter beider Wirkungsarten nochmals zusammen.

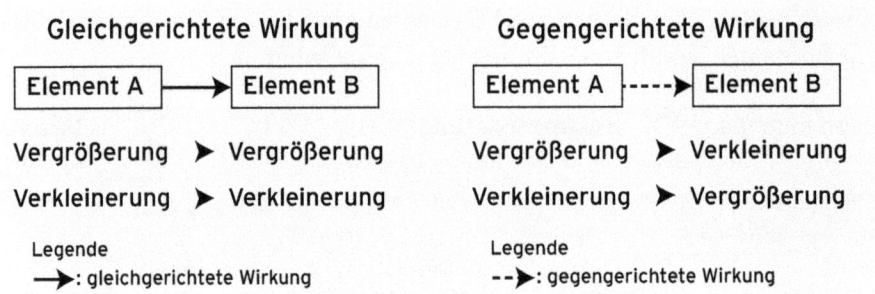

Gleichgerichtete und gegengerichtete Wirkung

Nun können wir also feststellen, ob und in welcher Weise zwei Systemelemente aufeinander wirken, aber noch nicht, wie stark. Dies ist jedoch für das Verständnis des Systemverhaltens wichtig. Und so geht man dabei vor:

- Die Stärke der beiden Wirkungen gleichgerichtet und gegengerichtet wird in drei Stärken unterschieden (1, 2 und 3).

- Wenn eine Veränderung des einen Elements eine gleich große Veränderung des anderen Elements bewirkt — dann liegt eine proportionale Wirkung vor. Sie erhält den Wert 2. Fällt die Veränderung des anderen Elements kleiner aus, ist die Wirkung unterproportional (Wert 1). Führt die Veränderung des einen Elements zu einer stärkeren Veränderung des anderen, ist die Wirkung überproportional (Wert 3).

- Ist eine Wirkung gegengerichtet, gibt man den Wert mit einem vorgestellten Minuszeichen an.

- Haben zwei Elemente keine Wirkung aufeinander oder nur eine sehr schwache oder stark zeitverzögerte, so entspricht dies dem Wert 0.

Die folgende Abbildung fasst die Regeln zusammen.

Wirkung von Element A auf Element B	Kategorisierung
Keine, sehr schwache oder stark zeitverzögerte Wirkung	0
Gleichgerichtete unterproportionale Wirkung	1
Gleichgerichtete proportionale Wirkung	2
Gleichgerichtete überproportionale Wirkung	3
Gegengerichtete unterproportionale Wirkung	-1
Gegengerichtete proportionale Wirkung	-2
Gegengerichtete überproportionale Wirkung	-3

Überblick über die Wirkungsstärken

Ob eine Wirkung die Stärke 1, 2 oder 3 besitzt, lässt sich manchmal nicht eindeutig festlegen. Für das Ergebnis der Systemanalyse und die Qualität der möglichen Schlussfolgerungen ist es jedoch weniger entscheidend, ob eine gleichgerichtete Wirkung zum Beispiel als proportional (Wert 2) oder überproportional (Wert 3) angegeben wird. Die korrekte Richtung der Wirkung (gleich- oder gegengerichtet) erweist sich für die Ergebnisse der Systemanalyse als viel entscheidender.

Für unseren Saftladen ergibt sich folgende System-Matrix.

Systemelement	1.	2.	3.	4.	5.	6.	7.
1. Saftpreis	–	0	0	-1	-1	0	0
2. Saftqualität	1	–	0	1	3	0	0
3. Herstellungskosten pro Saft	2	0	–	0	0	0	0
4. **Anzahl der verkauften Säfte**	0	0	-1	–	0	0	-1
5. **Kundenzufriedenheit**	0	0	0	2	–	0	0
6. Stellenwert von Säften in der Gesellschaft	0	0	0	2	0	–	0
7. Durst der Anwohner	0	0	0	2	0	0	–

System-Matrix für das System Saftladen

Ein Lesebeispiel: Die Anzahl der verkauften Säfte (Systemelement 4) wirkt unterproportional gegengerichtet (Wirkungsstärke –1) auf die Herstellungskosten pro Saft (Systemelement 3). Übersetzt in verständliches Deutsch bedeutet das: Steigt die Zahl der verkauften Säfte, gehen die Herstellungskosten pro Saft zurück, allerdings in geringerem Maß. Warum die Wirkung unterproportional ist: Zwar steigen die Kosten für Früchte, jedoch lassen sich Ladenmiete und Löhne beispielsweise auf eine größere Zahl Säfte umlegen als bisher.

Dass die Saftqualität (Element 2) nicht auf die Kosten pro Saft (Element 3) wirkt, liegt in der Tatsache begründet, dass nur direkte Wirkungen Eingang in die Matrix finden und in unserer verkürzten Systemanalyse das Element *Qualität der Früchte* fehlt. Dieses würde sowohl auf die Saftqualität als auch auf die Kosten pro Saft wirken.

Nun besitzen wir einen ersten Überblick, wie die einzelnen Systemelemente aufeinander wirken.

Schritt 4:
Eigenschaften der einzelnen Elemente im System ermitteln

In der System-Matrix am Ende von Schritt 3 haben wir gesehen, wie die einzelnen Systemelemente aufeinander wirken. Mit Schritt 4 wird nun deutlich, welche Eigenschaften die einzelnen Elemente in das gesamte System einbringen.

Jedes Systemelement hat zwei grundlegende Eigenschaften, die ihr Verhalten im System bestimmen. Wenn wir das System beeinflussen wollen, ist es wichtig, diese Eigenschaften zu kennen, um die Konsequenzen unserer Handlungen absehen zu können.

Die erste grundlegende Eigenschaft betrifft die **Wirkungs-Charakteristik** eines Systemelements unter der Frage: Ist das Element aktiv oder reaktiv? Beeinflusst das Element das System stärker als es vom System beeinflusst wird – dann ist das Element **aktiv**. Beeinflusst hingegen das Element das System weniger als es vom System beeinflusst wird – dann ist das Element **reaktiv**.

Wirkungs-Charakteristik eines Systemelements

Aktives Element **Reaktives Element**

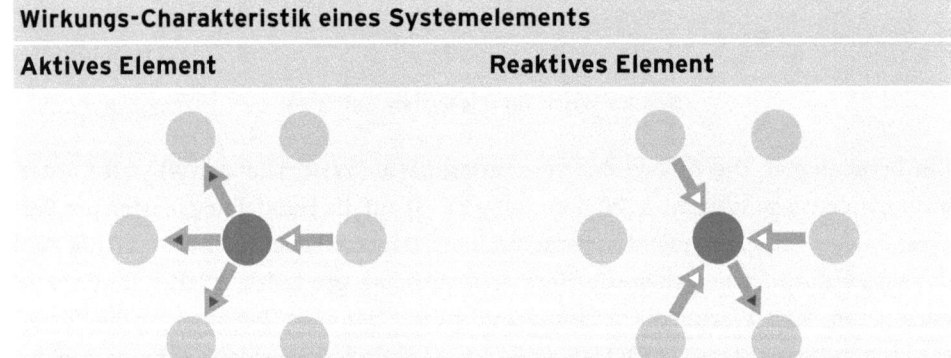

Ein aktives Element wirkt **stärker auf die anderen Elemente** als diese es beeinflussen. Aktive Elemente stabilisieren das System bei Änderungen.

Ein reaktives Element wirkt **schwächer auf die anderen Elemente** als diese es beeinflussen. An reaktiven Elementen kann man Entwicklungen in Systemen also gut erkennen. Eingriffe an reaktiven Elementen führen oft zu Symptom- statt Ursachenbehandlung.

Wirkungs-Charakteristik eines Systemelements: aktiv oder reaktiv?

Die zweite grundlegende Eigenschaft von Systemelementen betrifft die **Wirkungsintensität** der Systemelemente. Sie zeigt, wie stark das Element am Systemverhalten beteiligt ist — unabhängig von der Wirkungs-Charakteristik, die ja abbildet, ob ein Element im System eher aktiv oder reaktiv wirkt, unabhängig davon, wie stark es am Systemverhalten beteiligt ist.

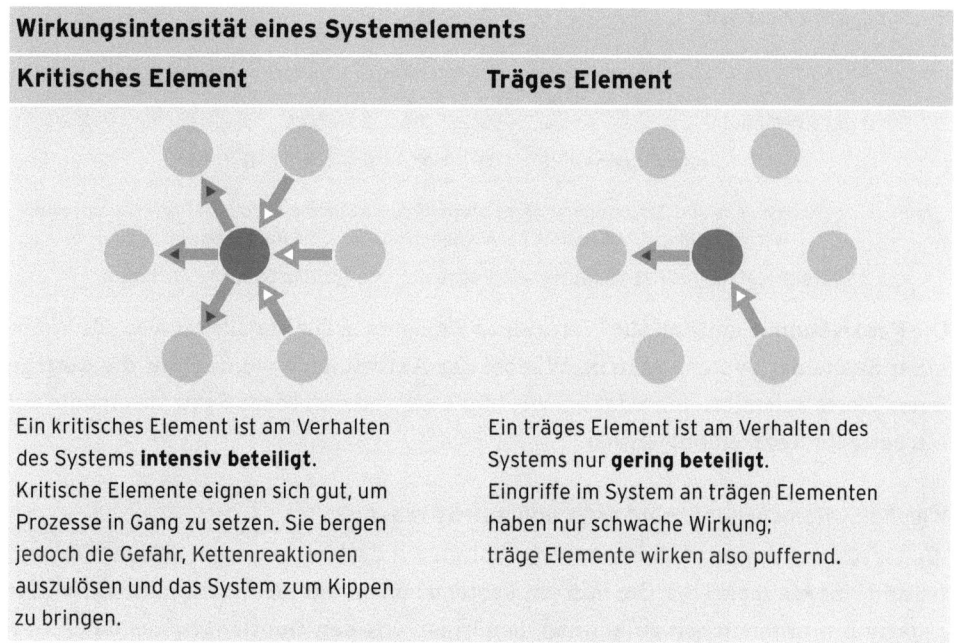

Wirkungsintensität eines Systemelements

Kritisches Element   **Träges Element**

Ein kritisches Element ist am Verhalten des Systems **intensiv beteiligt**. Kritische Elemente eignen sich gut, um Prozesse in Gang zu setzen. Sie bergen jedoch die Gefahr, Kettenreaktionen auszulösen und das System zum Kippen zu bringen.

Ein träges Element ist am Verhalten des Systems nur **gering beteiligt**. Eingriffe im System an trägen Elementen haben nur schwache Wirkung; träge Elemente wirken also puffernd.

Wirkungsintensität eines Systemelements: kritisch oder träge?

Wie kann man die Eigenschaften eines Elements erkennen? Welche Eigenschaften ein Element innerhalb des Systems hat, lässt sich mithilfe einer System-Matrix ermitteln. Die sogenannte **Aktivsumme** in der System-Matrix zeigt, wie stark ein Element die anderen Elemente beeinflusst. Die **Passivsumme** verdeutlicht, wie stark die anderen Elemente auf das betrachtete Element wirken.

Die **Aktivsumme** umfasst alle Werte eines Elements in der Horizontalen, also alle Werte einer *Zeile* aus der System-Matrix. Addiert wird immer der Betrag eines Wertes; das bedeutet, alle Werte werden positiv summiert. Der Grund: Allein die Stärke der Wirkung ist von Bedeutung, nicht aber, ob die Wirkung gleich oder gegengerichtet ist. In der *Spalte* ganz rechts der System-Matrix steht für jedes Systemelement die Aktivsumme (siehe dazu die folgende System-Matrix).

Systemelement	1.	2.	3.	4.	5.	6.	7.	Aktivsumme
1. Saftpreis	–	0	0	-1	-1	0	0	2
2. Saftqualität	1	–	0	1	3	0	0	5
3. Herstellungskosten pro Saft	2	0	–	0	0	0	0	2
4. **Anzahl der verkauften Säfte**	0	0	-1	–	0	0	-1	2
5. **Kundenzufriedenheit**	0	0	0	2	–	0	0	2
6. Stellenwert von Säften in der Gesellschaft	0	0	0	2	0	–	0	2
7. Durst der Anwohner	0	0	0	2	0	0	–	2
Passivsumme	**3**	**0**	**1**	**8**	**4**	**0**	**1**	

Anmerkung: Aktivsumme und Passivsumme werden jeweils durch Summation des Betrags der einzelnen Werte gebildet, d. h. negative Zahlen gehen positiv in die Rechnung ein.

System-Matrix mit Aktivsumme und Passivsumme für das System Saftladen

Die **Passivsumme** umfasst alle Werte eines Elements in der Vertikalen, also alle Werte einer Spalte der System-Matrix. Wie bei der Aktivsumme werden nur die Beträge eines Werts summiert. Sie zeigt an, wie stark die anderen sechs Systemelemente auf ein betrachtetes Element wirken.

Welche Systemelemente sind aktiv und welche reaktiv?

Weiter oben in diesem 4. Arbeitsschritt hatten wir definiert, was ein aktives Element ist und was ein reaktives. Um nun ein Systemelement auf die Eigenschaft *aktiv* oder *reaktiv* hin untersuchen zu können, benötigen wir den **Quotienten** aus der Aktivsumme und der Passivsumme (im folgenden **Q-Wert** genannt). Die folgende Tabelle zeigt das Ergebnis für unseren Saftladen.

Systemelement	Aktiv- summe	Passiv- summe	Aktivsumme geteilt durch Passivsumme (Q-Wert)
1. Saftpreis	2	3	0,68
2. Saftqualität	5	0	Nicht definiert*
3. Herstellungskosten pro Saft	2	1	2
4. **Anzahl der verkauften Säfte**	2	8	0,25
5. **Kundenzufriedenheit**	2	4	0,50
6. Stellenwert des Saftes in der Gesellschaft	2	0	Nicht definiert*
7. Durst der Anwohner	2	1	2

* Einen Wert durch 0 zu teilen ist mathematisch nicht zulässig.
Aus diesem Grund ist ein solcher Wert nicht definiert.

Q-Werte im System Saftladen

Für die Kategorisierung der Elemente gilt:

- Ist der Q-Wert eines Systemelements 1, ist das Element **neutral**, d. h. gleich aktiv wie reaktiv.

- Je mehr der Q-Wert über 1 liegt, desto **aktiver** ist das Element.

- Je mehr der Q-Wert unter 1 liegt, desto **reaktiver** ist das Element.

Besonders aktiv im System sind *Herstellungskosten pro Saft* und *Durst der Anwohner*; beide besitzen einen Q-Wert von 2. An diesen beiden Systemelementen anzusetzen führt grundsätzlich zu Veränderungen im System (wobei *Durst der Anwohner* ein für uns nicht beeinflussbares Systemelement ist, wir also nicht an ihm ansetzen können). Hingegen ist das Systemelement *Anzahl der verkauften Säfte* mit einem Q-Wert von 0,25 besonders reaktiv. Es ist somit nicht geeignet, um Änderungen in Gang zu setzen, und dient vielmehr als Indikator, ob und wie sich Änderungen im System auswirken: Über die Zahl der verkauften Säfte lässt sich zu einem Teil erkennen, wie stark sich das System verändert hat.

Welche Systemelemente sind kritisch und welche träge?

Das **Produkt** aus der Aktivsumme und der Passivsumme (im folgenden **P-Wert** genannt) wird benötigt, um ein Systemelement auf die Wirkungsintensitäten *kritisch* und *träge* hin zu untersuchen. Die folgende Abbildung zeigt das Ergebnis für unseren Saftladen.

Systemelement	Aktiv- summe	Passiv- summe	Aktivsumme mal Passivsumme (P-Wert)
1. Saftpreis	2	3	6
2. Saftqualität	5	0	0
3. Herstellungskosten pro Saft	2	1	2
4. **Anzahl der verkauften Säfte**	2	8	16
5. **Kundenzufriedenheit**	2	4	8
6. Stellenwert des Saftes in der Gesellschaft	2	0	0
7. Durst der Anwohner	2	1	2

P-Werte im System Saftladen

Die Zuordnung der P-Werte zu den Kategorisierungen *kritisch* und *träge* ist weniger eindeutig als bei den Eigenschaften *aktiv* und *reaktiv*. Die P-Werte entsprechen nicht direkt einer Eigenschaft und können nicht für sich betrachtet werden, sondern immer nur im Verhältnis zu den anderen P-Werten.

Warum das so ist, lässt sich an einem einfachen Beispiel erklären: Stellen Sie sich vor, eine Schulklasse erhält eine Klassenarbeit zurück. Niemand hat die Note 1 (sehr gut) oder 2 (gut) erreicht — alle Arbeitsleistungen sind auf die Noten 3 bis 6 verteilt. Dann hätte ein Schüler mit der Note 3 zwar im Verhältnis zu seinen Mitschülern die beste Arbeit, aber eben keine sehr gute und nicht einmal eine gute.

Das Element *Anzahl verkaufter Säfte* hat zwar in der Aufzählung mit einem Wert von 16 den höchsten P-Wert, ist also von unseren sieben Elementen das kritischste. Ob die *Anzahl verkaufter Säfte* nun aber wirklich als absolut kritisch bezeichnet werden kann, wird erst deutlich, wenn wir den maximal möglichen P-Wert betrachten. Der maximale P-Wert für den Saftladen wäre theoretisch erreicht, wenn alle Elemente auf alle anderen mit der stärksten Wirkung, also einer 3, wirken würden. Daraus ergäbe sich für jedes Element eine Passivsumme und eine Aktivsumme von jeweils 18. Der maximale P-Wert ist demnach theoretisch $18 \times 18 = 324$. In Relation zu diesem maximalen P-Wert ist der P-Wert unseres kritischsten Elements *Anzahl verkaufter Säfte* mit 16 eher niedrig, das Element folglich nicht sehr kritisch.

5. Schritt:
Wirkungsgrafik erstellen und Schlussfolgerungen ziehen

Für unseren Saftladen kennen wir durch die Schritte 1 bis 4 alle Wirkungen der Systemelemente aufeinander. Im letzten Schritt der Systemanalyse wird, aufbauend auf den bisherigen Schritten, eine Wirkungsgrafik erstellt. Darauf lassen sich mit einem Blick die Vernetzungen der Systemelemente erkennen. Hierdurch wird die Dynamik und das Verhalten eines Systems begreifbar. Basis der Wirkungsgrafik ist die System-Matrix aus Schritt 3, die die Wirkungen der einzelnen Elemente aufeinander beinhaltet.

Die Wirkungsgrafik zeigt auch stabilisierende sowie selbstverstärkende Wirkungskreise. Sie lassen sich in der System-Matrix nicht erkennen, sondern fallen erst beim Zeichnen auf.

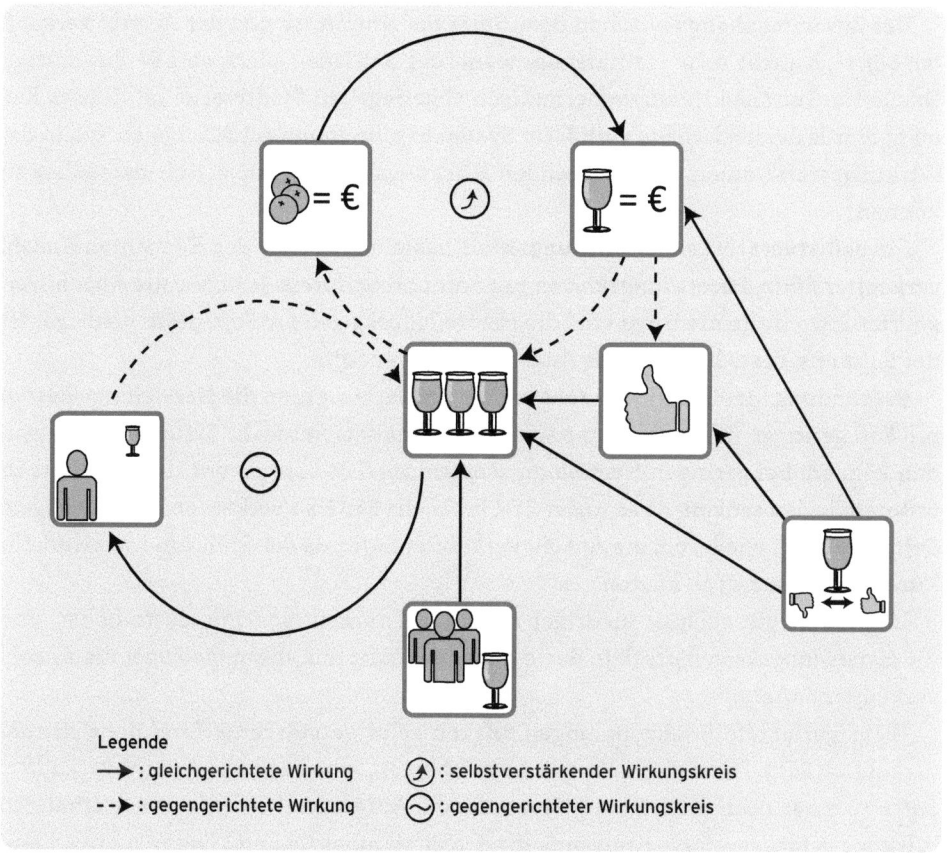

Legende
→ : gleichgerichtete Wirkung   (↗) : selbstverstärkender Wirkungskreis
--▶ : gegengerichtete Wirkung   (∼) : gegengerichteter Wirkungskreis

Die komplette Wirkungsgrafik des Saftladen-Systems

Ein **stabilisierender Wirkungskreis** liegt zwischen den Elementen *Durst der Anwohner* und *Anzahl verkaufter Säfte* vor. Je höher der *Durst der Anwohner*, desto höher ist die *Anzahl verkaufter Säfte* in unserem Laden. Je höher die *Anzahl verkaufter Säfte* in unserem Laden, desto geringer ist der *Durst der Anwohner*.

Begründung: Wenn die Anwohner in unserem Stadtviertel großen Durst haben, werden sie in unseren Laden kommen und dort Säfte kaufen. Hierdurch steigt die *Anzahl der verkauften Säfte*. Allerdings haben die Anwohner durch den höheren Saftkonsum weniger Durst, wodurch die *Anzahl verkaufter Säfte* in unserem Laden wieder sinkt.

Zur Erinnerung: Gegengerichtete Wirkungskreise wirken stabilisierend. Sie sorgen dafür, dass keines der beteiligten Systemelemente zu groß oder zu klein wird. Das geschieht selbstregulierend und verhindert, dass das System aus der Balance kommt und destabilisiert wird.

Der Zusammenhang zwischen dem *Durst der Anwohner* und der *Anzahl verkaufter Säfte* ist nicht sehr realitätsnah, wenn der Saftladen nicht gerade die einzige Quelle für Getränke in einem hermetisch abgeriegelten Stadtviertel ist. Dieses Element wurde dennoch in die verkürzte Systembeschreibung aufgenommen, um in der Wirkungsgrafik einen stabilisierenden Wirkungskreis exemplarisch darstellen zu können.

Ein **selbstverstärkender Wirkungskreis** besteht zwischen den Elementen *Anzahl verkaufter Säfte*, *Herstellungskosten pro Saft* und *Saftpreis*. Je höher die *Anzahl verkaufter Säfte*, desto niedriger sind die *Herstellungskosten pro Saft*, desto niedriger ist der *Saftpreis*, desto höher ist die *Anzahl verkaufter Säfte*.

Begründung: Bei höherer *Anzahl verkaufter Säfte* werden die *Herstellungskosten pro Saft* geringer, da Grundkosten wie die Ladenmiete auf mehr Säfte umgelegt werden können. Bei geringen *Herstellungskosten pro Saft* können wir den *Saftpreis* in unserem Laden senken, da es unser Ziel ist, mehr Säfte zu verkaufen. Bei niedrigem *Saftpreis* steigt wiederum die *Anzahl verkaufter Säfte*, da der Preis ein Kriterium für Kunden ist, den Saft zu kaufen.

Umgekehrt gilt auch: je niedriger die *Anzahl verkaufter Säfte*, desto höher sind die *Herstellungskosten pro Saft*, desto höher der Saftpreis, desto niedriger die *Anzahl verkaufter Säfte*.

Gleichgerichtete Rückkopplungen wirken selbstverstärkend: Eine hohe *Anzahl verkaufter Säfte* führt also zu einer noch höheren, eine niedrige *Anzahl verkaufter Säfte* zu einer noch niedrigeren Verkaufszahl. Aufgrund ihrer selbstverstärkenden Wirkung gefährden diese Kreisläufe die Stabilität eines Systems, wenn nicht andere Einflussfaktoren diese Entwicklung dämpfen.

Im Falle einer geringen *Anzahl verkaufter Säfte* verstärkt sich die negative Wirkung von selbst, es liegt ein **Teufelskreis** vor. Im Falle der hohen *Anzahl verkaufter Säfte* kann man von einer **Erfolgsdynamik** sprechen, das heißt, die positive Wirkung verstärkt sich selbst.

Diese Auf- bzw. Abwärts-Spirale setzt sich allerdings nicht unendlich fort. Irgendwann wird die Entwicklung immer durch die Wirkungen anderer Systemelemente gebremst, oder das System bricht zusammen.

Wirkungskreis aus mehr als zwei Wirkungen

Besteht ein Wirkungskreis aus mehr als zwei Einzelwirkungen,
ist nicht sofort offensichtlich, ob er selbstverstärkend oder stabilisierend ist.
Anhand der beiden folgenden Regeln lässt sich das aber klären:

Ein Wirkungskreis ist dann **selbstverstärkend**, wenn er gar keine oder eine
gerade Anzahl gegengerichteter Wirkungen beinhaltet.

Anzahl - -➤ im selbstverstärkenden Wirkungskreis (⟳) = 0, 2, 4, ...

Ein Wirkungskreis ist dann **stabilisierend**, wenn er eine ungerade Anzahl
gegengerichteter Wirkungen beinhaltet.

Anzahl - -➤ im selbstregulierenden Wirkungskreis (⟳)= 1, 3, 5, ...

Weitere Schlussfolgerungen

Wir haben die Systemanalyse am Beispiel unseres Saftladens durchgeführt, weil wir wissen wollten: Was müssen wir tun, um unseren Laden im Stadtviertel zu etablieren? Unsere eingangs festgelegten Ziele lauteten: den Laden profitabel zu machen und damit langfristigen Erfolg zu haben. Wir haben in den bisherigen Schritten der Systemanalyse Erfolgsdynamiken bzw. Teufelskreise und stabilisierende Wirkungskreise erkannt.

Zwei Systemelemente haben wir in Schritt 3 als **Zielelemente** definiert, da sie unsere genannten Ziele beinhalten:
- **Anzahl der verkauften Säfte** und
- **Kundenzufriedenheit**

Ebenfalls hatten wir die **beeinflussbaren Elemente** identifiziert. Es sind jene Elemente des Systems, die wir selbst beeinflussen können:
- Saftpreis
- Saftqualität
- Herstellungskosten pro Saft

Die Wirkungsgrafik zeigt, wie die Elemente untereinander vernetzt sind.

In der folgenden Tabelle sind die Wirkungen jener beeinflussbaren Elemente, die auf die Zielelemente wirken, am Beispiel der *Anzahl der verkauften Säfte* übersichtlich dargestellt. Hieraus wird schließlich deutlich, an welchen Systemelementen wir ansetzen können, um unsere Zielelemente zu unseren Gunsten zu verändern. Auf diese Weise lassen sich **produktive Maßnahmen** erkennen.

An welchen Elementen ansetzen, um die Anzahl verkaufter Säfte zu erhöhen?

Lesebeispiel für die erste Zeile der Tabelle:

- je niedriger die Herstellungskosten pro Saft, desto niedriger der Saftpreis, desto höher die Anzahl verkaufter Säfte.
- Umgekehrt gilt: je höher die Herstellungskosten pro Saft, desto höher der Saftpreis, desto geringer die Anzahl verkaufter Säfte.

Folgende Maßnahmen lassen sich daher ableiten, um das Zielelement Anzahl verkaufter Säfte zu erhöhen:

- Saftpreis senken.
  - ▷ Die Anzahl verkaufter Säfte steigt.
  - ▷ Einen niedrigen Saftpreis können wir erreichen, indem wir die Herstellungskosten pro Saft senken.
  - ▷ Da die Anzahl der verkauften Säfte auch gleichgerichtet auf die Herstellungskosten pro Saft wirkt, entsteht ein selbstverstärkender Wirkungskreis.

- Saftqualität erhöhen (z. B. durch schonendere Zubereitung der Säfte, qualitativ höherwertige Früchte).
  - ▷ Die Anzahl verkaufter Säfte steigt.
  - ▷ Außerdem wird die Kundenzufriedenheit erhöht, wodurch die Anzahl verkaufter Säfte ebenfalls steigt.

>>*Systemisches Denken zeigt auch, dass manches Mal kleine,*
gut fokussierte Handlungen zu signifikanten, andauernden Verbesserungen führen
können, wenn sie an der richtigen Stelle ansetzen. [...]
Mit einem schwierigen Problem fertigzuwerden ist oft eine Sache des Erkennens,
wo der große Hebel liegt, eine Änderung, die [...] mit einem Minimum an Aufwand zu
einer andauernden, signifikanten Verbesserung führen würde.<<

Peter Senge, Luft- und Raumfahrtingenieur, Systemwissenschaftler, Managementautor[6]

In der Praxis ist der Aufwand für Eingriffe in das System stark von den Eigenschaften der Elemente abhängig, an denen man ansetzt. Der Aufwand erweist sich tendenziell als geringer, wenn der Eingriff an einem Element erfolgt, das einen starken Einfluss auf die anderen Elemente im System hat. Solche Elemente sind in ihrer Wirkungs-Charakteristik aktiv und weisen eine vergleichsweise hohe Wirkungsintensität auf (eher kritisch als puffernd).

Gut lassen sich in der Wirkungsgrafik mögliche **Nebenwirkungen eines Handelns** erkennen. Im Ausschnitt der Wirkungsgrafik (siehe nächste Abbildung) wird deutlich, dass eine verbesserte Saftqualität zwar unsere Zielelemente wie genannt zu unseren Gunsten beeinflusst. Eine hohe Saftqualität führt aber auch zu einem hohen Saftpreis (eine schonendere Saftzubereitung benötigt mehr Arbeitszeit oder teurere Maschinen; auch Früchte mit höherer Qualität kosten mehr Geld). Ein hoher Saftpreis wiederum wirkt sich negativ auf die Zielelemente *Anzahl verkaufter Säfte* und *Kundenzufriedenheit* aus.

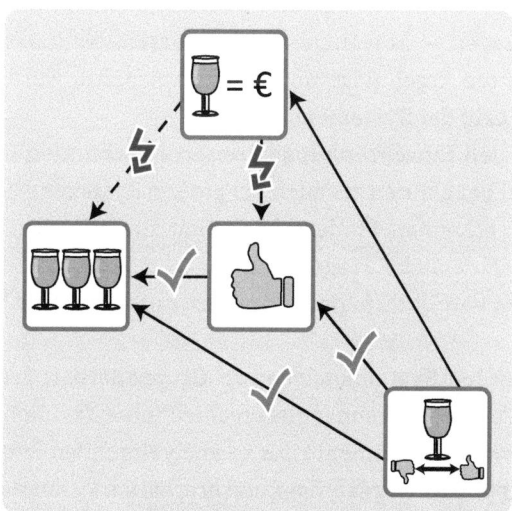

Beispiel zu erwünschter Wirkung und Nebenwirkung
aus der Systemanalyse des Saftladens

Die Systemanalyse ist ein gesamtheitlicher Ansatz. In der Analyse unseres Saftladens wird im Kleinen exemplarisch deutlich, dass eine Maßnahme weitreichende Folgen für das System haben kann, die unter Umständen nicht beabsichtigt sind. Eine Maßnahme kann somit daraufhin überprüft werden, ob die erzielten Erfolge nicht durch zwangsläufige Nebenwirkungen aufgewogen werden.

Systemanalysen ermöglichen also **Simulationen**. Zum einen lässt sich in der Wirkungsgrafik erkennen, welche Folgen eine Maßnahme hat. Zum anderen können strukturelle Änderungen simuliert werden. Dazu kann man ein Element aus der Systemanalyse herausnehmen oder ein zusätzliches hinzufügen. Welche Folgen das für das System hat, lässt sich auf solche Weise simulieren. Diese Möglichkeiten unterstreichen nochmals den vielfältigen Nutzen der Systemanalyse.

> »*Dadurch, dass das Verfahren die Wirkungsflüsse sichtbar werden lässt,*
> *ist es dem Anwender möglich, sie durch neue Weichenstellungen*
> *zu beeinflussen, die Systemkonstellation durch Selbstregulation*
> *zu verbessern und mithilfe von Simulationen das entsprechende Verhalten*
> *zu hinterfragen [...].*«
>
> **Frederic Vester** (1925–2003), Biochemiker und Biokybernetiker,
> zum Werkzeug der Systemanalyse[7]

Systemanalysen in der Praxis

Um unser Beispiel zum Saftladen übersichtlich zu halten, hatten wir nur sieben Systemelemente einbezogen — zu wenige, um das System realitätsnah abzubilden. Entsprechend besitzen die Ergebnisse nur eine beschränkte Aussagekraft. Im Mittelpunkt stand das Prinzip der Systemanalyse.

Unabhängig von den Einschränkungen unseres verkürzten Beispiels helfen Systemanalysen sowohl bei kleinen als auch bei großen Systemen, Wirkungsgefüge und Verhaltensmuster zu erkennen. Frederic Vester hat dieses Werkzeug bekannt gemacht und für ganz unterschiedliche Fragestellungen und Probleme eingesetzt. Sein Konzept wurde überdies von Unternehmen und Instituten für eine Vielzahl an Themen aufgegriffen.

In der Praxis werden Systemanalysen in Gruppenarbeit erstellt. Zwei bis drei Gruppen aus je drei bis vier Personen unterschiedlichen fachlichen Hintergrunds ermitteln zunächst jeweils die Elemente des zu analysierenden Systems. Anschließend vergleichen die Gruppen ihre Ergebnisse und erarbeiten zusammen die wesentlichen Systemelemente. So gelingt es, das Modell des Systems über die Elemente korrekt zu beschreiben. Alle Ergebnisse werden schriftlich dokumentiert. Auch die System-

Matrix mit den Wirkungen der einzelnen Elemente aufeinander wird nach diesem Prinzip erstellt. Haben die Gruppen voneinander abweichende Ergebnisse, wird erneut diskutiert und ein gemeinsames Ergebnis erarbeitet.

Zur Erstellung von Systemanalysen gibt es spezielle Software. Notwendig ist sie allerdings nicht; alle Schritte lassen sich auch ohne Software durchführen, wie wir gerade gesehen haben. Lediglich bei großen System-Matrizen ist es nur schwer möglich, zu erkennen, welche Elemente zusammen Wirkungskreise bilden. Eine kleine Software des *Studienbüro Jetzt & Morgen* ermöglicht auch diesen Schritt.

Systemanalysen werden nur selten durchgeführt. Zu sehr herrscht das lineare Denken vor. Als zu bequem erweist es sich, ohne große Analysen zu handeln, und zu unbekannt ist dieses Werkzeug.

Doch gerade in Unternehmen und Politik können Systemanalysen helfen, Fehler zu vermeiden, Geschehen zielgerichtet zu beeinflussen, Ziele mit möglichst geringem Aufwand zu erreichen und dabei möglichst wenige Nebenwirkungen auszulösen.

Umweltpolitik, Sozialpolitik, Energiepolitik, Wirtschaftspolitik, Außenpolitik, Währungspolitik, etc. — es gibt für Systemanalysen kaum fachliche Beschränkungen. Dabei ist das Werkzeug sowohl für übergeordnete Betrachtungen geeignet als auch für einzelne Aspekte wie eine konkrete Verkehrsproblematik (Stau) oder die Fragestellung in einer Gemeinde, wie ein Bürgerbüro für die örtlichen Vereine erfolgreich arbeiten kann.

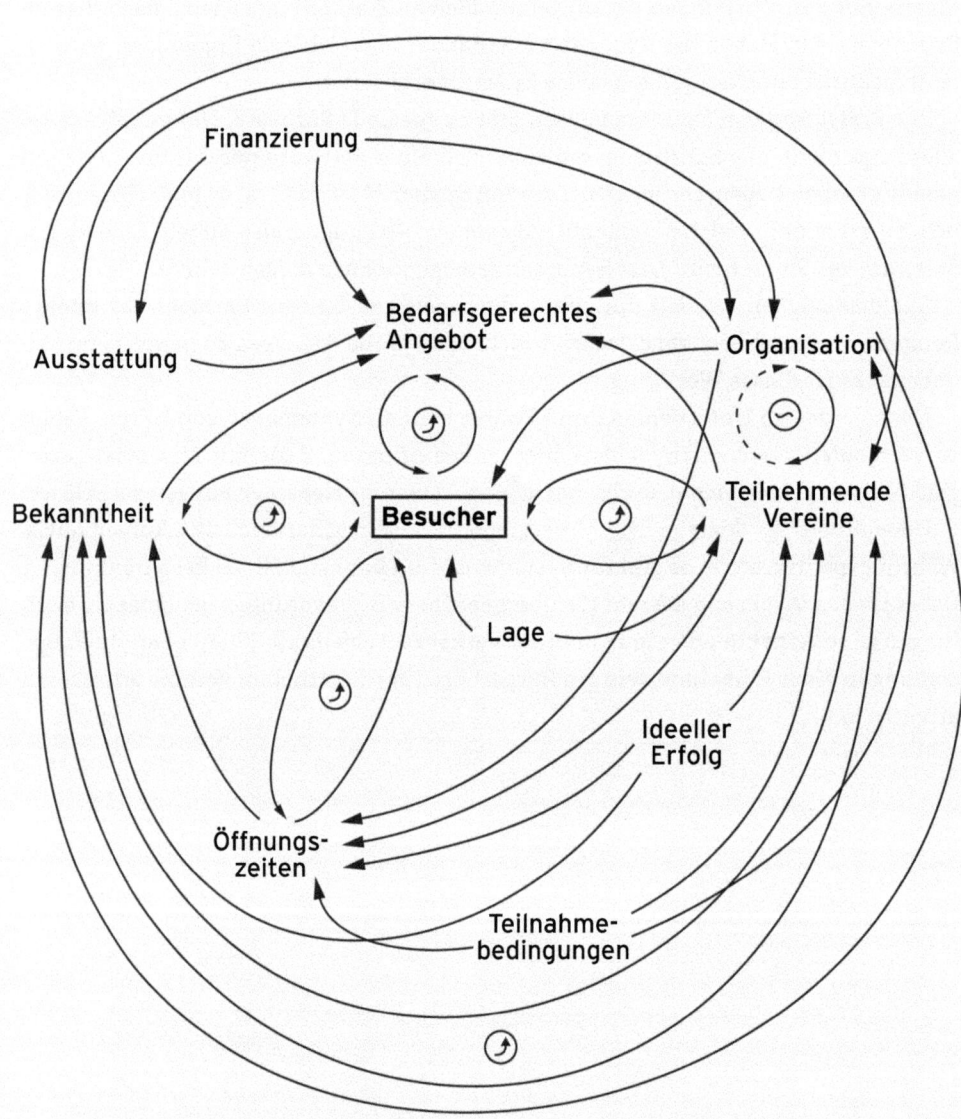

Legende

→ : gleichgerichtete Wirkung   ⊙ : selbstverstärkender Wirkungskreis

--▸ : gegengerichtete Wirkung   ⊙ : gegengerichteter Wirkungskreis

Ausschnitt aus der Wirkungsgrafik zu einem Bürgerbüro für Vereine
(Blickwinkel: Zahl der Besucher)

DAS WICHTIGSTE IN KÜRZE

♦ Um in ein komplexes System zielgerichtet eingreifen zu können, ist es notwendig, das System gut zu kennen. Hierdurch kann man die Ziele, die man verfolgt, erreichen, ohne die Funktionsfähigkeit und die Lebensfähigkeit des Systems zu gefährden. Der Aufwand zur Zielerreichung bleibt ebenso vergleichsweise gering wie die unerwünschten Nebenwirkungen des Handelns.

♦ Wirkungsgefüge und Verhaltensmuster eines komplexen Systems lassen sich mithilfe der Systemanalyse ermitteln. Sie verschafft einen strukturierten Überblick zu den Ursachen von Problemen und hilft Ansätze zu finden, um Probleme in den Griff zu bekommen.

♦ Im Detail zeigt das Ergebnis einer Systemanalyse, an welchen Stellen im System mit möglichst geringem Aufwand und unter möglichst geringen Nebenwirkungen zielorientiert eingegriffen werden kann. Dazu zeigt die Systemanalyse Teufelskreise, selbstverstärkende Erfolgsdynamiken und selbstregulierende stabilisierende Wirkungskreise im System auf.

♦ Insbesondere für komplexe gesellschaftliche und politische Fragestellungen sind Systemanalysen ein hilfreiches Werkzeug, um zielgerichtet Probleme bewältigen zu können und sich der Folgen des Tuns bewusst zu werden.

18

Fragen, die für Durchblick sorgen

Es war nur ein kurzer Augenblick der Unaufmerksamkeit. In der Folge fuhr das Auto auf den Wagen auf, der vor ihm an der Ampel zum Stehen gekommen war. Auch wenn der Unfall nicht als dramatisch bezeichnet werden konnte, entstand doch ein größerer Sachschaden. Der Unfallverursacher rief mit seinem Handy die Polizei an. Vom Unfallgeschehen noch gezeichnet, fiel es dem aufgeregten Mann schwer, das Geschehene verständlich zu beschreiben.

Routiniert stellte der Polizist Fragen: Wer ruft denn da an, und wer war am Geschehenen beteiligt? Was war passiert? Wo war es geschehen? Wie viele Verletzte gab es? Kurze Zeit später kamen zwei Polizisten an den Unfallort. Sie stellten weitere Fragen: Wie kam es zu dem Unfall? Und warum? Die Aussagen der beiden Unfallbeteiligten widersprachen sich, sodass sich die Ordnungshüter jeweils fragten: wirklich — stimmt das so?

Wie Fragen helfen

Im Beispiel des Autounfalls halfen den Polizisten wenige Fragen, um eine ihnen unbekannte, ja verworrene Situation zu verstehen. Der Nutzen von Fragen bleibt natürlich nicht auf Unfallmeldungen beschränkt. Fragen können noch viel mehr. Grundsätzlich helfen sie, Unbekanntes oder Verworrenes zu verstehen und Problemen auf den Grund zu gehen. Fragen und ihre Kombination zu Fragelisten (Checklisten) ermöglichen es, Ereignisse, Situationen und Probleme systematisch zu erfassen und zu hinterfragen.

Fragen helfen, vernetzt zu denken und zu handeln. Dabei dienen sie sowohl als Leitlinien, um Situationen und Probleme zu analysieren, als auch der zielgerichteten Kommunikation.

Komplexität erfordert Kommunikation.

Fragen zu Ereignissen

Mit wenigen Fragen, den sogenannten »W-Fragen«, verschafften sich die Polizisten einen Überblick und erfuhren alles, was sie wissen mussten. Auch Journalisten arbeiten mit diesen Fragen, ergänzt um: Woher stammen die Informationen? Oft erweist es sich bei Ereignissen auch als wichtig, zu wissen, welche Interessen die Beteiligten an einem Ereignis haben können. Das ist beim Autounfall nicht relevant – in der Regel hat keiner der Unfallbeteiligten ein Interesse am Unfall –, aber bei vielen anderen Ereignissen.

Zusammen ergeben sich neun Fragen, die universell geeignet sind, um sich einen Überblick über Ereignisse zu verschaffen. Sie möchten im Kinderzimmer schlichten? Verstehen, was in Ihrer Abteilung während Ihrer Abwesenheit geschah? Oder begreifen, warum etwas in Ihrem Leben, Ihrem Umfeld oder im Land passierte? Nehmen Sie die neun Fragen zur Hilfe, um der Wahrheit näherzukommen.

Die neun W-Fragen zu Ereignissen

1. Was geschah?
2. Wer war beteiligt und wer betroffen?
3. Wo fand das Ereignis statt?
4. Wann geschah es?
5. Wie ist es abgelaufen?
6. Warum trat es ein?
7. Woher stammen die Informationen?
8. Wirklich – stimmt das so?
9. Wer hat ein Interesse an dem Ereignis?

Etwas aus dem Rahmen fällt die achte Frage: *Wirklich – stimmt das so?* Zum einen betrifft das die Formulierung; das W ist in Form des *wirklich* vor die Frage gestellt. Zum anderen fehlt diese Frage in den gängigen Darstellungen. Doch angesichts der oft linearen Darstellungsweise von Berichten, Nachrichten und Aussagen ist sie sehr bedeutend.

Vernetzt zu denken und zu handeln bedeutet, Sachverhalte, Berichte und Aussagen kritisch zu hinterfragen. Im Kapitel zu Wirkungen und Ursachen haben wir bereits gesehen, dass dem *Warum* dabei eine wichtige Rolle zukommt: Warum ist etwas passiert? Warum wird etwas so gemacht, wie es gemacht wird? Dabei sollte das Nachfragen nicht auf die erste Ursachenebene beschränkt bleiben. Vielmehr gilt es, auch nach der Ursache der Ursache und so weiter zu fragen.

Fragen zu einfachen oder komplizierten Situationen und Problemen

Für Situationen und Probleme stellen sich die Fragen etwas anders als für Ereignisse. Das liegt darin begründet, dass ein Ereignis sich auf einen kurzen Zeitraum bezieht, während Situationen und Probleme zumeist länger anhalten. Die folgende Frageliste ist darauf ausgelegt, dass man eine Situation oder ein Problem selbst analysiert. Die Fragen, woher die Informationen stammen und ob sie glaubwürdig sind, tauchen deshalb hier nicht auf.

Die neun W-Fragen zu einfachen oder komplizierten Situationen und Problemen

1. Was ist die Situation bzw. das Problem?
2. Wie hängt die Situation bzw. das Problem mit der Umgebung zusammen?
3. Wer ist beteiligt, wer ist betroffen?
4. Wo tritt die Situation bzw. das Problem auf?
5. Wann tritt die Situation bzw. das Problem auf?
6. Wie erfolgt es?
7. Warum tritt die Situation bzw. das Problem auf?
8. Wer hat ein Interesse daran, dass die Situation verändert bzw. das Problem gelöst wird?
9. Wer hat ein Interesse daran, dass die Situation bestehen bleibt bzw. das Problem nicht gelöst wird?

Fragen zu komplexen Situationen und Problemen

Bei einfachen und komplizierten Situationen bzw. Problemen erweisen sich die Fragen des letzten Abschnitts als ausreichend, um sich einen Überblick zu verschaffen. Handelt es sich hingegen um *komplexe* Situationen oder Probleme, bedarf es weiterer Fragen. Sie dienen nicht zuletzt dem Ziel, das zugrundeliegende komplexe System zu verstehen.

Die sieben grundsätzlichen W-Fragen zu komplexen Systemen

1. Welche Personengruppen und Institutionen sind am betrachteten System beteiligt?
2. Welche weiteren Elemente bilden das System?
3. Welche externen Faktoren (Elemente) wirken auf das System?
4. Welche weichen Faktoren spielen eine Rolle?
5. Welche Grenzen (bzw. Grenzwerte) gibt es im System?
6. Welche Elemente sind zwingend notwendig für das System?
7. Welche Ressourcen stehen zur Verfügung?

Was in komplexen Systemen passiert, wird in hohem Maß durch das Handeln der Beteiligten bestimmt. Sechs Fragen helfen, hier zu Klarheit zu kommen.

Die sechs W-Fragen zum Handeln der Beteiligten

1. Was machen die Beteiligten (Aufgaben, Tätigkeiten)?
2. Welche Faktoren beeinflussen ihr Handeln?
3. Wo machen sie das?
4. Welche Interessen haben sie?
5. Wie ist ihr Befinden?
6. Wie beeinflussen sich die Beteiligten untereinander?

Komplexe Systeme unterliegen Regeln. Sie zu kennen ist ebenso hilfreich im Umgang mit einem komplexen System wie zu wissen, wer Entscheidungen trifft. Und schließlich stellt sich die Frage, wie die Beteiligten ein komplexes System beeinflussen können. Drei Fragen helfen bei der entsprechenden Analyse.

Die drei W-Fragen zu Regeln, Entscheidungen und Beeinflussung

1. Welche Regeln gibt es?
2. Wer trifft welche Entscheidungen?
3. Was können die Beteiligten selbst im System beeinflussen oder ändern: Wer kann was wie wo wann ändern?

Komplexe Systeme besitzen zwar keine zentrale Schaltstelle. Dennoch weisen sie jeweils ein Verhaltensmuster auf, das analysiert werden kann. Im Kapitel zur Systemanalyse hatten wir das im Detail betrachtet. Sechs Fragen helfen, das Verhalten komplexer Systeme zu analysieren und zu verstehen.

Die sechs W-Fragen zum Verhalten komplexer Systeme

1. Welche Dynamik gibt es im System: Was verändert sich mit der Zeit im System, ohne dass es von außen einen Anlass gibt?
2. Wie reagiert das System auf Eingriffe von außen?
3. Wie wirkt das System auf die Umgebung?
4. Welche Erfolgsdynamiken (selbstverstärkende Wirkungskreise mit gewünschter Wirkung) gibt es im System?
5. Welche Teufelskreise (selbstverstärkende Wirkungskreise mit unerwünschter Wirkung) gibt es im System?
6. Welche Störfaktoren und welche Bedrohungsfaktoren könnten auftreten mit welchen Folgen?

Fragen zum Handeln

Wir wollen etwas ändern und ergreifen dazu eine oder mehrere Maßnahmen. Damit eine Maßnahme zum Erfolg führt, keine zu großen Nebenwirkungen nach sich zieht und mit möglichst geringem Aufwand erreicht wird, gilt es, einiges zu beachten. In den Kapiteln zu Zielen sowie Fehlern und Erfolgsfaktoren im Umgang mit Komplexität hatten wir das im Detail betrachtet. Die wichtigsten Aspekte sind im Folgenden nochmals in Frageform zusammengefasst — bezüglich Zielen sowie der Wirkungen einer Maßnahme.

Die sieben Fragen zu Zielen

1. Welche Ziele gibt es?
2. Sind die Ziele klar und konkret?
3. Sind die Ziele positiv formuliert?
4. Sind die Ziele realistisch erreichbar?
5. Bei mehreren Zielen: Sind die Ziele widerspruchsfrei?
6. Wurden bei der Zielsetzung die Gesamtsituation und Vernetzung beachtet und Prioritäten gesetzt?
7. Bleibt das zugrundeliegende System auch nach dem Erreichen der Ziele funktions- und lebensfähig?

Die acht Fragen zu Wirkungen einer Maßnahme

1. Wird an der richtigen Stelle angesetzt, um das Ziel zu erreichen?
2. Ist der Aufwand gerechtfertigt für den erwarteten Nutzen?
3. Wirkt die Maßnahme dort, wo sie wirken soll?
4. Welche Nebenwirkung hat die Maßnahme?
5. Welche zeitverzögerten Wirkungen löst die Maßnahme aus?
6. Wird die Stabilität (d. h. Funktionsfähigkeit und Lebensfähigkeit) des Systems durch die Maßnahme gefördert oder beeinträchtigt(z. B. durch Nebenwirkungen oder das Überschreiten von Grenzen oder Grenzwerten)?
7. Wer profitiert von der Maßnahme?
8. Wer hat das Nachsehen?

DAS WICHTIGSTE IN KÜRZE

≫Antworten haben viele, gute Fragen nur wenige.≪

Alfred Selacher, Schweizer Lebenskünstler[1]

≫Klug fragen können ist die halbe Weisheit.≪

Francis Bacon (1561–1626),
englischer Philosoph, Staatsmann und Wissenschaftler[2]

19

Mit Kreativität und Intuition zu vernetztem Denken und Handeln

Viele jubelten, manche waren entsetzt, und die Manager des lokalen Energieversorgers wurden vor schier erdrückende Probleme gestellt. Was war passiert? Am 6. Juni 1989 beschlossen die Bürger von Sacramento (Kalifornien) in einem Volksentscheid, dass das Kernkraftwerk Rancho Seco stillgelegt werden müsse.[1]

Das Kraftwerk gehörte dem staatlichen Energieversorger *Sacramento Municipal Utility District* (SMUD). 1974 in Betrieb gegangen, hatte es seinem Eigentümer schon eine Menge Probleme bereitet. Nicht nur, dass das Kraftwerk im Dezember 1985 außer Kontrolle geriet und anschließend mehr als zwei Jahre außer Betrieb blieb. Immer wieder musste SMUD das Kraftwerk herunterfahren und zwischenzeitig außer Betrieb nehmen, teils auch mit zusätzlicher Technik nachrüsten. So besaß das Unternehmen ein unzuverlässiges Kraftwerk, dem hohe Schulden aus Bau und Nachrüstungen gegenüberstanden. Allein Nachrüstungen und Reparaturen nach dem kritischen Zwischenfall 1985 kosteten fast so viel wie der Bau des Kraftwerkes etwas mehr als ein Jahrzehnt zuvor.

Und nun das: Das Kraftwerk musste stillgelegt werden. Weder hatte SMUD ausreichende Kapazitäten, um den notwendigen Strom anderweitig zu erzeugen, noch konnte es sich das Unternehmen finanziell leisten, genügend neue Kraftwerke zu bauen. Mit klassischen Konzepten und Maßnahmen kam SMUD nicht weiter — die Probleme schienen das Unternehmen zu überfordern.

Not macht erfinderisch. Man wurde kreativ in Sacramento, dachte wahrlich vernetzt und über die bisherigen Grenzen hinaus. Der Ansatz: SMUD wollte seinen Kunden alle Funktionen, die diese mithilfe von Strom erfüllten, wie bisher ermöglichen, obwohl weniger Kapazitäten zur Stromerzeugung zur Verfügung standen. So überlegten die Experten, wie sich diese Funktionen mit geringeren Strommengen erfüllen lassen könnten.

Bei den Überlegungen und Analysen fiel auf, dass im Sommer ein großer Teil des Stroms von Klimaanlagen verbraucht wurde. Das betraf vor allem die Mittagszeit, zu der der Strombedarf grundsätzlich schon sehr hoch war. Nun stellten sich die SMUD-Fachleute nicht die Frage, wie man Klimaanlagen technisch verbessern könnte, damit sie weniger Strom verbrauchen würden. Solche Maßnahmen lagen nicht in ihrem

Einflussbereich. Viel mehr fragten sie sich: Wie kann man die Temperatur in den Häusern und Wohnungen der Kunden verringern, ohne dass es dazu großer Leistungen der Klimaanlagen bedürfte. Die Antwort, die man bei SMUD auf diese Frage fand, lautete: Unsere Kunden brauchen mehr Bäume in ihren Gärten.

So entschied sich das Unternehmen, Bäume an seine Kunden zu verschenken und diese an geeigneten Plätzen im Garten pflanzen zu lassen. Im Sommer spenden die Bäume Schatten, dadurch verringern sich die Temperaturen in den Häusern, Wohnungen und Büros. Das wiederum senkt den Energieverbrauch der Klimaanlagen um bis zu 40 Prozent. Im Winter dagegen, wenn die Bäume keine Blätter haben, wärmt die Sonne die Häuser auf. Noch heute läuft das sogenannte *Schattenbaumprogramm*; in den ersten 20 Jahren wurden rund 500.000 Bäume verschenkt und gepflanzt (bei aktuell rund 600.000 Kunden).

Anstatt produktorientiert zu denken — wie können wir mehr Strom verkaufen? —, dachte man bei SMUD funktionsorientiert: Wie können wir die Funktionen beim Kunden erfüllen, etwa einen Raum kühl halten?

Selbstverständlich reichte dieser Einfall nicht aus, um das Unternehmen zu retten, zumal zwischen der Pflanzung eines Baums und der Wirkung einige Jahre vergehen — der Baum muss erst eine gewisse Größe erreichen. Viele weitere Ideen insbesondere zur Einsparung von Energie halfen SMUD, sich neu auszurichten. Aus einem klassischen Energieversorger mit immensen Problemen wurde ein innovatives Unternehmen, ein globaler Vorreiter seiner Branche.

Vernetzt zu denken bedeutet mehr, als systematisch vorzugehen, das Ganze zu betrachten, auf Vernetzungen zu achten, Dynamiken zu berücksichtigen und vorbeugend zu handeln. Vernetzt zu denken und zu handeln bedeutet ebenso, kreative Ideen zuzulassen, wie es die Verantwortlichen des *Sacramento Municipal Utility District* taten. Sie schauten zunächst auf das Ganze, anstatt lediglich auf einen Ausschnitt, entdeckten dabei einen neuen Blickwinkel und fanden daraufhin einen kreativen Ansatz.

Was ist Kreativität?

>>*Kreativität fängt da an,*
wo der Verstand aufhört, das Denken zu behindern.<<
Bernd Weidenmann,
Professor für Pädagogische Psychologie, Trainer und Autor[2]

Die Mitarbeiter des *Sacramento Municipal Utility District* dachten anders als gewöhnlich, bevor sie auf die Idee der Schattenbäume kamen. Sie hatten Übliches infrage gestellt und sich dabei von herkömmlichen Denkmustern gelöst. Sie verknüpften ihr Wissen auf neue Weise. Sie waren kreativ und kamen auf einen neuen Ansatz.

Kreativität ist die Fähigkeit, ungewöhnliche neue Einsichten, Ideen oder Lösungen hervorzubringen.[3]

Wie lässt sich ein Pizzastück erhitzen, wenn der Backofen fehlt oder kaputt ist?
Beispielsweise mit einem Bügeleisen und einem Föhn. Nicht zur Nachahmung empfohlen.
(Foto: ROPI nach einer Idee von Wyofire)

Unser Gehirn arbeitet mit verschiedenen Methoden. Dazu existieren unterschiedliche Charakterisierungen. Eine davon unterteilt nach *analytischem* Vorgehen einerseits und *assoziativem* andererseits:[4]

- Beim **analytischen Vorgehen** betrachtet man mit dem bewussten Verstand Zusammenhänge im Detail; dabei zerteilt man häufig das Gesamte in Einzelteile.

- Das **assoziative Vorgehen** führt ursprünglich isolierte Wahrnehmungen, Ideen oder Gefühle — meist unbewusst — zusammen. Hierin liegt die Kreativität begründet.

Aus der Vielzahl an Informationen, die unser Gehirn ständig erreichen, filtert der bewusste Verstand jene heraus, die offensichtlich wichtig und nützlich sind; unbrauchbare Informationen werden ausgeblendet.[5] Der Psychologe und Wissenschaftsjournalist Bas Kast spricht in diesem Zusammenhang von einer »Art Spamfilter«. Eine Aufgabe des Verstandes sei es, das Chaos des Unbewussten zu unterdrücken. Um kreativ sein zu können, so Kast weiter, muss der Filter im Kopf ein wenig gelockert werden.[6]

Wie lässt sich der Filter im Kopf lockern und die innere Flexibilität fördern? Bas Kast nennt in seinem lesenswerten Buch *Und plötzlich macht es Klick* u. a. die folgenden Möglichkeiten:[7]

- längere Arbeitspausen machen und Abwechslung schaffen

- entspannen

- das Gehirn mit Ungewöhnlichem konfrontieren (ungewöhnliche Situationen, ungewöhnliche Abläufe)

- scheinbar Selbstverständliches nicht als selbstverständlich nehmen, Dinge hinterfragen

- offen sein für Unerwartetes

- sich mit Menschen aus anderen Fachbereichen und sozialen Umgebungen zusammentun

- eine neue Sprache lernen

- ins Ausland gehen

Unser Bildungssystem fördert kreatives Denken nicht. Ganz im Gegenteil: Mit seiner starken Orientierung auf Wissensvermittlung und den durch Lehr- und Bildungspläne vorgegebenen häufig isolierten Fakten bremsen Schule und Universität Kreativität.

Überdies fehlen die Freiräume, die für kreatives Denken Voraussetzung sind. In allen Schulsystemen auf der Erde gäbe es eine klare Hierarchie der Fächer, sagt der englische Bildungsexperte und Autor Ken Robinson:[8]

Mathematik und Sprachen besitzen die höchste Priorität, gefolgt von den gesellschaftlichen Fächern, und dann gibt es noch die künstlerischen Fächer. Diese Hierarchie sei hinderlich für Kreativität. Und Robinson geht in seiner Argumentation noch einen Schritt weiter: »Wer nicht darauf vorbereitet ist, Fehler zu machen, wird nie etwas wirklich Originelles leisten können.« Zugleich seien Fehler aber das Schlimmste, was man in der Schule machen könne.

>> *Kreativität ist heute für die Bildung so wichtig wie Schreiben und Lesen, und wir sollten sie gleichwertig behandeln.* <<

Ken Robinson, Experte für Bildung, Kreativität und Innovation, Autor[9]

Auch die Strukturen in Gesellschaft und Wirtschaft sind in der Regel nicht so ausgelegt, dass kreatives Denken ermöglicht und gefördert wird. Gefragt sind heute noch immer vorwiegend lineare Ansätze.

In der Folge bleiben wir weiter auf eingefahrenen Wegen, selbst wenn offensichtlich ist, dass diese nicht nur nicht zum Ziel führen, sondern auf Dauer auch schädlich sind. Beispiele hierfür sind auf gesellschaftlicher Ebene das Festhalten an der Wachstumswirtschaft, der hohe Rohstoffverbrauch unseres Wirtschaftens mit den resultierenden Belastungen der Umwelt, das Handeln in der europäischen Währungsgemeinschaft des Euro und die aktuelle Rentenpolitik.

>> *Das Letzte, was ich mir wünsche, ist eine Welt, in der das Irrationale herrscht. Aber man kann es auch mit der Ratio so weit treiben, dass am Ende etwas Irrationales dabei herauskommt.* <<

Bas Kast, Psychologe und Wissenschaftsjournalist[10]

Kreatives Denken erfolgt vor allem unbewusst. So kommt es, dass wir beispielsweise unter der Dusche, beim Sport oder beim Putzen Geistesblitze haben. Doch es lässt sich gleichfalls systematisch fördern und praktizieren. Wie das gelingen kann, betrachten wir im Weiteren.

Werkzeuge kreativen Denkens und Handelns

Für welche Aufgaben stehen Werkzeuge zur Verfügung, die kreatives Denken unterstützen? Diese drei wichtigen betrachten wir näher:
- (Ausgangs-)Situation analysieren
- Ideen finden
- Ideen bewerten

Einige dafür besonders nützliche Werkzeuge betrachten wir im Folgenden — aufbauend auf je einem Buch von Bernd Weidenmann und Florian Rustler.[11] Die Werkzeuge helfen, Herausforderungen und Probleme kreativ anzugehen.

Situation analysieren

◆ W-Fragen
Stellen Sie sich zunächst diese Frage: Was ist das Problem und was das Ziel? Diese Fragen ergänzen Sie durch: Wo? Wie? Wann? Wer? Warum? Im Fragen-Kapitel haben wir diese Fragen noch um weitere ergänzt. Fragen sind ein Schlüssel zu kreativen Lösungen, da sie zu verschiedenen Blickwinkeln und zu neuen Erkenntnissen führen können.

◆ Ursachengrafik
Zeichnen Sie für ein Problem die Ursachen mit deren Ursachen und so weiter auf, einschließlich der Zusammenhänge zwischen den einzelnen Ursachen (siehe Kapitel zur Visualisierung komplexer Zusammenhänge). Indem Sie von der linearen Ebene der Sprache bzw. der Gedanken in die vernetzte Darstellung der Zusammenhänge wechseln, wird Ihre Kreativität angeregt. Die höchste Form der Grafik zur Analyse einer Situation ist die Wirkungsgrafik, erstellt mithilfe einer Systemanalyse.

◆ Negativ-Positiv-Betrachtung
Beschreiben Sie zunächst die Situation, mit der Sie nicht zufrieden sind. Diese Handlung fällt in die Kategorie *Situation klären*. Darauf aufbauend beschreiben Sie anschließend, wie Sie die Situation gerne hätten. Aus dem Spannungsfeld zwischen Ist-Zustand und gewünschtem Zustand können sich vielfältige Ideen ergeben — und schon sind wir bei der Kategorie *Ideen finden* angelangt.

Ideen finden

◆ **Brainstorming und Brainwriting**

Bei dieser bekannten Gruppenmethode nennen die Teilnehmer alle Ideen, die ihnen zu einer Fragestellung einfallen. Notieren Sie alle Ideen, ohne schon eine Bewertung vorzunehmen. Das Brainstorming wird so lange durchgeführt, bis keine Ideen mehr genannt werden. Erst in einem späteren Schritt bewertet die Gruppe die Ideen. Eine Weiterentwicklung ist das Brainwriting; die Teilnehmer schreiben drei Ideen auf und reichen diese an den Nachbarn weiter, der darauf aufbauend neue Ideen sucht.

◆ **Morphologischer Kasten**

Schreiben Sie wichtige Aspekte bzw. Teile der Aufgabe oder des Problems in eine Tabelle (Spalte). Finden Sie für jede Teilaufgabe bzw. jedes Teilproblem kreative Antworten oder Lösungen bzw. Ansätze zum Umgang. Tragen Sie die Ergebnisse in die entsprechende Zeile ein und bilden Sie aus den einzelnen Einträgen Kombinationen. Im fiktiven Beispiel der folgenden Grafik besteht das Problem im Lastentransport in Großstädten mit erheblichen Verkehrsproblemen. Aufgabe ist es, über neue Formen des innerstädtischen Lastentransportes nachzudenken und eine Lösung dazu zu entwickeln.

Innerstädtischer Lastentransport

Genutzte Infrastruktur	Straße	Kanalisation	Luft
Material	Stahl	Kunststoff	Holz
Kapazitätsanpassung	Anhänger	Ausziehen	Aufstocken
Geschäftsmodell	Verkaufen	Verleihen	Nutzenverkauf

In der Beispielgrafik könnte eine der Kombinationen lauten: Straße, Holz, Aufstocken, Verleihen. Eine andere Kanalisation, Kunststoff, Anhänger, Nutzenverkauf. Aus diesen Kombinationen können sich kreative Ideen ergeben.

- **SCAMPER-Methode**

  Versuchen Sie in Gedanken an etwas Bestehendem — ganz gleich, ob ein Produkt, eine Struktur oder ein Vorgehen — Teile zu ersetzen, zu kombinieren, anzupassen, zu modifizieren, anders einzusetzen, wegzulassen oder neu anzuordnen. Auf diese Weise lassen sich kreativ neue Ideen generieren.[12]

- **Umkehrmethode**

  Drehen Sie die Fragestellung oder das Ziel um. Wie lässt sich unsere Stimmung weiter verschlechtern? Wie können wir das Unternehmen innerhalb eines Jahres an die Wand fahren? Die gefundenen Antworten drehen Sie dann ebenfalls um, sodass die Ideen dem eigentlichen Ziel dienen.

- **Fluchtmethode**

  Betrachten Sie die Situation, die Sie ändern möchten, und überlegen Sie, welche Grundeigenschaften und -annahmen dieser zugrunde liegen. Anschließend formulieren Sie dazu jeweils das Gegenteil. Nun überlegen Sie, wie Ihnen das Gegenteil helfen kann, auf neue Ideen zu kommen. Mit dieser Methode flüchten Sie gedanklich vor der Annahme, alles müsse so sein wie es gerade ist.

  Beispielsweise besteht ein Restaurant u. a. aus Küche, Tischen, Stühlen und Kellnern.[13] Nach der gedanklichen Flucht gibt es keine Küche mehr, keine Tische und Stühle und auch keine Kellner. Daraus kann sich beispielsweise diese Idee für ein neues Restaurantkonzept ergeben: Gekocht wird direkt bei den Gästen, die sich in Sesseln oder Liegen räkeln und ihre Bestellung über einen Touchscreen aufgeben.

- **Reizwortmethode**

  Formulieren Sie zunächst, was Sie ändern möchten, z. B. ein konkretes Produkt, eine Struktur oder eine Situation. Finden Sie nun ein Hauptwort oder Verb durch Zufall (etwa durch das Tippen auf ein Wort in einem Buch oder durch Zuruf). Für dieses Reizwort bestimmen Sie anschließend die Eigenschaften (z. B. für den Begriff Papier: dünn, leicht, biegsam, faltbar ...). Schließlich überlegen Sie, wie sich diese Eigenschaften auf das ursprüngliche Produkt, die Struktur oder die Situation übertragen lässt.

- **Analogien**

  Suchen Sie Situationen, die Ihrem Problem ähnlich sind, aber anderen Bereichen entstammen. Dabei kann es sich beispielsweise um andere Produkte, Branchen, Bereiche in der Gesellschaft, Kulturen oder um die Natur handeln. Überlegen Sie nun, wie hier mit dem Problem umgegangen wird.

Ideen bewerten

Ideen lassen sich nicht allein auf kreative Weise finden, sondern ebenso bewerten. Ziel ist es, von einer linearen Bewertungsweise wegzukommen, hin zu einer gesamtheitlichen Bewertung. Das erfolgt durch den mehrfachen Wechsel der Perspektive. Zwei Methoden dazu seien kurz vorgestellt.

◆ **Walt-Disney-Methode**
Bei dieser Methode zur weiteren Beurteilung vorausgewählter Ideen vergeben Sie drei Rollen: Träumer, Realist und Kritiker. Jede Rolle bewertet aus ihrem Blickwinkel heraus eine Idee für sich; später werden die Ergebnisse zusammengeführt. Entweder bleiben die Rollen einmalig verteilt oder alle Beteiligten schlüpfen im Wechsel in jede der drei Rollen. Diese Methode lässt sich auch alleine anwenden, indem man nacheinander in die einzelnen Rollen schlüpft.

◆ **Denkhüte-Methode**
In einer Art des Rollenspiels erhalten die Teilnehmer unterschiedlich farbige Hüte oder andere Gegenstände. Jede der Farben steht für einen anderen Blickwinkel einer Fragestellung oder eines Problems, den der jeweilige Träger einnimmt:[14]

  ▷ Weiß: analytisches Denken — Zahlen, Daten, Fakten

  ▷ Rot: emotionales Denken — Intuition, Gefühle, Meinungen

  ▷ Schwarz: kritisches und pessimistisches Denken — Probleme, Risiken, Ängste

  ▷ Gelb: optimistisches Denken — Chancen, Hoffnungen

  ▷ Grün: Kreativität — Querdenken, neue Ideen

  ▷ Blau: ordnendes Denken — Überblick, Zusammenfassung, Schlussfolgern

Die Denkhüte-Methode wird ganz unterschiedlich eingesetzt: Entweder kommen innerhalb einer Diskussionsrunde alle Farben gleichzeitig zum Einsatz oder alle Teilnehmer haben die jeweils gleiche Farbe. Bei letzterem Fall kommt eine Farbe nach der anderen zum Einsatz. Die Denkhüte-Methode erlaubt eine offene Diskussion und fördert auf diese Weise kreative Lösungen. Natürlich können Sie diese Methode für sich allein nutzen, wenn Sie eine Idee anhand der unterschiedlichen Aspekte bewerten möchten.

Der Einsatzbereich der Walt-Disney- und der Denkhüte-Methode ist breit. So werden diese Werkzeuge teils auch zur Bewertung von Situationen eingesetzt.

Probleme kreativ vergrößern und neu schaffen

Kreativität kann nicht nur Hilfreiches und Positives schaffen. Sie kann ebenfalls für negative Ergebnisse sorgen, zumindest aus übergeordneter Sicht. Kreativ sind Unternehmen und manche Bürger etwa, wenn es darum geht, legal oder illegal Steuern zu sparen. Wer auf illegale Weise Steuern spart, hat sich unter kurzfristiger Betrachtung einen Vorteil verschafft. Langfristig wird eine solche Strategie kaum erfolgreich sein können; die Wahrscheinlichkeit ist über die Jahre hinweg zu hoch, erwischt zu werden. Aus übergeordneter gesellschaftlicher Sicht ist dieses Tun von Anfang an negativ.

Kreativ waren auch die Ingenieure bei VW.[15] Um die Abgasgrenzwerte einiger Dieselmotoren einhalten zu können, entwickelten sie für die Motorensteuerung eine manipulierende Software. Sie stellte sicher, dass die Motoren bei Labortests die Abgasgrenzwerte einhalten, obwohl die Motoren im echten Betrieb größere Schadstoffmengen freisetzen. Hier zeigte sich: Zwar gibt eine solche kreative Lösung zunächst Entlastung; als das Unternehmen 2015 der Manipulation überführt wurde, erwiesen sich die Probleme jedoch als umso größer.

Auch Regierungen und Politiker sind kreativ. Doch erweist sich ihre Kreativität häufig als wenig sinnvoll. Oft dient sie dazu, die Folgen von Problemen zu kaschieren und die Probleme selbst zu verschieben. Im ersten Kapitel haben wir bereits einige Beispiele dazu betrachtet, etwa Nebelgranaten an Kernkraftwerken oder der vorzeitige Einzug der Rentenbeiträge von den Arbeitnehmern bei späterer Auszahlung der Renten an Neurentner.

Überhaupt die Finanzen: *Kreative Buchführung* ist ein stehender Begriff sowohl für öffentliche Haushalte als auch die Bilanzen von Unternehmen. Um Schuldengrenzen nicht zu überschreiten, verschiebt der Staat Schulden in Nebenhaushalte, rief in der Vergangenheit wirtschaftliche Krisen aus (für diesen Fall waren höhere Schulden erlaubt) und privatisiert wichtige öffentliche Investitionen (etwa den Ausbau von Autobahnen, wofür die öffentliche Hand aber jährlich Nutzerentgelte zu zahlen hat).

Kreativ waren die Staaten des Euro-Währungsraumes kurz vor Einführung des Euros. Um die zulässigen Grenzen für Neuverschuldung und Gesamtschulden nicht zu überschreiten, war kaum eine Idee zu abstrus, als dass sie nicht genutzt wurde:[16] Im Referenzjahr 1997 verringerten europäische Staaten ihre Investitionen deutlich und veräußerten öffentlichen Besitz in großem Stil. Italien erhob eine Sondersteuer und rechnete zur Wirtschaftsleistung pauschal einen Anteil für Schwarzarbeit hinzu (der Schuldenstand wurde in Relation zur Wirtschaftsleistung bemessen). Der französische Staat erhielt vom staatlichen Telekommunikationsunternehmen eine Milliardenzahlung und übernahm dafür Pensionsverpflichtungen, Spanien zog die Schulden der Staatsunternehmen von seiner Schuld ab, da es die Unternehmen bald verkaufen wollte, Griechenland lieferte falsche Zahlen. Und schließlich setzten sich die Staaten Regeln, die sie nicht einhielten. Auch das kann als eine Form der Kreativität gesehen werden.

Wachstum über alles: Nicht zuletzt um die Wirtschaftsleistung weiter wachsen zu lassen, ergreift die Europäische Zentralbank (EZB) immer weitere kreative Maßnahmen mit negativen Folgen für die Zukunft: ständig Geld drucken und immer größere Mengen davon in Umlauf geben, die Zinsen fast auf null setzen und Staatsanleihen in großem Stil aufkaufen, sodass einige Staaten nun teils (supra-)staatlich finanziert sind.

Alle diese Beispiele verdeutlichen: Besondere Situationen fördern die Kreativität – nicht immer mit langfristig sinnvollen Ergebnissen.

Kreativität für soziale Innovationen

Wenn von Innovationen gesprochen wird, geht es meist um Technik und Produkte: Ein neues Smartphone mit neuer weiterentwickelter Technik oder der Roboter für die Pflege alter Menschen. Viele der gepriesenen Produkte stehen für einen Schritt nach vorne, andere dagegen lediglich für Pseudoinnovationen, manche sogar für Rückschritt. Welchen Fortschritt bietet ein Auto, das in neuester Version mit einem knapp 400 kW starken Motor erhältlich ist? Welchen zusätzlichen Nutzen schafft ein Shampoo mit Diamantstaub als Inhaltsstoff? Zu welchem Zweck benötigt die Menschheit jene neue Finanzprodukte, die niemand recht versteht (und deren Wirkungen nicht einzuschätzen sind)?

Viel zu kurz kommt in der gesellschaftlichen Diskussion die Bedeutung sozialer bzw. gesellschaftlicher Innovationen. Die Vielzahl an großen Herausforderungen, denen wir heute als Gesellschaft gegenüberstehen, lässt sich durch Technik nicht allein meistern. Und große technische Innovationen erfordern gesellschaftliche Anpassungen. Es ist Zeit für eine Vielzahl sozialer Innovationen – Innovationen, die auf Kreativität basieren.

Schon heute gibt es kreative Ansätze für gesellschaftliche Themen, existieren positive soziale Innovationen. Carsharing, Tauschringe und webbasierte Tauschplattformen, Umsonstläden und Repair-Cafés sind Beispiele. Ebenfalls nennen lassen sich genossenschaftlich geführte Dorfläden und durch Bürger getragene Seniorengenossenschaften, bei denen man durch ehrenamtliche Mitarbeit Anrechte für die spätere eigene Betreuung erwerben kann. Es bedarf noch weiterer Kreativität, um die kleinen und großen Herausforderungen unserer Zeit meistern zu können.

Die Natur macht es uns vor und die Geschichte hat gezeigt: Ab einem gewissen Punkt sind Systeme nicht mehr lebensfähig, und weiteres quantitatives Wachstum löst Probleme nicht, sondern führt langfristig zum Systemzusammenbruch. Wenn ein System nicht mehr richtig funktioniert und lebensfähig ist, ist die Zeit gekommen, es auf ein neues Niveau und eine neue Organisationsstufe zu heben. Was es dafür braucht ist Kreativität.

Ohne große soziale Innovationen in der Vergangenheit gäbe es die Gesellschaften in heutiger Form nicht. Vom Jäger und Sammler entwickelten sich die Menschen zu Bauern und wurden sesshaft. Später gründeten sie Städte und entwickelten Handwerksberufe. Schulen und Universitäten wurden eingerichtet. Gilden und Zünfte organisierten das Berufsleben und sorgten für erste soziale Absicherungen. Genossenschaften weiteten die Aufgaben der Gilden und Zünfte aus. Die Industrialisierung führte in einigen Teilen der Welt nach und nach zu zunehmendem Wohlstand. Und nicht zu vergessen: Es entstanden demokratische Gesellschaften. So selbstverständlich uns das heute alles erscheint: Neben Mut und Hartnäckigkeit war Kreativität notwendig.

Intuition

》*Gefühle und Verstand sind nicht die Gegner, zu denen wir sie in unserer abendländischen Kultur gemacht haben. Vielmehr arbeiten die Gefühle und der Verstand meist Hand in Hand. Gerade in kritischen Situationen greifen unsere Gefühle dem Verstand unter die Arme und helfen ihm, schnell zu einer Entscheidung zu kommen [...].*《

Bas Kast, Psychologe und Wissenschaftsjournalist[17]

Um Ideen oder Lösungen zu finden, etwas zu bewerten oder zu Entscheidungen zu kommen, bestehen grundsätzlich zwei Möglichkeiten:[18]

- den Verstand oder
- das Unbewusste nutzen.

Während der Verstand zu begründeten und im Detail nachvollziehbaren Ergebnissen kommt, ist das beim Unbewussten nicht der Fall. Das Unbewusste bringt Ergebnisse hervor, die sich aus einem Bauchgefühl ergeben.

Intuition oder Bauchgefühl ist ein Ergebnis,
- 》das rasch im Bewusstsein auftaucht,
- dessen tiefere Gründe uns nicht ganz bewusst sind und
- das stark genug ist, um danach zu handeln.《[19]

Unser Verstand arbeitet äußerst fokussiert und zielgerichtet, er führt zu präzisen Ergebnissen.[20] Er ist kritisch in seinem analysierenden Tun und ein Bremser erster Güte: Die unpräzisen Erkenntnisse der Intuition seziert der Verstand mit purer Logik. Indem er sich auf Details konzentriert, gerät ihm allerdings das Ganze mit seinen Zusammenhängen aus dem Blick: Er arbeitet häufig linear. Den betrachteten Ausschnitt aus der Wirklichkeit hält der Verstand ungünstigerweise für das Gesamte. Seine Ergebnisse sind folglich oft nur begrenzt hilfreich. Die negativen Folgen lassen sich an vielen Stellen beobachten; viele Beispiele haben wir in den vorhergehenden Kapiteln bereits gesehen. Ein weiterer Nachteil: Die Kapazität des Verstands ist relativ klein, er braucht deshalb Zeit, oft viel Zeit, um zu Ergebnissen zu kommen.

Das Unbewusste hingegen, es ist blitzschnell.[21] Seine Ergebnisse kommen ganz plötzlich ins Bewusstsein. Häufig ahnen wir Dinge schon weit vor dem Moment, da wir sie logisch begründen können. Wie unser Unbewusstes zu den Erkenntnissen gekommen ist, wissen wir allerdings nicht genau, es gibt keine logischen Begründungen. Dieses Faktum macht es in unserer rationalen Gesellschaft so schwer, Intuition zu nutzen. Überdies besitzt das Unbewusste eine große Kapazität und nimmt alle Informationen auf, derer es habhaft werden kann. Wählerisch oder kritisch ist es dabei nicht — Vorteil und Nachteil zugleich.

Der Psychologe Gerd Gigerenzer konnte zeigen, dass in bestimmten Fällen Situationen besser eingeschätzt werden, wenn nur wenige Informationen zur Verfügung stehen. Viele Fakten können das Urteil trüben, so seine Erkenntnis.[22] Wie können wir mit weniger Informationen besser entscheiden? Intuitiv finden wir einfache Regeln, die uns gute Entscheidungen treffen lassen — Faustregeln. Ganz nach dem Motto: Weniger ist mehr.

>>*Die Konsequenz aus zu viel und zu wenig Information ist [...] gleich –
ein Mangel an Erkenntnis.*<<

Stephanie Borgert, Management- und Organisationsberaterin, Autorin[23]

>>*Gute Intuitionen ignorieren Informationen.
Bauchgefühle erwachsen aus Faustregeln, die einer komplexen Umwelt
nur wenige Informationen entnehmen [...], und lassen den Rest unbeachtet.*<<

Gerd Gigerenzer, Psychologe und Direktor
am Max-Planck-Institut für Bildungsforschung in Berlin[24]

Was können wir mit all diesem Wissen anfangen? Folgendes:

1. **Einfache Fragestellungen und Entscheidungen** lassen sich häufig am besten allein mit dem Verstand klären.[25] Beispiele: Warum hat das Fahrrad einen Platten? Soll die nächste Sitzung am Montag oder am Dienstag stattfinden? Doch wenn es z. B. um den Kauf von Kleidern geht, kommt bereits Intuition ins Spiel, als Folge des persönlichen Geschmacks und von Emotionen.

2. Für **komplizierte sowie komplexe Fragestellungen und Entscheidungen** ist der Verstand ebenfalls das richtige Werkzeug, sofern genug Zeit für die Analyse zur Verfügung steht. Beispiele: weitreichende berufliche Entscheidungen, Renten-, Finanz- und Wirtschaftspolitik. Dem Streben nach linearem Denken, das dem Verstand innewohnt, ist durch Werkzeuge vernetzten Denkens entgegenzutreten.

   Und dennoch erweist es sich in Entscheidungsprozessen als wichtig, auch auf die innere Stimme, also das Bauchgefühl zu hören.[26] Meldet sie sich zu einer ausgewählten Option, tut man gut daran, die anstehende Entscheidung nochmals zu hinterfragen. Schließlich weiß das Unbewusste oft mehr als das Bewusstsein.

3. Bei einem **Mangel an Informationen oder Zeit** kann der Verstand nicht genügend analysieren. In solchen Fällen lässt sich entweder mit Expertenwissen Abhilfe schaffen, z. B. indem man Berater oder Testergebnisse von Produkten zu Rate zieht. Oder eben durch Intuition.[27]

4. Um **neue Ideen zu finden**, sind Verstand und Intuition gleichermaßen geeignet.

Einsatzfeld	Verstand	Intuition
Einfache Fragestellungen und Entscheidungen	Domäne des Verstands	Bei emotional geprägten Themen kommt Intuition mit ins Spiel.
Komplizierte sowie komplexe Fragestellungen und Entscheidungen	Domäne des Verstands, wenn genügend Zeit für Analyse	Meldet sich trotz klarer Fakten das Bauchgefühl, so sind Fakten und Entscheidungskriterien nochmals zu hinterfragen.
Bei Mangel an Informationen oder Zeit	Expertenwissen beschaffen oder →	Intuition folgen
Neue Ideen	Sowohl Domäne des Verstands als auch der Intuition	

Erstellt nach Bas Kast, Gerd Gigerenzer, Johanna Joppe und Christian Ganowski

Jeder Mensch besitzt Intuition und Kreativität. Unsere Gesellschaft setzt jedoch fast ausschließlich auf das Rationale — in Schule, Universität, Unternehmen und auf gesellschaftlicher Ebene. Wir sollten wieder ein Gefühl dafür bekommen, in welchen Fällen Kreativität und Intuition nützlich sind. Wir sollten sie fördern und nutzen.

DAS WICHTIGSTE IN KÜRZE

- Kreativität ist die Fähigkeit, ungewöhnliche neue Einsichten, Ideen oder Lösungen hervorzubringen.

- Um kreativ zu sein, gilt es, Übliches infrage zu stellen und sich von herkömmlichen Denkmustern zu lösen. Das vorhandene Wissen ist neu zu verknüpfen.

- Ohne Kreativität wird es nicht möglich sein, die kleinen und großen Herausforderungen der Gesellschaft zu meistern.

- Kreatives Denken erfolgt zum einen unterbewusst. Zum anderen lässt es sich systematisch durchführen; einige Werkzeuge dazu erläutert das Kapitel.

- Intuition oder Bauchgefühl ist nach Gigerenzer ein Ergebnis, »das rasch im Bewusstsein auftaucht, dessen tiefere Gründe uns nicht ganz bewusst sind und das stark genug ist, um danach zu handeln.«[28]

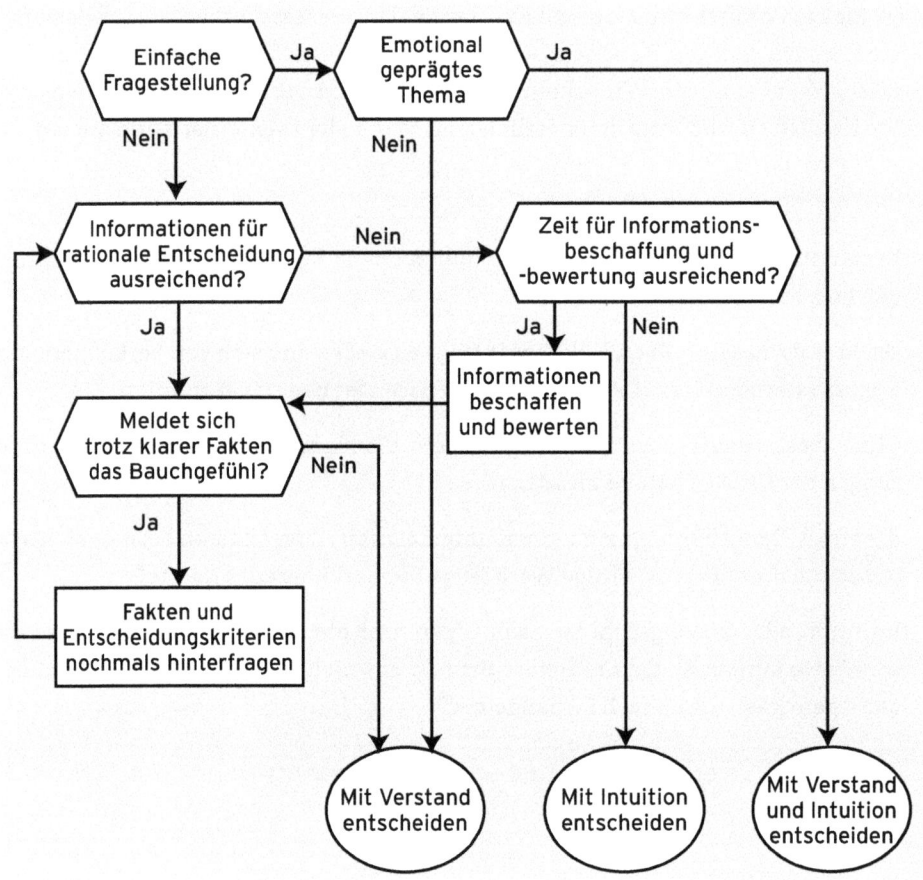

Entscheidungen fällen: mit Verstand oder Intuition?
(Erstellt nach Bas Kast, Gerd Gigerenzer, Johanna Joppe und Christian Ganowski)

Schluss

20

So geht es weiter

»Liebe Mitbürgerinnen und Mitbürger,

gleich vorweg stelle ich stolz fest: Unser Land ist auf die großen Herausforderungen, denen wir gegenüberstehen, gut vorbereitet.

Einige mögen einwenden: Schon viele meiner Vorgänger hatten bereits ähnliche Aussagen getroffen, und im Nachhinein zeigte sich bisher noch immer eine andere Realität. Das ist wahr. In den vergangenen acht Jahren meiner Amtszeit haben wir jedoch vieles kritisch hinterfragt und eine grundsätzliche Wende eingeleitet, die ich als historisch bezeichnen möchte.

In der Vergangenheit hat unsere Gesellschaft viel zu kurz gedacht. Wir Politiker und unsere Parteien bildeten da keine Ausnahme. Die Folgen waren fatal — eine große Zahl an Problemen bekamen wir nicht in den Griff, bekämpften oft Symptome und vergrößerten letztlich einige Schwierigkeiten nur noch.

Durch vielerlei Initiativen und das durch mich zu Beginn meiner Amtszeit angestoßene bundesweite Programm für vernetztes Denken in Schulen hat ein Umdenken auf breiter Basis eingesetzt. Mittlerweile gibt es Vernetztes Denken in allen Bundesländern als eigenes Schulfach und fachübergreifender Unterricht ist selbstverständlich.

Die Schülerinnen und Schüler erarbeiten sich die Grundkompetenzen zu Komplexität sowie vernetztem Denken und trainieren diese neue Art des Denkens. Das ermöglicht enorm Wichtiges: Mehr und mehr übernehmen gesamtheitlich denkende Menschen Verantwortung in der Gesellschaft, sie treiben die historische Wende weiter voran, von der ich eingangs sprach.

Quer durch die Gesellschaft hat das Verständnis für Komplexität deutlich zugenommen. Zugleich verstärkte sich die Fähigkeit, im positiven Sinne kreativ zu denken und zu handeln. Das zeigt sich eben nicht allein in der Schule, sondern beispielsweise auch in Wirtschaft und Verwaltung. Und ebenso in der Politik. Wie unser neuer praktischer Ansatz des politischen Handelns aussieht, das will ich Ihnen im Folgenden kurz schildern.

Viel systematischer und vorausschauender als in der Vergangenheit wählen wir heute aus, mit welchen Themen wir uns überhaupt beschäftigen und bei welchen Aufgabenstellungen wir tätig werden. Dazu klassifizieren wir jährlich über alle Ministerien und Fachbereiche hinweg Themen und Aufgaben nach den Kategorien *wichtig* und *dringlich*. Dabei blicken wir weit in die Zukunft. Eine Hilflosigkeit bei Ereignissen wie der Maueröffnung oder dem starken Drang von Flüchtlingen in unser Land, auf die weder Gesellschaft noch Politik vorbereitet waren, soll es so schnell nicht mehr geben. Allerhöchste Priorität haben jene Themen, die sowohl wichtig als auch dringlich sind. Frühwarnsysteme für bedeutende Fragen helfen uns, Handlungsbedarf frühzeitig zu erkennen.

Selbstverständlich betrachten wir mittlerweile die Vernetzung innerhalb von Themen und der zugrunde liegenden komplexen Systeme, aber auch zwischen den einzelnen Themenfeldern. Auf diese Weise analysieren wir im Vorhinein, welche Nebenwirkungen unterschiedliche Handlungsoptionen hätten. So hat sich uns ein völlig neuer Blick auf die Realität eröffnet. Nicht mehr über Prognosen bereiten wir uns auf die Zukunft vor, sondern über Szenarien und Simulationen.

Wir haben dabei in hervorragender Zusammenarbeit zwischen den Parteien sehr hilfreiche Werkzeuge entwickelt, um die Wirkung von Gesetzen zu testen, bevor sie vom Parlament verabschiedet werden. Das macht unsere Arbeit viel einfacher, auch wenn diese Tests natürlich Zeit und auch Ressourcen in Anspruch nehmen.

Unsere Ziele setzen wir klarer, konkreter und realistischer als früher — und kontrollieren auch konsequenter, ob die von uns eingeleiteten Maßnahmen zum Ziel geführt haben. Wir blenden Stör- und Bedrohungsfaktoren nicht mehr aus, sondern beziehen sie ganz bewusst in unsere Überlegungen mit ein. So können wir im Vorhinein überlegen, wie wir mit solchen Situationen umgehen und was wir tun können, um Störungen oder Bedrohungen zu vermeiden oder zu verringern.

Konsequenter als bisher prüfen wir im Einzelfall, ob es ein neues Gesetz oder eine Gesetzesänderung überhaupt braucht. Wenn wir tätig werden, belassen wir es bei allgemeineren und kürzeren Regeln als bislang. Wir haben einsehen müssen, dass das Bestreben, über Gesetze alle möglichen Fälle abzudecken und hundertprozentige Gerechtigkeit zu erlangen, zu einer unübersehbaren Menge an Regelungen geführt hat — ohne dass wir unsere Ziele häufig genug erreicht hätten, dafür jedoch neue Probleme und Ungerechtigkeiten schufen.

Handeln um des Handelns willen — darauf verzichten wir heute. Unser Tun ist mittlerweile besser denn je mit dem Blick auf das Gesamte, die Nebenwirkungen und die Zukunft entwickelt. Dabei halten wir uns auch an die Erkenntnis, die Frank-Jürgen Weise, der damalige Chef der Bundesagentur für Arbeit, schon im Jahre 2014 pointiert formulierte: »Meine Erfahrung ist, dass es falsch ist, Geld auf ungelöste Probleme zu werfen.«[1]

Natürlich war lange die Befürchtung groß, die Bürger — also unsere Wähler — würden unseren neuen Ansatz kritisieren statt zu honorieren. Doch dann stellten wir erfreut fest: Nachdem sich einige Irritationen geklärt hatten, honorierten die Wähler gesamtheitliche Politik. Sie haben schnell verstanden, dass der neue Politikansatz in ihrem Interesse und jenem ihrer Kinder ist.

Und schließlich haben wir begriffen, dass komplexe Probleme überhaupt nicht gelöst werden können, sondern es darum geht, sie in den Griff zu bekommen. Das war für mich persönlich die ganz zentrale Erkenntnis, die mir den Zugang zu vernetztem Denken eröffnete.

Alles in allem sind wir auf einem sehr guten Weg. Unser neuer Ansatz bringt unser Land weiter, auch wenn uns klar ist: Nicht alle Schwierigkeiten werden sich in Luft auflösen und auch weiterhin wird nicht alles, was wir tun, gelingen können.

Das gesamte neue Vorgehen haben wir sowohl im Bundeskanzleramt als auch in den Fraktionen und den Parteizentralen institutionalisiert. Ich bin sehr erfreut darüber, wie hervorragend alle Beteiligten kooperieren.

Wir haben schon viel erreicht. Ob Innen-, Sozial-, Wirtschafts- oder Energiepolitik — ob Außen-, Landwirtschafts- oder Umweltpolitik: Unser neuer Ansatz hat sich in allen Bereichen bewährt. Und dennoch gibt es auch noch einiges zu tun. Das meiste davon ist bereits in die Wege geleitet und muss nun fortgeführt werden. Ich wünsche dabei meiner designierten Nachfolgerin viel Erfolg!

Glücklich bin ich darüber, dass mittlerweile eine breite gesellschaftliche Diskussion zur Weiterentwicklung unseres demokratischen Systems stattfindet. Wie Sie wissen, befürworte ich die stärkere Aufnahme direktdemokratischer Elemente in unser politisches System. Meine Partei zeigt sich für den Ansatz der halbdirekten Demokratie offen. Mein großer Dank gilt allen, die sich bei der Suche nach passenden Lösungen für die Dezentralisierung der Demokratie engagieren.

Abschließend möchte ich noch ein weiteres Thema kurz streifen: das Wachstumsparadigma unserer Gesellschaft — und den Beginn der Abkehr. »Das Wachstum der Wirtschaft ist zur Ersatzreligion unserer Gesellschaft geworden«, hat schon vor zwei Jahrzehnten der Sozialwissenschaftler Meinhard Miegel festgestellt.[2] Die Gesellschaft hat sich in eine große Abhängigkeit vom *immer mehr* begeben. Unsere gesellschaftlichen Systeme waren bisher auf dauerhaftem Wachstum aufgebaut. Ich bin sehr froh, dass es noch während meiner Amtszeit geglückt ist, eine große gesellschaftliche Diskussion zum ewigen Wachstum und seinen Alternativen anzustoßen.

Eine gute Nachricht für Sie — ich komme nun zum Ende meiner Rede. Zusammenfassend stelle ich fest: All die Maßnahmen, von denen ich sprach, führen in ihrem Zusammenwirken dazu, dass wir bestehende Probleme besser in den Griff bekommen, eine ganze Reihe möglicher zukünftiger Probleme vermeiden, gesetzte Ziele mit deutlich größerer Wahrscheinlichkeit als früher erreichen, den Aufwand dafür geringer als bisher halten können, das Wichtige tun, anstatt uns um Unwichtiges zu kümmern, die gegenwärtigen sowie die zukünftigen Herausforderungen deutlich besser meistern und nicht weiter auf Kosten zukünftiger Generationen leben.

Meine sehr verehrten Zuhörerinnen und Zuhörer. Mit diesen Ausführungen möchte ich meine Rede beenden. Ich danke Ihnen für Ihre Ohren und Ihre Geduld. Mit dem heutigen Tag gehen für mich acht äußerst intensive Jahre zu Ende. Dankbar und demütig in Bezug auf meine Amtszeit sowie voller Vorfreude auf das vor mir Liegende gebe ich die Verantwortung weiter. Mein herzlicher Dank gilt allen, mit denen ich in den vergangenen Jahren zusammenarbeiten und gestalten durfte. Machen Sie es gut! Das meine ich im doppelten Sinne.«

Frederik Hummler, Bundeskanzler, 3. September 2025

Pressemeldung des Bundeskanzleramts vom 7. August 2023

Bundeskanzler Frederik Hummler hat heute seinen sofortigen Rücktritt bekannt gegeben. »In den sechs Jahren meiner Amtszeit ist es mir nicht gelungen, wirksame Konzepte für die großen aktuellen Herausforderungen zu finden und umzusetzen«, so der bisherige Bundeskanzler. »Ich muss eingestehen, dass seit meinem Amtsantritt die Probleme nochmals größer geworden sind. Die aktuellen Entwicklungen lassen mir keine andere Wahl, als zurückzutreten. Hummler wolle, so betonte er, den Weg für einen Neuanfang frei machen.

Er lege allerdings Wert auf die Feststellung, dass er mit großem Engagement und nach bestem Wissen und Gewissen gearbeitet habe. Die jetzigen krisenhaften Situationen seien insgesamt unvorhersehbar gewesen. Zudem, so resümierte Hummler, sei die jetzige Situation in hohem Maße auf die Politik der Vorgängerregierung zurückzuführen. Bundespräsidentin Barbara Müller hat den Rücktritt angenommen.

Drei Szenarien

Sowohl die Rede des Bundeskanzlers als auch die Pressemeldung steht für ein Szenario zur zukünftigen politischen und gesellschaftlichen Entwicklung. Die Rede zeigt ein positives Szenario; es verdeutlicht, was im Prinzip möglich und auch nötig wäre. Das negative Szenario hingegen deutet kurz an, welche Situation sich bei ungünstiger Entwicklung ergeben könnte. Während der Bundeskanzler im positiven Szenario von einem Handeln berichtet, dass auf vernetztem Denken basiert, bleibt er im negativen Szenario in der Linearität verfangen. Verantwortlich für die großen Probleme sei eigentlich nicht er, sondern unvorhersehbare Entwicklungen und sein Vorgänger.

Was noch fehlt, ist das dritte Szenario: die erwartete Entwicklung. Dieses Szenario ist subjektiv geprägt. Deshalb zwei Fragen an Sie: Wie geht es weiter? Welche Entwicklung in Politik und Gesellschaft erwarten Sie?

Zum Schluss

Vernetztes Denken und Handeln hilft im Kleinen wie im Großen, im Persönlichen wie im Beruf, und auf der gesellschaftlichen Ebene. Die dazu notwendige »andere« Sichtweise auf die Welt und ihre Teile hat Ihnen die Lektüre dieses Buches eröffnet. Zusätzlich haben Sie eine Reihe von Werkzeugen kennengelernt, die Sie beim vernetzten Denken unterstützen können — von Fragen, grafischer Darstellung und Systemanalyse über Szenarien und Simulation bis hin zu Intuition und Kreativität.

Vielleicht können die neuen Erkenntnisse und die Werkzeuge Sie ja dabei unterstützen, scheinbare Wahrheiten konstruktiv-kritisch zu hinterfragen, Situationen zu analysieren, Ihr Handeln erfolgreich, zielgerichtet und effizient zu gestalten und Schwierigkeiten in den Griff zu bekommen. Der Autor wünscht Ihnen dabei viel Erfolg. Und um den zukünftigen Ex-Bundeskanzler Frederik Hummler zu zitieren: Machen Sie es gut — im doppelten Sinne!

Anmerkungen

Kapitel 1

Warum vernetzt denken und handeln?

1   Bund der Steuerzahler: *Die Würmer müssen wieder raus* und *Regenwürmer sollen aus Stadion verbannt werden.*

2   Norddeutscher Rundfunk: *Sportplatz-Sanierung mit Wurmkur gescheitert.*

3   Letztlich wurden die Regenwürmer doch nicht umgesiedelt: Martina Rathke: *Regenwurm-Umsiedlungsprogramm abgesagt. Ein neu gebauter Kunstrasenplatz schafft Entlastung.*

4   Deutscher Bundestag: *Gesetzentwurf der Fraktionen SPD und BÜNDNIS 90/DIE GRÜNEN; Entwurf eines Dritten Gesetzes zur Änderung des Sechsten Buches Sozialgesetzbuch und anderer Gesetze.*

5   Karl Doemens: *Merkel profitiert vom rot-grünen Beitragstrick.*

6   Oda Becker: *Vernebelung als Schutzmaßnahme gegen einen Flugzeugangriff*, S. 3.

7   Nils Wischmeyer: *Atomkraftwerke: Im Fokus von Terroristen.*

8   Oda Becker: *Vernebelung als Schutzmaßnahme gegen einen Flugzeugangriff*, S. 5, und Bundesministeriums für Umwelt, Naturschutz und Reaktorsicherheit: *Bundesumweltministerium setzt strenge Auflagen für Vernebelungskonzept der Betreiber durch.*

9   Heinz Smital, Atom-Experte bei Greenpeace. In: Stefan Kaufmann: *Es gibt große Defizite beim Anti-Terror-Schutz.*

10 *Gesetz über die friedliche Verwendung der Kernenergie und den Schutz gegen ihre Gefahren (Atomgesetz), §7 Genehmigung von Anlagen*; Die Bundesregierung: *Bundesregierung beschließt Ausstieg aus der Kernkraft bis 2022* und *Wie lange bleibt welches AKW noch am Netz?*

11 Sofern der Zins auf Kredite oder Staatsanleihen nicht der Inflationsrate entspricht oder geringer ist.

12 *Grundgesetz für die Bundesrepublik Deutschland*, Artikel 109, Absatz 3 und 4.

13 Als Deutschland 2003 gegen die Defizitregeln der Währungsgemeinschaft verstieß, da es mehr Schulden machte als zulässig, leitete die EU-Kommission vertragsgemäß ein Strafverfahren gegen Deutschland ein. Darauf ergriffen Deutschland und das ebenfalls betroffene Frankreich Initiative, um die Strafverfahren entgegen den Verträgen auszusetzen. In einer Kampfabstimmung beugte sich die Mehrheit der Euro-Länder diesem Wunsch. Alexander Hagelüken, Susanne Höll, Ulrich Schäfer: *Defizit-Streit stürzt Europa in eine Krise.*

14 Oxfoam Deutschland: *Die EU exportiert – die Welt hungert*, S. 4–9, und Francisco Mari: *Exportsubventionen nach Afrika sind nicht abgeschafft!*

15 Das Ergebnis: Die Empore darf nicht benutzt werden und ist gesperrt. Zu den Zeiten, da sie dennoch genutzt werden soll, wird ein zusätzliches mobiles Geländer angebracht, das anschließend wieder abzubauen ist.

16 Bundeskanzlerin Angela Merkel, Regierungserklärung vom 14.1.2009 (Dt. Bundestag, Plenarprotokoll 16/198, S.21426 A); Bundesministerium für Wirtschaft und Technologie: *Richtlinie zur Förderung des Absatzes von Personenkraftwagen* vom 20. Februar 2009, S.1. Ein weiteres Ziel Merkels lag darin, die Innovationskraft der deutschen Wirtschaft zu stärken und die Automobilindustrie zu modernisieren.

17 Wolfgang Meyer, Hansjörg Gaus, Christoph Müller: *Klimabewusster Autofahren: Analyse der Pkw-Zulassungen 2008/2009, S.2.*

18 Studienbüro Jetzt & Morgen: *Wirkungs-Check Abwrackprämie*, S.3.

19 Bundesverband der Energie- und Wasserwirtschaft: *Pressestatement von Jörg Simon, BDEW-Vizepräsident Wasser/Abwasser, Vorstandsvorsitzender der Berliner Wasserbetriebe*, S.2.

20 A.a.O.

21 Frederic Vester: *Die Kunst vernetzt zu denken*, S.124.

22 Peter Senge: *Die fünfte Disziplin*, S.78.

23 Laut der Studie »Global M & A-Survey 2010« der Personalmanagement-Beratung Hewitt Associates erreichten mehr als die Hälfte aller europäischer Unternehmen weder ihr geplantes finanzielles noch strategisches Ziel mit ihrer jüngsten Übernahme oder Fusion: Elisabeth Preihs: *Aktuelle Hewitt-Studie »Global M & A-Survey 2010«: 57 Prozent der Unternehmen verlieren bei Übernahmen oder Fusionen Top-Talente.* Die Ergebnisse der oben genannten Hewitt-Studie ähneln den Ergebnissen der Studie von Ernst & Young von 2006, nach der jeder zweite Firmenzusammenschluss scheiterte: *Jede zweite Firmenfusion scheitert.*

24 Neu erzählt u.a. nach www.connexin.net/de/humor-witze/projekt-management/totes-pferd-reiten.html; www.totes-pferd-reiten.ch; www.jugendarbeit.ch/download/ate_totesPferd.pdf; www.poeschel.net/vermischtes/pferd.php; www.controllingportal.de/Humor/Das-tote-Pferd.html; www.schaefer-bergkamen.de/totespferd.htm und eigenen Ideen.

Kapitel 2

Falsche Ursachen – falsche Schlussfolgerungen – falsches Handeln

1 Julian Heiss: *Paare, die zweimal die Woche Sex haben, verdienen mehr!*

2 Nach www.tylervigen.com/view_correlation?id=1279.

3 *Alle Jahre wieder: Kausalität und und Korrelation und Nichtraucherschutz.* Blog vom 20.3.2012. Sophia Amalie Antoinette Infinitesimalia. http://blogs.faz.net/deus/author/sophia.infinitesimalia/

4 Beispielsweise Horst Entorf und Philip Sieger: *Unzureichende Bildung: Folgekosten durch Kriminalität*, S.30.

5 John Stuart Mill (1806–1873) nach William R. Shadish, Thomas D. Cook, Donald T. Campbell: *Experimental and Quasi-Experimental Designs for Generalized Causal Inference*, S 6.

6 A.a.O.

7 Sonja E. Siennick et al.: *Partnership Transitions and antisocial Behavior in young Adulthood*. Die Autoren werteten umfangreiche statistische Daten sowie die vorhandene Literatur zum Thema aus.

8 Wolfgang Heinz: *Jugendkriminalität in Deutschland*, S.33 (grundsätzlich), und aktuell: Landeskriminalamt Nordrhein-Westfalen (Hrsg.): *Polizeiliche Kriminalstatistik Nordrhein-Westfalen 2014*, S.32 (Tabelle 18).

9 Sonja E. Siennick et al.: *Partnership Transitions and antisocial Behavior in young Adulthood*, S.10. Bei dieser Aussage gibt es allerdings offensichtlich noch Forschungsbedarf.

10 Horst Entorf und Philip Sieger: *Unzureichende Bildung: Folgekosten durch Kriminalität*, S.30.

11 Nick Drydakis, Anglia Ruskin University in Cambridge, England, nach Julian Heiss: *Paare, die zweimal die Woche Sex haben, verdienen mehr!*

12 Carmen M. Reinhart; Kenneth S.Rogoff: *Growth in a Time of Debt*.

13 Hubert Beyerle: *Randell Wray und der Mythos Schuldenfalle*.

14 Mike Konczal: *Researchers Finally Replicated Reinhart-Rogoff, and There Are Serious Problems*.

15 Peter R. Scholtes: *The Leader's Handbook*, S.267 (eigene Übersetzung).

Kapitel 3
Über den Unsinn und Sinn von Prognosen

1 Kristina Allgöwer: *Weekend: Monkey Business*.

2 Walter Krämer: *Die Affen sind die besten Anleger*; ergänzend: *Three Monkeys and a Cat: the Truth about Picking Stocks*.

3 Holger Zschäpitz: *Machen »Welt«-Leser die Analysten obsolet?*
Analysten prognostizieren den Stand des DAX zum Jahresende als absolute Zahl. Je höher der DAX steht, desto geringer fällt die prozentuale Abweichung der Prognose zur Realität aus. Aus diesem Grund haben wir die Prognosen auf eine prozentuale Zu- oder Abnahme gegenüber dem Anfangswert umgerechnet und diese mit der realen Zu- oder Abnahme des DAX verglichen – ähnlich wie bei Prognosen zur Wirtschaftsentwicklung vorgegangen wird.

4 Daniel Kahneman: *Schnelles Denken, langsames Denken*, insbesondere S.105–116, 127–136, 164–172, 247–258.

5 André Behr: *»Ein Computer tut nur das, was man ihm sagt«*.

6 Konstantin A. Kholodilin, Boriss Siliverstovs: *Geben Konjunkturprognosen eine gute Orientierung?*, S.207.

7 Steffen Osterloh: *Accurracy and Properties of German Business Cycle Forecast*, S.6–8.

8 Wolf Lotter: *Wir rechnen mit allem*, S.41.

9 Karl-Heinz Brodbeck: *Die fragwürdigen Grundlagen der Ökonomie*, S.73.

10 Vince Ebert: *Unberechenbar*, S.113.

11 Gerd Gigerenzer: *Bauchentscheidungen*, S.12.

12 Cesifo group Munich (Center for Economic Studies, ifo Institut und CESifo GmbH): *Iterativ-analytisches Verfahren*; Roland Döhrn: *Konjunkturdiagnose und -prognose*, insbesondere S.10, Wolfgang Nierhaus: *Prognosestopp – ja oder nein?*, S.83–84.

13 *Von falschen Prognosen und der Unsicherheit der Ökonomie.*

14 Johanna Joppe, Christian Ganowski: *Einfach gut entscheiden!*, S.101.

Kapitel 4

Dauerhaftes Wachstum – sinnvoll oder gefährlich?

1   Weiterer Effekt: Ein exponentielles Wachstum eines Geldbestandes oder einer Geldleistung kann in seiner *realen* Wirkung zu einem linearen Wachstum werden, wenn die Geldentwertung (Inflation) zu entsprechendem Wertverlust führt.

2   Unter Bedürfnissen wird meist der Wunsch nach etwas verstanden; so ist der Begriff an dieser Stelle zu verstehen. Doch wird der Begriff Bedürfnisse auch für *Lebensnotwendiges* genutzt, sodass eine Unterscheidung zwischen Bedürfnissen und Wünschen erfolgt. Vergleiche http:// www.duden.de/rechtschreibung/Beduerfnis.

3   Überdies ist dauerhaftes Wachstum eine Folge des Geldsystems.

4   Axel Mayer: *Unbegrenztes Wachstum zerstört begrenzte Systeme.*

5   Frithjof Hager, Werner Schenkel: *Schrumpfungen*, S.3.

6   G. Czihak, H. Langer, H. Ziegler: *Biologie*, S.786.

7   https://de.wikiquote.org/wiki/Edward_Abbey nach Edward Abbey: *A Voice Crying in the Wilderness: Notes from a Secret Journal (Vox Clamantis in Deserto)*, Santa Fe 1990.

Kapitel 5

Vernetztes Denken

1   *Rentenversicherung: Auf Dauer gestört?*, S.84.

2   Bundesministerium für Arbeit und Sozialordnung: *Ab 1. Juli: Mehr Rente*, S.2.

3   Peter Senge: *Die fünfte Disziplin*, S.73.

4   A.a.O., S.13.

5   Rusell L. Ackoff: *On passing through 80.* In: *System Practice and Action Research*, Volume 12, No. 4, 1999, S.425.

6   Roland Müller: *Ganzheitliches Denken – heute und im Laufe der Geschichte.*

Kapitel 6

Warum es so schwer ist, ein Geschehen zu beeinflussen

1   Niklas Luhmann: Soziale *Systeme: Grundriss einer allgemeinen Theorie*, S.14.

2   *Blind men and an elephant.*

3   Peter Senge: *Die fünfte Disziplin*, S.73.

4   Für Systeme mit ihren Eigenschaften gibt es eine ganze Reihe an Klassifizierungen, die sich teils sehr ähneln. Unser Ansatz orientiert sich an der Arbeit des US-amerikanischen Organisationstheoretikers Russell L. Ackoff (1919–2009), einem Pionier des Systemdenkens. Vgl. beispielsweise Russell L. Ackoff: *Systems thinking and thinking systems*, S.176–178. Ackoff spricht von mechanischen, organismischen und sozialen Systemen.

5 Ausnahmen können sehr große technische Systeme bilden wie ein Chemiewerk, wenn sich die Technik in Ausnahmefällen verselbständigt, und zukünftig auch Maschinen, die künstliche Intelligenz umfassen. Künstliche Intelligenz bedeutet, dass die Maschinen ein eigenes Bewusstsein besitzen und eigenständig abstrahieren sowie kreativ sein können. Maschinen, die lediglich Wissen sammeln und nach vorgegebenen Regeln verarbeiten, weisen keine künstliche Intelligenz auf.

6 Wolf Lotter: *Einfach mehr*, S.48.

7 Fredmund Malik: *Navigieren in Zeiten des Umbruchs*, S.74.

Kapitel 7

Was passiert, wenn man in ein Geschehen eingreift?

1 Für thermische Kraftwerke, die fossile Rohstoffe und einige andere Stoffe verbrennen, und einige Industriezweige hat die Europäische Union CO_2-Zertifikate ausgegeben. Jedes Unternehmen in den betroffenen Branchen, das das Klima beeinflussende CO_2 ausstößt, muss für die ausgestoßene Menge Zertifikate besitzen. Zunächst wurden diese kostenlos ausgegeben. Wer anschließend mehr Zertifikate benötigt, als ihm zugewiesen wurden, muss Zertifikate zukaufen. Zertifikate werden von jenen Unternehmen verkauft, die eine größere Menge besitzen als benötigt, da sie ihre ausgestoßenen CO_2-Mengen verringert haben.

Seit nun regenerative Energieerzeugungsanlagen dank finanzieller Förderung wirtschaftlich attraktiv sind, verdrängen sie zu jenen Zeiten, an denen die Sonne scheint oder der Wind weht, die Stromerzeugung aus fossil befeuerten Kraftwerken. Dies wird überdies durch den Vorrang von regenerativem Strom vor anders erzeugtem Strom unterstützt. Die Betreiber der fossilen Kraftwerke benötigen folglich weniger CO_2-Zertifikate und können sie an speziellen Börsen verkaufen. Das europaweite Angebot an CO_2-Zertifikaten wuchs also als Folge des Ausbaus der regenerativen Energieerzeugung in Deutschland an.

Mit wachsendem Angebot sinkt jedoch der Preis. Wenn aber die Zertifikate billiger zu erwerben sind, werden CO_2-Emittenten gewisse Investitionen in CO_2-Reduktionsmaßnahmen nicht tätigen, die sie durchgeführt hätten, wäre der Preis konstant geblieben. Der Zukauf der Zertifikate wäre günstiger als die Investition. Einige Wirtschaftswissenschaftler (s.u.) sagen, aufgrund des CO_2-Zertifikatehandels würden jene CO_2-Mengen, die fossile Kraftwerke beispielsweise aufgrund der regenerativen Anlagen nicht mehr ausstoßen, durch andere CO_2-Emittenten emittiert. Folglich hätten die Milliardeninvestitionen in die regenerative Energieerzeugung keine klimaschützende Wirkung. Der geschilderte Mechanismus wirkt unabhängig davon, welches Preisniveau im Zertifikatemarkt vorherrscht und welche weiteren Faktoren den Preis beeinflussen. Beispiele:

▷ Lüder Gerken (Stiftung Ordnungspolitik): *Unzureichend für Klima und Volkswirtschaft*, in: Badische Zeitung, vom 18.7.2015, S.4.

▷ Bodo Sturm (Zentrum für Europäische Wirtschaftsforschung): *Das Glühbirnenverbot bringt nichts. Kein einziges Gramm Kohlendioxid wird gespart, wenn die EU-Kommission ihre Pläne umsetzt: Der Ausstoß würde lediglich verlagert – mittels Emissionshandel. Dabei wäre die Lösung so einfach*, in: Süddeutsche Zeitung, vom 19./20.7.2008, S.24.

▷ Joachim Weinmann (Wirtschaftsprofessor an der Universität Magdeburg): *Die Klimapolitik-Katastrophe*, in: Financial Times Deutschland, vom 15.5.2008 (Webseite).

2 Diese Erkenntnis hat der Autor vor vielen Jahren formuliert, womit er nicht alleine ist: Der Physiker und Wissenschaftskabarettist Vince Ebert hat das in seinem Buch *Unberechenbar* (S.24) fast wortgleich ausgedrückt.

3 Peter Senge: *Die fünfte Disziplin*, S.80.

4 Stephanie Borgert: *Die Irrtümer der Komplexität*, S.114.

Kapitel 8

Die Macht der Selbstorganisation

1 Zwar hat wohl nur ein einziges System – der Mensch – ein gedankliches Bewusstsein, das plangemäßes Handeln ermöglicht. Und dennoch wirken komplexe Systeme grundsätzlich auf andere Systeme und beeinflussen auf diese Weise ihre Umgebung, teils auch die eigenen Rahmenbedingungen.

2 Alexander Neubacher: *Total beschränkt*, S.23.

3 http://www.zitate-online.de/literaturzitate/allgemein/802/wenn-man-alle-gesetze-studieren-wollte-so.html.

4 Donella H. Meadows: *Die Grenzen des Denkens*, S.185.

5 A.a.O., S.104.

6 A.a.O., S.105.

7 Paul S.Adler: *Building better bureaucracies*, S.48.

8 W. L. Gore & Associates: *Our Culture* (eigene Übersetzung).

9 Thomas Ramge: *»Vielen ist bewusst, dass sie Teil eines lächerlichen Spiels sind«*, S.64. Das Kühlschrank-Beispiel stammt von einer Führungskraft eines Telekommunikationsunternehmens.

10 Stefan Kühl in Peter Laudenbach: *Demokratie ist die längste Form des Wandels*, S.91.

11 Joachim Hofer: *Zellteilung als Prinzip*.

12 Social Science Bites: *Robin Dunbar on Dunbar Numbers*. und: *Dunbar's number*.

13 Social Science Bites: *Robin Dunbar on Dunbar Numbers*, S.5.

14 Michael Gassmann: *Darum stürzte Kaiser's auf dem Lebensmittelmarkt ab*.

15 Peter Kruse: *Revolutionäre Netze durch kollektive Bewegungen*.

Kapitel 9

Im Spannungsverhältnis von Steuerung und Selbstorganisation: das Wirken der Politik

1 Wir verstehen hier soziale Systeme im systemtheoretischen Sinne; umgangssprachlich ließe sich auch sagen: gesellschaftliche Systeme.

2 Ilya Prigogine: *The Philosophy of Instability*, zitiert nach Magnus Ramage, Karen Shipp: *System Thinkers*, S.236. Eigene Übersetzung.

3 Axel Görlitz, Hans-Peter Burth: Politische *Steuerung. Ein Studienbuch.*, S.39.

4 Renate Mayntz: Soziale *Dynamik und politische Steuerung*, S.271. Gerhard Göhler: *Neue Perspektiven politischer Steuerung*, S.35–36.

5   Renate *Mayntz: Governance Theory als fortentwickelte Steuerungstheorie?* governance.at – Die Internetplattform für Governance und Nachhaltige Entwicklung: *Governance.*

6   governance.at – Die Internetplattform für Governance und Nachhaltige Entwicklung: *Governance.* Der Begriff der Governance ist sehr vielschichtig. Offensichtlich war bislang niemand in der Lage, eine einfache Definition zu erstellen. Ein Grund mehr, ihn hier im Buch nicht weiter zu vertiefen.

7   Benedikt Weibel: *Simplicity – die Kunst, die Komplexität zu reduzieren*, S. 92–93.

8   Konsolidierte Fassung des Vertrags über die Europäische Union, Artikel 5.

9   Peter Gomez, Gilbert Probst: *Die Praxis ganzheitlichen Problemlösens*, S. 173.

10 http://www.aphorismen.de/zitat/6391

11 http://www.aphorismen.de/zitat/62258

12 Besonders ökologisch lassen sich Elektroautos benutzen, wenn Strom aus erneuerbaren Energien verwendet wird. Doch sämtlicher Strom, den Wasserkraftwerke, Solaranlagen und Windräder heute erzeugen, wird schon ohne E-Autos verbraucht. Bestellt ein Elektroautobesitzer Ökostrom, so erhalten andere Kunden, die keinen Ökostrom beziehen, einen größeren Anteil an Strom aus Öl-, Gas- und Atomkraftwerken, sogenannten »Egal«-Strom. Korrekterweise muss angenommen werden, dass der Strombedarf eines Elektroautos mit dem durchschnittlichen Strommix der Erzeugungsarten gedeckt wird. Wird ein E-Auto nachts geladen, erfolgt das über besonders umweltschädlichen Kohlestrom.* Das renommierte Öko-Institut stellt dazu in einer Studie etwas holprig formuliert fest:** »Wenn mit dem heutigen Kraftwerkspark geladen wird, sind Elektroautos nicht ökologischer als moderne sparsame Verbrennungsmotoren.« Neben dem Betrieb sind auch die Produktion und die Entsorgung in die ökologische Betrachtungen einzubeziehen. Die Produktion eines Elektroautos führt zu deutlich höheren CO_2-Emissionen als die Herstellung eines herkömmlichen Autos.*** Hauptgrund sind die benötigten Akkus. Zugleich werden große Mengen seltener Rohstoffe benötigt. Die Akkus gestalten auch die Entsorgung des E-Autos kompliziert. Noch gibt es keine großtechnisch umgesetzten Recyclingkonzepte.

    *Öko-Institut e. V. (Hrsg.): Autos unter Strom, S. 31; **Ebd.; ***Bundesministerium für Verkehr und digitale Infrastruktur (Hrsg.): Bewertung der Praxistauglichkeit und Umweltwirkungen von Elektrofahrzeugen – Zwischenbericht, S. 29.*

13 Rolf Dobelli: *Die Kunst des klaren Denkens*, S. 70.

14 Erstellt nach Matthias Daum, Ralph Pöhner, Peer Teuwsen: *Wer regiert die Schweiz?*; Eidgenössisches Departement für auswärtige Angelegenheiten: *Direkte Demokratie.* Paul Tiefenbach: *Alle Macht dem Volke?* Vimentis: *Das Wahlsystem der Schweiz und Referendum, Obligatorisches Referendum; Fakultatives Referendum.*

15 Zitiert nach Matthias Daum, Ralph Pöhner, Peer Teuwsen: *Wer regiert die Schweiz?*, Seite 197.

16 Beispiel: Im Juni 2016 veröffentlichte der Deutsche Bundestag 25 Gesetzesentwürfe, die von der Bundesregierung, den Parlamentsfraktionen und dem Bundesrat stammten. Bis auf eine Ausnahme enthalten alle diese Gesetzesentwürfe den Passus: »Alternativen: Keine.« Lediglich bei einem Entwurf wurde eine Alternative genannt: auf die vorgeschlagene Maßnahme zu verzichten.

17 Jan Knüsel: *Darum ist die Schweizer Demokratie nur Mittelmaß.* Interview mit Marc Bühlmann und Leserkommentare zum Artikel; Marc Bühlmann: *Zwischen Anspruch und Wirklichkeit: Beteiligungskultur in der Schweiz.*

18 Ralf-Uwe Beck: *Nicht aufregen, nur anregen lassen.* Neelke Wagner: *Die Briten sind weg!* Interview mit Michael Elfer, Bundesvorstandssprecher von *Mehr Demokratie.*

19 Ralf-Uwe Beck: *Nicht aufregen, nur anregen lassen.* S.23.

20 Nach Marc Bühlmann: *Zwischen Anspruch und Wirklichkeit: Beteiligungskultur in der Schweiz*, S.75.

21 René Zipperlen: *»Bürger statt User«*, Interview mit Andreas Rebers, in *Der Sonntag*, 1. Mai 2016, S.14.

Kapitel 10
Wie sich Systeme durch Selbstregulation stabil halten

1 Die völlig freie Marktwirtschaft ist ein theoretisches Konstrukt, in dem der Staat dem Markt keinerlei Regeln setzt. In der Praxis jedoch greift der Staat auch in freien Marktwirtschaften in den Markt ein, wenn auch in geringem Maß. Hingegen hat die soziale Marktwirtschaft das klare Ziel, dem Markt Regeln zu setzen, um die Nachteile rein marktwirtschaftlicher Märkte zu verringern und Marktversagen zu verhindern.

2 Es sei denn, der Rückgang der Nachfrage beispielsweise als Folge neuer energiesparender Technologien ist höher als der Rückgang des Angebots aufgrund der Konflikte im Nahen Osten.

3 Scheytt, Stefan: *ENDE, AUSSERPLANMÄSSIG*, in *brand eins*, 08/2004, S.113.

4 Genau genommen gilt: Liegt die durchschnittliche Geburtenrate höher als zur Erhaltung der Bevölkerungszahl notwendig, ergibt sich eine Bevölkerungsexplosion.

5 Genau genommen gilt: Liegt die durchschnittliche Geburtenrate niedriger als zur Erhaltung der Bevölkerungszahl notwendig, ergibt sich eine Bevölkerungsschrumpfung.

6 Der äußere Kreis ist selbstverstärkend: Je höher die Nachfrage, desto höher das Angebot, desto geringer der Preis, desto höher die Nachfrage. Doch bilden Preis und Angebot sowie Preis und Nachfrage jeweils einen stabilisierenden Wirkungskreis. Insgesamt überwiegen in diesem Systemausschnitt die stabilisierenden Wirkungskreise.

7 Nach Frederic Vester: *Die Kunst vernetzt zu denken*, S.44.

8 Frederic Vester hat hier die Vorgabe fester Werte für wichtige Größen eines Systems genannt. Zielvorgaben für ein selbstregulierendes System sind jedoch nicht grundsätzlich problematisch, sondern dann, wenn sie unrealistisch sind oder Funktionsfähigkeit und Lebensfähigkeit des Systems gefährden.

9 Bundesministerium für Wirtschaft und Technologie: *Bundeskabinett: Deutschland soll zum Leitmarkt für Elektromobilität werden.*

10 *Gesetz zur Förderung der Stabilität und des Wachstums der Wirtschaft vom 8. Juni 1967 (BGBl. I S. 582)* und *Stabilitätsgesetz: Instrumente*, Die Zeit vom 19.5.1967 (20/1967); http://www.zeit.de/1967/20/instrumente, abgerufen am 15.1.2016.

11 Grundgesetz für die Bundesrepublik Deutschland vom 23. Mai 1949 in der Fassung vom 15. Mai 1969, Artikel 115.

12 Die im Grundgesetz verankerte Schuldenbremse möchte diesem Handeln ab dem Jahr 2020 ein Ende setzen.

13 European Commission: *Cleaner air for all*. Stand: 2013. http://ec.europa.eu/environment/pubs/pdf/factsheets/air/en.pdf S.2. (abgerufen am 28.4.2016).

14 *Atomrechtliche Deckungsvorsorge-Verordnung vom 25. Januar 1977 (BGBl. I S.220), die zuletzt durch Artikel 2 Absatz 15 des Gesetzes vom 1. April 2015 (BGBl. I S: 434) geändert worden ist*, §9.

15 Fredmund Malik: *Navigieren in Zeiten des Umbruchs*, S.105.

16 Frederic Vester: *Die Kunst vernetzt zu denken*, S.42.

Kapitel 11
Die wichtigen Themen erkennen und vorausschauend handeln

1 Presse- und Informationsamt der Bundesregierung: *Wir haben eine aktuelle Notlage bereinigt*.

2 A.a.O.

3 Die Entwicklung der Flüchtlingsthematik vor und nach der Grenzöffnung ist beispielsweise in den folgenden beiden Zeitungsartikeln beschrieben: Stefan Aust, Manuel Bewarder, Wolfgang Büscher, Martin Lutz, Claus Christian Malzahn: *Herbst der Kanzlerin. Geschichte eines Staatsversagens*, und: Georg Blume, Marc Brost, Tina Hildebrandt, Alexej Hock, Sybille Klormann, Angela Köckritz, Matthias Krupa, Mariam Lau, Gero von Randow, Merlind Theile, Michael Thumann und Heinrich Wefing: *Was geschah wirklich?*

4 Zum Beispiel Matthias Gebauer; Raniah Salloum: *Flüchtlingskrise: Außenamt startet Kampagne gegen Desinformation. Keine garantierte Flüchtlingsaufnahme: Auswärtiges Amt relativiert Gerüchte*. Xenia Böttcher: *Von märchenhaften Erzählungen angelockt*.

5 Trotz der am 13. September 2015 wieder eingeführten Kontrollen insbesondere an der Grenze zu Österreich blieb die Grenze nach wie vor offen: Alle Menschen wurden eingelassen, auch wenn sie nach europäischem Recht zurück hätten müssen in jenes Land, in dem sie in die Europäische Union eingereist waren.

6 Bundesamt für Migration und Flüchtlinge: *Das Bundesamt in Zahlen 2014*. Die angegebene Prozentzahl bezieht sich auf die Asylanträge, die im Jahr 2014 in letzter Instanz abgeschlossen wurden.

7 Ruth Eisenreich: *Was Merkel übersehen hat* und Dietmar Ostermann: *Jahrelanges Desinteresse: Syriens Nachbarländer bekamen lange kaum Hilfe vom Westen*.

8 Auswärtiges Amt: *Flucht und Migration – das leistet die deutsche Außenpolitik*.

9 Bernd Riegert: *Merkel: »Europa hat die Kraft«*.

10 Beispielsweise auf dem EU-Gipfel über Flüchtlingspolitik im Oktober 2013, siehe: Marion von Haaren: *Alles beim Alten: EU-Gipfel berät über Flüchtlingspolitik*.

11 Zwar begann Merkel im Laufe des Jahres 2015, sich des Themas verstärkt anzunehmen. Doch entsprechende Konsequenzen ergaben sich in Deutschland daraus nicht. Auf europäischer Ebene hingegen tat sie sich angesichts der unterschiedlichen Interessen schwer, Änderungen zu erreichen.

12 Angela Merkel: *Vertrauen zurückgewinnen – mit tragfähigen Lösungen, Schritt für Schritt*.

13 Wolfgang Jäger: *Möglichst vorausschauend.*

14 Wolfgang Bosbach: *Endspurt*, S. 201.

15 www.zitate-online.de/sprueche/wissenschaftler/16954/keine-zukunft-vermag-gut-zu-machen-was-du.html, abgerufen am 10.5.2016.

16 Werner Stangl: *Eisenhower-Prinzip.*

17 www.myparm.com/basic.dyn.zitate.de.php, abgerufen am 26.11.2015.

18 René Kübler: *»Der SC Freiburg kann Vorbild sein«.*

Kapitel 12

Ziele wirkungsvoll setzen

1 Bernd Fackler: *Ganz nebenbei.* In: Badische Zeitung (Elztal-Ausgabe) vom 4.1.2014, S. 25. Das Zitat stammt aus einer E-Mail von ver.di an die Elztal-Redaktion der Badischen Zeitung.

2 Bundeskanzleramt Österreich, Bundespressedienst: *Arbeitsprogramm der österreichischen Bundesregierung 2013–2018*, S. 24.

3 Stadt Heilbronn: *Stadtentwicklungsplan Heilbronn 2020: Maßnahmen*, S. 14.

4 Zitiert nach http://www.aphorismen.de/zitat/27671, abgerufen am 9.2.2016.

5 Bundeskanzlerin Angela Merkel, *Regierungserklärung vom 14.1.2009*, S. 21427 C und D.

Kapitel 13

Erfolgsfaktoren im Umgang mit komplexen Situationen und Problemen

1 Deutscher Bundestag (Hrsg.): »Verhandlungen des Deutschen Bundestages: 2. Wahlperiode 1953«, S. 10510, 10514, 10541 und 10546.

2 Statistisches Bundesamt: *Bevölkerung: Lebendgeborene und Gestorbene Deutschland.*

3 Veit Mette: *Arbeitsmarkt braucht künftig mehr Einwanderung aus Nicht-EU-Staaten.*

4 Marc Luy: *Lebenserwartung in West- und Ostdeutschland.*

5 Peter Senge: *Die fünfte Disziplin*, S. 74.

6 Studienbüro Jetzt und Morgen unter Verwendung von Dietrich Dörner: *Die Logik des Misslingens*, S. 22–57, und Frederic Vester: *Die Kunst vernetzt zu denken*, S. 33–40.

7 Studienbüro Jetzt und Morgen unter Verwendung von Dietrich Dörner: *Die Logik des Misslingens*, S. 22–57, und Frederic Vester: *Die Kunst vernetzt zu denken*, S. 33–40.

8 Zitiert nach http://www.aphorismen.de/zitat/28604.

9 Dietrich Dörner: *Die Logik des Misslingens*, S. 236.

Kapitel 14

Wie man sich auf die immer ungewisse Zukunft vorbereiten kann

1 Donella H. Meadows: *Dancing with Systems*, zitiert nach Magnus Ramage, Karen Shipp: *System Thinkers*, S. 113–114, eigene Übersetzung.

2 Quelle: www.zeit-und-wahrheit.de/perikles-zitat-es-kommt-nicht-darauf-an-13575/, abgerufen am 21. Januar 2016.

3 Quelle: www.zitate.de/kategorie/Zukunft?page=5, abgerufen am 28.9.2015.

4 Zwar lässt sich mithilfe von Werbung und durch die Höhe des Eintrittspreises auf die Zuschauerzahl Einfluss nehmen. Zwei wichtige Faktoren für die Zahl der Zuschauer entziehen sich jedoch dem Einfluss der Veranstalter: das Wetter und die Zahl der Konkurrenzveranstaltungen.

5 Bundesministerium für Arbeit und Soziales: *Rentenversicherungsbericht 2015*, S.46–47.

Kapitel 15
Simulation: wie sich Zukunft und Handeln ausprobieren lassen

1 Alexander Roßnagel, Maxi Nebel: *Simulationsstudie Ersetzendes Scannen: Ergebnisse*, S.39.

2 Nach Willy Christian Kriz und Brigitta Nöbauer: *Den Lernerfolg mit Debriefing von Planspielen sichern*, S.1. In der Literatur wird der Zweck von Planspielen häufig auf Training und Lernen beschränkt. Wir vertreten ein weitergehendes Verständnis, das die in diesem Kapitel aufgezeigten zusätzlichen Zwecke einbezieht. Synonyme Begriffe für Planspiele sind Rollenspiele und Simulationsspiele.

3 *Gesetz zur Regelung eines allgemeinen Mindestlohns (Mindestlohngesetz – MiLoG)*, Ausfertigungsdatum: 11.8.2014, §16, 17 und 20 in Verbindung mit *Gesetz zur Bekämpfung der Schwarzarbeit und illegalen Beschäftigung (Schwarzarbeitsbekämpfungsgesetz – SchwarzArbG)*, Ausfertigungsdatum: 23.7.2004, § 2a. Das Bundesministerium für Arbeit und Soziales hat gegenüber der Zeitschrift *Die Zeit* schriftlich bestätigt, dass die Mindestlohnregelungen auch für Flugzeugbesatzungen und Seeleute gelten; vgl.: *Nahles setzt Mindestlohn für Transit-Lkw aus*.

4 Bundesministerin für Frauen und Öffentlicher Dienst im Bundeskanzleramt Österreich: *Handbuch Wirkungsorientierte Folgenabschätzung: Arbeitsunterlage*, S.39–41.

5 Seit dem 1. April 2015 ist die Folgenabschätzung für Aufwendungen unter 1 Million Euro vereinfacht möglich, vgl.: Bundeskanzleramt Österreich, Öffentlicher Dienst: *Wirkungsorientierte Folgenabschätzung*.

6 Bundesministerium für Umwelt, Naturschutz, Bau und Reaktorsicherheit: *Der europäische Stresstest*.

7 Deutsche Bundesbank: *EBA stellt Szenarien für Stresstest von EU-Banken vor*.

8 Berechnet nach Europäische Zentralbank: AGGREGATE REPORT ON THE COMPREHENSIVE ASSESSMENT, S.2 und 10.

9 Büro für Atomsicherheit Renneberg Consult UG: *The European »Stress Test« for Nuclear Power Plants*, S.15.

10 A. a. O., S.11.

11 Johanna Joppe, Christian Ganowski: *Einfach gut entscheiden!*, S.115.

12 Harro Albrecht: *»Denken ist die Simulation gemachter Erfahrungen«*. Interview mit Markus Kiefer.

13 Durch den Psychologen Dietrich Dörner, zusammengefasst in seinem Buch *Die Logik des Mißlingens*.

14 Mats Persson: *Gaming Europe's future* und Open Europe: *EU WARGAMES: Simulating the negotiations that will determine Britain's place in Europe*.

15 John D. Sterman: *A Skeptic's Guide to Computer Models*, S.6 (eigene Übersetzung).

Kapitel 16

Visualisierung: komplexe Zusammenhänge veranschaulichen und verstehen

1   Bundesministerium für Gesundheit: *Finanzierungsgrundlagen der gesetzlichen Krankenversicherung.* http://www.bmg.bund.de/themen/krankenversicherung/finanzierung/finanzierungsgrundlagen-der-gesetzlichen-krankenversicherung.html, *vom 23.7.2015, abgerufen am 7.4.2016;* und Bundesministerium für Gesundheit: *Zukunftssicher und gerecht – Finanzierung der gesetzlichen Krankenversicherung ab 1.1.2015.* www.bmg.bund.de/fileadmin/dateien/Downloads/Statistiken/Infografiken/Krankenkassen/Infografik_Zukunftssicher_und_gerecht_-_Finanzierung_der_gesetzlichen_Krankenversicherung_ab_1.1.2015.pdf, vom März 2014, abgerufen am 7.4.2016.

2   Klaus Hübner: *SAUL STEINBERG – 13.03.–01.06.2009 Museum für Kunst und Gewerbe Hamburg.* http://westzeit.de/kunst/index.html?id=152, abgerufen am 2.5.2016.

3   Joseph D. Novak; Alberto J. Cañas, Institute for Human and Machine Cognition Pensacola Fl.: *The Theory Underlying Concept Maps and How to Construct and Use Them*; Technical Report IHMC CmapTools 2006-01 Rev 2008-01, S.10. Eigene Übersetzung.

4   Erstellt nach Wikipedia: Seite *Concept-Map.* https://de.wikipedia.org/wiki/Concept-Map; Bearbeitungsstand 5.8.2014, abgerufen am 25.11.2014.

5   Erstellt unter Verwendung von Bundesministerium für Bildung und Frauen Österreich (Hrsg.): *Anleitung zur Erstellung eines Begriffsnetzes (»Concept-Map«, »Begriffslandkarte«).* www.ahs-vwa.at/pluginfile.php/31/mod_data/content/1175/02-VWA-Anleitung-Konzeptmaps.pdf, abgerufen am 20.2.2016.

6   Ein bewährtes und kostenloses Computerprogramm, das überdies auch für kommerzielle Zwecke genutzt werden darf, ist *CmapTools* des Florida Institute for Human & Machine Cognition (IHMC). Herunterladen kann man das Programm von dieser Webseite: http://cmap.ihmc.us.

Kapitel 17

Wie sich Aufbau und Verhalten komplexer Systeme verstehen lassen

1   Schildower Kreis: *Resolution deutscher Strafrechtsprofessorinnen und –professoren an die Abgeordneten des Deutschen Bundestages.* 2013. Abdruck mit freundlicher Genehmigung.

2   Die weiteren Ausführungen bauen folglich auf dem Ansatz Frederic Vesters auf, wie er sie beispielsweise in seinem Buch *Die Kunst vernetzt zu denken* dargestellt hat, aber auch auf eigenen Erfahrungen.

3   Wolfgang Wieser: *Organismen Strukturen Maschinen*, S.12.

4   Frederic Vester: *Ausfahrt Zukunft Supplement*, S.28.

5   Dabei sind nach Frederic Vester zu berücksichtigen: unterschiedliche Lebensbereiche (z.B. Wirtschaft, Bevölkerung, Infrastruktur und Gemeinwesen), physikalische Grundkriterien (Materie, Energie und Information), dynamische Grundkriterien (Flussgröße, Strukturgröße, zeitliche Dynamik, räumliche Dynamik) und Systembeziehungen (Input, Output, innerhalb des Systems beeinflussbar, außerhalb des Systems beeinflussbar). Vgl. Frederic Vester: *Ausfahrt Zukunft Supplement*, S.68.

6 Peter Senge: *The Fifth Discipline*, zitiert nach: Magnus Ramage, Karen Shipp: *System Thinkers*, S.126 (eigene Übersetzung).

7 Frederic Vester: *Die Kunst vernetzt zu denken*, S.188.

Kapitel 18

Fragen, die für Durchblick sorgen

1 www.aphorismen.de/zitat/67978

2 www.aphorismen.de/zitat/4220

Kapitel 19

Mit Kreativität und Intuition zu vernetztem Denken und Handeln

1 Carrie Peyton: *Rancho Seco – 10 years after pulling the plug*; Matt Weiser: *20 Years After Sacramento Voted to Shut Rancho Seco, SMUD Has Diversified Energy Sources*; Webseite von SMUD: www.smud.org.

2 Bernd Weidenmann: *Handbuch Kreativität*, S.11.

3 Definition erstellt nach Florian Rustler: *Denkwerkzeuge der Kreativität und Innovation*, S.18, und Mark A. Runco: *Creative and imaginative thinking;* in V.S.Ramachandran (Ed.), Encyclopedia of human behavior, Vol. 2, nach www.kreativitätstechniken.info. Viele Definitionen enthalten als Bedingung für Kreativität den Nutzen einer Idee. Diese Bedingung haben wir in unsere Definition nicht aufgenommen, da sie uns zu einschränkend ist. Kreativität kann auch nutzlose oder gar schädliche Ideen hervorbringen.

4 Bas Kast: *Wie der Bauch dem Kopf beim Denken hilft*, S.113–114 und 190–191.

5 A.a.O., S.146–147.

6 A.a.O., S.147.

7 Bas Kast: *Und plötzlich macht es Klick*, insbesondere die Seiten 16, 27, 34, 39, 47, 48, 58, 74.

8 Ken Robinson: *Do schools kill creativity?*

9 A.a.O.

10 Bas Kast: *Wie der Bauch dem Kopf beim Denken hilft*, S.181.

11 Bernd Weidenmann: *Handbuch Kreativität*; Florian Rustler: *Denkwerkzeuge der Kreativität und Innovation*.

12 Der Begriff SCAMPER steht für substitute (ersetzen), combine (kombinieren), adapt (anpassen), modify (modifizieren), put to other uses (anders einsetzen), eliminate (weglassen) und rearrange (neu anordnen).

13 Florian Rustler: *Denkwerkzeuge der Kreativität und Innovation*, S.165.

14 Walter Braun: *Die (Psycho-)Logik des Entscheidens*, S.142–143, ergänzt durch Wikipedia: *Denkhüte von De Bono*. https://de.wikipedia.org/wiki/Denkhüte_von_De_Bono (abgerufen am 26.11.2015).

15 Saskia Gerhard; Matthias Breitinger: *Volkswagen: Was wir über den Abgasskandal wissen*.

16 Bruno Bandulet: *Was wird aus unserem Geld*, S.80–82, 87, Agence France Press: *Sparerschutzgemeinschaft zieht Euro-Reife Deutschlands in Zweifel*, und *Professorenkritik an trickreichem Defizit.*

17 Bas Kast: *Wie der Bauch dem Kopf beim Denken hilft*, S.181.

18 A.a.O., S 69–70.

19 Gerd Gigerenzer: *Bauchentscheidungen*, S.25.

20 Bas Kast: *Wie der Bauch dem Kopf beim Denken hilft*, S.74–76 und 94 (für den gesamten Absatz).

21 A.a.O., S.70 und 94 (für den gesamten Absatz).

22 Gerd Gigerenzer: *Bauchentscheidungen*, S.15.

23 Stephanie Borgert: *Die Irrtümer der Komplexität*, S.145.

24 Gerd Gigerenzer: *Bauchentscheidungen* S.48.

25 Bas Kast: *Wie der Bauch dem Kopf beim Denken hilft*, S.87.

26 Johanna Joppe, Christian Ganowski: *Einfach gut entscheiden!*, S.17.

27 *Bas Kast: Wie der Bauch dem Kopf beim Denken hilft*, S.87, und *Gerd Gigerenzer: Bauchentscheidungen*, S.162.

28 Gerd Gigerenzer: *Bauchentscheidungen*, S.25.

Kapitel 20

So geht es weiter

1 Daniela Weingärtner: *Hollande will mehr Geld für Beschäftigungsprogramme – Merkel dagegen.*

2 Meinhard Miegel: *Exit: Wohlstand ohne Wachstum*, Bucheinbandtext.

Literatur

Ackoff, Russell L.: *On passing through 80*. In: *Systemic Practice and Action Research*, Bd. 12/1999, Nr. 4, S.425.

Ackoff, Russell L.: *Systems thinking and thinking systems*. In: *System Dynamics Review*, Bd. 10/ 1994, Nr. 2–3, S.175–188.

Adler, Paul S.: *Building better bureaucracies*. In: *Academy of Management Executive*, 13(4), November 1999, S.36–47.

Agence France Press: *Sparerschutzgemeinschaft zieht Euro-Reife Deutschlands in Zweifel – Sorgfältige Konvergenzkriterien angemahnt*. Meldung vom 11.3.1998.

Albrecht, Harro: *»Denken ist die Simulation gemachter Erfahrungen«*. In: *Zeit Online*. Interview mit Markus Kiefer vom 3.5.2012. www.zeit.de/2012/19/PS-Erfahrung-Interview.

Alle Jahre wieder: Kausalität und Korrelation und Nichtraucherschutz. Blog vom 20.3.2012. Sophia Amalie Antoinette Infinitesimalia. http://blogs.faz.net/deus/2012/03/20/alle-jahre-wieder-kausalitaet-und-korrelation-und-nichtraucherschutz-735/, abgerufen am 2.12.2016.

Allgöwer, Kristina: *Weekend: Monkey Business*. In: *Financial Times Deutschland* vom 12.1.2009. www.ftd.de/panorama/vermischtes/outoffice/:weekend-monkey-business/459439.html, abgerufen am 22.10.2013. Webseite ist nicht mehr zugänglich.

Aust, Stefan; Bewarder, Manuel; Büscher, Wolfgang; Lutz, Martin; Malzahn, Claus Christian: *Herbst der Kanzlerin. Geschichte eines Staatsversagens*. In: *Welt Online* vom 9.11.2015. www.welt.de/politik/deutschland/article148588383/Herbst-der-Kanzlerin-Geschichte-eines-Staatsversagens.html.

Auswärtiges Amt: *Flucht und Migration – das leistet die deutsche Außenpolitik*. https://www.auswaertiges-amt.de/DE/Aussenpolitik/GlobaleFragen/Fluechtlinge/Fluechtlinge_Deutsche_Massnahmen_node.html, Stand 18.11.2016, abgerufen am 16.12.2016.

Bandulet, Bruno: *Was wird aus unserem Geld?* Verlag Langen Müller/Herbig, München 1997.

Bärnthaler, Thomas; Roll, Evelyne: *»Nur tote Fische schwimmen immer mit dem Strom«*. In: *Süddeutsche Zeitung Magazin* 47/2015. http://sz-magazin.sueddeutsche.de/texte/anzeigen/43860/Nur-tote-Fische-schwimmen-immer-mit-dem-Strom.

Beck, Ralf-Uwe: *Nicht aufregen, nur anregen lassen*. In: *mdmagazin* 4/2016, S.23–27.

Becker, Oda: *Vernebelung als Schutzmaßnahme gegen einen Flugzeugangriff*. Basierend auf einer Studie von Greenpeace und einer Studie der Gesellschaft für Anlagen- und Reaktorsicherheit im Auftrag des Bundesministeriums für Umwelt, Naturschutz und Reaktorsicherheit. Bericht mit Stand vom Januar 2007. www.greenpeace.de/sites/www.greenpeace.de/files/greenpeace_akw-nebelstudie_0.pdf.

Behr, André: *»Ein Computer tut nur das, was man ihm sagt«*. In: *Energiewirtschaftliche Tagesfragen.* Interview mit Claus Peter Ortlieb, Nr. 5/2012, S. 38.

Beyerle, Hubert: *Randall Wray und der Mythos Schuldenfalle.* In: Webseite von *Financial Times Deutschland* vom 5.7.2011, Webseite nicht mehr zugänglich.

Blind men and an elephant. Wikipedia-Artikel. https://en.wikipedia.org/wiki/Blind_men_and_an_ elephant, abgerufen am 15.12.2015.

Blume, Georg; Brost, Marc; Hildebrandt, Tina; Hock, Alexej; Klormann, Sybille; Köckritz, Angela; Krupa, Matthias; Lau, Mariam; von Randow, Gero; Theile, Merlind; Thumann, Michael und Wefing, Heinrich: *Was geschah wirklich? Zeit online* vom 22.8.2016. www.zeit.de/2016/35/ grenzoeffnung-fluechtlinge-september-2015-wochenende-angela-merkel-ungarn-oesterreich.

Böker, Carmen: *Zentrum für Bruttonationalglück: Warum Bhutan arm aber glücklich ist.* In: *Berliner Zeitung.* Interview mit Ha Vinh Tho, Leiter des Gross Happiness Centre in Bhutan vom 18.3.2015. http://www.berliner-zeitung.de/panorama/zentrum-fuer-bruttonationalglueck- warum--bhutan-arm-aber-gluecklich-ist-1212794.

Borgert, Stephanie: *Die Irrtümer der Komplexität: Warum wir ein neues Management brauchen.* Originalauflage. GABAL Verlag, Offenbach 2015.

Bosbach, Wolfgang: *Endspurt: Wie Politik tatsächlich ist – und wie sie sein sollte. Begegnungen, Erlebnisse, Erfahrungen. Ein Gespräch mit Hugo Müller-Vogg.* Originalausgabe. Bastei Lübbe (Quadriga), Köln 2016.

Böttcher, Xenia: *Flüchtlinge: Von märchenhaften Erzählungen angelockt.* In: *tagesschau.de* vom 11.11.2015. www.tagesschau.de/inland/fluechtlinge-erwartungen-deutschland-101.html.

Braun, Walter: *Die Psycho- Logik des Entscheidens. Fallstricke, Strategien und Techniken im Umgang mit schwierigen Situationen.* 1. Auflage. Hogrefe, vorm. Verlag Hans Huber, Göttingen 2010.

Brodbeck, Karl-Heinz: *Die fragwürdigen Grundlagen der Ökonomie. Eine philosophische Kritik der modernen Wirtschaftswissenschaften*, 6., um ein aktuelles Vorwort erweiterte Auflage. Wissenschaftliche Buchgesellschaft, Darmstadt 2013.

Bühlmann, Marc: *Zwischen Anspruch und Wirklichkeit: Beteiligungskultur in der Schweiz*, in: Stock, Marion (Hrsg.): *Teilhaben und Mitgestalten. Beteiligungskulturen in Deutschland, Österreich und der Schweiz.* Stiftung Mitarbeit, Bonn 2014, S.61–81.

Bund der Steuerzahler Deutschland e.V. (Hrsg.): *Die Würmer müssen wieder raus.* Auszug aus dem Schwarzbuch 2015. www.schwarzbuch.de/content/die-wurmer-mussen-wieder-raus, abgerufen am 1.3.2016.

Bundesamt für Migration und Flüchtlinge (Hrsg.): *Das Bundesamt in Zahlen 2014. Asyl, Migration und Integration.* Broschüre vom 27.7.2015.

Bundeskanzleramt Österreich, Bundespressedienst (Hrsg.): *Arbeitsprogramm der österreichischen Bundesregierung 2013–2018.* Wien vom Dezember 2013.

Bundeskanzleramt Österreich, Öffentlicher Dienst (Hrsg.): *Wirkungsorientierte Folgenabschät- zung.* www.oeffentlicherdienst.gv.at/wirkungsorientierte_verwaltung/folgenabschaetzung/ index.html, abgerufen am 16.12.2016.

Bundeskanzlerin Angela Merkel: *Regierungserklärung vom 14.1.2009.* Deutscher Bundestag, Plenarprotokoll 16/198.

Bundesministerin für Frauen und Öffentlicher Dienst im Bundeskanzleramt Österreich (Hrsg.): *Handbuch Wirkungsorientierte Folgenabschätzung: Arbeitsunterlage.* Version 1.2 vom Jänner 2013.

Bundesministerium für Arbeit und Soziales (Hrsg.): *Rentenversicherungsbericht 2015.* Berlin, 18.11.2015.

Bundesministerium für Arbeit und Sozialordnung (Hrsg.): *»Ab 1. Juli: Mehr Rente«.* Bonn, 1993.

Bundesministerium für Bildung und Frauen Österreich (Hrsg.): *Anleitung zur Erstellung eines Begriffsnetzes (»Concept-Map«, »Begriffslandkarte«).* www.ahs-vwa.at/pluginfile.php/31/mod_data/content/1175/02-VWA-Anleitung-Konzeptmaps.pdf.

Bundesministerium für Gesundheit: *Finanzierungsgrundlagen der gesetzlichen Krankenversicherung.* www.bmg.bund.de/themen/krankenversicherung/finanzierung/finanzierungsgrundlagen-der-gesetzlichen-krankenversicherung.html, vom 23.7.2015, abgerufen am 7.4.2016.

Bundesministerium für Gesundheit: *Zukunftssicher und gerecht – Finanzierung der gesetzlichen Krankenversicherung ab 1.1.2015.* www.bmg.bund.de/fileadmin/dateien/Downloads/Statistiken/Infografiken/Krankenkassen/Infografik_Zukunftssicher_und_gerecht_-_Finanzierung_der_gesetzlichen_Krankenversicherung_ab_1.1.2015.pdf.

Bundesministerium für Umwelt, Naturschutz, Bau und Reaktorsicherheit (BMUB, Hrsg.): *Bundesumweltministerium setzt strenge Auflagen für »Vernebelungskonzept« der Betreiber durch.* Pressemitteilung Nr. 259/05 vom 16.9.2005. www.bmub.bund.de/N36030/.

Bundesministerium für Umwelt, Naturschutz, Bau und Reaktorsicherheit (BMUB, Hrsg.): *Der Europäische Stresstest.* Unbekanntes Veröffentlichungsdatum; Inhalt zuletzt geändert am 11.6.2013. www.bmub.bund.de/themen/atomenergie-strahlenschutz/nukleare-sicherheit/fukushima-folgemassnahmen/eu-stresstest/, abgerufen am 18.4.2016.

Bundesministerium für Verkehr und digitale Infrastruktur (Hrsg.): *Bewertung der Praxistauglichkeit und Umweltwirkungen von Elektrofahrzeugen – Zwischenbericht.* Berlin 2015.

Bundesministerium für Wirtschaft und Technologie: *Bundeskabinett: Deutschland soll zum Leitmarkt für Elektromobilität werden.* Pressemitteilung vom 19.8.2009.

Bundesministerium für Wirtschaft und Technologie: *Richtlinie zur Förderung des Absatzes von Personenkraftwagen.* Berlin, 20.2.2009.

Bundesregierung: *Bundesregierung beschließt Ausstieg aus der Kernkraft bis 2022.* Meldung ohne Datum auf www.bundesregierung.de.

Bundesverband der Energie- und Wasserwirtschaft (BDEW, Hrsg.): *Pressestatement von Jörg Simon, BDEW-Vizepräsident Wasser/Abwasser, Vorstandsvorsitzender der Berliner Wasserbetriebe vom 29.9.2014.*

Büro für Atomsicherheit Renneberg Consult UG (Hrsg.): *The European »Stress Test« for Nuclear Power Plants.* Alfter, Oktober 2011.

CESifo-Gruppe München (Center for Economic Studies, ifo Institut und CESifo GmbH, Hrsg.): *Iterativ-analytisches Verfahren*. www.cesifo-group.de/de/ifoHome/facts/Glossar/01-Wachstum-und-Konjunktur/Iterativ-analytisches-Verfahren.html, abgerufen am 29.10.2015.

Concept-Map. Wikipedia-Artikel mit Bearbeitungsstand vom 5.8.2014. https://de.wikipedia.org/wiki/Concept-Map, abgerufen am 25.11.2014.

Czihak, Gerhard; Langer, H.; Ziegler, H.: *Biologie: Ein Lehrbuch*, 5. Auflage. Springer, Berlin Heidelberg New York 1992.

Daum, Matthias; Pöhner, Ralph; Teuwsen, Peer: *Wer regiert die Schweiz? Ein Blick hinter die Kulissen der Macht*, 1. Auflage. Hier und Jetzt, Baden 2014.

Dehmer, Dagmar: *Eine kreative Buchführung*. In: *Der Tagesspiegel* vom 17.3.2014. www.tagesspiegel.de/politik/entwicklungspolitik-eine-kreative-buchfuehrung/9629296.html.

Denkhüte von De Bono. Wikipedia-Artikel vom 11.4.2016. https://de.wikipedia.org/wiki/Denkhüte_von_De_Bono, abgerufen am 26.11.2015.

Deutsche Bundesbank: *EBA stellt Szenarien für Stresstest von EU-Banken vor*. Pressemeldung vom 30.4.2014. www.bundesbank.de/Redaktion/DE/Themen/2014/2014_04_30_eba_stellt_szenarien_fuer_stresstests_vor.html.

Deutscher Bundestag (Hrsg.): *Gesetzentwurf der Fraktionen SPD und BÜNDNIS 90/DIE GRÜNEN*. Entwurf eines Dritten Gesetzes zur Änderung des Sechsten Buches Sozialgesetzbuch und anderer Gesetze. Drucksache 15/1831, 15. Wahlperiode, vom 23.10.2003. http://dip21.bundestag.de/dip21/btd/15/018/1501831.pdf.

Deutscher Bundestag (Hrsg.): *Verhandlungen des Deutschen Bundestages: 2. Wahlperiode 1953*. Stenographischer Bericht Band 34. Bonn, 1953.

Dobelli, Rolf: *Die Kunst des klaren Denkens: 52 Denkfehler, die Sie besser anderen überlassen*, 12. Auflage. dtv, München 2015.

Doemens, Karl: *Merkel profitiert vom rot-grünen Beitragstrick*. In: *Handelsblatt* vom 11.10.2006, S. 4.

Döhrn, Roland: *Konjunkturdiagnose und -prognose: Eine anwendungsorientierte Einführung*. Originalausgabe. Springer Gabler, Berlin Heidelberg 2014.

Dörner, Dietrich: *Die Logik des Misslingens. Strategisches Denken in komplexen Situationen*, 5. Auflage. Rowohlt Verlag GmbH, Hamburg 2006.

Dunbar's number. Wikipedia-Artikel. https://en.wikipedia.org/wiki/Dunbar's_number, abgerufen am 26.11.2015.

Ebert, Vince: *Unberechenbar: Warum das Leben zu komplex ist, um es perfekt zu planen*. Originalauflage. Rowohlt Taschenbuch Verlag, Reinbek 2016.

Eidgenössisches Departement für auswärtige Angelegenheiten: *Direkte Demokratie*. www.eda.admin.ch/aboutswitzerland/de/home/politik/uebersicht/direkte-demokratie.html, abgerufen am 9.1.2016.

Eisenhower-Prinzip. Wikipedia-Artikel. https://de.wikipedia.org/wiki/Eisenhower-Prinzip, abgerufen am 25.11.2015.

Eisenreich, Ruth: *Syrien-Flüchtlinge: Was Merkel übersehen hat*. In: *Süddeutsche Zeitung* vom 24.9.2015. www.sueddeutsche.de/politik/syrien-fluechtlinge-was-merkel-uebersehen-hat-1.2662655.

Entorf, Horst; Sieger, Philip: *Unzureichende Bildung: Folgekosten durch Kriminalität*. Studie für die Bertelsmann-Stiftung, 1. Auflage, Gütersloh 2010.

Europäische Zentralbank (Hrsg.): *AGGREGATE REPORT ON THE COMPREHENSIVE ASSESSMENT*. Frankfurt 2014.

European Commission (Hrsg.): *Cleaner air for all*. Stand: 2013. http://ec.europa.eu/environment/pubs/pdf/factsheets/air/en.pdf, abgerufen am 28.4.2016.

Fackler, Bernd: *Ganz nebenbei: Werktage*. In: *Badische Zeitung* (Elztal-Ausgabe) vom 4.1.2014, S. 25.

Gassmann. Michael: *Darum stürzte Kaiser's auf dem Lebensmittelmarkt ab*. In: *Welt online* vom 5.1.2017. www.welt.de/wirtschaft/article160881323/Darum-stuerzte-Kaiser-s-auf-dem-Lebensmittelmarkt-ab.html.

Gebauer, Matthias; Salloum, Raniah: *Flüchtlingskrise: Außenamt startet Kampagne gegen Desinformation*. In: *Spiegel Online*, 11.9.2015. www.spiegel.de/politik/deutschland/auswaertiges-amt-kampagne-gegen-desinformation-ueber-fluechtlinge-a-1052411.html.

Gerhard, Saskia; Breitinger, Matthias: *Volkswagen: Was wir über den Abgasskandal wissen*. Zeit online, 21.9.2015. www.zeit.de/wirtschaft/2015-09/vw-abgase-manipulation-faq.

Gerken, Lüder (Stiftung Ordnungspolitik): *Unzureichend für Klima und Volkswirtschaft*. In: *Badische Zeitung* vom 18.7.2015, S. 4.

Gigerenzer, Gerd: *Bauchentscheidungen: Die Intelligenz des Unbewussten und die Macht der Intuition*, 12. Auflage. Wilhelm Goldmann Verlag, München 2008.

Göhler, Gerhard: *Neue Perspektiven politischer Steuerung*. In: *ApuZ Aus Politik und Zeitgeschichte*. Nr. 2–3 2010 vom 11.1.2010, S.34–40.

Gomez, Peter; Probst, Gilbert J. B.: *Die Praxis ganzheitlichen Problemlösens. Vernetzt Denken. Unternehmerisch handeln. Persönlich überzeugen*, 3. Auflage. Haupt Verlag, Bern Stuttgart Wien 1997.

Görlitz, Axel; Burth, Hans-Peter: *Politische Steuerung. Ein Studienbuch*. Originlausgabe. Leske + Budrich, Opladen 1995.

governance.at - Die Internetplattform für Governance und Nachhaltige Entwicklung: *Governanance*. www.governance.at/?pId=9, abgerufen am 22.9.2016.

von Haaren, Marion: *Alles beim Alten: EU-Gipfel berät über Flüchtlingspolitik*. In: *tagesschau.de* vom 25.10.2013. www.tagesschau.de/ausland/eu-gipfel144.html.

Hagelüken, Alexander; Höll, Susanne; Schäfer, Ulrich: *Defizit-Streit stürzt Europa in eine Krise*. In: *Süddeutsche Zeitung* vom 26.11.2003, S.1.

Hager, Frithjof; Schenkel, Werner: *Schrumpfungen. Wachsen durch Wandel. Ideen aus den Natur- und Kulturwissenschaften*, 2. Auflage. oekom verlag, München 2003.

Heinz, Wolfgang: *Jugendkriminalität in Deutschland: Kriminalstatistische und kriminologische Befunde*. Aktualisierte Ausgabe, Juni 2003. Konstanzer Inventar Kriminalitätsentwicklung. www.uni-konstanz.de/rtf/kik/Jugendkriminalitaet-2003-7-e.pdf.

Heiss, Julian: *Paare, die zweimal die Woche Sex haben, verdienen mehr!* In: *Cosmopolitan.de* vom 22.4.2015. www.cosmopolitan.de/sex-studie-paare-die-zweimal-die-woche-sex-haben-verdienen-mehr-65335.html.

Hofer, Joachim: *Zellteilung als Prinzip*. In: *Handelsblatt* vom 4.9.2014, S. 24–25.

Hübner, Klaus: *SAUL STEINBERG – 13.03.–01.06.2009 Museum für Kunst und Gewerbe Hamburg.* http://westzeit.de/kunst/index.html?id=152, abgerufen am 2.5.2016.

Jäger, Wolfgang: *Möglichst vorausschauend*. In: *Badische Zeitung* vom 10.10.2015. www.badische-zeitung.de/kommentare-1/moeglichst-vorausschauend–112418092.html.

Jede zweite Firmenfusion scheitert. In: *Welt Online* vom 6.9.2006. www.welt.de/print-welt/article150486/Jede-zweite-Firmenfusion-scheitert.html.

Joppe, Johanna; Ganowski, Christian: *Einfach gut entscheiden!*. humboldt, Hannover 2009.

Kahneman, Daniel: *Schnelles Denken, langsames Denken*, 9. Auflage. Siedler Verlag, München 2012.

Kapmeier, Florian: *Vom systemischen Denken zur Methode System Dynamics*. Diplomarbeit am Betriebswirtschaftlichen Institut der Universität Stuttgart, Stuttgart 1999. http://elib.uni-stuttgart.de/bitstream/11682/5466/1/Diplomarbeit_komplett_Florian_Kapmeier.pdf.

Kast, Bas: *Und plötzlich macht es Klick: Das Handwerk der Kreativität oder wie die guten Ideen in den Kopf kommen*. Originalausgabe. S. Fischer Verlag, Frankfurt am Main 2015.

Kast, Bas: *Wie der Bauch dem Kopf beim Denken hilft*, 5. Auflage. Fischer Taschenbuch, Frankfurt am Main 2009.

Kaufmann, Stefan: *Atomkraftwerke als Angriffsziel: »Es gibt große Defizite beim Anti-Terror-Schutz«*. In: *Handelsblatt Online* vom 1.4.2014. www.handelsblatt.com/politik/deutschland/atomkraftwerke-als-angriffsziel-es-gibt-grosse-defizite-beim-anti-terror-schutz/9669426.html.

Keine garantierte Flüchtlingsaufnahme: Auswärtiges Amt relativiert Gerüchte. n-tv.de vom 13.11.2015. www.n-tv.de/politik/Auswaertiges-Amt-relativiert-Geruechte-article15918541.html.

Kholodilin, Konstantin Arkadievich; Siliverstovs, Boriss: *Geben Konjunkturprognosen eine gute Orientierung?* In: *Wochenbericht des DIW*. Berlin Nr. 13/2009, S. 207–213.

Knüsel, Jan: *Darum ist die Schweizer Demokratie nur Mittelmaß*. Interview mit Marc Bühlmann, in: *tagesanzeiger.ch* vom 27.1.2011. www.tagesanzeiger.ch/schweiz/standard/Darum-ist-die-Schweizer-Demokratie-nur-Mittelmass/story/16528367.

Konczal, Mike: *Researchers Finally Replicated Reinhart-Rogoff, and There Are Serious Problems*. Blog des *Roosevelt Institute* vom 16.4.2013. http://rooseveltinstitute.org/researchers-finally-replicated-reinhart-rogoff-and-there-are-serious-problems/, abgerufen am 2.5.2016.

Krämer, Walter: *Die Affen sind die besten Anleger*. In: *Frankfurter Allgemeine Zeitung* vom 7.4.2012. www.faz.net/aktuell/finanzen/meine-finanzen/denkfehler-die-uns-geld-kosten/denkfehler-die-uns-geld-kosten-9-die-affen-sind-die-besten-anleger-11711132.html.

Kreativität. Wikipedia-Artikel vom 30.4.2016. https://de.wikipedia.org/wiki/Kreativität, abgerufen am 24.5.2016.

Kriz, Willy Christian; Nöbauer, Brigitta: *Den Lernerfolg mit Debriefing von Planspielen sichern*. Dokument ohne Datumsangabe. www.bibb.de/dokumente/pdf/1_08a.pdf.

Kruse, Peter: *Revolutionäre Netze durch kollektive Bewegungen*. Vortrag auf Öffentlicher Sitzung der *Enquete-Kommission Internet und digitale Gesellschaft* zum Thema Auswirkung der Digitalisierung auf unsere Gesellschaft. Berlin, 15.7.2010. www.youtube.com/watch?v=e_94-CH6h-o, abgerufen am 28.12.2015.

Kübler, René: *Jens Todt: »Der SC Freiburg kann Vorbild sein«.* In: *Badische Zeitung* vom 2.10.2015. www.badische-zeitung.de/karlsruher-sc/jens-todt-der-sc-freiburg-kann-vorbild-sein-112142096.html.

Landeskriminalamt Nordrhein-Westfalen (Hrsg.): *Polizeiliche Kriminalstatistik Nordrhein-Westfalen 2014*. Ohne Datumsangabe. www.polizei.nrw.de/media/Dokumente/150313_Jahrbuch_2014_Hauptteil.pdf.

Laudenbach, Peter: *Demokratie ist die langsamste Form des Wandels*. In: *Brand eins*, 02/2016, S. 88–93.

Lotter, Wolf: *Einfach mehr*. In: *brand eins*, 01/2006, S.46–55.

Lotter, Wolf: *Wir rechnen mit allem*. In: *brand eins*, 11/2011, S. 40–54.

Luhmann, Niklas: *Soziale Systeme: Grundriß einer allgemeinen Theorie*, 4. Auflage. Suhrkamp Taschenbuch Verlag, Frankfurt am Main 1991.

Luy, Marc: *Lebenserwartung in West- und Ostdeutschland*. www.lebenserwartung.info/index-Dateien/ledeu.htm, abgerufen am 10.2.2016.

Malik, Fredmund: *Strategie: Navigieren in der Komplexität der Neuen Welt Management: Komplexität meistern*. 1. Auflage. Campus Verlag, Frankfurt 2011.

Malik, Fredmund: *Navigieren in Zeiten des Umbruchs: Die Welt neu denken und gestalten*, 1. Auflage. Campus Verlag, Frankfurt am Main 2015.

Marí, Francisco: *Exportsubventionen nach Afrika sind nicht abgeschafft!* In: *Brot für die Welt* vom 18.1.2014. http://info.brot-fuer-die-welt.de/blog/exportsubventionen-afrika-sind-nicht-abgeschafft, abgerufen am 17.7.2015.

Mayer, Axel: *Wachstumskritik & Wirtschaftskrise: Unbegrenztes Wachstum zerstört begrenzte Systeme*. In: *www.bund-rvso.de*. www.bund-rvso.de/wachstumskritik.html, abgerufen am 26.1.2016.

Mayntz, Renate: *Governance Theory als fortentwickelte Steuerungstheorie?*. Max-Planck-Institut für Gesellschaftsforschung, MPIfG Working Paper 04/1, März 2004.

Mayntz, Renate: *Soziale Dynamik und politische Steuerung: Theoretische und methodische Überlegungen*. Campus Verlag, Frankfurt a. M. und New York 1997.

Meadows, Donella H.: *Die Grenzen des Denkens: Wie wir sie mit System erkennen und überwinden können*. 1. Auflage. oekom verlag, München 2010.

Merkel, Angela: *Vertrauen zurückgewinnen – mit tragfähigen Lösungen, Schritt für Schritt*. Video der Pressekonferenz der CDU mit Bundeskanzlerin Angela Merkel vom 19.9.2016. cdutv auf youtube. www.youtube.com/watch?v=42XVMeraWoM&list=PL7tW3uw1tajoF7S1vSoQj0UojEauZNOs8&index=4, abgerufen am 24.11.2016.

Mette, Veit: *Arbeitsmarkt braucht künftig mehr Einwanderung aus Nicht-EU-Staaten*. Meldung der Bertelsmann-Stiftung vom 27.3.2015. https://www.bertelsmann-stiftung.de/de/themen/

aktuelle-meldungen/2015/maerz/zuwanderungsbedarf-aus-drittstaaten/, abgerufen am 19.12.2016.

Meyer, Wolfgang; Gaus, Hansjörg; Müller, Christoph: *Klimabewusster Auto fahren. Analyse der Pkw-Zulassungen 2008/2009*, Centrum für Evaluation der Universität des Saarlandes, Saarbrücken, Februar 2010. www.ceval.de/modx/fileadmin/user_upload/PDFs/ceval_paper_klimabewusster_auto_fahren.pdf.

Miegel, Meinhard: *Exit: Wohlstand ohne Wachstum*. Propyläen Verlag, Berlin 2010.

Müller, Roland: *Ganzheitliches Denken – heute und im Laufe der Geschichte*. In: *www.muellerscience.com*. Vortrag vom 2.3.1988. www.muellerscience.com/SPEZIALITAETEN/Ganzheit/G_historisch/GanzheitlichesDenken_Geschichte.htm, abgerufen am 28.1.2016.

Nahles setzt Mindestlohn für Transit-Lkw aus. In: *Zeit* online vom 30.1.2015. www.zeit.de/wirtschaft/2015-01/mindestlohn-transit-lkw.

Neubacher, Alexander: *Total beschränkt: Wie uns der Staat mit immer neuen Vorschriften das Denken abgewöhnt*, 1. Auflage. Deutsche Verlags-Anstalt, München 2014.

Nierhaus, Wolfgang: *Prognosestopp – ja oder nein?*. In: *Ifo Schnelldienst*, Bd. 61/2008, Nr. 24, S. 83–83.

Norddeutscher Rundfunk (NDR, Hrsg.): *Sportplatz-Sanierung mit Wurmkur gescheitert*. Beitrag vom 4.6.2015 mit Film vom 14.11.2013. www.ndr.de/nachrichten/mecklenburg-vorpommern/Da-ist-der-Wurm-drin-und-bleibt-es-auch,regenwurm108.html, abgerufen am 1.3.2016.

Novak, Joseph D.; Cañas, Alberto J., Institute for Human and Machine Cognition Pensacola Fl.: *The Theory Underlying Concept Maps and How to Construct and Use Them*. Technical Report IHMC CmapTools 2006-01 Rev 2008-01. http://cmap.ihmc.us/docs/theory-of-concept-maps.

Öko-Institut e.V. (Hrsg.): *Autos unter Strom. Berlin 2011*.

Open Europe: *EU WARGAMES: Simulating the negotiations that will determine Britain's place in Europe* vom 25.1.2016. www.openeurope.org.uk/event/eu-wargames-simulating-the-negotiations-that-will-determine-britains-place-in-europe/, abgerufen am 30.3.2016.

Osterloh, Steffen: *Accurracy and Properties of German Business Cycle Forecast*, Zentrum für Europäische Wirtschaftsforschung GmbH. Mannheim, Dezember 2006. http://ftp.zew.de/pub/zew-docs/dp/dp06087.pdf, abgerufen am 28.10.2015.

Ostermann, Dietmar: *Jahrelanges Desinteresse für Syriens Nachbarländer*. In: *Badische Zeitung* vom 12.9.2015. http://www.badische-zeitung.de/ausland-1/jahrelanges-desinteresse-fuer-syriens-nachbarlaender--111290707.html.

Oxfam Deutschland: *Die EU exportiert – die Welt hungert: Warum die EU-Agrarpolitik auf Kosten armer Länder geht*. Berlin, 29.4.2011. www.oxfam.de/ueber-uns/publikationen/eu-exportiert-welt-hungert.

Persson, Mats: *Gaming Europe's future*. Open Europe Report 4/2014. Open Europe, London 2014.

Peyton, Carrie: *Rancho Seco – 10 years after pulling the plug: A recharged SMUD seeing better times*. Artikel auf *www.jbsenergy.com* vom 6.6.1999. www.jbsenergy.com/Energy/Papers/Rancho_Seco/rancho_seco.html, abgerufen am 22.3.2016.

Preihs, Elisabeth: *Aktuelle Hewitt-Studie »Global M&A-Survey 2010«: 57 Prozent der Unternehmen verlieren bei Übernahmen oder Fusionen Top-Talente.* Pressemeldung der *Hewitt Associates GmbH* (jetzt *AON*) vom 12.3.2010. www.aon.com/germany/downloads/pressemitteilungen/pm20100312_unternehmen-verlieren-bei-uebernahmen-fusionen.pdf.

Presse- und Informationsamt der Bundesregierung: *Wir haben eine akute Notlage bereinigt.* Artikel Nr. 309 vom 6.9.2015. www.bundesregierung.de/Content/DE/Artikel/2015/09/2015-09-05-einreise-fluechtline-ungarn.html, abgerufen am 23.11.2015.

Professorenkritik an trickreichem Defizit. In: *Süddeutsche Zeitung* vom 7.3./8.3.1998, S.26.

Ramage, Magnus; Shipp, Karen: *Systems Thinkers*, Originalauflage. Springer, London 2009.

Ramge, Thomas: *Vielen ist bewusst, dass sie Teil eines lächerlichen Spiels sind.* Interview mit dem Buchautor Oliver Weyergraf. In: *Brand eins*, 11/2015, S. 63–68.

Rathke, Martina: *Fußballstadion auf Rügen: Regenwurm-Umsiedlungsprogramm abgesagt.* In: *Nordkurier* vom 22.10.2015. www.nordkurier.de/mecklenburg-vorpommern/regenwurm-umsiedlungsprogramm-abgesagt-2218243510.html.

Regenwürmer sollen aus Stadion verbannt werden. In: *Die Welt* vom 5.6.2015. www.welt.de/regionales/mecklenburg-vorpommern/article141981646/Regenwuermer-sollen-aus-Stadion-verbannt-werden.html.

Reinhart, Carmen M.; Rogoff, Kenneth S.: *Growth in a Time of Debt.* In: *American Economic Review*, Bd. 100 vom Januar 2010, Nr. 2, S. 573–578.

Rentenversicherung: Auf Dauer gestört?. In: *Der Spiegel*, 11/1977, S. 84.

Riegert, Bernd: *Merkel: »Europa hat die Kraft«.* In: *Deutsche Welle* vom 23.9.2015. www.dw.com/de/merkel-europa-hat-die-kraft/a-18736106, abgerufen am 28.4.2016.

Robinson, Ken: *Do schools kill creativity?* Vortrag auf der Ted-Konferenz 2006 im Februar 2006. www.ted.com/talks/ken_robinson_says_schools_kill_creativity, abgerufen am 3.6.2016.

Roßnagel, Alexander; Nebel, Maxi: *Simulationsstudie Ersetzendes Scannen: Ergebnisse* vom 30.1.2014. www.uni-kassel.de/uni/fileadmin/datas/uni/presse/anhaenge/2014/SIM.pdf

Runco, Mark A.: *Creative and imaginative thinking.* In V. S. Ramachandran (Hrsg.), Encyclopedia of human behavior, Vol. 2 (p. 11–16). San Diego/New York/Boston/London/Sydney/Tokyo/Toronto: Academic Press 1994 nach www.kreativitätstechniken.info.

Rustler, Florian: *Denkwerkzeuge der Kreativität und Innovation.* 3.Auflage. Midas Management Verlag AG, Zürich 2016.

Scheytt, Stefan: *ENDE, AUSSERPLANMÄSSIG.* In: *Brand eins* 08/2004, S.108–113.

Schildower Kreis (Hrsg.): *Resolution deutscher Strafrechtsprofessorinnen und -professoren an die Abgeordneten des Deutschen Bundestages.* Berlin 2013. http://schildower-kreis.de/resolution-deutscher-strafrechtsprofessorinnen-und-professoren-an-die-abgeordneten-des-deutschen-bundestages/.

Scholtes, Peter R.: *The Leader's Handbook: A guide to inspiring your people and managing the daily workflow.* McGraw-Hill, 1998.

Senge, Peter: *Die fünfte Disziplin: Kunst und Praxis der lernenden Organisation.* 11. Auflage. Schäffer Poeschel Verlag, Stuttgart 2011.

Shadish, William R.; Cook, Thomas D.; Campbell, Donald T.: *Experimental and Quasi-Experimental Designs for Generalized Causal Inference*. 3. Auflage, Houghton Mifflin, Boston 2002.

Siennick, S.E.; Staff, J.; Osgood, D. W.; Schulenberg, J. E.; Bachman, J. G.; Van Eseltine, M.: *Partnership Transitions and Antisocial Behavior in Young Adulthood: A Within-person, Multi-Cohort Analysis*. In: *Journal of Research in Crime and Delinquency*, Bd. 51 vom 1.11.2014, Nr. 6, S. 735–758.

Social Science Bites: *Robin Dunbar on Dunbar Numbers* vom 4.11.2013. www.socialsciencespace.com/wp-content/uploads/Dunbar-on-Dunbar-Numbers.pdf.

Stabilitätsgesetz: Instrumente. In: *Die Zeit* vom 19.5.1967. www.zeit.de/1967/20/instrumente, abgerufen am 15.1.2016.

Stadt Heilbronn: *Stadtentwicklungsplan Heilbronn 2020: Maßnahmen*. November 2006.

Stangl, Werner: *Eisenhower-Prinzip*. In: *Lexikon für Psychologie und Pädagogik*. http://lexikon.stangl.eu/1505/eisenhower-prinzip/, abgerufen am 25.11.2015.

Statistisches Bundesamt: *Bevölkerung: Lebendgeborene und Gestorbene Deutschland*. https://www.destatis.de/DE/ZahlenFakten/Indikatoren/LangeReihen/Bevoelkerung/lrbev04.html, abgerufen am 9.12.2016.

Statistisches Bundesamt: *Zur Erfassung illegaler Aktivitäten im Bruttoinlandsprodukt*. Wiesbaden 2014. www.destatis.de/DE/ZahlenFakten/GesamtwirtschaftUmwelt/VGR/Methoden/Downloads/ErfassungIllegalerAktivitaeten.pdf?__blob=publicationFile, abgerufen am 21.12.2016.

Sterman, John D.: *A Skeptic's Guide to Computer Models*. Manuskript zu Kapitel in G. O. Barney et al. (Hrsg.): *Managing a Nation: The Microcomputer Software Catalog*, 1991.

Studienbüro Jetzt & Morgen: *Wirkungs-Check Abwrackprämie*. Freiburg, Februar 2009.

Sturm, Bodo (Zentrum für Europäische Wirtschaftsforschung): *Das Glühbirnenverbot bringt nichts*. In: *Süddeutsche Zeitung* vom 19.7.2008, S. 24.

Teevs, Christian: *Wie Regierungen mit Arbeitslosenzahlen tricksen*. In: *Spiegel Online* vom 30.12.2011. www.spiegel.de/wirtschaft/soziales/kreative-statistik-wie-regierungen-mit-arbeitslosenzahlen-tricksen-a-806430.html.

Three Monkeys and a Cat: the Truth about Picking Stocks, Blog vom 24.1.2013. http://partners4prosperity.com/three-monkeys-and-a-cat-picking-stocks, abgerufen am 22.10.2013.

Tiefenbach, Paul: *Alle Macht dem Volke? Warum Argumente gegen Volksentscheide meistens falsch sind*. 1. Auflage. VSA Verlag, Hamburg 2013.

Versicherungsforen Leipzig (Hrsg.): *Berechnung einer risikoadäquaten Versicherungsprämie zur Deckung der Haftpflichtrisiken, die aus dem Betrieb von Kernkraftwerken resultieren*. Leipzig 2011. www.versicherungsforen.net/portal/media/forschung/studienundumfragen/versicherungsprmiefrkkw/KKW-Studie_Versicherungsforen_Leipzig.pdf.

Vester, Frederic: *Ausfahrt Zukunft Supplement*. Studiengruppe für Biologie und Umwelt GmbH, München 1991.

Vester, Frederic: *Die Kunst vernetzt zu denken. Ideen und Werkzeuge für einen neuen Umgang mit Komplexität*, 6. Auflage. Deutsche Verlags-Anstalt, Stuttgart 2000.

Vester, Frederic: *Unsere Welt – ein vernetztes System.* 1. Auflage. Deutscher Taschenbuch Verlag, München 1983.

Vimentis (Hrsg.): *Das Wahlsystem der Schweiz; Referendum; Obligatorisches Referendum; Fakultatives Referendum.* www.vimentis.ch, abgerufen am 16.1.2016.

Von falschen Prognosen und der Unsicherheit in der Ökonomie. In: *RP online* vom 24.8.2014. www.rp-online.de/wirtschaft/von-falschen-prognosen-und-der-unsicherheit-in-der-oekonomie-aid-1.4473367.

Wagner, Neelke: *Die Briten sind weg!* Interview mit Michael Elfer, Bundesvorstandssprecher von *Mehr Demokratie.* In: *mdmagazin* 04/2016, S.10–12.

Weibel, Benedikt: *Simplicity – Die Kunst, die Komplexität zu reduzieren,* 3. Auflage. Verlag Neue Zürcher Zeitung, Zürich 2015.

Weidenmann, Bernd: *Handbuch Kreativität.* Beltz Verlag, Weinheim 2010.

Weingärtner, Daniela: *Hollande will mehr Geld für Beschäftigungsprogramme – Merkel dagegen.* In: *Badische Zeitung* vom 9.10.2014. www.badische-zeitung.de/wirtschaft-3/hollande-will-mehr-geld-fuer-beschaeftigungsprogramme-merkel-dagegen–92514977.html.

Weinmann, Joachim: *Die Klimapolitik-Katastrophe.* Financial Times Deutschland vom 15.5.2008. Webseite nicht mehr zugänglich.

Weiser, Matt: *20 Years After Sacramento Voted to Shut Rancho Seco, SMUD Has Diversified Energy Sources.* Artikel auf www.nukefree.org vom Juni 2007. www.nukefree.org/news/20YearsAfterSacramentoVotedtoShutRanchoSeco,SMUDHasDiversifiedEnergySources, abgerufen am 24.3.2016.

Wie lange bleibt welches AKW noch am Netz? Tagesschau.de vom 30.5.2011, www.tagesschau.de/wirtschaft/reststrommengen104.html, abgerufen am 26.5.2016.

Wieser, Wolfgang: *Organismen Strukturen Maschinen.* Originalausgabe. Fischer Bücherei, Frankfurt am Main 1959.

Wischmeyer, Nils: *Atomkraftwerke: Im Fokus von Terroristen.* In: *Handelsblatt Online* vom 23.3.2016. www.handelsblatt.com/politik/international/atomkraftwerke-im-fokus-von-terroristen/13360410.html.

W. L. Gore & Associates: *Our Culture.* www.gore.com/en_xx/aboutus/culture/, abgerufen am 27.11.2015.

Zipperlen, René: *»Bürger statt User«.* In: *Der Sonntag.* Interview mit Andreas Rebers vom 1.5.2016, S.14.

Zschäpitz, Holger: *Machen »Welt«-Leser die Analysten obsolet?* In: *Welt Online* vom 14.12.2012. www.welt.de/finanzen/article112032992/Machen-Welt-Leser-die-Analysten-obsolet.html.